U0578784

Frédéric Bastiat

Harmonies Économiques

Guillaume, Paris, 1870

根据巴黎吉约曼出版公司 1870 年版译出

和谐经济论

[法]弗雷德里克·巴斯夏 著

许明龙　高德坤　张正中　钱崇信
陆伯源　王家宝　张　丽　潘琪昌 等译校

中国社会科学出版社

图书在版编目（CIP）数据

和谐经济论／（法）弗雷德里克·巴斯夏著；王家宝等译.
—北京：中国社会科学出版社，1995.10（2022.12 重印）
（西方现代思想丛书）
ISBN 978 - 7 - 5004 - 1834 - 4

Ⅰ.①和… Ⅱ.①弗…②王… Ⅲ.①经济理论—研究
Ⅳ.①F0

中国版本图书馆 CIP 数据核字（2022）第 229401 号

出 版 人	赵剑英
责任编辑	李庆红
责任校对	石春梅
责任印制	张雪娇

出　　　版	中国社会科学出版社
社　　　址	北京鼓楼西大街甲 158 号
邮　　　编	100720
网　　　址	http://www.csspw.cn
发 行 部	010 - 84083685
门 市 部	010 - 84029450
经　　　销	新华书店及其他书店

印　　　刷	北京君升印刷有限公司
装　　　订	廊坊市广阳区广增装订厂
版　　　次	1995 年 10 月第 1 版
印　　　次	2022 年 12 月第 4 次印刷

开　　　本	880 × 1230　1/32
印　　　张	16.875
插　　　页	2
字　　　数	440 千字
定　　　价	118.00 元

凡购买中国社会科学出版社图书，如有质量问题请与本社营销中心联系调换
电话：010 - 84083683

《西方现代思想丛书》之一

主　　编　冯隆灏

编委会委员（按姓氏笔画为序）

冯兴元　孟艺达　曲克敏

何梦笔　青　泯　周民德

季　野　柯汉民　郭福平

译者的话

弗雷德里克·巴斯夏，法国资产阶级经济学家，生于 1801年，卒于 1850 年；早年研究哲学、文学，后受亚当·斯密等人的影响，反对贸易保护主义，发表一系列宣传自由经济观点的著作，代表作是《和谐经济论》。

《和谐经济论》是时代的产物，它的问世有着深刻的历史背景。19 世纪初，法兰西第一帝国虽然战胜了欧洲大陆国家，却屡屡不能制伏英吉利海峡彼岸的英国。在特拉法加海战中失利后，拿破仑一世改变策略，于 1806 年颁布《大陆封锁令》，翌年又推出《米兰法令》，禁止各国与英国进行贸易往来，企图从经济上扼杀对手。1814 年，拿破仑帝国寿终正寝，波旁王朝复辟，颁布新宪法，称《1814 年宪章》，承认"《民法典》以及与《宪章》不相违背的现存法律依旧有效"，继续对英国的封锁；1830 年七月革命后，路易·菲利普王朝萧规曹随，在对外贸易中依然执行关税保护政策，贸易保护主义得以继续存在。

然而，大陆封锁政策只是一时切断了英国与欧洲大陆的经济联系，暂时刺激了法国的工业发展。随着时间的推移，它的弊端日益暴露，结果是搬起石头砸了自己的脚：断了原料来源，影响产品出口，招致工商资产阶级的不满。特别是到了 19 世纪 40 年代，因受经济危机影响，工商、财政、政治、社会产生一系列问题，非但平民百姓陷入困境之中，怨声载道，就连中小资产阶级乃至大资产阶级亦深感不安，纷纷要求取消保护主义，推行自由贸易。1844 年，巴斯夏响应英国反贸易保护主义——《谷物法》运动，在《经济学家杂志》上著文《法国和英国的关税对两国国民前途的影响》，猛烈抨击关税保护政策，主张自由贸易，赢得了资产阶级的喝彩，从此声名鹊起，1845 年他亲临英国，实地考察当地民众反对对进口谷物课以重税的斗争；翌年，英国废除《谷物法》，他旋即返回法国组建自由贸易联合会，统辖全国有关的协会，嗣后创办《自由贸易周刊》，反对贸易保护主义，不久发表集自由经济观点之大成的《和谐经济论》，被人誉为"经济史上自由贸易的最伟大的福音传教士"。

贸易保护主义系指利用关税、补贴或进口配额保护本国工农业的政策，如英国的《谷物法》、法国的"大陆封锁令"。巴斯夏认为保护主义完全是一个民族对另一个民族的侵略行为，因而是一种破坏经济和谐的行径，正如自由经济的敌人封建贵族想靠劳动人民来养活自己一样，有些民族就是想通过保护主义来掠夺别人。为此大声疾呼自由贸易，指出只有人们不再认为可以强迫他人来满足自己的需求时，世界上才会有永久的和平。巴斯夏关于自由贸易的主张生前未能实现，身后却备受重视：1860 年，拿破仑三世受自由经济影响，派巴斯夏的学生率团与英国签订《基于法英产品自由交换原则的贸易协定》，最终彻底打破了贸易保护主义，法国的资本主义得到长足的发展，始于 19 世纪初的工业化到 60 年代的第二帝国时期终于完成，法兰西从此跨入了现代化国家的行列。然而，断言有了自由贸易就会有世界持久和平，这只是一种幼稚的想法。历史事实是：无论在保护主义时代还是自由贸易时期，只要资本主义、帝国主义制度存在，就有战争，世界就不会安宁，这道理不说自明。

马克思在《1848 年至 1850 年的法兰西阶级斗争》中说："巴师夏曾以波尔多和所有法国酿酒厂主的名义煽动反对现存的统治制度。"（《马克思恩格斯选集》第一卷，人民出版社 1995

年版，第 377 页）巴斯夏在政治上反对路易·菲利普的金融寡头统治，七月革命胜利后，他抱着建立自由主义共和国的愿望入选议会。需要指出的是，与此同时，巴斯夏亦反对社会主义的兴起。众所周知，19 世纪上半叶，特别是七月王朝建立后，随着工业化的推进，工人运动随之勃兴，各种社会主义思想应运而生，对资本主义进行了猛烈的批判，提出了种种政治、经济、社会改革方案，直接威胁着资产阶级统治。巴斯夏对此大加鞭挞，视社会主义为封建落后的保守主义，在《和谐经济论》中强烈反对社会主义，极尽冷嘲热讽之能事。我们知道，从圣西门、傅立叶的空想社会主义到蒲鲁东的小资产阶级的社会主义直至布朗基的空想共产主义，虽然因时代的局限都是不成熟的社会主义，但当时毕竟代表着一种进步的思潮，巴斯夏对此大加反对，是因阶级立场所致。1848 年《共产党宣言》发表后，马克思的科学社会主义日臻完善，显示出越来越强大的生命力。可是巴斯夏于1850 年撒手人寰，对马克思的科学社会主义来不及作深入的了解，因此不可能对此有所评论。

巴斯夏的自由主义思想体系是在同封建主义思想的激烈斗争中逐渐形成的，符合社会经济发展的需要。他的《和谐经济论》出版后被译成多种文字，选经出版，可见影响之深。然而，不管他的思想、观点如何，不论大家对此有何看法，有一点可以肯定，那就是他毕竟是资产阶级的代言人，维护的是以私有制为基础的资本主义制度，无论提出怎样"和谐"的政治、经济理论，都不可能从根本上解决资本主义社会的固有矛盾。这是因为，马克思主义诞生后，世界进入了社会主义革命的时代，时代不同了，无论是自由资本主义和垄断资本主义都具有消极乃至反动的性质，成了阻碍历史前进的绊脚石。当然，这不等于说我们不要"自由"，恰恰相反，实现科学社会主义的目的就是要解放全人类，给人以自由，只是这种自由和实现的途径有别于资产阶级的自由主义。马克思、恩格斯在《共产党宣言》中说得十分明白："代替那存在着阶级和阶级对立的资产阶级旧社会的，将是这样一个联合体，在那里，每个人的自由发展是一切人的自由发展的条件。"（《马克思恩格斯选集》第一卷，人民出版社 1995 年版，第 294 页。）

今天，我们在邓小平同志建设有中国特色的社会主义理论指导下，对外改革开放，对内搞活经济。为了借鉴各国的经验，我们翻译了这部在西方颇为流行的《和谐经济论》，介绍 19 世纪上半叶法国一种有代表性的经济理论，供广大读者研究、参考。

《和谐经济论》（第 6 版）选自《弗雷德里克·巴斯夏全集》第 6 卷。该卷文章由吉约曼出版公司根据作者手稿整理、校注，于 1870 年在巴黎出版。原书中斜体字部分译成中文时均用黑体表示；页码下除原有的作者注、编者注外，我们又酌情对某些史实、典故加了少量必要的译注；注释中所指的页码为法文版原书的页码。全书由中国社会科学院世界历史研究所、外交部和外交学院的专家学者翻译，他们是：许明龙（"致法国青年"、第一至四章）、高德坤（第五至六章）、张正中（第七至九章）、钱崇信（第十至十一章）、陆伯源（第十二至十五章）、王家宝（第十六至十八章）、张丽（第十九至二十五章）、潘琪昌（导言）；许明龙校了部分译稿，王家宝负责统稿、编排译名对照表。另外，冯兴元、孟庆龙等参加了部分章节的翻译、校订和统稿、编辑工作。译文难免有不妥之处，敬请读者不吝指正。

王家宝
1995 年 6 月

目　　录

导　言

德特马·多林[1]

**曼彻斯特自由主义的宣告人：
弗雷德里克·巴斯夏**

一

　　在学术界，声誉可能是一件难以判断之事。在他处明明是优点，在此处却可能常表现为缺点。弗雷德里克·巴斯夏死后的荣誉就是这样一例明证。几乎每一个写他的人都情不自禁地证明他是一位了不起的修辞和政论天才，伟大的奥地利经济学家路德维希·冯·米瑟斯 1927 年在其《自由主义》一书中谈到，巴斯夏是一位"光彩照人的修辞学家"，"读他的著作是一种特殊的享受"。[2] 巴斯夏的同胞约瑟夫·熊彼特则将他看作有史以来最出

---

　　① 德特马·多林（Detmar Doering），1957 年生，哲学博士，曾在德国科隆和英国伦敦攻读哲学和历史，现为哈耶克本人所创办的佩勒兰协会（Mont Perérin Gesell-schaft）的会员。

　　② 路德维希·冯·米瑟斯：《自由主义》，由 H. H. 霍佩写导言，圣·奥古斯丁，1993 年，第 171 页。

色的经济记者。① 事实上，在自由主义和自由贸易的事业上，几
乎找不出一个文字上比他更强有力的代言人了。他时而带着一种
几乎令人想起伏尔泰的讽刺，时而充满了几近狂热的虔诚，但始
终含有一种明晰的、理性的逻辑。巴斯夏就是这样地来捍卫他所
深切关心的事业，以致当意大利的历史学家圭多·德·鲁杰罗在
1930 年居然忍心说巴斯夏的著作"枯燥无味"时②，人们无不
对此惊讶不已。

诚然，实际上绝不枯燥的新闻风格的确也会带来倒霉的后
果——被人论为肤浅。本来是长处，在将艰涩难懂的表达方式奉
为真正"学术味"的学术界，却变成了短处。至少它使学术界
有了很好的借口，根本不去同自己不喜欢的见解争论。③ 只是由
于少数几位忠于巴斯夏及其遗产的经济学家和经济史学家的努
力，巴斯夏才得以恢复他被长久贻误了的、严肃经济学家的
名誉。

二

为了能判断巴斯夏作为 19 世纪一位伟大的政治经济学家的
作用，有必要先把眼光从巴斯夏的出生地法国移开而转向英国。

1836 年，一场来势凶猛的物价上涨浪潮遍及英国。接踵而
来的是失业，随后又发生了扰乱社会治安的暴力行为，出现了群
众性的贫困化。1845 年，爱尔兰的危机上升为一场饥荒。这场

---

① 约瑟夫·熊彼特：《经济分析史》，纽约，1954 年，第 500 页。

② 圭多·德·鲁杰罗：《欧洲的自由主义史》，慕尼黑，1930 年，第 178 页。

③ 米瑟斯在写到反对巴斯夏的事件时不无正确地写道（见上注书）："他对所
有保护主义的以及与此相关的做法所作的批判即使在今天也是无人可超越的。保护
关税者以及干预主义者们说不出一句像样的话来回答，他们只能一再结结巴巴地说：
巴斯夏'肤浅'。"

饥荒延续了许多年，单是在 1847 年的冬天就饿死了 250000 人。有人将其原因归咎于几次坏收成。然而真正的原因要比这深刻得多，它是政治性的。当时不能通过廉价的进口来弥补歉收的不足，恰恰相反：国内本已短缺的粮食甚至被用来出口。其罪魁便是保护主义的《谷物法》。该法对外国粮食征收高关税，而对国内粮食的出口却给予国家补贴。这个法令源于 17 世纪重商主义时代。当时人们普遍相信，这样的措施能作为刺激出口的手段而促进生产的增长。亚当·斯密早在 1776 年他的《国富论》一书中就警告过，在收成不好的年景，对出口实行国家补贴会使短缺情况变得更加严重。① 经济学家詹姆斯·穆勒，即那位后来有名得多的自由派哲学家约翰·斯图亚特·穆勒的父亲，在 1805 年写了一篇专门研究《谷物法》的灾难性后果的论文。单是这篇论文冗长的题目——"论对谷物出口补贴的失策"——就表明，文章的批评仍然主要局限在学术范围内，更为糟糕的是，那时的经济学家们都沉浸在一片绝望的悲观情绪之中。历史的经验似乎证明他们是对的。因为在他们生存的整个年代里，绝大多数人赤贫或大批地饿死乃是普遍现象。即使在相当繁荣的英国，连最具真知灼见的思想家也不相信这个问题能真正得到解决。埃德蒙·伯克，这位伟大的作家和辉格党国会议员，在 1795 年认定："穷人之所以贫穷，是因为他们人数众多。他们的人数意味着他们天生受穷。"② 他又写道："给我们提供必需的东西，这并不在政府的权限之内。"③ 而伟大的自由派经济学家托马斯·马尔萨斯在

---

① 亚当·斯密：《国富论》两卷本，伊·坎南编，G. 施蒂格勒作序，芝加哥，1976 年，第 2 卷，第 12 页。斯密认为，所谓有益的补贴是有害的——尤其是对比较穷困的阶层人士来说——其有害程度甚于任何一种对生活必需品的沉重课税。

② 埃德蒙·伯克：《关于短缺的思考和细节》，载《文集》，原 1887 年伦敦版的再版，共分 6 卷 12 部分，希尔德斯海姆，1975 年，第 5 卷，第 133 页。

③ 同上。

他1798年发表的著作《论人口原理》中认为，完全是人口增长带来了严重的贫困化，只有通过有力的节制生育的政治措施才能稍稍减轻这种贫困化现象。他的同胞大卫·李嘉图由此在1817年提出了"铁的工资定律"，这一定律声称，劳动阶层人民的生活水平提高是不可能的。

这样一种悲观主义当然不会不产生后果。人们很少去作政治上的鼓动，以致国会中的托利党人能够在1815年颁布了更加严厉的《谷物法》。其后果后来就越来越清楚了。狄更斯在他的小说中清楚地向我们展示的那种18世纪30年代和40年代黑暗的苦难岁月，不是像流行的历史观所记述那样是自由主义和工业革命的产物，它们是一种过时的封建政治的产物，而这种政治已经不再能应付正在兴起的现代群体社会的挑战。

三

1840年，在这个阴暗的世界上爆发了一场运动。推动这场运动的人是约翰·布赖特。他是一位企业家，自1847年起为曼彻斯特国会议员。还有一位叫里查德·科布登，是来自曼彻斯特的印花厂主。他们两人与当时英国中部这个蒸蒸日上的工业城市的密切联系，使这场运动冠上了"曼彻斯特自由主义"的名称。曼彻斯特自由主义在以后的历史著述中受到轻慢。这些历史著述毫无批判地接受了19世纪晚期保守党人的宣传，声称这一自由主义思想来自资产阶级资本家阶层，而且只是为了这个阶层服务的。还声称它对无产阶级的贫困和离乡背井负有责任。这是根本不符合事实的。

当科布登和布赖特在1840年将当时松散的、地区性的自由协会组织起来，使其成为一个极为有效的全国性联盟，即"反谷物法联盟"时，一场深深扎根于工人阶级的群众性运动也就同时掀起了。实际上，这场运动后来取得的成就在很大程度上并不是靠英国政治阶级的支持，而是更多地靠"外来的"民众造成的舆论压力。在1832年的体现自由主义思想的《改革法案》之后，选举权扩大到较为广大的阶层，这对此帮了很大的忙。

科布登以他不知疲倦的努力，并在耗费了大量的财力后——他单在1844年就募集到了100000英镑，这在当时是一笔巨款，尽管当时许多工业主都正站在保护主义者一边——在布赖特的支持下，成功地建成了一套迄今尚不知其有多大规模的、富有创造性的宣传机器。他们散发了900多万本对人民进行启蒙的小册子，在全岛国举办了无数次活动，其中有一种是在伦敦考文特花园举行的每周一次的群众集会。还在曼彻斯特建立了一个巨大的自由贸易大厅。来自各阶层人民的申请书雪片似的飞向国会——1842年有2880份申请书，总共150多万人在上面签了名。受到这场运动冲击的不仅有对自由贸易原则基本上持开放态度的自由派辉格党人和极端主义者，甚至执政的托利党人在公众舆论的压力下也转变了思想，终于，保守的首相罗伯特·皮尔先生采取了决定性的政治步骤。他在1846年取消了《谷物法》，科布登和布赖特取得了他们首次伟大的胜利。[1] 苦难结束了，一个迄今人们所不熟悉的繁荣的时代开始了。

自此以后，事情就接二连三地进行下去。皮尔因其"背叛"了托利党的封建保护主义原则而被自己的、如今群聚在本杰明·迪斯雷利周围的党友推翻。在拉塞尔勋爵领导下的新的自由派辉格党政府在1849年取消了1651年的《航海法》，从而解放了英

---

① 对反《谷物法》运动的最透彻的描述见约翰·莫利斯写的科布登传记。莫利斯本人属于19世纪英国自由主义时代最重要的作家和国家领导人之一。关于反《谷物法》的斗争见约翰·莫利斯《理查德·科布登生平》，伦敦，爱丁堡，都柏林，纽约，第95页以下。

国的海上交通。其他的措施也跟上来了。自由贸易商终于在1860年敢于涉足外交事务，同法国签订了自由贸易协定。该协定以《科布登条约》之名载入了史册。协定单从英国方面就取消了371种关税，从而使曼彻斯特自由主义发展到一个新的高度。一个低关税和边界开放的欧洲开始形成。

四

　　法国卷入了科布登和布赖特发动的曼彻斯特运动，这是不足为奇的。因为反《谷物法》也启示了英国之外的人们。不久以后，几乎每个欧洲国家都出现了自由贸易运动，在意大利，声誉很高的《经济学家杂志》成为这场运动的传声筒。在德国，创立了德意志国民经济学家大会，这是国内影响最大的曼彻斯特自由派的联合组织，其创始人是原籍英国的约翰·普林斯－史密斯，他后来成为普鲁士州议会议员，1871年帝国成立后为帝国议员，他们用这个大会成功地把议会外的力量动员了起来（尽管与科布登和布赖特在英国创办的组织相比规模要小得多），而且有数十年之久决定着德国自由主义的经济政治活动的内容。属于德国的曼彻斯特运动的伟大的名字有：经济学家马克斯·沃思和左翼自由党的领导人欧根·里希特。普林斯－史密斯1843年在《论敌视贸易》一书中阐述了自己的信条，他在书中还提出一个涉及运动核心的论点，即要通过一种建立在自由贸易基础上的公正的国际经济秩序来保护和平。①

---

　　① 关于德国国民经济大会的重要著作至今犹当推福尔克尔·亨切尔写的《德国自由贸易者和国家经济大会1858—1885年》，斯图加特，1975年。

　　对全德自由贸易运动作了全面而广泛介绍的有拉尔夫·赖柯所著的《德国自由主义和德国自由贸易运动——回顾》，载《经济政治》第36卷第3期，1987年，第263页以下。

　　然而，曼彻斯特自由主义真正的宣告人既不在英国，也不在德国，而是在法国。

五

　　1844年，享有盛誉的《经济学家》杂志发表了一篇题为"法国和英国的关税对两国国民前途的影响"①，此文立即使作者声名鹊起。该文对关税保护政策进行了清算。全书的高潮在提出下述要求中：仿效英国，在法国也掀起一场科布登和布赖特运动。这位作者很快被人称为"法国的科布登"。他就是：弗雷德里克·巴斯夏。②

　　巴斯夏1801年6月29日出生于巴约纳。他在附近的索雷士的小学里受到了虽然不是超常人的却也是良好的教育。年轻时，他对职业的向往与经济相去甚远。这个对哲学研究感兴趣的巴斯夏想成为诗人。也许，我们应将他日后在经济著作中表现出来的如此贴切的、热情奔放的乐观主义和生气勃勃的风格归功于他早年对诗歌的热情。

　　当他17岁不得不到他舅舅的公司去做事时，做诗人的前程也就永远地了结了。但他对经济问题的兴趣被激发起来。通过自学，他通读了经典专著，特别是亚当·斯密的《国富论》和伟大的法国自由派经济学家萨伊的著作。他与一些朋友成立了一个研究团体。这个团体很快就深入研究起自由贸易问题以及反《谷物法》联盟反对保护主义的斗争来。他在《经济学家》杂志

---

　　①　《经济学家》第9期（1844年），第244页以下。

　　②　关于巴斯夏的传记有路易·博丹《弗雷德里克·巴斯夏》，巴黎，1962年，以及乔治·C. 罗奇《自由市场，自由人，弗雷德里克·巴斯夏，1801—1850》，希尔斯代尔，1993年。

上发表文章的成功促使他全身心地去研究这个深为人们关切的问题。为此他必须在经济上独立。他早在1825年就得了一笔遗产，开始了作为一个农庄主的生活，并很快地习惯了相应的生活方式。日后，当他的经济学家的声名已经远播巴黎时，城市里的"上流社会"嘲笑他的土包子的外表：小帽子，长头发，过于宽大的燕尾服和一把简陋的伞。

他在农村时就开始介入社交活动。1831年他成为当地初级法院的名誉法官。但不久自由贸易就成为他热切关心的大问题，在报纸上大量文章的启迪下，他于1845年来到英国，以便贴近地研究联盟反谷物关税的斗争。他结识了科布登，并很快同他结下了密切的友谊。一年以后，当英国取消《谷物法》时，他在巴黎建立了一个自由贸易联合会，这是统领法国所有的自由贸易协会的联盟，在科布登的鼓励下，他不知疲倦地投身于这一事业，他写了一本又一本小册子，在所有有名气的杂志上发表了一篇又一篇文章，最后甚至自己创办了一份名为《自由贸易》的周刊，这份周刊成为联合会的传声筒。他从一个地方到另一个地方跑来跑去作演讲。人们曾不无道理地称他是"经济史上自由贸易的最伟大的福音传教士"①。

当1848年革命将波旁王朝永远地推翻了时，人们几乎不言而喻地让巴斯夏参与了国家的改组。他被选进了立法大会。但他在国会内的影响却很小，只有一小部分议员无保留地支持他。同科布登和布赖特一样，他也必须走动员公众舆论的路，但由于一种新的、威胁自由主义的运动的兴起，他的工作很难进行。限制经济自由忽然间也变成了所有"进步党人"的口号，他们搬出了旧的封建保守主义的理由。这个新的敌手叫作：社会主义。一

———————

① 特雷萨·戈尔曼：《巴斯夏的遗产》，载《经济教育基金会笔记》冬季刊，1991年，第1页。

些知识分子如傅立叶和圣西门激烈地捍卫社会主义，致使迄今为止在政治流派中作为精神主导的自由主义处在了守势。巴斯夏用过去反对保护主义的同样的劲头来反对社会主义。他的一些最好的著作如《和谐经济论》就成篇于那个时期。但他的健康状况不允许他继续劳作下去了。一场严重的结核病毁灭了一切计划。他去了气候上对他的健康有利的意大利进行疗养，然而逃脱死神的机会已然很小，他的朋友中没有一个人对此抱有希望，一些人过早地办起了丧事。巴斯夏在意大利的旅游途中甚至从一张报纸上读到了自己死亡的报道。但巴斯夏仍然竭尽全力利用留给他的最后的时光，不断地写作以完成他的《和谐经济论》一书。然而徒劳了——1850 年圣诞之夜，他溘然长逝于罗马。

六

　　即使那些以一种积极的眼光正确地来看待巴斯夏作为经济学家的成就的人也都认为，他的主要影响无疑体现在他作为宣传家、论战家和评论家所取得的成就之中。对此人们绝不应作消极的理解。巴斯夏在从事所关切的经济问题上已经达到了高超的水平，这本来应该为他在经济文献的光荣圣殿中确立下一席之地。

　　单是他为英国的反《谷物法》联盟所作的编年史工作就有着深远的意义。他所做的要比运动中任何一位英国经济学家——例如今天差不多已被人遗忘的纳索·西尼尔——都多。巴斯夏在其 1845 年出版的《科布登与联盟》① 一书中对英国反谷物关税运动的过程作了细致入微的描写，并将科布登及其战友的所有重要言论都译成了法文，该书乃曼彻斯特自由主义的一座纪念碑。

---

　　① 《弗雷德里克·巴斯夏全集》7 卷本中的第 3 卷，第 2 版，巴黎，第 1862 页以下。

　　人们更熟悉，而且对今天的读者来说可能更有意思的是他的一些较短小的论战性文章。在巴斯夏的著作中，我们可找到大量短小精悍的论文。他在这些论文中对保护主义的荒谬行为风趣横生地进行了揭露，其中有些论文他自己结集出版，如 1846 年出版的《经济学的诡辩》。其他的论文（特别是他关于自由贸易的论文）①　则到他去世后方得以编入《全集》而完整地公之于世。

　　他的有些论文以其高水平的讽刺性和论战性成为传世经典之作。其中最有名的是一本 1845 年出版的题为《蜡烛商的请愿书》的小册子。一群虚构的蜡烛商在请愿书中诉苦，说是他们天生没有竞争力，因为太阳在白天不让人们用蜡烛，要是立法者用幕布遮天，使普天下一片黑暗，那就不仅是蜡烛商，而且全国都可从中获利。例如，这样就可生产更多、更便宜的肉，因为为了抽取更多的、用于制作蜡烛的油脂必定要有更多的猪被宰杀。

　　巴斯夏这里描述的一眼看去很荒唐的例子阐明了一种错误的思路。在现实事例中，这种思路虽然极其荒唐，却鲜有人感觉到这一点。

　　任何曾探讨过自由贸易问题的人，迟早都会碰到有人提出这样的论点：国家积极促进某些经济部门的工作，有益于造福全体国民。巴斯夏在回答这份虚构的请愿书时坚决站在消费者的立场。若是这份请愿书果真被批准，那么消费者确乎要花钱去买更多的蜡烛。但是有了客观上不花钱的太阳光的好处，他就把钱省下来了。这笔钱现在虽然不再给蜡烛商，却给其他的经济部门带来好处。类似的情况表现在今天大多数工业国家内蔓延的、针对第三世界国家的农业保护主义中。由于自然和气候方面条件优越（这些当然不是靠自己挣来的），第三世界国家在农业方面事实上能为消费者生产更多的东西，类似这样的情况是不容忽视的。巴斯夏

---

　　① 《弗雷德里克·巴斯夏全集》第 2 卷。

用三言两语就打破了流传于全世界关于经济关系的一个谬误。

最后，在 1850 年，巴斯夏在《蜡烛商的请愿书》中业已显露出来的这种喜欢运用夸张、生动比拟的爱好，在其长篇论文《人们看到什么和没有看到什么》中被发挥得淋漓尽致，以致该论文成为政治经济全部所有文献中一本对经济门外汉来说也许印象最深刻的小型教科书。美国经济学家亨利·黑兹利特在他 1946 年出版的《一堂课经济学》一书中想教给广大读者自由主义的原则，他为了消除普遍存在的对市场经济和自由贸易的偏见，几乎是分毫不差地跟着巴斯夏著作中所表达的思路走。巴斯夏在论文一开始虚构了一个场景，一个陌生人打碎了一面橱窗，一帮看热闹的人开始从经济方面来思考这一事件，他们得出结论：这个开始看起来是一个有害的破坏行为，却由于玻璃装配行业可获得额外的收益而成为从经济上看是一积极性的事件。从破坏中诞生了经济增长。巴斯夏反驳这种看法说：此事的全部积极效应只是对玻璃装配商而言的。另一方面，人们却没有看到，被打碎了橱窗的主人现在要为装修付钱；这一支出不是为了有益于经济的目标，他因而也许就不去买新书或新鞋了，而因此成为牺牲品的、受损失的书商或鞋商却永远也不为人们所知。那些好心的、涉足经济过程中来的人从来没有比较准确地描写这种看不见的"副作用"。

巴斯夏随后把由这种简单事例说明的道理运用到其他方面。保护主义促进了工业，这是人们看得到的，但它破坏了其他更多的东西，这却是人们看不到的。国家对艺术的促进、高税收、技术进步、军备，一切都要用"人们看到了什么和没有看到什么"的公式来审查，到最后，几乎一切错误的结论便都会真正地寿终正寝。一个好的经济学家，巴斯夏说道，只能是那些不仅能看到直接结果，而且也能看到经济政治行为的后续结果的人。伟大的自由派诺贝尔经济学奖得主弗里德里希·奥古斯特·冯·哈耶克曾说过，在这篇论文中深藏着"主张经济自由的关键论据"。单凭这一点，巴斯夏就可被称作"一位天才"。[①]

那么这一切将引向何方？巴斯夏在他 1849 年出版的著作《国家》中指出，这样一来，国家便丧失了自己作为法律保障者去保护人民、自由和财产的本来作用，它更多地成为一种集团利益的工具，这些利益集团不断地滥用国家权力，干损人利己之事。这本著作中有一句也许是巴斯夏最有名的话："国家是一个大的虚构物，其中每个人都是想牺牲别人使自己活着。"[②] 这里用一句话就把今天的新政治经济学——诸如以美国诺贝尔奖得主詹姆斯·布坎南为中心的"公共选择派"——对现代再分配和福利国家的批判囊括其中了。自此以后一直没有实质性的新内容充实进来。

巴斯夏比较短小的论文和文章以其修辞之美和善于将复杂的经济问题表达得通俗易懂而在经济论文中确立了大师之作的地位。但巴斯夏要求的不仅仅是把真实的经济知识简明易懂地表述出来，他要求得更多。为了更接近自己的目标——从学术上为自由贸易运动正名——巴斯夏至少解决了一个经济理论问题。他对英国的观察和对科布登及布赖特自由贸易运动取得的胜利的观察，使他能以更锐利的眼光去洞悉这个问题。

七

在英国罗奇代尔一次工人集会上，发言人在就引起轰动的成

---

① 弗里德里希·奥古斯特·冯·哈耶克：《弗雷德里克·巴斯夏政治经济论文选》美国版导言，欧文顿－哈得逊，1975 年，第 9 页。
② "国家是个巨大的虚构体，所有的人都力图通过这个虚构体来靠别人生活。"弗雷德里克·巴斯夏：《弗雷德里克·巴斯夏全集》第 4 卷，第 332 页。

就作总结："让我们回顾一段时期，对这段时期我记忆犹新。今天会上许多人也一定还都记得这段时期。我们来回顾一下 1840 年，那时国家苦难深重，对进入国内的商品要征收无数种关税。我相信，进入利物浦、伦敦、赫尔、格拉斯哥或其他任何一个王国港口的商品，至少有 1200 种要按英国的法律缴税，一切东西都要上税，一切东西都受限定和限制，甚至老百姓的口粮、面包，也要上税，而且要比任何其他东西上的税都多。现在，你们可以想象——不，也许你们已经不再能想象得出了——但你们可以试着去想象一下在那种时候，我们大家的工作积极性受到何等样的桎梏。你们可以试着想象一下——但在今天这种日子里你们不再能想象得出——联合王国劳动阶级的广大群众是何等贫困和痛苦，他们的苦难有何等深重。"在谈到当前情况时，他说道："英国的工人不再单纯是一部机器，不再单纯是看管一个纱锭或一台织布机，或是在车库旁、烧窑旁或矿山操作的工人了。它不再仅仅是一个生产出口商品的人，而是一个——由于这一切变化——被注入了新的生命且具有一种新的、有促进作用的责任感的人。"[①]

　　这位发言人就是约翰·布赖特，当年是 1877 年。这个地区性的罗奇代尔劳动者俱乐部邀请他作为俱乐部周年纪念日的荣誉客人来作报告。该俱乐部是一个工人协会，它以没有国家或阔佬的支持和赞助生存下来而自豪；数十年后，恰恰是由工人阶级来隆重地欢庆布赖特和曼彻斯特自由党人取得的成就（这一情况今天几乎已被人遗忘），这一事实鞭挞了所有那些诸如马尔萨斯或李嘉图之流悲观的经济理论家们的谎言，他们认为这种成就是根本不存在的。尽管人口高速增长，在英国废除了《谷物法》之后和自由贸易时代开始之后的数十年，对几乎整个欧洲来说是

---

① 约翰·布赖特：《约翰·布赖特演讲选集》，J. 斯托杰主编，伦敦，1907 年。

一个各阶层人民以令人难以想象的速度不断富裕起来的时代。

通过对这种现象的解释，巴斯夏——在我们对他作为成就斐然的评论家已作了充分的评价之后——作为经济学家的功绩突出起来了。而这种功绩之最终得到承认，首先要感谢两位法国的经济学家和历史学思想家夏尔·吉德和查尔斯·李斯特。巴斯夏虽然没有成为像亚当·斯密那样的经济学文献中的巨擘，却清楚地显示了一种知识分子的责任感。他就是以这种责任感来实实在在地进行学术上经得起推敲的、严肃的思想论证的。

奇怪的是，巴斯夏对世界的新经济学方面的认识，与他本来最关心的自由贸易问题少有联系，倒是与李嘉图提出的分配问题联系密切。

吉德和李斯特在他们 1909 年首次出版的著作《经济学说史》中称巴斯夏为 19 世纪政治经济乐观派的首领。李嘉图，迄今一直占优势的悲观的正统派的主要代表，在他 1817 年出版的主要著作《政治经济学及赋税原理》中提出，劳动人民工资的每一次增长都自动地刺激人口的增长，而人口增长又导致名义工资的增加而又达不到改善工人生活状况的目的。所以，劳动的天然价值始终只能刚够工人活着。[①]

这就是关于劳动工资的"铁的定律"，巴斯夏对它提出了强烈的质疑。出于公正，这里需要提一下，在同时代的美国经济学家亨利·查尔斯·凯里的著作中同样也发表有这种反面观点。因

---

① "当劳动的市场价格超过其自然价格时，劳动者的境况就蒸蒸日上，幸福如意，他可以有能力来更多地支配生活的必需品和享受生活，从而能扶养一个健康的、人口众多的家庭。但是，如果在高工资的激励下人口得到增长，在这种情况下，劳动者人数增加了，工资又跌落到它的自然价格上，而实际上有时落到自由价格以下。"

大卫·李嘉图：《政治经济学及赋税原理》，F. W. 科尔塔默作导言，伦敦，1911年，第 53 页。

此亨利·查尔斯·凯里1850年在《经济学家杂志》上发表了一
封公开信，他在信中谴责巴斯夏剽窃。然而这完全是无稽之谈。
这可能是业已在酝酿一种新思想的巧合。凯里在1850年出版的
著作《利益、农业、制造业和商业的利益和谐》（这一书名极好
地表述了巴斯夏关于经济的和谐的想法）中与巴斯夏一样，也
认为国民经济中存有一种普遍的、和谐的平衡，但虽然如此，凯
里仍是保护主义的重要支持者之一。这一点与他关于经济和谐的
观点就很不和谐了，虽然凯里作为一个学者型的经济学家，其声
望肯定要比巴斯夏高，但由于这种不和谐，他的整个理论构架要
比那个法国人不统一和矛盾得多，然而尽管如此，还是需要指
出，凯里在反对李嘉图工资问题理论上的悲观主义方面所做的工
作要比巴斯夏彻底和科学得多，即便吉德和李斯特——他们通常
总是倾向于厚爱法国的著作者——也毫不隐讳地承认这一点。

　　巴斯夏"定律"的核心是在生产总值中资本所占份额和劳
动所占份额与生产总值的相对关系。若生产总值增长，资本所提
取的份额也增长，这是绝对增长而不是相对增长，劳动所提取的
份额则是相对增长。巴斯夏精心提出了这一思想，使这一思想同
样也以一种"颠扑不破的定律"的面目出现。按此定律，生产
总值中劳动提取的份额，似乎总是按比例增长的。当然，还没有
经验来证明这一点。这里要表达的，正如吉德和李斯特都曾强调
过的那样，更多的是一种总的趋势。对这种总趋势来说，即使没
有国家干预，由于市场现象（如利率变动）也会很快发生重大
的偏离。但这种偏离却被巴斯夏简单地忽视了。① 然而，重要的
是，李嘉图的"铁的工资定律"事实上就这样无可挽回地被驳
倒了。至少是，由于巴斯夏的功劳，劳动人民的生活水平可以以

---

　　① 夏尔·吉德、查尔斯·李斯特：《经济学说史》第2版，伦敦，1984年，第
347页。

超过李嘉图设想的那种程度提高的可能性（确切地说是高可能性）得到了一劳永逸的科学论述。

八

在谈论巴斯夏的学术成果时，不能不提到《和谐经济论》本书，这里呈献于读者面前的是第一个译本。该书出版于巴斯夏去世前不多几个月，但不是足本。他在世时只发表了开头 10 章。以后的几章是在 1851 年出版的足本中发表的。这个足本由"巴斯夏友人联合会"（在巴斯夏同意之下）根据已完成的手稿出版。但有几章巴斯夏连手稿也没有能写完，因此若把巴斯夏所写的全部集在一起，这本书的部头还会更大。但尽管如此，本书无可争议地是巴斯夏的代表作，同时它又是全集作品中的一个例外。这部未完成的作品，单是部头就明显大于巴斯夏所有其他著作，而他在其他著作中表现的文学气质，依然保留在这部作品中。如果说，巴斯夏其他较短小的论文中常是就一个方面的问题作批判性评论的话，那么，《和谐经济论》这本书的中心则包含着一种系统的大设计。吉德和李斯特甚至认为，该书对攻读经济学的年轻大学生来说是一本最好、最全面的教科书①。当然，巴斯夏一些较短小的著作已经为此全面奠定了思想基础——这里可举出的有已经提到过的论文"国家预算"，还有那篇 1850 年发表的引人入胜的短论"法律"。他在"法律"一文中阐明了构成自己经济观点的法哲学基础。《和谐经济论》则是通过对各个重要方面作条分缕析而将这些基本思想汇总起来，它是巴斯夏所有曾思考过的关于政治经济题材的想法的集大成者。

---

① 夏尔·吉德、查尔斯·李斯特：《经济学说史》第 2 版，伦敦，1948 年，第 335 页。

　　后人对这些思想作了许多讽嘲，巴斯夏则把这本书的主题和他的哲学思想基础的思想称作"和谐的思想"。巴斯夏有时用了一种宗教上的隐喻来捍卫这一思想，它使人回想起 18 世纪（同样是强调一切自然物和谐的）自然神论。他在其热情洋溢的前言"致法国青年"中大声疾呼："我相信！"并急切地称颂"上帝的法则"。这种上帝的法则——要是能依此法则保障个人的自由——可以解决一切社会问题。

　　如果不去花费力气来比较深入地探究这个问题，那么，用今天的眼光来看，就很容易将这种关于和谐的观点责难为可笑。巴斯夏是天主教徒，而且是一个十分虔诚的教徒，这一点人们也可从他的著作中看出来。但即使是这种对天主教的虔诚，也仍然有着一个合理的丝毫不失其现代性和现实性的内核。正是在最近一段时期，由中世纪天主教经院哲学传下来的亚里士多德的人物形象又被那些极令人尊敬的经济学家们抬出来为市场经济辩护。他们把——完全在亚里士多德或托马斯·冯·阿坎的神学形而上学意义上——人类行动的明确目的作为前提，作为合理理解经济过程的基础。①

　　但是，即使不去追溯这种思想史，巴斯夏已经清楚地表明了，他不愿意用"上帝启示的奥秘"来解释自己的信仰，而是想合理地、科学地进行论证。

---

　　①　关于设想将人类行为的目的性作为全部经济学思想的基本原理的想法，参见路德维希·冯·米瑟斯《国民经济》，日内瓦，1940 年，第 11 页。

　　米瑟斯的美国学生默里·罗特巴特第一次将这个原理与亚里士多德——托马斯的传统理论结合起来。见默里·罗特巴特《人、经济和国家》第 2 版，奥本，1993 年，第 435 页。

　　最近，在道格拉斯·B. 拉斯穆森和道格拉斯·J. 登厄伊尔所著的《自由和自然，借亚里士多德为自由秩序辩护》（拉塞勒，1991 年）中就市场经济思想与亚里士多德——托马斯思想之间的联系作了系统而详细的阐述。其中还提到借助自然法为财产所作的辩护，这种辩护在巴斯夏那里也可找到。

　　这里可以举出一个他的合理的论据，这并非仅仅是因为这一论据最形象地表述了他的经济理论的基础，而是因为这个论据表明，巴斯夏是从理论上——而不是以经验——来解释他全部思想的。这一论据见于他关于价值的理论中。巴斯夏在《和谐经济论》中这样写道，价值是两种被交换劳务的关系。在一个自由的社会中，个人受到法律保护而不被强迫作交易，两种相互交换的劳务其价值是一样的。此话从逻辑上说，毋庸置疑是对的，但价值只有当双方都同样在交换中看到自己劳务的优点时才能体现出来。因此，尽管此话几乎无懈可击，逻辑上也很有说服力，但是，即使是好意的批评家们也会得出这样的结论：这是一种累赘之言，没有多少意义。特别是当人们用此话来衡量巴斯夏自己关于地租的论点时，这句话就很成问题了。在此之前，地租常遭人批判，因为它保证给地主带来收入，而地主什么劳务也没有作出（除去他同时幸运地占有土地之外……）。早在19世纪末，美国经济学家亨利·乔治就用此作为论据说，土地不许继承，它最终会导致国有化。而巴斯夏论证说，地租因先前提供的劳务（耕作、排水、开垦、修建道路和公路等），所以是合法的。

　　他就这样为他的首先建立在所交换物品的主观估计价值相等这一主观认识基础上的价值理论涂上了客观的色彩。这种关于物品本身已包含了"基本"价值的思想，是亚里士多德价值论的残余。经济学很长一段时期都保留了这种残余，甚至马克思关于劳动价值的理论——马克思关于剥削无产阶级观点的核心论据——也明显地立足在这种不合时宜的观点之上。

　　但若是无法证实这种先前作为物品的劳务的话——例如在出售一枚完全是偶然拾来的钻石时——那么巴斯夏的价值论就最终失去了其适用性。不过，人们当然不能因为巴斯夏当时没有超越于他的时代许多年而去责怪他。直到1871年——巴斯夏去世后21年，奥地利经济学家——卡尔·门格才在其《国民经济学原理》一书中发表了解决"价值问题"的方法。按此方法，一件物品的价值不是"客观地"，即根据先前作于物品的劳务或一种专门的品质来决定，而是根据当时情况（主观地！），看其各自在提供的数量上所占的优势来决定的。但所有这一切都未能动摇巴斯夏的观点，即任何自愿进行的交换行为均是一种和谐的利益平衡。即使没有"客观价值论"这一歧途（不幸的是巴斯夏却将此看作自己最大的学术成就！），也一样可以作出合乎逻辑的论证，而这种合乎逻辑的论证也确实已由巴斯夏无可辩驳地作出了。

　　巴斯夏提出的关于和谐思想的另一个主要论据引起了人们更多的注意，因为它不是一个"经济上"的论据。一如在他几篇比较短小的论著中那样，巴斯夏在《和谐经济论》中也表明自己是一个道德哲学家和社会哲学家。他的哲学的核心是认为"所有合法的利益都是和谐的"。"合法"一词表明，巴斯夏所指的不是赤裸裸的自私自利或是在损害他人的基础上追逐自己的利益。恰恰相反，他对于一切形式的社会主义的批判正是基于下述认识，即社会主义主要也是用不合法的强制法律来装点同样不合法的利益。所以，人们绝不能把巴斯夏著作看作为资产阶级利益的合法化辩护的不道德的化身。在他的思想后面，更多地深藏着一种很生硬的道德。它不允许有任何用模糊的"实用主义"来托词的例外。所以，最近甚至有人指出，巴斯夏为经济自由和法律上的自由所作的道德辩护要比当代某些作家完美得多，尤其是有些人想说明，法律规定是逐步进化的，例如弗里德里希·奥古斯特·冯·哈耶克在其1960年出版的《自由宪章》一书中就力主此说。这种解释明显地不及巴斯夏严密的法律理论高明。[1] 这

---

　　① 见詹姆斯·A. 道恩《法与自由：比较海耶克和巴斯夏》，载《自由意志者研究》第5卷，第4期，1981年秋，第375页以下。

是因为，巴斯夏虽然一直强调一种自由的经济制度对一般大众福利的益处，但他把对这种制度本身道德的论述与他所强调的这一点完全区分开来，并且严格地将这种道德上的论述置于优先于经济考虑的地位。所以说，巴斯夏——与他同时代的英国大多数激进自由主义经济学家相反——不是一个功利主义者。

在巴斯夏的道德体系中，居中心地位的是自由这个概念。自由只许用公正来限制。这就是说，不允许任何人有自由去对他人施行暴力和强制手段或限制他人的自由，这乍听起来平淡无奇。作为整个制度的一个先决条件，这一原则由于基于严密的逻辑推理和仔细斟酌，它在实际操作中是不容置疑的，但从中会产生一些不寻常的极端性行为后果。19 世纪时曾有一些人主张最小政府——在德国有威廉·冯·洪堡①，此后有英国的社会学家和进化论理论家赫伯特·斯宾塞②和作家兼国会议员奥勃龙·赫伯特③——但巴斯夏是最坚定不移的。

从巴斯夏关于道德前提中也可看出他反对保护主义和社会主义再分配的态度。与英国的功利主义者们相反，他从未起而为这类东西辩护过。英国的功利主义者最迟从约翰·斯图亚特·穆勒

---

① 特别是在其 1972 年所撰写的、影响极大的论文《思想》中，他试图对国家作用的界限作出规定。

② 其观点特别明显地体现在他 1884 年出版的著作《人对国家》中。

③ 赫伯特是少数几位以更坚决和更激进的方式来捍卫巴斯夏提出的自由思想的思想家之一。巴斯夏在《和谐经济论》一书中清楚地表明，任何征税都是一种强制行为，因为——与市场上的自愿交换行为相反——这种交付是得不到国家通过公共服务所作的明确而等值的回报的。但是，巴斯夏并不对这种国家的强制征税提出质疑，因为他认为，即便他自己心目中的袖珍国家也必须如此来获得财源。赫伯特则在其 1884 年发表的论文"国家强制行为的是与非"中建议用"自愿纳税"来代替国家的强制征税。

这是一个典型的例子，它说明，关于最小政府的论证很容易转变成无政府主义的论证。这种情况甚至也发生在巴斯夏的直授弟子们身上。这里值得一提的有经济学家古斯塔夫·德·莫利纳里。

起就明显地向社会主义立场靠拢。任何国家的再分配行为，对
"提供者"来说都是一种强制行为。只有当被"再分配"的财产
本身便是巧取豪夺而来时，这一强制行为才是理由充分的。在任
何其他情况下，这都是一种明目张胆的专横行为。巴斯夏这一严
格的论证又引致了和谐思想。这种和谐思想绝非如一开始巴斯夏
的雄辩使我们认为的那样是"形而上学"或"神学"式的。它
得自经过分析的、合乎逻辑的结论，而此结论又来自理论性的前
提。所以——谁愿对此提出异议呢——自由和专横（以及与此
相连的公正和再分配）是互不相容的。这就清楚了，为什么巴
斯夏的弟子们在对待 19 世纪末出现的摩登的社会国家的态度上
始终坚持要自由合作原则（比如通过合作社）。任何其他做法在
他们看来从本身就都是不道德的。

　　这样，这一似乎不合理的和过时的和谐思想在巴斯夏那里便
体现为对一种没有不公正的强制行为的社会的追求始终有现实意
义的。

九

　　从其道德前提以及由此而生的和谐思想中还产生了巴斯
夏的经济理论。他在《和谐经济论》中详细地阐述了这一理
论。但由于这里难以叙述在他早期的短文中没有叙述过的东
西，所以只能简短地提一下这个理论。任何违反道德前提的
行为也是一种损害经济的行为——即使人们"没有看到"这
种损害。国家保护主义和国家再分配立足在下述决策之上，
即侵害财产所有者或强行使其屈服，而无须以那些财产所有
者干下的不正当行为为理由来为此辩解。从原则上讲，国家
的所作所为正是它本应惩罚的私人偷盗行为。巴斯夏把这种
特殊的国家强盗行为若换成私人，则称作"掠夺"——这是

一个经常在他的著作中出现的概念。① 这种侵权的行为总是同时也对经济造成损害，唯其如此，想用不正当手段来强行取得经济发展是不可能的。经济和道德是一致的。巴斯夏只是重复他们以前为维护最小政府的竞争和自由贸易所作的辩护词，这个最小政府的责任只是保护人的生命、自由和财产。巴斯夏这里提出的论据大多既不新颖，亦非独创，但它们是反驳不倒的，而且直至今天对经济科学来说还往往是适用的。

十

　　但巴斯夏在《和谐经济论》中还探讨了另一个他深为关切的问题，它与自由贸易问题紧密相关。早在巴斯夏1845年在伦敦访问时，他就奇怪地感到，由科布登和布赖特掀起反谷物法联盟运动，没有反映出人们深切关心的全部重大问题，而只是瞄向一个极有限的、实际的目标。② 例如在英、法之间关于自由贸易的《科布登条约》中可清楚地看出自由运动所关心的比较广泛的问题，但它们却常由于反对《谷物法》和争取自由贸易的斗争而被忽视了。曼彻斯特自由党人是和平主义者，他们对任何帝国主义都抱批判态度。曼彻斯特自由主义是由工人阶级发动的，并且为各个阶层的人民开创了一个空前繁荣的时代（包括结束了西欧最近的饥荒）！单是这一事实就应该令世人赋予这个曼彻斯特自由主义比人们今天通常给予它的更好的身后荣誉。运动的和平主义应使这场运动永远不带任何道德上的污点。

　　科布登和布赖特，一对公谊会教徒，他们支持自由贸易还基

---

　　①　巴斯夏在其1848年发表的短论《财富与掠夺》一文中对这一概念作了详细说明。见《全集》第4卷，第394页以下。
　　②　见约翰·莫利斯《理查德·科布登生平》，第70页。

于其他考虑。科布登在 1842 年 4 月的一封信中写道："……欧洲的殖民政治是过去 150 年里发生战争的主要原因。相反地，自由贸易是不可避免的，它使各国之间互相依赖的关系固定下来，并剥夺了政府把人民推入战争的权力。"①

科布登、布赖特和英国的自由贸易运动就一切重大的，关系到和平和反帝国主义、殖民主义斗争的政治问题发表看法。他们致力于在印度建立一个比较好的行政管理制度，以反对滥用国家贸易垄断特权，而同殖民地进行自由贸易。这样做，科布登说道，从长远来看，必将导致殖民主义的终结。他们激烈反对英国参与克里米亚战争，尽管当时自由党人中的大多数以及大多数人民都沉湎于战争的狂热之中。他们的这种态度与法国的巴斯夏抗议本国在阿尔及利亚推行的殖民政策，与德国的欧根·里希特反对威廉二世皇帝对非洲和中国推行的扩张政策的做法是一致的。

一般说来，欧洲的曼彻斯特自由党人的信条是：自由贸易问题与和平问题紧密相连。约翰·普林斯－史密斯 1860 年在科隆的一次讲话便点到了："在各国经济交往中施行强制手段，即意味着用专横来取代公正……"②

这段话也明白地道出了《和谐经济论》的核心问题之一，该书早在 1850 年已由普林斯－史密斯译成德文。巴斯夏从自己对道德哲学的基本认识出发，认为保护主义完全是一个民族反对另一个民族的侵略性行为，因而是一种破坏和谐的行为，正如自由经济的敌人封建贵族们想靠劳动人民来养活自己一样，有些民族就是想通过保护主义来掠夺别人。一

---

① 见约翰·莫利斯《理查德·科布登生平》，第 125 页。
② 引自德特马·多林主编《自由主义简易读物》，圣·奥古斯丁，1992 年，第 91 页。

切所谓"英勇行为的"军事道德观实际上都只是在为可恶的掠夺思想作遮遮掩掩的、危险的辩解。对这种道德观只有用不损害他人的生产率价值观来有效地回击。只有当人们不再认为他们可以强迫他人来满足自己的需求时，世界上才会有永久的和平。

谁要是读一下巴斯夏的高度理想主义的、关于自由贸易与和平的见解，谁就会懂得，为什么曼彻斯特自由主义成为这样一种国际性的群众运动。巴斯夏的《和谐经济论》一书也让今天的读者懂得了这一点。

十一

巴斯夏在去世后的 20 年中仍然充当着英国以外的自由贸易运动最伟大的知识分子精英，并且是运动最有力的辩护人。他的影响是巨大的。还在他活着的时候就有一群极富天才的经济学家聚集在他的周围，支持他进行斗争，这里值得一提的是夏尔·迪努瓦耶，他以其 1845 年发表的著名论文"论劳动自由"科学地论证了劳动生活中契约自由的原则。此外也还可以举出一些政论家如夏尔·孔泰或历史学家奥古斯丁·梯叶里。

但尽管如此，法国的自由贸易运动在贯彻自己的目标时所取得的政治成就远不及以科布登和布赖特为核心的英国的运动。直至 1860 年——巴斯夏去世 10 年以后——法国的运动由于英、法间的科布登条约才取得最重大突破，巴斯夏若是地下有知，是他的一个学生和最亲密的合作者米歇尔·舍瓦利埃率领法国代表团进行谈判并签订了这个条约，一定会含笑九泉。

巴斯夏著作在法国以外也不无影响。他的书在德国被翻译出版，而且直到 19 世纪末一再再版。① 甚至在大西洋的彼岸，他也闻名遐迩。1860 年后，美国也翻译出版了巴斯夏的主要著作。②

十二

　　20 世纪初，巴斯夏热沉寂下来，他的声誉越来越苍白了。1968 年，有一本社会科学手册上甚至写着这样一句话："巴斯夏赢得了自己同时代人的支持，但是却令他的后人感到失望。"③但这种情况与他作家和经济学家的才能毫不相干。主要的原因在

---

　　①　值得一提的是，普林斯 - 史密斯在法文原版书出版同年（！）出版了《和谐经济论》的翻译本，书名为《弗雷德里克·巴斯夏，国民经济的和谐》，柏林，1850年。

　　②　18 世纪 30 年代以来，美国掀起了一场关于自由贸易和保护主义的特别激烈的争论。这场争论——而不完全是奴隶问题——是 1861—1865 年内战的真正原因。令人惊奇的是，当时南方捍卫了自由主义（自由贸易）立场。南方的邦联国家在 1861 年甚至把禁止保护主义写进了自己的宪法（历史上独一无二之举！）。参见斯蒂芬·凯恩《问题依然存在——美国南部邦联宪法的教训》，载《自由人·自由的思想》第 43 卷第 5 期，1993 年 5 月，第 194 页以下。

　　纽约政论家威廉·莱格特是美国最重要的自由贸易者之一。早在 30 年代，他的两份杂志《诚实商》和《晚邮》就以后来巴斯夏在法国那样的热情和优美的文笔捍卫了"自由放任的自由主义"，他的论文见见《威廉·莱格特，民主主义的论文，杰克逊政治经济论文》，L. 怀特主编，印第安纳波利斯，1984 年。

　　同样还必须提到的是来自南卡罗来纳的经济学家托马斯·库珀。他 1830 年出版的《政治经济学要点讲义》当是美国内战前最有影响的一本经济著作。但没有迹象表明莱格特或库珀同巴斯夏有任何直接的联系。

　　奴隶问题阻止了"南部国家"的自由贸易者同欧洲的自由贸易运动建立任何联盟，相反地，例如英国没有支持南方，正是要归因于科布登和布赖特的毫不妥协的自由主义立场。

　　③　哈杰特·杜兰德：《弗雷德里克·巴斯夏》，载《国际社会科学百科全书》第 2 卷，D. 西尔斯主编，1968 年，第 26 页。

于：这位曼彻斯特自由主义宣告者走的是曼彻斯特自由主义的道路。几乎没有一个自由主义的运动像"曼彻斯特自由主义"那样遭到后代人们如此多的咒骂，于是，无论是它在同苦难作斗争中所取得的巨大的成就或者是它反对战争和殖民主义的战斗性的理想主义，均未能免遭这种咒骂。于是，巴斯夏，这场运动的主要知识分子代表，也随着一起倒了下来。

有人刨根问底，为何各种流派的自由主义中唯独曼彻斯特自由主义如此（极不公正地！）声名狼藉？对此的回答会令人感到荒诞，那就是，它作了自己的武器的牺牲品。反谷物法运动发生于一个自由党人成功地将民主权利扩大到更广泛的阶层的时代，这里特别值得一提的是1832年英国的《改革法案》。在欧洲大陆上——特别是在巴斯夏的祖国法国——民主已经在行进，并最后为1848年的革命开辟了道路。这一情况说明了，为什么科布登和布赖特的联盟能够通过发动国会外的群众获得成功，能够在政治上发挥作用。这也说明了，为什么那些依然浑身贵族味，只关心一个极小圈子利益的对手们一开始没有机会行动起来。

但对手们学得很快。不久就有一种新型的保守政治家形成了，这种政治家能够将古典的封建特权国家改造得对人民大众具有吸引力，在英国，值得提一下的是本杰明·迪斯雷利。他提出了两个民族（贫困的和富裕的）和解的理论，在他把皮尔首相推翻以后——因为皮尔首相赞同自由贸易——利用这个理论使托利党人再次可能成为多数派。有人发现，在一个现代化的、民主的团体内，也可以利用特权国家的工具来收买选票。这个值得令人怀疑的发现颇合迪斯雷利的口味。而剥削性的帝国主义就属于这类工具，它会运用其最卑劣的本能。然而，尽管如此，迪斯雷利今天的身后荣誉要比科布登和布赖特好得多。

在法国，保守的专制政治很早就吸收民主的方法。巴斯夏去世一年后，路易·拿破仑（拿破仑一世之侄）通过一次政变

结束了 1848 年的革命。一年以后，他给自己加冕为皇帝，巴
斯夏曾想建立一个自由主义共和国的计划就此寿终正寝——这
一事变使他的学生莫里纳里被流放到了比利时。拿破仑三世皇
帝懂得充分利用民意来巧妙地保护自己的权力。他采取了一种
生硬的收买选票的政策，即通过国家采取严厉措施创造就业岗
位来收买选票。① 这些措施不久便把国家的财政拖到了危机的
边缘。此后他又在外交上采取帝国主义的冒险行动，试图以此
挽救其日益下降的声望——例如在墨西哥建立一个依附于他的
王国，但这个王国血腥地流产了。1860 年，他同时还与英国
签订了自由贸易协定，此后又与其他国家签订了类似条约。所
有这些行动，部分要归功于反对派施加了越来越大的压力。但
这也表明了，危险并不是来自社会主义的教条主义，而是来自
一种无原则的、偷偷摸摸的干预主义，这种干预主义是大多数
现代国家所具有的特色。

　　在德国于 1878 年声明赞同关税保护政策后，俾斯麦尤其
懂得如何使自由贸易运动失去民众的支持。他当时采取的政治
措施要比拿破仑三世巧妙得多，因而能在政治上维持较长时
间。由他推行的扩大国家社会保障制度，不仅使他成功地让越
来越多的人依附于国家，而且使自由党人在这块领域开创的业
绩永远地从功劳簿上被勾销了。社会救济从一开始就是全欧洲
的曼彻斯特自由党人关心的核心问题之一。工人阶级对国家的
不信任感一开始十分明显，所以科布登关于自我组织、合作社
和教育协会的想法得到了热烈的赞同。而英国有些工人协会走
得如此之远，竟至试图用一种自己发行的纸币来埋葬国家对货
币的垄断。保守党人将封建贵族特权国家转变为民主特权国家

---

　　① 例如由霍斯曼伯爵对巴黎城的彻底改建。见阿尔弗雷德·科班《现代法国
史》3 卷本，第 2 版，哈蒙斯沃思，1965 年，第 2 卷，第 167 页以下。

的变革挫败了这股潮流的锋芒，但一直到 20 世纪初还是有个别的斗士在争取一个非国家的、建立在自愿而不是强迫基础上的社会制度——例如英国的奥勃龙·赫伯特，德国的欧根·里希特，俾斯麦在国会中的强有力的对手，以及赫尔曼·舒尔茨－德里奇。尤其是舒尔茨－德里奇，他对推动思想领域方面发生转变起了十分明显的作用。他不管怎么说都是一个活跃的社会改革家，并作为"德国合作社事业之父"而被载入史册。社会民主党人斐迪南·拉萨尔可以十分成功地把"曼彻斯特人"作为一个谩骂字眼来称呼他，说他诱发了社会肆无忌惮的行为。拉萨尔同时还用巴斯夏－舒尔茨·冯·德利奇先生的称呼来诽谤他。① 这正说明了，巴斯夏的名字与全欧洲的曼彻斯特自由主义自由贸易运动是何等紧密地连在一起——然而，巴斯夏也不得不随着运动的失败而失败。

　　19 世纪末，以巴斯夏为代表的自由党人在作困兽斗。只要特权国家存在，就没有一种政治力量能够再完全避免收买选票和给某些人以特权的强制行为。作为一个人民中特大群体的代表的工人运动很快就明白了这一点，于是马上就脱离了曼彻斯特自由主义，而曼彻斯特自由主义出于自己内在的道德观也不能参加工人运动。虽然这对曼彻斯特事业来说根本是一种错误的历史倒退，但搞再分配的国家现在却也披上了"进步"的外袍。这样

---

① 斐迪南·拉萨尔：《巴斯夏－舒尔茨·冯·德里奇先生，经济上的恺撒》或：《资本与劳动》，柏林，1864 年。

舒尔茨－德里奇主张工人和农民在合作社中自由地联合，以加强他们在自由经济生活中的地位。

自由主义的舒尔茨－德里奇与社会主义者拉萨尔之间的争论在于，是否允许国家对合作社给予补贴。舒尔茨－德里奇反对补贴，其中一个理由是，取消合作社的经营风险会削弱整个经济的功能（给所有人增加负担！），他在论证时明显地引用了巴斯夏的《和谐经济论》。参见里塔·阿尔登霍夫《舒尔茨－德里奇，对在革命与帝国成立期间自由主义史的贡献》，巴登—巴登，1984 年，第 183 页以下。

一来，保守党人很快就失算了，因为不久那些有人想"收买"的选民理所当然地在社会主义的党派和社会民主党中找到了自己可信的靠山。最后，还有一批"自由党人"，他们试图去适应新的既成现实，牺牲了自己的原则去追逐一群群选民，然而几乎从未获得过令人信服的成功。同样，在德国，民族自由党人像一部分左翼自由党人一样（欧根·里希特领导的主张自由的人民党不在其中，该党保持着对曼彻斯特思想的忠诚），赞同俾斯麦的关税保护政策。这些民族自由党人越来越多地成为社会民主党的追随者。在英国，自由党的极端派成员（如约瑟夫·张伯伦）则热衷于追随保守党人侵略性的帝国主义和殖民主义。

　　打败了"曼彻斯特事业"的胜利者们给我们留下来的是一笔可怕的遗产，这就是我们今天熟悉的利益集团国家，它的内在的动力无论当时或今天都是无法控制的。巴斯夏曾警告说，国家不能蜕变为一个人人想靠别人养活自己的虚假国度。但他所有的警告都被当成了耳边风。这种国家一开始就试图通过代表民族主义的利益来实现自己的目标。在英国的自由贸易运动取得了最初的巨大成就之后的20年，是一个富裕程度以非凡速度增长的时代，而且也是一个和平的时代。除了克里米亚战争以外，欧洲没有发生较大的军事冲突。但这一切随着曼彻斯特事业的失败而告结束。帝国主义和关税保护政策（它实际上如科布登、布赖特、普林斯－史密斯和巴斯夏曾指出的那样也一直在损害着自己的国家）把欧洲带上了一条下滑的轨道，而这条轨道的尽头便是第一次世界大战。战争结束以后，接着是国家社会主义和斯大林主义的专制政体兴起，然而这一切在保守的、社会主义的、社会自由主义的和民族的知识分子中得到一片赞同之声（或者说，他们至少是不情愿地为此做好了思想上的准备）。于是，不久就唤起了人们这样的印象：应该是曼彻斯特自由主义对世界帝国主义这个祸害、对贫困化以及对一切人们想得起来的坏事负责。

十三

尽管这种情况一直延续到第二次世界大战以后的时代，直到人类重又信赖一种自由的经济制度为止，但早在第一次世界大战之前，已经有一批知识分子在勇敢地同反自由主义的时代精神作斗争了。他们当中有几位是直接受教于巴斯夏的学生，例如伊夫·居约特。他在1893年出版了一本题为《社会主义的暴政》的书。但这些学生中最著名的无疑当推古斯塔夫·德·莫利纳里。还在巴斯夏活着的时候，他就作为巴斯夏最激进的学生脱颖而出。早在他1849年于《经济学家杂志》上发表的文章"论安全的生产"中，他就把自由市场的思想带进了甚至连巴斯夏——他一定不会被人怀疑是国家中心主义者——都认为是国家最神圣的领域，这就是内部安全。即使在巴斯夏看来，国家也只是一个法律保护机构，而莫利纳里则认为，正是因为如此，私人保险机构也能够在竞争中十分方便地完成国家的警卫任务。莫利纳里在其后来的大部头著作如1888年出版的《经济的道德》和1899年出版的《将来社会的政治经济组织设计》中，将巴斯夏的思想全面地发展为一种无政府主义的自由乌托邦。此外，莫利纳里也参与了在欧洲所有重要国家之间创建关税同盟的运动——这是在"世纪末"的、自身越来越多地表现出民族主义和帝国主义的欧洲一个光荣的例外。

莫利纳里于1912年去世后，似乎就不再有人来维护巴斯夏的遗产了。[①]

---

① 莫利纳里特别高兴的是，他始终在美国受到热情的爱戴，在美国很早就翻译出版了《明天的社会》（纽约，1904年）。关于他的著作的全面介绍见大卫·M.哈特《古斯塔夫·德·莫利纳里和反中央集权的自由主义传统》，载《自由意志者研究》杂志，第5卷第3、4期，以及第6卷第1期，1981年。

　　直到 20 世纪 60 年代以后，才有一种相反的趋势出现。最先是在美国，巴斯夏的著作——很久以来第一次——被重新发表①并在较大范围的读者中作了宣传。巴斯夏在英国——巴斯夏所推崇的曼彻斯特自由主义的发源地——也受到了尊重。正是当时的女首相玛格丽特·撒切尔，而不是其他地位稍低的人，宣称：巴斯夏是她喜爱的经济学作家，此话又恰是在她一次对法国的国事访问中说的。她当时确信，在那里已没有人还知道巴斯夏了。②然而，在此期间，在他的祖国法国，人们也已开始缅怀起他来了。③可以相信，这一势头将继续发展下去。

十四

　　历史总是由胜利者写的，这一点在巴斯夏和曼彻斯特自由主义身上表现得更是少有的明白。一个灾难性的、由保守党人和表面上的进步党人组成的联合政府的历史观直到今天还在对大众关于巴斯夏和自由主义两者的看法产生影响。它像一个包袱那样压在自由主义身上，它摧毁了几乎所有的、致力于少一些国家多一

————————

　　① 《和谐经济论》也在其中。它以下述书名出版：《弗雷德里克·巴斯夏和谐经济论》，W. H. 博耶斯译，欧文顿－哈得逊，1964 年。

　　这一版本出版了多次，有些是以平装本形式出版的。

　　1950 年，在迪安·拉塞尔的关心下，由洛伊翻译并在美国出版了巴斯夏的《法》译本，该译本到 1990 年已经出了第 15 版，这一事实最清楚不过地表明了巴斯夏在美国受人欢迎的程度。

　　美国大量的再版工作主要是由位于纽约附近的欧文顿－哈得逊的经济教育基金会进行的。

　　② 见特雷萨·戈尔曼《弗雷德里克·巴斯夏的遗产》，第 1 页。

　　③ 例如，在数十年以后，那里又首次出版了他的最重要的短小论文的论文集，题为：《弗雷德里克·巴斯夏，经济文集》，由 F. 阿天塔利翁写导言，巴黎，1983年。甚至还成立了一个称作"巴斯夏圈"的学术小组，为巴斯夏的学说重新恢复声望。

些市场的自由党人的自信心，它使人们相信，民族主义、殖民主义和国家至上主义要比世界公民主义和自由（这是曼彻斯特自由党人的信仰）更为人道，它长期来摧毁民众福利和人们战胜苦难的基础，我们应该把人们战胜苦难归功于对个人自我责任感的激发，而不是国家再分配的官僚方式。

这就是教训，这个教训不仅仅发达工业国家要再次记取，它主要适用于那些犹处在如巴斯夏时代的欧洲国家所处境况中的国家。在这些国家里，无数失败了的由国家制订的发展计划，均证实了巴斯夏学说的价值，弗里德里希·李斯特当是所有时代的保护主义最有影响的作家，他在自己1840年出版的《政治经济学的国民体系》一书中提出了这样的论点：主要为了具有竞争能力，穷国也需要一段时间的保护主义，这一论点在世界上一直拥有众多的追随者，由此而生的灾难性后果，我们每天都能看到。

这方面的真理依然是：正是由于摆脱了经济和政治的束缚，才使战胜饥饿成为可能。这是一个伟大、文明的功绩。之所以如此说，因为这一功绩产生于19世纪一段有史以来人口最大规模爆炸的时期。第三世界的苦难表明，如果发生了人口爆炸而不同时去解放市场的力量，将会发生什么情况。在这方面，今天巴斯夏的著作读起来好像是唯一的对第一世界向第三世界采取保护主义的伟大的控诉。而像智利、马来西亚，甚至中国这些很早打开自己市场的国家取得的成就，则证明了他的关于曼彻斯特事业的学说的全部正确性。

没有一位作家曾经能够像弗雷德里克·巴斯夏那股引人入胜地和清晰地表述这个学说，如果我们想听一听在我们这个不完美的世界上的乐观主义的声音，那么，我们就必须追溯到他和他的《和谐经济论》那里去。

关于著作的说明

《和谐经济论》第一版（由巴斯夏自己出版）是不完整的，其中只包括了前10章。巴斯夏没有能够完成计划中续写的其他篇章：

《和谐经济论》，弗雷德里克·巴斯夏著，巴黎，吉约曼，1850年，第463页。

同年在布鲁塞尔还出版了一个版本，但没有补缺：

《和谐经济论》，弗雷德里克·巴斯夏著，布鲁塞尔，梅丽那，康和联合出版社，1850年，第388页。

巴斯夏在自己去世前不久得以在罗马将许多尚缺章节的手稿寄给他的朋友比·贝罗雷特，并委托他发表，于是出现了第一本完整的版本：

《和谐经济论》，弗雷德里克·巴斯夏著，第二版增补版，根据手稿增补，由巴斯夏友好协会出版（主编：P.帕约特和R.德·丰特奈），巴黎，吉约曼，1851年，第567页。

《和谐经济论》这个完整的版本在未作重大修改的情况下作为6卷本全集的第六卷出版：

《弗雷德里克·巴斯夏全集》，（由P.帕约特和R.德·丰特奈）根据手稿整理、审校、加注。巴黎，吉约曼，1854—1855年，6卷本。

不久，巴斯夏全集又补充进了第7卷杂文集，但《和谐经济论》仍作为第 6 卷。在没有更新的校勘本出现之前，这一版本是巴斯夏著作的标准版本。

《弗雷德里克·巴斯夏全集》，根据手稿整理、审核、加注，第 2 版，巴黎，吉约曼，1862—1864 年，7 卷本。

直到 1893 年为止，这一版本在只作极细微修改后再版了许多次，这里呈于读者面前的译本是根据 1870 年的第 6 版译出的。

致法国青年

热爱学习，追求信念，不为成见所左右，不怀仇恨，热心宣传，光明磊落，无私献身，真诚善良，对一切美的、善的、纯朴的、伟大的、真诚的事物都抱有热情，这些都是青年的可贵品质。因此，我将这部著作献给青年。这是一粒种子，如果不能在我播撒的肥沃土壤中生根发芽，它就不会具有生命力。

我本想奉献给你们一幅画，但实际上却是一张草图。请原谅，如今有谁能完成一部有分量的作品呢？关键就在于此。你们中的**某一位看见这张草图时，大概会像那位伟大的画家一样大声喊道："我也是画家！"**① 然后拿起画笔，在我这张不像样的草图上，添上色彩和肌肉、阴影和光亮、感情和生命。

青年人，你们大概觉得，我把"和谐经济论"作为书名，未免过于雄心勃勃了。难道我真有雄心揭示上帝关于建立社会秩序的方案以及他赋予人类的用以实现人类进步的全部力量的机制吗？

我当然没有这么大的雄心，但是，我希望引导你们去认识**一切正当的利益彼此和谐**这个真理。这便是本书的主旨，你们不会不懂得它的重要性。

在一段时间里，对于人们所说的**社会问题**嗤之以鼻，似乎成

---

① 据说，意大利画家葛雷基奥（Antonio Allegrida Corregio, 1494—1534）第一次见到拉斐尔的名作《西斯廷圣母》时，曾发此感叹。——译者

了时髦。应该承认，为解决问题而提出来的某些方案，确实太应该遭人讥笑了。然而，问题本身却毫无可笑之处，它就像是出现在马克白斯宴席上班科的幽灵①，只是它并未保持沉默，而是向受到惊吓的社会高声喊叫："解决不了就会死去！"

你们很容易明白，对于彼此必然和谐的利益和相互必然相抗的利益，解决方案应该完全不同。

彼此必然和谐的利益，应由自由来解决；相互必然对抗的利益，则需借助强制来解决。对于前者，不加干预即可；对于后者，则必须加以阻挠。

可是，自由只有一种方式。如果人们确信，组成液体的每一个分子都具有一种力量，而液面的高度便是这种力量聚合的结果，那么对于我们来说，为了达到这一高度，最简便可靠的办法莫过于避免置身于液体之中。因此，凡是承认**人的利益彼此和谐**并以此为出发点的人，都会赞同用这样的方法来解决社会问题：对各种利益不横加干预，不人为地进行分配。

相反，强制方式却因观点不同而层出不穷。持**人的利益相互对抗论**的那些学派，除了排斥自由之外，至今对社会问题的解决毫无作为。他们需要从多得难以计数的强制方式中选择一种好的——如果确有这种好的强制方式的话——然后他们还需克服最后一个困难，让所有自由的人无一例外地接受这种好的强制方式。

可是，有人认为，人的利益因其本质而必然相互冲突，如果不随心所欲地建立一种反自然的社会秩序，这种冲突就不可能避免。我们如果接受这种观点，人类就难以安生了，人们就会惊恐地提出一系列问题：

---

① 班科被马克白斯谋杀，他的幽灵出现在莎士比亚的名剧《马克白斯》中。——译者

1. 能有人找到一种令人满意的强制方式吗？

2. 此人能使许许多多主张采用其他强制方式的学派都赞同他的意见吗？

3. 人类能屈从于这种将根据上述观点遏制所有个人利益的强制方式吗？

4. 人类纵然穿上了这件极不合身的衣衫，若是有人拿来一件设计得较好的衣衫，那该怎么办呢？拒绝抛弃那个明知弊病甚多的旧社会秩序呢，还是追随朝秦暮楚的时尚，每天建立一种新社会秩序呢？

5. 自己的方案未被选中的那些设计师，会不会联合起来反对被选定的那个方案呢？况且，倘若被选定的方案就其性质和目的而言将对所有人的利益造成损害，那些设计师的反对岂不是将会给社会造成更严重的动乱吗？

6. 最后，人类是否具有这样一种力量，能克服被认为是由人类本性所决定的相互对抗呢？

我还可以无休无止地罗列这类问题，并且，比方说，提出这样一个难题：

如果个人利益是与总体利益对立的，那么，强制的行动原则从何而来呢？它的支撑点何在呢？难道在人类之外吗？看来只能是这样，否则你们就无法自圆其说了。因为，倘若你们将仲裁权托付给某些人，那么，这些人就必须被证明是用不同于我们的材料制成的，他们不为私利所动，而且即使没有任何约束和有效的抵制，他们也不会犯任何错误，也不会贪得无厌。

各种社会主义学派（我说的是那些试图在一种非自然的社会秩序中解决社会问题的那些学派）和**经济学派**的不同，不在于这种那种观点细节上的差别，也不在于他们所主张的这种那种政府组织不一样，他们的不同在于出发点，也就是这个前提性的、决定性的问题：人的利益在不加管束时究竟是彼此和谐还是相互对抗？

很显然，社会主义学派之所以力图探索一种人为的社会制度，原因在于他们认为自然的社会秩序有缺陷，而他们之所以认为自然的社会秩序有缺陷，则是因为认定人的利益是彼此激烈对抗的。否则，他们就不会求助于强制。不言而喻，对于原本就是和谐的事物，当然无须借助强制使之和谐。

所以，在他们看来对抗无处不在：

业主与无产者之间，

资本与劳动之间，

平民与资产者之间，

农业与制造业之间，

乡民与市民之间，

本国居民与外国侨民之间，

生产者与消费者之间，

文明与社会秩序之间，

总而言之，自由与和谐之间。

这就是他们心中虽不乏仁爱，挂在嘴上的却是仇恨的原因。他们人人都无比热爱自己梦想的那个社会，然而我们现今生活的社会，却不会按照他们的愿望早早地消亡，以便在废墟上建设一个新的耶路撒冷。

我说过，**经济学派**以利益的自然和谐为出发点，以自由为归宿。

然而，我不得不承认，虽然经济学派总的来说都以自由为归宿，但很遗憾，他们的理论却无法牢固地构筑起利益和谐这个出发点。

在进一步深入探讨之前，为了防备你们由此进行难以避免的归纳，有必要先分别谈谈社会主义学派和政治经济学派的目前状况。

如果我把社会主义学派说得一无是处，夸耀政治经济学派从未犯过错误，那显然是狂妄。

这两个学派的主要区别在于他们的方法不同。社会主义学派跟星象学和炼丹术一样**依靠**想象，政治经济学派则跟化学和天文学一样**依靠**观察。

两位天文学家观察同一事物，可以得到不同的结果。但是，尽管存在这种短暂的分歧，他们却感到，共同的方法将他们联结在一起，共同的方法也迟早克服他们的分歧，所以，他们彼此承认属于同一群体。可是，天文学家和星象家的关系就不同了，前者进行观察，后者进行想象，尽管他们会有某些共同点，但两者之间的鸿沟却是不可逾越的。

政治经济学和社会主义之间的关系正是如此。

经济学家对人、对人的社会组织规律以及由这种规律所形成的人际关系进行观察。社会主义者想象出一种虚幻的社会和与这个社会相匹配的人心。

不过，科学虽不会错，学者却会犯错误。我不否认，经济学家的观察也会出错，我甚至要说，在初始阶段，他们的观察必然会出错。

但是，请注意接着发生了什么。如果利益是和谐的，观察的错误就会合乎逻辑地导致对抗。社会主义者采用什么策略呢？他们从经济学家的著作中挑拣出若干观察错误细加分析，指出其灾难性的后果。他们这样做得对。接着，他们对观察者进行指责，我估计，受到指责的人名叫马尔萨斯或李嘉图。这些他们也还做得对。然而，他们并不就此罢休，他们继而攻击政治经济学本身，指责这门科学冷酷无情、崇尚邪恶。他们这样做就是反对理性和公正了，因为，科学不应为观察的错误承担责任。他们甚至走得更远，进而谴责社会本身，威胁说要摧毁社会以便重建社会。为什么？据他们说，因为科学业已证明，现存社会正在被推向深渊。他们这样做就违背常理了。因为，如果科学不会错，那又何必攻击科学？反之，如果科学错了，那就让社会保持安宁，因为它并未受到威胁。

这种策略不管多么不合逻辑，对于政治经济学来说依然是极为有害的。倘若采取这种策略的人以人皆有之的好心，错误地相互支持，并且附和他们的前辈，那就更糟。科学犹如女皇，应该坦诚而自由，门户之见会置它于死地。

我说过，政治经济学上的一切错误论点，无一不导致利益对抗的结论。另一方面，经济学家——即使是最杰出的经济学家——的大量著作中，难免包含着某些错误的论点。为了科学，也为了社会，我们有责任指出这些错误，并予以修正。为了小团体的荣誉而固执地支持这些错误，不啻是主动招惹社会主义的攻击，尤为严重的是，这样做也等于把真理送给社会主义当靶子。

所以，我要再说一遍：经济学家的主张是自由。但是，为了赢得人们的理解和赞同，必须使这个主张拥有一个坚实的前提，那就是：人的利益如不受约束就能和谐地彼此结合，就能促使公共福利逐步优先增长。

可是，某些权威的经济学家却以下述逻辑一步步导致相反的结论：**邪恶是绝对的**，所以必然不公正——也就是说，不平等必然日趋严重——因而，贫困化不可避免等。

就我所知，大多数经济学家认为**价值**来自自然资源，来自上帝的**无偿**恩赐。**价值**一词意味着，人们只有在能得到相应的酬报时，才会出让任何具有价值的东西。一些人，尤其是土地所有者以上帝的恩赐换取有效劳动，获得他们不曾付出任何劳动的各种效用。于是，这些著作家们便说道："这当然是明显的不公正，但无法避免。"

接下来是李嘉图的著名理论，大体上可以作这样的概述：粮食价格的基础是在最贫瘠的土地上为生产这些粮食而付出的劳动。人口增长迫使人们耕种越来越贫瘠的土地，整个人类（土地所有者除外）为了获得等量的粮食，不得不付出越来越多的劳动，如果付出等量的劳动，获得的粮食就越来越少，这两者其实是一回事，而每当一块劣质土地被开垦时，土地所有者得到的租金却越来越多。结论是：有闲阶级日益富足，耕作者日益贫困，即无法避免的不平等。

再往下是马尔萨斯的著名理论。在人类历史的每一个阶段，人口增长的速度呈超过粮食增长速度之势。人若不能果腹，岂有幸福安全可言。只有两种障碍可以遏制人口过剩的威胁，一是降低出生率，一是提高死亡率，为此必然伴以或使用一切可怖的方式。借助道德实行遏制的办法，若不被普遍接受便不奏效，所以无人对此寄予期望。出路于是只剩一条：强行抑制，诸如邪恶、贫穷、战争、瘟疫、饥馑、死亡率等，否则贫困化就不可避免。

我不再列举那些影响虽然较小、结论却同样令人失望的理论。例如，托克维尔先生以及许多与他相似的人曾认为，实行长子继承权可使贵族高度集中，如果不实行长子继承权，就会导致土地高度分散，土地生产率锐减。

值得注意的是，上述四种理论彼此并不发生直接冲突。纵然发生冲突，我们也会自我安慰地设想，这些理论既然都是错误的，它们自然会两败俱伤。事实并非如此，它们彼此协调，同属于一个总的理论体系。这种体系以大量似是而非的事例为依据，力图对激烈动荡的现代社会作出解释，得到了不少科学大师的赞同，在失去信心和不知所措的人面前，显得颇具权威。

需要了解的是，提出这种令人沮丧的理论的人，如何将**人的利益彼此和谐**解释为其前提，又如何将自由演绎为其结论。

当然，如果人类必然要被价值规律推向不公正，被地租规律推向不平等，被人口规律推向贫困，被继承权推向不育，那就不应该说，社会世界和物质世界一样，都是上帝创造的和谐的作品，而只能丧气地承认，上帝故意将我们的世界建立在令人厌恶的、不可救药的不和谐的基础之上。

出于不伤害任何人的考虑，我把这种理论称作不和谐理论。年轻人，别以为社会主义者已经批驳并放弃了这种理论。不，他们嘴上虽那样说，事实上却把它看作正确的理论。唯其如此，他们才主张以强制取代自由，以非自然的社会秩序取代自然的社会秩序，以他们自己的发明取代上帝的创造。他们向论敌（我不知道他们与论敌相比是否更前后一贯）说道："如若真如你们所说，人们不受约束的利益可以和谐地彼此协调，那么，我们的最佳选择就是跟你们一样，欢迎并颂扬自由。但是，你们已经雄辩地指出，如果听任利益自由地发展，人类社会被推向不公正、不平等、贫困和丧失生机。我们反对你们的理论，正因为它是正确的；我们要打碎现存社会，正因为它遵循你们所阐明的必然规律；上帝既然已经无能为力了，我们不妨试试自己的能力。"

前提倒是一致了，结果依然迥异。

前面提到的那些经济学家说，**上帝的主要法则把社会推向不幸**，但是我们不要去干扰这些法则发挥作用，因为幸而另有一些次要法则限制着主要法则的作用，延缓了末日的到来，任何随心所欲的干预，只会破坏堤防，而不能防止洪水上涨。

社会主义者说：**上帝的主要法则把社会推向不幸**，所以必须废除这些法则，并从我们取之不竭的仓库中选取新的法则。

天主教徒说：**上帝的主要法则把社会推向不幸**，我们必须躲开这些法则，所以就得放弃人间利益，遁入克己忘我、牺牲自我、禁欲和逆来顺受的境界。

有人忧心忡忡，有人悲观失望，有人号召反叛，有人规劝听天由命，在这一片嘈杂之中，我却要努力让大家听听我的话：**上帝的主要法则把社会推向不幸的说法是错误的**，此话如果得到证实，一切不和谐便不复存在。

由此可见，所有学派的理论前提是一致的，从这个前提推导出来的结论却使它们分裂为不同的学派，而且互相驳斥。我否定这个前提，这岂不是制止分裂和论争的好办法吗？

本书的主导思想，即利益和谐，**很简单**。简单不正是真理的试金石吗？在我们看来，光线、声音以及物体运动的规律，正由于简单而愈显其正确。利益法则为何不是这样呢？

利益法则具有**和谐性**。有什么能比体现出各个产业、阶级、国家乃至理论之间一致性的那个东西更具和谐性呢？

利益法则具有**宽慰性**。因为它指明了以邪恶日盛为结论的各种理论体系中的谬误。

利益法则具有**宗教性**。因为它告诉我们，揭示上帝的智慧、讲述上帝的光荣的，除了天体运动机制之外，还有社会机制。

利益法则具有**可行性**。让人们劳动、交换、学习、相互结合、彼此作用于对方并作出反应，还有什么比这些更切实可行呢？因为依据上帝的法则，当人们从事上述活动时，从他们的智能中自发地涌现的，只能是秩序、和谐、进步、善良、美好、更美好，以至无限美好。

你们会说，瞧，多么乐观的经济学家！他们都成了自己理论的奴隶，以至于不敢面对事实而索性闭上眼睛。明明看到了折磨着人类的种种贫困、不公正和压迫，他们居然心安理得地否认不幸的存在。他们的嗅觉已经麻木，闻不到起义队伍的火药味；在他们眼里，街垒不说明什么问题。即使社会彻底崩溃，他们还会喋喋不休地说："在这个最美好的世界里，一切都好得无以复加了。"

不，我们当然不认为一切都好得无以复加了。

我百分之百地相信上帝法则所体现的智慧，因此之故，我相信自由。

问题在于弄清，我们是否享有自由。

问题在于弄清，这些法则是否在充分发挥作用，它们的作用是否从相反的方向受到人类各种制度的严重干扰。

除非忘了我们谈论的是人，除非忘了我们自己也是人，否则我们就不会否定不幸，否定痛苦。上帝的法则并非必须排斥不幸才能被认为是**和谐的**。如果不幸有其解释，有其作用，能够自我限制，能够自我摧毁，痛苦本身能够遏制其产生的原因从而防止更大的痛苦，那么我们就可以认为上帝的法则是**和谐的**。

人作为社会成员是一种**自由的**力量。人既然是自由的，就要进行选择，既要进行选择，就可能选错，既然会选错，就会有痛苦。

我甚至要说，人必然会犯错误，必然要受苦。因为人是从无知起步的，而展现在无知面前的，是许许多多见不到尽头的从未走过的路，其中只有一条通向真理，其余都引向谬误。

任何谬误都导致痛苦。痛苦如果落在犯了错误的人身上，应该由本人承担责任；痛苦如果落在没有犯错误的人身上，那就会牵动人心，赢得同情。

由于这些法则的作用，加之我们具有分析因果关系的能力，所以在饱尝痛苦之后，我们能够走上正确与真理的道路。

因此，我们不但不否认不幸，而且承认它在社会秩序和物质世界中有其使命。

然而，为了使不幸得以完成其使命而过分强调同情心，乃至完全不考虑责任，这是不可取的；换句话说，必须尊重自由。

即使借助人所建立的各种制度阻挠上帝的法则发挥作用，错误依然会导致不幸，只不过此时的不幸会发生错位：遭受不幸的是不该遭受不幸的人。于是，不幸不再是警告，不再是教训，它不再自我限制，不再自我摧毁，它久治不愈，日趋严重，这情况犹如生理学上的某些现象，地球一端的居民某些不慎和过度的行为，会让地球另一端的居民尝其恶果。

　　大部分政府机构扮演的正是这种角色，那些被视为医治折磨着我们的那些弊病的良药而得到推崇的政府机构尤其如此。有人打着仁爱的幌子，力图唤起与他人同甘共苦这种矫揉造作的善心，结果却使个人的责任心日益变得淡薄和无效。由于政府和法律的过度干预，劳动与报酬的关系受到了损害，工业和交换的规律遭到破坏，资本和劳动的投向发生偏差，教育的自然发展受到干扰，思想被搅乱，愚蠢的欲念被煽动起来，虚幻的迷梦被渲染成前程无量，人力资源遭到前所未有的损耗，人口中心转移了，经验也变得毫无用处。总之，人的一切利益都被置于虚假的基础之上，于是各种利益彼此争斗。这时就有人大喊大叫：瞧呀！人的利益是相互对抗的，造成全部不幸的罪魁祸首就是自由，让我们诅咒自由，扼杀自由吧！

　　可是，自由毕竟还是一个神圣的字眼，它还拥有令人激动的力量。于是，一些人就毁坏自由的声誉，使它有名无实。在**竞争**的名义下，在把双臂伸向奴役的锁链的那些人的欢呼声中，自由被当作贡物送上祭坛。

　　仅仅展示社会秩序的自然规律及其宏伟的和谐是不够的，还需要揭示扰得它不能发挥作用的原因。这是我在本书第二部分中所要做的。

　　我一直尽力避免展开论争，这样做无疑是放弃了深入讨论的机会，使我难以证明，我所推崇的原则是不可动摇的。但是，如果纠缠在枝枝节节上，不就会看不到全局了吗？倘若我如实地让大家看到了全局，别人——包括那些曾教导我应该怎样看的人——究竟怎样看，对于我来说也就无关紧要了。

　　现在，我满怀信心地向所有把公正、公共福利和真理看得高于自己理论的学派发出号召。

　　经济学家们，我同你们一样，以**自由**为结论。虽然我动摇了令你们高贵的心为之悲伤的那些理论前提，但你们大概会发现，你们更有理由热爱我们的神圣事业，并为之服务。

社会主义者们，你们信仰**联合**。我希望你们读完本书后告诉我，你们是否认为，若无弊病和羁绊，即在自由条件下，现存社会确是一切联合中最美好、最完善、最持久、最普遍、最公正的一种？

平均主义者们，你们认定的原则只有一条：**互相服务**。只要人们可以自由地进行交易，我敢说，这种交易不可能是别的，只能是**劳务**的交换，而劳务的**价值**将越来越小，其**效用**则越来越大。

共产主义者们，你们希望人们情同手足，共享上帝赐予的财富。我力图阐明的是，现存社会只要争得自由，就能实现并超过你们的心愿和希望。因为，只要人人为领受上帝的赐予承受一些劳累，一切就可以为所有的人共享，这是非常自然的，当然也可以向为领受上帝的赐予承受了劳累的人自由地付给报酬，这是非常公正的。

各个教派的基督徒们，在我们所能知晓的上帝的最辉煌的作品中展示了神的智慧，除非你们是唯一怀疑神的智慧的人，否则你们在本书中不可能找到一句违背你们严格的道德信条和神秘教义的话。

产业所有者们，不管你们有多少产业，如果我能证明，你们的权利仅限于以你们自己的或先辈的实际劳务换取等量劳务，这同小工的权利没有两样，那么，你们的权利虽然如今遭到非议，今后却可以具有不可动摇的基础。

无产者们，我可以告诉你们，你们现在以较少的力气和劳累从不属于你们的土地上获得收获，如果将未经他人开垦的土地交给你们耕作，你们就得为同样的收获付出更多的力气和劳累。

资本家和工人们，我觉得自己有能力提出下述规律："资本从生产总值中的绝对**提取额**随着资本日益积聚而增加，提取**比例**

则下降；与此同时，劳动从中提取的**相对比例**增加，其绝对**提取额**增加得更多。资本缩减时则引起相反的效果。"① 如果这条规律得到确认，就可证明，劳动者及其雇主之间显然存在着利益的和谐。

马尔萨斯的弟子们，被人诋毁的真诚的慈善家们，你们唯一的错误是提醒人类防备那条你们认为是不可避免的规律，我倒要向你们提供一条令人放心的规律："在其他条件相同的情况下，人口和生产能力同步增长。"若果真如此，那么，因担心我们所热爱的科学皇冠落地而惶惶然不可终日的，就不应该是你们了。

掠夺成性的人们，你们巧取豪夺，时而无视规律，时而利用规律，榨取民脂以自肥。你们传布谬误，鼓励无知，挑动战争，阻挠交易，并以此为生；你们使劳动毫无效益，可是你们还要对劳动收税；你们使劳动遭受的巨大损失超过了你们从中获得的不义之财。你们为了获利而故意制造障碍，以便为自己提供机会，在拆除部分障碍时再捞一笔钱。所有这些都是贬义的利己主义的活生生的表现，都是错误政策造成的痼疾。请准备好批判你们用的腐蚀性墨水。我独独不向你们发出号召，因为本书的目的就是消灭你们，确切地说是消灭你们非正义的欲念。人们徒然希望调和，事实上有两种原则是不可调和的：自由和强制。

说上帝的法则是和谐的，那是指自由运作状态下的法则，不

---

① 我以数字说明这条规律。在下面三个时期中，资本增加而劳动量不变，生产总价分别为80、100、120。各项所占份额如下：

	资本的提取额	劳动的提取额	总额
第一阶段	45	35	80
第二阶段	50	50	100
第三阶段	55	65	120

上述比例旨在阐明作者的思想。——作者

然法则本身不可能是和谐的。所以，当我们发现世界上缺少和谐时，原因只可能是缺少自由，没有公正。压迫者们，掠夺者们，蔑视公正的人们，你们既然扰乱了和谐，当然就不可能进入普遍的和谐。

这是否意味着，本书的效果将是削弱政府权力，动摇其稳定性，限制其权威呢？我的愿望恰恰与此相反。不过，我们应该彼此了解一下。

政治科学的作用在于区分哪些应该是国家的职能，哪些不应该是国家的职能。为了迈出这重大的第一步，我们不应忘记，国家总是通过强力的中介发挥作用的。国家把它提供的劳务强加给我们，又以赋税的形式强制我们回报它所提供的劳务。

这就是说，问题在于：人们有权彼此**强加**给对方的是些什么东西？我只知道一样，那就是**公正**。我无权**强迫**任何人信仰宗教、乐善好施、知书达理、勤奋劳作，但我有权**强迫**他们**公正**，因为这与正当防卫有关。

一群人所拥有的任何权利，都不可能不是个人原本就拥有的权利。因此，假如个人只有在正当防卫时才有理由使用强力，那么我们只需认识到政府的行为始终表现为强力，就可得出这个结论：政府的强力只应用来维持秩序、保障安全和公正等。

超出这个界限的政府行为就是对人的良知、智慧和劳动的侵占，总之就是对人的自由的侵占。

既然如此，我们就应毫不迟疑地、毫不留情地把纯属个人范畴的行为，从政府权力的践踏下解脱出来。唯有如此，我们才能争得自由，才能让上帝为人类进步和发展所准备的和谐法则自由运作。

政府权力是否会因此而削弱呢？是否会因失去一部分地盘而不稳定呢？是否会因权限缩小而影响其权威呢？是否会因不再那么被抱怨而不再那么受尊重呢？庞大的政府预算和影响力被削弱

后，觊觎这种影响力的集团会不会进一步把政府变为它们手中的玩物呢？当政府不再负有那么大的责任时，它是否会面临更大的危险呢？

依我看，恰恰相反。把政府权力固定在它的那个唯一的、根本的、无人反对的、有益的、建设性的、大家都能接受的使命中，也正是为了让它赢得大家的尊重和支持。所以，我认为以下现象就不会再出现，一贯性的反对、议会斗争、街头起义、革命、意想不到的变故、小集团、幻想、人人可以提出的采用一切可能的方式进行治理的要求、怂恿人民一切依赖政府这种荒谬而危险的主张、姑息退让的外交、长期存在的战争威胁、用武力维持的岌岌可危的和平、无法公平分担的沉重的赋税、政策对一切事务的人为干预、资本和劳动人为的错误配置、引发无谓的摩擦、波动、危机和损失的根源，等等。所有这些导致动荡、愤懑、不满、贪欲和无序的原因，再也没有存在的理由。受托管理政府的人将会同心协力维持普遍的和谐，不会再去扰乱和谐。和谐不能消除不幸，但是，它能使造成不幸的原因日益减少，最后只剩下无知和因人的本性软弱而产生的邪恶，而防止和惩罚无知和邪恶恰是不幸的使命。

青年们，如今迷漫着怀疑主义的气氛，这似乎是思想混乱的后果，也是对思想混乱的惩罚。你们读了本书后如能就书中所阐述的思想说出"**我相信**"这几个字，我将感到十分幸福。这句话令人欣慰，令人如食甘饴；它不仅使人免除失望，而且是一种力量，有人曾说这句话能撼动山岳。基督教徒布道时说的第一句话也是"我相信"，但我们的信仰并非源自盲目和顺从，它与上帝神秘的启示无涉；它是科学的、经由推理得到的信仰，恰如我们对事实进行调查后得出的结论。我确信，为物质世界作了安排的那位上帝，对社会世界的安排也没有袖手旁观。我确信，他既能使惰性十足的分子，也善于使充满活力的分子和谐地组合起来并进行活动。我确信，上帝以其光芒四射的智慧制定了关于重力和速度的法则，至少也同样地制定了有关利益和意愿的法则。我确信，社会中存在的一切，包括那些对社会造成伤害的，都是社会进步和完善的动力。我确信，不幸促使幸福早日到来，最终寻致幸福，而幸福却不会导向不幸，所以最终主宰世界的必定是幸福。我确信，社会不可抗拒的趋势是人们的不断升华，在体能、智力和道德诸方面达到一个共同的水平，而这个水平又在不断提高，永无止境。我确信，只要这种趋势不被扰乱并能争得运作的自由，人类就能宁静地逐步发展。我之所以坚信不疑，并非因为这一切是我的期望，能使我内心得到满足，而是因为这是我用我的智慧深思熟虑的结果。

啊，倘若你们终于说出"**我相信**"这几个字，倘若你们以满腔热情加以传播，社会问题很快就可得到解决。因为，不管有人怎么说，社会问题其实不难解决。人的利益既然是彼此和谐的，所以，社会问题的解决完完全全存在于**自由**这两个字之中。

第一章　自然秩序和人为秩序[①]

　　我们能否肯定，社会机制如同天体机制和人体机制一样，也受普遍规律的支配？我们能否肯定，社会是和谐地**组成**的一个整体？如今社会最引人注目之处，不正是没有任何**秩序**吗？所有关心未来的善良的人们、进步的著作家和思想界的先驱们正在努力探求的不正是一种秩序吗？我们是一群各行其是的乌合之众，完全处于一种无序的自由状态中吗？成千上万的人民大众艰难地逐项争得各种自由，他们不正期待着一个天才的人物将他们组织在一个和谐的整体中吗？破坏之后不正需要建设吗？

　　上述这些问题可以作如下的归纳：社会可否不要成文法、规章以及强制性的措施？每个人可否无限制地施展自己的才能，哪怕因此而损害他人的自由并给全体带来损失？换句话说，**自由放任**这个信条是不是政治经济学的绝对公式？如果我们的归纳不错，那么对于任何人来说，答案都不会含混不清。经济学家并未说过可以杀人、劫掠和纵火，也未说过面对此类行径只有**自由放任**一招。他们说，即使没有任何法则，社会对于此类行径的抵抗也是事实上存在的，所以抵抗就是人类的一条普遍规律。他们还说，**民法和刑法是以这些普遍规律作为前提的，**所以，民法和刑法不应妨碍，而应规范这些普遍规律的作用。建立在人类普遍规律基础上的社会秩序，与建立在想象或虚构基础上的人为秩序相

---

　　①　本章首次发表于《经济学家评论》1848 年 1 月号。——原编者

去甚远。后者否定、无视或不考虑普遍规律，而许多现代学派希冀强加于人的似乎就是这种人为秩序。

因为，倘在成文法之外确有普遍规律在发生作用，而成文法的使命仅在于规范这些**普遍规律**，那就必须研究这些普遍规律，使之成为科学的对象，而政治经济学正是这样一门科学。反之，倘若社会只是人的一种发明，而人只是一种没有生命的物质，卢梭曾说，它的感情和意志、活动和生命应该由天才的人物赋予，那就不会有政治经济学，而只能有一些数量不确定的可能的和随意的安排，各国的命运就将取决于某个偶然受命处理这些国家的命运的**奠基人**了。

我不想长篇大论地论证社会确实受到普遍规律的支配，只想举几个虽然司空见惯，却并非不重要的事实。

卢梭曾说："必须具备足够的智慧，才能观察每日所见到的事物。"

我们生活和活动于其中的社会现象便是如此。我们对这些现象早已习以为常，除非突然发生异乎寻常的事，否则是不会留意的。

试以细木工匠这样一个属于社会下层阶级的人为例。如果仔细考察一下他向社会提供的全部劳务和他从社会得到的全部劳务，我们立即就会因这两者极不相称而大感惊奇。

他每天从早到晚又锯又刨，制作桌椅板凳，他抱怨自己的生活条件不好。那么，作为对他的劳动的回报，他从社会实际上得到了什么呢？

首先，他起床后就得穿衣，可是，他的一件又一件衣服，竟没有一件是他自己制作的。这些衣服尽管都很简单，却需要动手、动脑、制作、运输、种种巧妙的发明，总之耗费大量劳动之后，才能穿到他的身上。不但如此，还需要美洲人生产棉花，印度人生产染料，法国人生产羊毛和麻，巴西人生产皮革，此外，还需要把这些材料运送到城里去加工：纺、织、染，等等。

接着，他吃早饭。为了他每天早晨有面包吃，别人要为他做一系列的事：耕地要开垦、打围、翻耕、烧荒、播种；收获之后要防盗，大量的人群中需要一定的安全措施；小麦收割之后要脱粒、磨粉、揉面、烤制；要将木材、石块和钢铁制成工具，要使用畜力和水力，等等。所有这些环节无一不需要大量在一定的空间和时间中付出的劳动。

他在一天中还要消费一些糖和油，还要使用器皿。

他要送儿子去上学。接受的教育虽粗浅，却是前辈人研究的成果，这些知识单凭想象是无法得到的。

他出门了，走在铺着石块并有路灯照明的街上。

如果有人对他的某项产权提出争议，就得有律师为他辩护，法官为他断案，司法官员监督执行判决。这些人只有在不愁温饱并且拥有知识和学问的前提下才能保护他的利益。

他还要到教堂去。教堂宏伟庄严，是不朽的杰作。他要带着《圣经》到教堂去，这本书大概更是人类智慧的不朽杰作。教堂里有人教他如何做好人，启发他的智慧，升华他的灵魂。为此必得有一个人能从容地生活，不为柴米油盐费心，而且能常到图书馆和修道院去，以便从人类的传统中汲取知识。

他若出远门，必得有人逢山开路，遇水架桥，平整路面，驯养役畜或降伏蒸汽；为了减轻摩擦，还得琢平铺路石或者铺设铁轨，等等，以便减轻旅行者的艰辛，节省时间。

社会为他提供的满足和单凭他自己所能得到的满足，两者之间的差距大得惊人。我敢说，他一天的消费量如单靠自己，1000年才能生产出来。

更令人吃惊的事实是，所有的人在这一点上与他一模一样。社会每个成员的消费量超过他们自己所能生产的成千上万倍，可是，谁也不曾窃取他人的劳动成果。仔细观察一下便可发现，这位木匠用自己的劳务支付了他所享用的所有劳务。如果细细一算，我们就会相信，他所获得的一切，没有一样不是用他的劳动换来的；无论何时何地向他提供劳务的人，都已获得或将会获得相应的报酬。

包括最卑微者在内的每一个人，都能在一天之内获得他们本人正数百年中无法创造的享受，这就说明，社会机制必然巧妙而强大，否则就不可能产生如此奇特的结果。

读者如能回头看看自己就不难发现，社会机制的巧妙之处远远不止这些。

假定读者是位学生。他在巴黎做什么？靠什么生活？社会肯定要为他提供一大堆东西：食品、衣着、住所、娱乐、书籍以及学习用品，等等。单是说清楚这些东西是如何生产出来的就要花费大量时间，生产这些东西当然更费时间。这位学生回过头来提供什么劳务来偿付他所获得的这一切呢？要知道，别人为此付出了大量的劳动、汗水、劳累、体力和脑力，进行了运输、发明和交易，等等。什么也没有，他目前只能创造条件准备以后偿付。那么，这许多付出了积极有效的生产性劳动的人，怎么会将自己的劳动成果让他享用呢？原因在于这位学生的父亲——姑且假定他是律师、医生或商人——也许过去曾向法国社会提供了劳务，他当时没有立即得到报酬，但是，他却因此而得到了在合适的时间和地点以合适的方式索取报酬的**权利**。社会如今应该偿还的就是这笔陈年老账。令人惊奇的是，如果顺序考察一下最终结果一步步地达到的过程，我们就会发现，人人付出的辛劳都已得到报酬；这种权利代代相传，时而分散，时而集中，待到这位学生进行消费时，一切都已处于平衡状态。这难道不是令人惊奇的现象吗？

社会有一种巧妙的机制在起着作用，使社会呈现出种种复杂的利益结合，而民法和刑法在这方面的作用却微乎其微。如果不承认这一点，那就是故意闭上眼睛不看事实。这种巧妙的机制就是**政治经济学**的研究对象。

还有一事值得一提。保障这位学生一天生活的各种交易成千上万，实在难以计数。他今天享用的许许多多东西，是许许多多人的劳动成果，其中很多人早已不在人世了。可是，这些人在世时已按照他们的愿望得到了报酬，虽然今天享受他们的劳动成果的那个人没有为他们做任何事。他过去不认识他们，今后也不可能认识他们。任何一个正在读这页书的人都有一种强大的力量，能使所有国家、所有种族乃至所有时代的人：白种人、黑种人、黄种人、棕种人，都活动起来，尽管他本人并不知道他有这种力量。他能让已经逝去的几代人和尚未出生的几代人为满足他的需求而劳动，他的这种非凡的力量来自他的父亲，因为其父曾为他人提供过劳务。虽然从表面看，享受过其父劳务的人和今天正在劳动的人全然不同，但是，如果放到时间和空间中去看，每个人都得到了报酬，都得到了他们计算过的应该得到的东西。所以，谁也没吃亏，谁也没占便宜。

如果没有一种自然的、精巧的**社会秩序**在不为人察觉的情况下运作，上述这一切能发生吗？那些难以令人置信的现象能出现吗？

我谈到的这些现象都是一种社会秩序产生的后果。现在常有人说要发明一种新的社会秩序。无论哪个思想家，无论他有多大天才，有多大权威，谁敢肯定他能发明并让大家接受一种比我刚才提到的那种更好的**社会秩序**，并使之成功地运作？

我若把社会的齿轮、弹簧和动力也描述一番，将会是什么样呢？

齿轮就是人。人会学习、会思考、会推理、会犯错误、会改正，既能改善也能破坏社会机制。他们有欢乐也有痛苦，所以他们不仅是社会机制的齿轮，也是弹簧，而且还是动力，因为活力的源泉在他们身上。不但如此，他们还是社会机制存在的目的和理由，因为，一切问题的解决与否，表现为他们之中每个人的欢乐与痛苦。

不幸的是，我们很容易地就发现了，这个强有力的社会机制在运作、发展和进步（对于承认这一点的人而言）过程中，不少齿轮都无可奈何地被打碎了，许多人无故遭受的痛苦远远多于欢乐。

面对这种现象，许多真诚地以济世为己任的人对机制本身产生了怀疑。他们否定这种机制，拒不对它进行研究，而且不时地激烈攻击研究并阐述这种机制的规律的人，不但如此，他们还攻击事物的本质，并最终主张依据新的方案**组织**一个没有不公正、没有痛苦和谬误的社会。

愿上帝宽恕我，我要站出来反对这种看似仁慈而纯真的企图。在我看来，这些人走上了一条错误的道路，我若不直言相告，那就是违背自己的信念，背叛自己的良心。

首先，他们的宣传已使他们沦落到可悲的境地，竟然看不到社会所创造的幸福，否认社会的进步，把一切不幸归咎于社会，费尽心机挑剔社会的弊病，并竭力加以夸大。

有人自以为发现了一种新的社会秩序，一种与人类自然趋向不同的社会秩序，于是，为了让它能让大家接受，就给他想要废除的那个社会秩序抹黑。我提到过的那些政治理论家竭尽夸大之能事，兴高采烈地宣称人类具有无限的可完善性之后，却自相矛盾地说什么社会正在日益变坏。据他们说，与封建制和奴隶制的旧时代相比，当今社会的不幸增加了千万倍，世界已变成了地狱。只需回顾一下 10 世纪的巴黎，就知道这种说法完全站不住脚。

接着，他们竟然谴责起人的基本动力来了，人的基本动力就是**个人利益**，因为许多事情都是个人利益引发的。我们看到，上帝把人造得追求欢乐、逃避困苦，依我看，这就是一切社会弊端，诸如战争、奴役、垄断、特权等产生的根源。但是，由于满足需求和厌恶痛苦也是人的动力，所以说，这也是一切幸福产生的根源。问题在于弄清楚，这种原本属于个人的动力因其普遍性而变为社会的动力后，是不是社会进步的基本原则。

新社会秩序的发明家们不知是否注意到，出自人类本性的这个原则在他们的新社会秩序中将照样起作用，而且比在自然的社会秩序中更为有害，因为在自然的社会秩序中，不正当的要求和个人利益毕竟还会因受到众人的抵制而有所节制。这些政治理论家总是设想两种令人无法接受的前提：一是他们设计的新社会将由一些永远正确而且丝毫不为私利所动的人来领导；二是人民群众听任这些人来领导他们。

最后，这些新社会的组织者似乎毫不关注实施手段问题。他们的新秩序如何才能被大家接受？用什么办法促使人们放弃推动他们对欢乐的向往和对痛苦的厌恶这个基本动力呢？难道真要像卢梭所说的那样：**"改变人的精神和物质素质"**吗？

现存社会秩序建立伊始，人们就在其中生活和发展，直到今天。想让他们如同丢弃旧衣服那样放弃现存社会秩序，并让他们接受新发明的社会秩序，心甘情愿地变成另一种机制下驯服的零件，我想只有两条途径：一是强力，一是一致赞同。

组织者们必须拥有足够的力量战胜一切抵抗，把所有的人变成他们手中可以任意捏搓的一团腊。否则他们只能通过说理，让所有的人完全一致地，甚至盲目地表示赞同。如能这样，当然就无须求助强力了。

我敢说，谁也不可能告诉我还有第三条途径，能使法伦斯泰尔①或其他任何一种人为的社会秩序进入人们的实践。

---

①　法伦斯泰尔是法国著名空想社会主义者傅立叶主张建立的一种基层社会组织。——译者

　　如果确实只有两条途径，如果我们的论证表明，这两条途径都是不切实际的空想，那就能证明，组织者们是在白白浪费时间和精力。

　　他们虽是幻想家，却从未指望有朝一日能掌握一种物质力量，迫使全世界的国王和人民都听命于他们。阿尔方斯国王①曾傲慢地说过："我若是上帝的顾问，太阳系定能安排得更好。"尽管他自以为比上帝更聪明，但他毕竟没有狂妄到要与上帝比试力量的地步，史书上也找不到他试图让星球按照他发明的规律运行的记载。笛卡儿也知道自己没有推动宇宙的**能耐**，仅仅满足于用骰子和细绳做成一个小小的世界。② 众所周知，薛西斯③自恃强大无比，竟然对海浪下令："不许再往前来。"可是，海浪并没有在薛西斯面前退却，反倒是薛西斯面对汹涌的海浪节节后退。幸亏他采取了这一有损尊严却是明智的措施，否则早就葬身大海了。

　　显然，组织者们不握有强迫人类接受他们的试验的强力。即使争得了俄罗斯沙皇、波斯国王和鞑靼大汗以及拥有支配臣民绝对权力的所有国家元首的支持，他们依然不握有足够的力量，能将人们分期组成队和组，废除有关产权、交换、家庭继承的普遍规律。因为即使在俄罗斯、波斯和鞑靼，也不能完全无视人的存在。沙皇如果打算改变其臣民的**精神和物质素质**，他大概很快就会被他的继任者所取代，而继任者大概不会再有继续试验的意图。

　　既然为数众多的组织者们绝不可能拥有**强力**，他们就只剩下

---

　　① 此处指卡提斯国王阿尔方斯十世（1252—1284 年在位）。——译者
　　② 笛卡儿在他的《精神指导规则》一书中曾设想用骰子和细绳做一种实验。——译者
　　③ 此处指古波斯帝国国王薛西斯一世（前 486—前 465 年在位）。——译者

一致赞同这条途径了。

为此有两种方法可供选择：一是说理，一是欺骗。

说理，谈何容易！即使仅仅涉及两个人，也不曾听说过能在一门科学的所有问题上达成共识。居住在世界各地的语言不同、人种不同、习俗不同的人多得不可胜数，其中大部分目不识丁，他们至死也不会听到有关**改革者**的议论，怎能指望这些人一致接受一种普遍有效的学说呢？需知，这关系到改变劳动方式、交换方式、家庭关系、公民关系和宗教关系，总之，关系到人的精神和物质素质。有人居然指望把整个人类聚集在同一信念之下！

任务实在太艰巨了。

有人向其同类说：

"5000 年来，上帝和人之间始终存有一种误解，从亚当至今，人类一直走在错误的道路上。人类若能对我略有信任，我就能把人类引上正道。上帝希望人们走另一条道路，但人们置若罔闻，于是世界就有了不幸。人们若能回过头来听听我的话，转过身来前进，普遍幸福就会光芒四射地在前面向我们招手。"

我想说的是，能有五六个信徒，就是很不错的开端了，可是，从五六个信徒到 10 亿信徒，其间隔着很长很长的距离，长得无法计算究竟有多远。

请再想想，这类社会发明多得很，多得像人的想象力一样无边无际。任何一位理论家都不难闭门静思几小时后拿出一份社会秩序的新计划来。君不见，傅立叶、圣西门、欧文、卡贝、路易·勃朗等人的发明彼此之间毫无相似之处吗？何况每天还有新的计划冒出来呢。在决定抛弃上帝赐予的社会秩序之前，在从大量的社会发明中最终作出不可改变的抉择之前，人们确实应该思之再三。因为，倘若选定了一种方案之后，又有一种更佳的方案提出来，那该怎么办呢？难道可以为产权、劳动、交换和家庭每天建立一种新的基础吗？难道可以每天更换一种社会制度吗？

卢梭写道："这样，立法者既不能使用强力也不能使用说理，因此就必须求之于另外一种不以暴力而能约束人、不以强制而能说服人的权威了。"

这种权威是什么？欺骗。卢梭没敢泄露天机，那是因为他惯于在这种场合把欺骗一词藏匿在一大堆华丽的辞藻这块透明的纱幕后面：

"这就是一切时代里曾经迫使各民族的元老们都求助于上天的干预并以他们自己的智慧来称赞神明的缘故了，为的就是要使人民能够遵守国家的法律也像遵守**自然**的法律一样，并且能够认识到人的形成和城邦的形成是来自同一个权力的，从而使人们能**够自由地**服从并且能驯服地承担公共幸福的羁轭。这种超乎俗人们的理解能力之外的崇高道理，也就是使立法者所以**要把自己的决定托之于神祇之口**的道理，为的是好让神圣的权威来约束那些人类深思熟虑后所无法感动的人们。但是，并不是人人都可以**代诸神立言**。"

为了防备有人听不懂，卢梭让马基亚维里替他把话说完："在一个国家里，从未有人在颁布**特别法**时不援引上帝的权威。"

为什么马基亚维里主张求助于**上帝**，而卢梭却主张求助于**诸神**、**神祇**，请读者自寻答案。

当然，我不会责怪现代各民族的元老们采用这种卑劣的骗术。然而不必讳言，以他们的观点来看，很容易理解他们为什么很难抗拒获得成功的强烈愿望。如果一个真诚而善良的人确信自己掌握了社会的奥秘，借此奥秘人们可以享尽人世的欢乐，当他清醒地看到，他不可能借助强力或说理使他的主张为众人接受，因而唯一的手段是欺骗时，他恐怕很难抵抗这种诱惑。我们知道，神父们总是教导信徒要以最大的憎恶对待谎言，然而，他们自己却毫不犹豫地使用**虔诚的诈骗**。我们看到，像卢梭这样一位严肃的作家，在他所有作品的卷首都写上了这句格言："**将生命**

系于真理"。然而在他身上我们却发现，即使是傲气十足的哲学也难免受到下面这句完全不同的格言的诱惑："**只要目的正当，可以不择手段**"。当代社会组织者们想到了**以自己的智慧来称赞神明，把自己的决定托之于神祇之口，不以暴力而约束人，不以强制而说服人**；我们实在不必对此大惊小怪。

我们知道，傅立叶步摩西后尘，在他自己的"申命记"前面增添了"创世记"。圣西门及其弟子们在宗教意识方面走得更远。另有一些更加精明的人则把宗教解释得几乎无所不包，进而以**新基督教教义**的名义用自己的观点修改宗教。没有一个人不为出现在所有现代改革派的说教中的似是而非的神秘言辞所震惊。

可是，这方面的一切努力只证明了一件并非不重要的事实：如今不是想当预言家就能当成的。自诩为上帝代言也是枉然，谁也不会相信，公众不相信，同伙不相信，自己也不相信。

我既然提到了卢梭，不妨就这位**组织者**谈些感想，何况这些感想有助于理解人为的社会秩序与自然的社会秩序有何不同。我的评论并非完全不合时宜，因为**社会契约论**已被奉为对未来社会的精巧设计。

卢梭确信，人在自然状态中是孤立的，所以，社会**并非来自自然**，而是人的发明创造。他在篇首写道："社会秩序决不是出诸自然的，而是建立在约定之上的。"

此外，这位哲学家虽然酷爱自由，对人却抱着悲观主义的态度。他不相信人能为自己创立一种良好的制度，所以他认为，奠基人、立法者和国家元老们的参与是必不可少的。

"服从法律的人民应当就是法律的创立者；规定社会条件的只能是那些组成社会的人们。然而这些人该怎样来规定社会的条件呢？是由于突然一阵灵感而达成共同一致的吗？常常并不知道自己应该要些什么的盲目的群众——因为什么对于自己是好的，他们知道得太少了——又怎么能自己来执行像立法体系这样一种既重大而又困难的事业呢？……个人看见幸福却又不要它；公众在盼望着幸福却又看不见它。两者都相等地需要指导……正是因此，才必须要有一个立法者。"

我们已经看到，这位立法者"既不能使用强力，也不能使用说理，因此就必须求之于另外一种权威。"用地道的法语来说这句话，就是使用奸诈。

卢梭把立法者的地位捧得极高，高得我们无法想象：

"要为人类制定法律，简直是需要神明。敢于为一国人民进行创制的人——可以这样说——必须自己觉得有把握能够改变人的本性，……能够改变人的素质，加强人的素质……必须先抽去人类本身固有的力量，然后才能赋予他们以他们本身之外的力量。……立法者在一切方面都是国家中的一个非常人物，……他的职务是一种独特的、超然的职务，与人间世界毫无共同之点。……如果说一个伟大的国君真是一个罕见的人物，那么一个伟大的立法者又该怎么样呢？前者只不过是遵循着后者所规划的模型而已，一个是发明机器的工程师，另一个则只是安装机器和开动机器的工匠。"

那么，人在这部机器中是什么呢？是用来制造机器的卑贱的材料。

说真的，这不是因狂妄而胡言乱语吗？人是制造机器的材料，而开动机器的是君主，设计机器的是立法者。哲学家则远离卑微的人民、君主和立法者，对立法者发号施令，凌驾于普通人之上，驱使他们，改变他们，随心所欲地摆布他们，或是教导各民族的元老们如何去驱使、改变和摆布普通人。

可是，一个国家的奠基人应该为自己确立一个目标，他有人力可资开发，所以应该把人力组织在一个目的之下。由于人们都不具备主动性，一切都依赖立法者，所以，这个国家究竟应该从事农业、商业还是干脆当以鱼为食的野蛮人，全由立法者单独决断。我们所能期待的只是立法者别搞错，别太侵害事物的本性。

人们**相互约定**组成了社会，确切地说是根据立法者的意志组成了社会，于是就有了明确的目标。卢梭写道："所以古代的希伯来人和近代的阿拉伯人便以宗教为主要目标，雅典人便以文艺，迦太基人以商业，罗德岛以航海，斯巴达以战争，而罗马则以道德为主要目标。"

是什么目标促使我们法国人走出孤立或**自然状态**而组成了社会的呢？

换句话说，我们伟大的**创制者**把我们引向什么目标呢？因为我们只不过是用来制造机器的毫无生气的材料。

在卢梭的思想里，这个目标不大可能是文学，也不可能是商业和航海业。战争是崇高的目标，道德则是更加崇高的目标。不过，还有一个更加崇高得多的目标。一切立法制度的终极目的应该是：**自由和平等**。

但是，我们必须弄明白卢梭所理解的自由。他认为，享有自由并不等于自由，即使"不以强力约束人，不以论证说服人"，享有自由也只不过**拥有投票权**而已，因为，此时"人们**自由地**服从并驯服地承担公共幸福的羁绊"。

卢梭还说："在希腊，凡是人民需要做的事情都由人民自己去做；他们不断地在广场上集会。他们生活在温和的气候里，他们无所贪求，**奴隶在替他们劳动，他们的大事只是自己的自由**。"

"英国人民自以为是自由的，他们是大错特错了。他们只有在选举国会议员的时刻，才是自由的，议员一旦选出，他们就是奴隶，他们就等于零了。"

这就是说，人民若希望自由，就得承担一切公共劳务，因为自由正在于此。人民应该在广场上不断地投票选举。谁若不想挨饿而去干活，那就活该。某位公民若去干点私事，当即（卢梭特别喜爱这个词）就失去一切。

但是，困难当然不小。怎么办？因为归根到底，人总得活着才能奉行美德，享用自由。

我们已经看到，卢梭如何用如簧巧舌把**欺骗**一词遮掩起来。现在再来看一下，他怎样用貌似雄辩的言辞引出他全书的结论：**奴役**。

"你们那种更寒冷的气候使你们有着更多的需要，公共会场一年内有六个月是无法驻足的，你们含混不清的语言不可能在露天广场上被人听清楚，你们害怕贫困远甚于害怕被人奴役。"

"你们看得很清楚：你们不可能是自由的。"

"什么？难道唯有依靠奴役才能维持自由吗？也许是的。"

如果卢梭说出"也许是的"这几个可怕的字眼便就此打住，读者大概会群起而攻之。所以，还得求助于威严十足的言辞，好在他精于此道。他写道：

"凡是在自然中绝不存在的事物（系指社会）都会有其不便的，而文明社会比起其他一切来就更加如此。的确是有这种不幸的情况，在这种情况下，人们若不以别人的自由为代价，便不可能保持自己的自由，而且若不是奴隶绝对地当奴隶，公民便不能自由。至于你们近代的人民，你们是绝对没有奴隶的，然而你们自己便是奴隶，你们为了他们的自由而付出了你们自己的自由。你们徒劳地夸耀你们的这种抉择，而我发见其中却是怯懦多于人道。"

我不大明白，他是不是想说："近代的人民，你们最好拥有奴隶，而不要自己当奴隶。"

请读者们原谅我说了那么一大堆，但我觉得并不是废话。近来有人把卢梭和国民公会中他的弟子们捧为人类博爱的倡导者，还说什么人民是机器的材料，君主是机器的装配匠，国家元老们是发明家，哲学家则高居于这些人之上，欺骗是手段，奴役则是结果。这难道就是他们许诺的博爱吗？

　　我觉得，研究**社会契约论**还能揭示出人为的社会组织的特征。社会发明家们从社会是违背自然状态的这个观点出发去探寻人类可能结成的联合，他们无视人类有自己的动力，把人看作卑贱的材料，企图将运动和意志、情感和生命强加给人类，从而使自己高居于整个人类之上。这就是他们的共同特征，发明的妙处各有不同，发明家却彼此一样。

　　在他们向可怜的人们推荐的各种秩序中，有一种秩序的表述值得注意，其公式是**渐进的自愿联合**。

　　可是，**政治经济学**恰恰建立在这样的假设之上：**社会**不是别的，而是渐进的自愿联合。它在初始阶段并不完善，因为人本身就不完善；随着人的完善，社会日臻完善，也就是说这种联合是**渐进的**。劳动、资本和才能是否可能形成一种更加紧密的联合，从而使人类大家庭的成员能享有更多的幸福和分配到更为合理的财富呢？可能，但必须具备以下条件：联合是**自愿的**，没有暴力和强制横加干预，参加联合的人不谋求拒不参加联合的人为建立联合而支付费用。若能如此，政治经济学有什么理由厌恶这种联合呢？作为科学，政治经济学的任务不正是考察人们愿意接受的各种联合方式吗？在这些联合方式中，人们可以把他们的力量联合起来，彼此进行分工，为的是获得更多和分配得更合理的财富。商业不是经常向我们提供二三个人、三四个人联合的实例吗？土地收益分成制不就是一种劳动与资本的联合方式吗？虽然这种方式尚不够完善。最近我们不是见到了一些股份公司吗？它们使得微不足道的资本也可以参与大企业的经营。法国的一些工厂不是正在试验一种让所有劳动者都能分享利润的办法吗？政治经济学难道要谴责这些能让人们从自己的劳动中得到更多好处的尝试和努力吗？政治经济学难道在某处说过，人类已经作出了最终的抉择？恰恰相反，我认为，政治经济学比任何别的科学更明晰地指出：社会尚处在孩提时代。

但是，不管人们对未来抱什么希望，对人们能够找到的用以改善人们的关系、财富分配、知识和道德的各种方式抱有什么想法，有一点必须承认，那就是：作为一种组织，社会是由一些有智能、有道德、能自由决断和不断完善的成员组成的。若是剥夺这些成员的自由，社会就只能是一堆粗陋的、破烂的机器零件。

如今人们似乎不想要自由了。在法兰西这个时装王国里，自由好像不再时兴了。我却要说，谁放弃自由，谁就是不相信人类。有人声称新近有一个令人沮丧的发现：自由不可避免地要导向垄断。① 不，这种可怕的联系，这种违背自然的联结是不存在的。谬误造成了这种臆想的结果，在政治经济学的火炬照耀下，这种谬误将很快消失。说什么自由将带来垄断，说什么自由会产生压迫，别理这一套。肯定这种说法，等于肯定人类的倾向从根子上就是坏的，人类的本质坏，天性也坏；等于肯定人的自然趋势是自我毁灭，人的精神被不可抗拒地诱向谬误。如果真是这样，学校、学习、研究、讨论，除了使人更快地滑向自我毁灭之外，还有什么用呢？学会选择不就是学会自杀吗？如果人类的倾向从根子上就是坏的，那么，社会组织者从何处寻找支点来改变人类的倾向呢？依据他们提出的前提，这个支点只能到人类以外去寻找了。从他们自己身上、心里和智慧中去寻找吗？可是现在他们还不是神啊！他们也是人啊！所以，他们也只能同整个人类一道坠向注定的深渊。要求国家干预吗？可是国家也是由人组成的呀！恐怕非得证明他们不是一般的人，他们肩负着改变普遍规律的重任，所以不受普遍规律的支配才行。这一点如果得不到证

————————

① "事实表明，一种无知的政治经济学要求实行自由竞争，为的是消除垄断。自由竞争的结果却是在各个部门里普遍建立了大垄断组织。"（孔西戴朗：《社会主义原则》，第 15 页）。——作者

实，困难就无法克服。

　　在研究人类的规律、力量、能力和倾向之前，我们不应为人类作出这种绝望的结论。牛顿发现万有引力后，每当提到上帝时都脱帽致敬。智力高于物质，同样，社会世界远在牛顿所崇敬的那个物理世界之上。因为，天体虽然按规律运行，却并未意识到规律的存在。当我们观察社会世界的机制时，更有理由向永恒的智慧鞠躬致敬。因为社会世界机制也反映了上帝的思想：**精神推动物质**，而且还有一个与众不同的特点，那就是：每个原子都有生命，会思想，具有神奇的力量，拥有人所独具的品质，即一切道德、尊严和进步的源泉：**自由**。

第二章 需要、努力、满足①

法兰西的景象令人痛心疾首！

无政府状态已浸淫全国的一切，只不过很难说清，它究竟是由事实变成思想，还是由思想变成事实。

穷人反对富人，无产者反对财产，平民反对资产者，劳动反对资本，农业反对工业，乡村反对城市，外省反对首都，本国居民反对外国侨民。

以对立为理论体系的理论家们说话了："这是事物的本性，也就是自由的**必然**结果。人人**钟爱自己**，这就是万恶之源。因为，人既然钟爱自己，当然就要去追寻自己的幸福。可是，幸福却只能在他人的不幸中找到。因此，必须遏制人的本性，扼杀自由，改变人心，以另一种动力取代上帝赋予的动力，发明并领导一个人造的社会。"

当理论家们说这些话时，他们的逻辑和想象面临着万丈深渊。假如他们有辩证头脑而又生性忧郁，他们就会倾其全力研究不幸，对不幸细加分析，放入试管观察它的终极状态，追寻其根源，对其后果进行跟踪。人生来并非尽善尽美，所以弊病无处不在，任何事物中均可找到弊病。当他们谈及财产、家庭、资金、产业、竞争、自由和个人利益时，只让人看到它们具有破坏性和

---

① 本章及下章分别发表于《经济学家评论》1848 年 9 月号和 12 月号。——原编者

伤害性的那一面，这就好比把人的自然史局限为生理解剖。他们向上帝发难：据说上帝善良仁慈，可为什么人世间却有不幸？他们亵渎一切，厌恶一切，否定一切。然而，在那些因痛苦而绝望的人中间，他们却获得信任，这岂不是既可悲又危险吗！

相反，假如这些理论家天性仁爱，喜欢幻想，那么他们就会异想天开，坠入大洋国、新大西岛、萨朗特、斯潘森、伊加利亚、乌托邦和法伦斯泰尔之类的空想之中。他们让一些温顺、忠诚和富有爱心的人住在这些地方，而这些人是绝不会妨碍他们想入非非的。他们自鸣得意地把自己看作为民造福的神，按照自己的心愿安排、支配和创造人；他们没有任何障碍，永远不会失望。他们很像那位罗马宣教士，把自己的四方帽当作卢梭，然后声色俱厉地批驳**社会契约论**，为论敌被驳得哑口无言而得意扬扬。改革家们用这种方法把自己的设计方案说得天花乱坠，害得那些受苦人再也不愿忍受艰难的现实生活。

但是，以这类天真的空想为满足的空想家颇为鲜见，事实上他们总是想把人类带进到空想中去。他们发现这并不容易，人类不听任摆布，起而反抗。空想家感到很难堪，于是给人类讲幸福，人类听不进去，接着再着重讲不幸，声称要把人类从不幸中解救出来。他们极力夸大不幸，用浓墨重彩描绘出一幅令人胆战心惊的图画。别人热情地在现行社会中寻找幸福，他们则以同样的热情搜寻不幸。他们只看见衣衫褴褛、骨瘦如柴、食不果腹的受苦人，以及痛苦和压迫。他们为社会竟然对这一幅悲惨情景无动于衷而感到震惊和愤慨。他们为消除社会的麻木不仁而不遗余力；他们起初只是哀其不幸，后来却是怒其不争了。[①]

---

① 我们的工业制度建立在既无保障又无组织的竞争之上，其实就是一个社会地狱，如同古代的泰纳隆（神话中的地狱之门——译者）一样，在这里可以找到一切痛苦和折磨。不过，区别还是有的：受难者不同了（孔西戴朗语）。——作者

　　愿上帝宽恕我，我对任何人的真诚都心存疑虑。但是，我确实不明白，这些理论家们既然认为在社会自然秩序的根基上存在着激烈的对抗，他们怎能享受到哪怕只是一瞬的平静与安宁呢？我觉得，气馁和失望才应是他们的感受。因为归根结底，如果认为自然把**个人利益**当作人类的巨大动力是犯了错误（在那些认为利益必然对抗的人看来，这个错误是显而易见的），理论家们怎能不认为不幸是无法补救的呢？既然我们只能求助于人，而我们自己就是人，那么我们靠什么去改变人的本性呢？靠警察、司法机关、国家、立法机构吗？可是，这些机构的成员也是人，也是容易沾染人的共同毛病的人。也许应该求助于普选，可是，这样岂不是让人的普遍本性任意施虐吗？

　　理论家们只剩下一个办法，那就是把自己打扮成特殊材料造就的启示神和预言家，能与众不同地从别的源泉汲取灵感。也许正因为如此，他们时常用神秘晦涩的言辞来包裹他们的理论和劝告。不过，如果他们确实肩负着上帝赋予的使命，那就应该拿出证明来。总而言之，他们所要求的是最高权力，是前所未有的最极端的专制主义。

　　他们不仅企图控制我们的行动，还妄图损害我们最根本的情感。如果他们希望仅凭言辞就能博得大家的信任，他们至少应该表明自己是值得信任的吧！可是，为什么他们自己相互之间却又争吵不休呢？

　　但是，在审视他们的人造社会计划之前，必须首先证明他们的出发点正确无误。**人的利益确实必然是彼此对抗的**吗？在个人利益的作用下，不平等确实在人类社会的自然秩序中不可救药地滋生蔓延吗？若果真如此，上帝安排人类走向幸福岂不是显然搞错了吗？

　　这正是我想弄清楚的问题。

　　在我看来，上帝按其意愿创造的人既能总结过去，也能预见未来，具有日臻完善的特点。当然也不应否认，人确实钟爱自己。不过，一方面由于人们相互同情和关怀，另一方面由于在人的活动范围内人人都具有相同的情感，所以自我钟爱在一定程度上就受到了克制，变得不那么强烈。我于是就想，倘若人的这些特点可以不受阻碍地结合起来并发挥作用，其结果将会产生一种什么样的社会秩序呢？

如果我们发现，结果不是别的，而是一步步走向幸福，走向完善和平等，各阶层都朝着一致的、越来越高的物质、智力和道德水平发展，那就证明，上帝指明的道路完全正确，我们就能高兴地知道，上帝的创造物并无缺陷，社会秩序和其他自然规律一样，都能证明**和谐法则**的存在。牛顿向和谐法则鞠躬敬礼，旧约中的赞美诗也高唱：**苍天表明上帝的荣耀**。

卢梭曾说，倘若我是君主或立法者，我不会浪费时间去宣布应该做这做那，我要么实实在在地干，要么什么也不说。

我不是**君主**，但是，同胞们的信任却使我成了**立法者**，他们大概会告诉我，现在是我做而不是说的时候。

请原谅，不知是因为真理始终在催促着我，还是因为我坠入了虚幻的期待之中，我无时无刻感到有一种紧迫的需要，把我过去因零零碎碎地表述而未被大家接受的思想集中在一起。我觉得，在社会自然规律的运作中，我已经瞥见了崇高而令人欣慰的**和谐**。我难道不应该将所发现的或自以为所发现的东西向别人展示吗？这样不就可以使那些迷失方向和心情变得乖戾的人在和睦和友善的思想周围彼此携起手来吗？如果说，当我们热爱的祖国如同一叶小舟在暴风雨中颠簸时，我因沉浸在思考中而暂时离开了指定的岗位，那是因为我那软弱的双手无助于把稳航向。思考暴风雨形成的原因并尽力采取一些相关的措施，这能算渎职吗？况且，我今天没做的事，谁知道我明天不会受托去做呢？

我将以建立一些经济学概念作为开端。在前人著作的帮助下，我将努力把政治经济学概括为一个简明、正确和丰富的原理。政治经济学家们很早就已对此隐隐约约地有所认识，而且一直在向它靠拢。现在也许已是以明晰的语言表述它的时候了。然后，我将依据这个原理力求解决至今仍争论不休的一些问题，诸如竞争、机器的作用、外贸、奢侈品、资本、投资效益，等等。我将指出政治经济学与其他伦理和社会科学之间的关系，确切地说是它们之间的和谐，对下列重大课题作一番审视：个人利益、财产、公有、自由、平等、责任、互助、博爱、团结，等等。最后，我将提醒读者对人类社会在和平的、正常的和渐进的发展中遇到的人为障碍予以关注。和谐的自然规律，人为的干扰和破坏，这两种思想将决定社会问题是否能解决。

要进行这项研究，就不会看不到它将遇到的双重困难。在把人刮得东倒西歪的旋风中，我如果只在书中作一些抽象的论述，就不会有人去读它，如果有人读，那就说明各种问题在书中已经有所论及。如何调和理论的完整性和读者的要求呢？为了满足种种浅层的和深层的要求，我将谨慎地掂量每一个词，仔细考虑放置每一个词的位置。水晶就是这样在寂静和黑暗中一滴一滴地形成的。我既无寂静和黑暗，也没有时间和平静的心境，我只好请求大家的明察和宽恕了。

政治经济学的主题是人。

但是，政治经济学并不研究人的一切。宗教感情、父爱和母爱、孝心、爱情、友谊、爱国心、慈爱、礼貌等，凡是涉及人的同情心的和富有感染力的领域都属于伦理学，它留给姐妹学科政治经济学的只有个人利益这个冷冰冰的领域。人们忘了这一点，所以才责怪政治经济学缺乏伦理学的魅力和柔肠。你们可以反驳说：果真如此吗？政治经济学不是科学。但是，你们不应把它说成它实际上并不是的那种东西。如果说，以财富为对象的人与人之间的各种交易，因其广泛且复杂而确是一门科学，那么，我们就应让它保持自己的面貌，不要逼它用温情脉脉的语言去谈论利益。近来有人要求这门科学以饱含温情的语调说话，我们认为这样做对它没有帮助，因为它不开口则已，一开口便只能是慷慨激昂。那么它究竟谈些什么呢？谈素昧平生的人之间的交易，参与交易的人除了公正之外，彼此什么也不欠，他们只是在捍卫自己的利益并努力使之有所扩大。还谈人们相互制约的欲望。在这里绝无舍己为人、无私忘我可言，要谈这些，那就请先拿一把琴来，正因为如此，我希望拉马丁在作诗之前先查一下对数表。①

政治经济学并非没有自己的诗意。哪里有秩序与和谐，哪里就不乏诗意。不过，诗意存在于结论之中，而不存在于论证过程之中。诗意只能自行流露，论证者无法创造诗意。开普勒不认为自己是诗人，但是，他所发现的规律却是名副其实的智慧的诗篇。

这就是说，政治经济学只考察人的一个方面，我们因而应该首先用这种观点进行对人的研究。所以，我们不能不从人的**感受性**和活动这类重要现象谈起。请读者放心，我们不会在云山雾罩的形而上学里久留，我们只不过从中演绎出一些简洁明晰的和尽可能不致引起争议的概念而已。

灵魂具有**感受性**，为了躲开灵性问题，我们不妨说，人具有感受性。不管具有感受性的是灵魂还是人，反正人作为**被动**存在物是有痛苦或愉悦的**感觉**的，而作为**主动**存在物，人则尽力驱赶痛苦的感觉，增加愉悦的感觉，其结果对于作为**被动**存在物的人来说便是**满足**。

从**感受性**这个总概念中衍生出许多精细的概念，其中一类是痛苦、需要、愿望、兴趣、食欲等，另一类则是欢乐、享受、消费、福利等。这两类之间还有一些中间概念。

① 请参阅《诡辩论》第2系列，第4章，第2节。——原编者

从**活动**这个总概念中也衍生出一些精细的概念：痛苦、努力、劳累、劳动、生产等。

在**感受性**和**活动**这两个概念的衍生概念中，我们发现有一个共同的词：**痛苦**。某些感觉是痛苦的，要消除痛苦的感觉，只能通过我们的努力，而努力本身也是一种**痛苦**。由此可见，我们在人世间只能劣中择优。

上述种种现象都属于个人范畴，作出努力之前的感觉和作出努力之后的满足都是这样。

由此可见，**个人利益**是人类的巨大动力，对此我们不应怀疑。我们还应达成共识：个人利益这个词是用来表示一个普遍存在的、无可争辩的事实的，它源自人的性质，它不像**自私**一词那样含有贬义。如果曲解伦理学必须使用的这两个词的含义，伦理学就无法存在了。

人不总是必然先有感觉然后经过努力才得到满足的，满足有时可自行获得。较为常见的情况是：人的努力通过造物主无偿赐予的力量作用于**物质**。

如果把一切能满足需求的东西都称之为**效用**，那就有两种效用，一种是上帝无偿赐给我们的，另一种则需用**努力**去换取。

所以，从需要到满足这个过程包含着或可能包含着四种因素：

$$\text{需要} \left\{ \begin{array}{l} \text{无偿效用} \\ \text{有偿效用} \end{array} \right\} \text{满足}$$

人具有不断进步的能力。人能比较、预测、学习，并从经验中获得教益。如果说需求是一种**痛苦**，那么努力也是一种**痛苦**。既然如此，那就没有理由不设法减轻后一种痛苦，只要不因此而损害努力的目的——满足即可。若能以**无偿效用**取代**有偿效用**，那就是成功。这种成功正是人永不休止地追求的目标。

不断致力于提高满足与努力的比例，乃是人**追求利益**的本性使然。能否在每一个具体的成果中提高无偿效用与有偿效用的比例，从而达到提高满足与努力的比例之目的，取决于我们与生俱来的智慧。

在这方面取得的每一个进步，都意味着我们的努力有了一些富余。于是我们有了进行选择的可能。我们可以选择增加休息；如果我们有了新的愿望，而新的愿望之强烈足以激励我们为获得满足而进行活动，那么我们就可以选择将富余的努力用来满足新的愿望。

这就是经济领域中一切进步的缘由，由此也就不难理解，这也是一切失望的缘由。因为，进步和失望的根源都是上帝赐予人的那个神奇的能力：**自由决断**。

我们具有比较、判断、选择和据此行动的能力，这就意味着我们既能作出正确的判断和选择，也能够作出错误的判断和选择。既然谈到了自由，指出这一点绝非多余之举。

确实，我们的感觉灵敏细腻，不会出错，我们能够本能地区分痛苦的感觉和愉快的感觉。但是，我们会犯形形色色的判断错误，我们可能找错原因，起劲地去追求一个到头来会给我们带来痛苦的东西，误以为它会给我们带来满足。我们也会看不清一连串彼此相关的后果，不知道某种眼前的满足最终会造成更大的痛苦。在需求与愿望何者为重这一点上，我们也会犯错误。

我们会因无知而找错努力的方向，心术不正也会导致同样的后果。博纳尔先生说："人的智力是器官提供的。"果真如此吗？人身上再没有别的了？难道连激情也没有了？

当我们谈及和谐时，绝不认为社会世界的自然秩序已经尽善尽美，没有谬误和邪恶。否则就不符合事实，就是在捍卫自己的理论体系时走过头了。若要和谐不伴以某种不协和，除非人不能自由决断，除非人永远不犯错误。我们只能说：社会大趋势是和谐，因为任何错误都导致失望，任何邪恶都会受到惩罚，不协和终将一一消失。

从这些前提演绎出笼统的财产概念：既然体验到感觉、意愿、需求的是个人，作出**努力**的也是个人，最终得到满足的当然也是个人，否则就不会有人作出努力了。

继承也是如此。任何理论和说教都不可能让父亲不爱子女。热衷于设计空想社会的人可能对此颇感遗憾，但实际就是这样。父亲为子女的满足和自己的**满足**所付出的**努力**各占一半，或许前者稍多一些。如果法律竟然违背天性，禁止财产继承，那么，这种法律不但因此而侵害了财产，而且会产生阻挠财产形成的后果，因为，人的至少一半**努力**会因受到这种法律的打击而失去活力。

我们将在下文中回过头来再谈个人利益、财产和继承等，现在先来研究一下我们这门科学的范畴。

有人说，每门科学都有其自然形成的永不变更的界限。我不同意这种看法。思想领域中的一切都彼此相关、相连，这与物质领域一样，一切真理都以对方为依据，任何一种完整的科学必定包容所有真理。有人说得很对，对于一个永不停息地追求真理的人来说，真理只有一个。可是，因能力所限，我们只能孤立地研究某一方面的现象，所以在将事物归类时，难免有某种程度的武断。

能够准确地陈述事实、原因和结果，无疑是值得称道的功绩，不过，如能用合理的方法——因为难以做到用严密的方法——确定我们要研究的某事属于某类，也称得上是一种功绩了，当然比前一种功绩差得多，而且仅仅是相对而言。

我说这些，为的是有人不致因我对**政治经济学**的界定有时与前辈的界定略有不同而以为我在批判前辈。

近来有人指责经济学家们独独钟情于**财富**的研究。人们希望他们将凡是能造成人的幸福或痛苦的一切因素，无论大小都包括在经济学中。有人甚至以为，凡是经济学家不曾提及的，都是他们眼中不存在的。例如，同情心这种与个人利益一样与生俱来的情感。这就像有人责怪矿物学家不承认动物王国的存在一样。有人还说，财产以及财产的产生、分配和消费规律，这个课题太大太重要了，为什么不作为一个专门学科来研究呢？除非经济学的结论与政治学和伦理学的结论彼此矛盾，否则我就很难理解这种指责。我们倒可以告诉指责者："你错了，因为你自己给自己画地为牢；其实，两个真理是不可能彼此冲突的。"我这本书在公众中产生的效果可能会证明，研究财富的科学与所有其他科学完全是相辅相成的。

感觉、努力和满足这三个包容人类命运的词中，第一个和第三个必然始终共存于同一个人身上，无法想象它们可以分开。我们可以想象没有得到满足的感觉，没有得到满足的需要，却永远无法想象**需要**及其**满足**竟然分别存在于两个人身上。

如果中间**努力**这个词也是这样，那么，人就是绝对孤立的存在物了。经济现象也就全部发生在孤立的人身上了。那样就只有一个一个的人，而不会有社会，也许会有**个人**经济学，但不会有**政治**经济学。

不过幸好并非如此。一个人的**需要**由于另一个人的**努力**而得到**满足**，这是完全可能的，而且是极为常见的。这是事实。倘若我们每个人都愿意检视一下自己得到的一切满足，那就会承认，其中大部分不是靠自己的努力得到的。与此同理，我们每个人在各自岗位上付出的劳动，几乎都用来满足那些并不属于我们自己的愿望了。

这就告诉我们，**社会**原理和政治经济学的根源，不应到需要和满足中去寻找，而应该到中间那个词，即**人的努力**中去寻找。

事实确是如此，**彼此为他人劳动**是人所独具的能力，而为其他一切生物所无。努力的转移，劳务的交换以及在时空中形成的纷繁复杂的各种交换方式的组合，这些组成了政治经济学，展示了政治经济学的根源，界定了政治经济学的范畴。

所以，我说：

"政治经济学的范畴应是：**以获得对等回报为条件的一切能满足非本人的需要的努力，以及与这种性质的努力相关的需要和满足。**"

试举一例说明。呼吸这个动作虽然包含了经济学现象的全部三个要素，但它不属于经济学范畴，原因是：在呼吸这个现象中，不仅第一要素需要和第三要素满足是不可转移的，第二要素**努力**也是不可转移的，我们在呼吸时无须求助任何人，无须任何人提供劳务，也不必向任何人提供劳务。呼吸是一个纯粹的个人现象，而非**社会**现象。因此，它不能进入政治经济学范畴，因为这门科学正如它的称谓所表明，意味着一系列相互间的关系。

可是，在某些特殊情况下，人需要相互帮助才能呼吸。例如，潜水员进入潜水舱时，医生操作人工呼吸器时，警员采取措施净化空气时。在这种情况下，呼吸这一需要不是靠需要者本人的努力，而是靠他人的努力才能得到满足。当然，提供的劳务将会得到回报。由于牵涉他人的协助和报酬，这样的呼吸就进入政治经济学的范畴中了。

为使**劳动**具有经济学性质，并不需要实际进行交易，只要具备交易的条件即可。例如，仅仅由于小麦可以用作交换，为自己食用而种植小麦的农夫所完成的就是经济学行为。

付出努力以满足他人的需要，就是为他人提供**劳务**，如果规定应以劳务回报，那就有了**劳务**的交换。由于这种情况最为常见，所以政治经济学也可称作**交换理论**。

不管订约的一方的需求如何强烈，另一方付出的努力如何巨大，只要交换是自由的，被交换的劳务总是等价的。因此，价值也就是对相互提供的劳务作出的对比评估，政治经济学也可以称为价值理论。

我给出了政治经济学的定义，确定了其范畴，但尚未谈及一个基本要素：**无偿效用**。

所有著作家都指出，我们从无偿效用中获得大量满足。为了**与社会财富**相区别，他们把空气、水、日光等这些效用称作**自然财富**。然后，他们就把它丢在一边了。这些无偿效用不要求任何努力，不进行任何交换，不需要任何劳务，由于不具有价值而不被列入任何货品单，因而不应进入政治经济学的研究范畴。

如果**无偿**效用具有恒定不变的数量，而且与**有偿**效用始终泾渭分明，把它排除在政治经济学之外当然是合理的，可是，无偿效用和有偿效用时常成反比地混在一起。人孜孜以求的是以一种效用顶替另一种效用，也就是说，力图以自然的无偿效用和较少的努力获得同样的结果。过去只能靠人力完成的一些劳作，现在可以利用风力、重力、热能、气体的弹性等来完成。

结果如何呢？效用相同，努力却减少了。努力减少意味着劳务减少，劳务减少意味着价值减少。因此，每一个进步都带来减少价值的效果。这种效果是怎样产生的呢？不是削减效用，而是以无偿效用顶替有偿效用，以自然财富取代社会财富。从某种观点来看，这部分被销毁的价值已不属于政治经济学范畴，它已不在我们的清单上了；它已不再进入交换领域，既不买也不卖，人可以不付出努力而享用它，而且对此毫无察觉；它不再算作相对财富，它成了上帝的恩赐。但是，事情还有另一面，如果政治经济学不再考虑它的存在，那就会误入歧途，就会忽视恰恰最重要的东西，即一切事物的根本：**有用的效果**；政治经济学就不能正确认识声势浩大的主张公有和平均主义的倾向，就会在社会秩序中看到一切，唯独看不见和谐。如果说本书旨在促进政治经济学的发展，那就是指它让读者的目光始终紧紧盯住这部分不断地被销毁，同时又被整个人类以**无偿效用**的形式利用的价值。

　　我要指出一点，借以证明各种科学不但彼此相关，而且几乎彼此相混。

　　我为**劳务**下了定义：这是一种**努力**，对于甲来说，劳务是他付出的努力，对于乙来说，劳务则是**需要**和**满足**。有时劳务是无偿提供的，没有报酬，不要求以任何劳务作为回报。在这种情况下，劳务产生于对他人的同情，而不是自己的利益使然。这种劳务是一种赠予，不用作交换，所以似乎不属于政治经济学（政治经济学是交换理论），而属于伦理学。确实，这类性质的行为就其目的而言，属于伦理学，而不属于政治经济学。但是，从效果来看，这类行为又与政治经济学有关。另一方面，有偿提供的劳务，在取得对等回报的条件下，基本上属于政治经济学范畴，但就其效果而言，却并非与伦理学无关。

　　这样说来，政治经济学和伦理学之间存在着难以胜数的接触点。鉴于两个真理不可互相对立，因而，如果政治经济学家认为某个现象将产生可怕的后果，而伦理学家却认为效果将会很好，这时我们可以肯定，他们二位之中必有一位错了。各门科学就是这样互为印证。

第三章 人的需要

大概不可能把人的需要列成一张完整有序的清单，即使可能，也不会有多大用处。几乎所有重要的需要都已列举在下面了。

呼吸（我把呼吸看作开始出现劳动转移和劳务交换的界限）—食物—衣服—住所—保持和恢复健康—行—安全—教育—消遣—美感。

存在着需要，这是事实。只有幼稚可笑的人才会问，没有需要岂不更好，上帝为何让我们有需要呢？

可以肯定，人在**受苦**，而且会在基本需要得不到满足时死去。可以肯定，人在**受苦**，而且会在某些需要得到过度的满足时死去。

为了满足自己的大部分需要，我们只能付出艰辛，艰辛可以被看作一种**痛苦**。克制自己的某些欲望可以说是崇高的行为，但要做到这一点，我们也必须放弃某些东西。

所以，**痛苦**对于我们来说是不可避免的，我们所能做的仅仅是劣中择优。况且，痛苦又是世界上最难以言传的个人感受，因此，**个人利益**这种被人贬为利己主义和个人主义的情感是不可摧毁的。造物主让我们的神经末梢、心脏和头脑的所有通道都具有**感受性**，就像前沿哨兵一样，于是，满足一旦匮乏或过剩，我们便会得到通知，痛苦也就有了用途和使命。有人常问，上帝既然无比仁慈，世上为何还有不幸呢？这是个令人害怕的问题，哲学界为此一直不得安宁，而且看来永远也解决不了。对于政治经济学来说，人就是人，不能把人想象成——更没有理由把人理解成——不知痛苦为何物的有生命的、终究要死的存在物。为理解没有痛苦的感受性和没有感受性的人所作的一切努力，全都是徒劳的。

当今一些温情主义学派认为，凡是没有提出一种办法，能使世界上不再有痛苦的社会科学，都是伪科学，应该遭到唾弃。这些学派对政治经济学的态度极为严厉，因为政治经济学认为痛苦是无法否定的。不仅如此，这些学派还认为政治经济学应该为痛苦承担责任。这情形很像让研究人体结构的生理学家为人的器官容易发生病变承担责任。

一个人能让自己名噪一时，能把感到痛苦的人吸引到自己身边，鼓动他们去怨恨社会的自然秩序，对他们说，他已酝酿了一个人造社会秩序的计划，在这个计划中，任何形式的痛苦都将不复存在。他甚至还可以宣称自己已经得到了上帝的奥秘，领悟了上帝的旨意，把不幸从地球上清除出去。他还会把不赞成这种说法的理论称作渎神，指责它不懂和否认造物主的先见之明和无限威力。

与此同时，温情主义学派为当今社会勾勒了一幅可怕的图画。它们却不曾注意，既然预见到将来会有痛苦是**渎神**，看到今天和昨天有痛苦岂不同样是**渎神**，因为，上帝不认为时空是有始有终的。创世记以来，哪怕只有一个人在人世间受过苦，我们就有足够的理由避去**渎神**之嫌而断言，痛苦确在上帝的规划之中。

承认重大自然事实的存在，显然更科学，也更有气魄。这些事实不仅存在，而且没有这些事实人类便无法想象。

因此，人会有痛苦，社会也会有痛苦。

痛苦在个人生活中有其功能，在社会生活中同样有其功能。

社会规律研究告诉我们，痛苦的使命在于逐渐消灭产生痛苦的原因，使痛苦的范围日益缩小，通过我们的努力乃至付出代价，最终让善与美占压倒优势。

在我上面开列的各种需要中，物质需要排在前面。

当今时代迫使我不得不再次提醒读者，对温情主义者那种颇为时髦的装腔作势，千万不要轻信。

有些人轻蔑地不把他们所说的**物质需要**和**物质满足**放在眼里。他们肯定会对我说贝丽丝对克里萨尔说的那句话：

"身体这块烂肉，有什么重要，有什么价值，也值得我们念念不忘吗？"[1]

尽管这些人应有尽有——我真诚地向他们祝贺——他们却责怪我把**饮食**列为我们的首要需求之一。

我当然承认，比之于维持生命，完善道德的层次更高。可是，难道装腔作势的毛病已经如此严重，竟然连先得活着才能完善道德这样的话也不让我们说了？我们应该防止这类阻碍科学的幼稚病。太想装扮成慈善家，就会变得虚伪。因为，把提高道德修养、维护尊严、培养高雅情操等置于维持生命之上，既有悖事理，也不符合事实。这种假正经新近才露头，卢梭虽热情颂扬**自然状态**，却没有说过那种假正经的话。费纳隆精神高雅，富有柔情和爱心，他的唯灵论甚至发展到寂静主义，对自己采取禁欲主义态度，但他却说："归根结底，精神的健全在于愿意对构成人的生命基础的那些东西的运作方法进行准确的考察。一切大事即在于此。"

我们不敢夸口能将人的需要井井有条地排列出一个严格的顺序，但我们可以说，只有在保持和维护生命的那些需要得到满足后，人才可能转而去努力满足更高层次的道德和伦理需要。由此我们可以得出结论：任何使物质生活变得困难的立法措施，都会

---

[1]　作者引自莫里哀的喜剧《女学者》。——译者

损害各民族的道德生活，我顺便提请读者注意，这就是**和谐**。

机会既已到来，我还要再指出一个。

无法抗拒的物质生活需要既然给智力和道德的培育造成了障碍，那么，富裕的民族和阶级的道德水平，就应该高于贫穷的民族和阶级。老天爷，我说了些什么呀！一片鼓噪之声早已充塞耳际。如今有人说，唯有贫穷的阶级才独具舍己为人、公而忘私以及一切伟大高尚的品质。这种说法已经成了一种不折不扣的癖好，而且在最近这次革命①的影响下又有所发展。这次革命使贫穷阶级上升到社会表层，因而在它周围聚集了许多阿谀奉承之辈。

我不否认，财富，尤其是富裕，当它分配不公时，确实会诱发一些邪恶。

但是能否由此得出美德为贫困所独有，邪恶则是富裕的忠实而可怜的伴生物这样一种普遍性的结论呢？这不啻是认定，由于人们有了一些闲暇和富裕才得到培育的智力和道德，竟然会反过来损害智力和道德。

我不得不请受苦阶级坦诚地回答，这种悖论将会导致何等可怕的**不和谐**呢？

人类被置于可怕的两难境地，要么永远贫困，要么走上道德日趋沦丧之路。按照这种逻辑，活动、经济、秩序、灵巧、信誉之类导致财富积聚的因素，都成了邪恶的种子，而短视、怠惰、放荡、漫不经心等使人不能摆脱贫困的因素，反倒都成了美德的珍贵的萌芽。在讲道德的世界上，还能想象得出一种更令人泄气的不协和吗？倘若果真如此，谁还敢向人民说话，谁还敢规劝人民？也许只能对人民这样说：你抱怨自己受苦，希望早日摆脱痛苦。你为自己套着强烈的物质需求这个枷锁而呻吟，你期盼着尽

---

① 指 1848 年法国革命。——译者

早获得解放。你期待着享有闲暇，以便培育智力和情感，所以你竭力向政治界呼吁，让政治界制定规则保护你的利益。可是，你该明白你所要求的是些什么，你该知道，你的这些愿望一旦得到满足，后果对你来说将是致命的。因为，幸福、富裕和财富将会使邪恶滋生。所以，还是把你的贫困和美德当作宝贝看管好吧！

曲意奉承人民的人陷入了不能自圆其说的窘境，他们指责财富为充斥利己主义和邪恶的污水坑，可是，他们却把人民朝这个臭气冲天的坑里推，不但如此，他们在情急之中还使用不正当手段。

不，社会的自然秩序不可能出现这种不和谐。说什么人人都向往幸福美满，只有严守操行才能走上通向幸福美满之路，到达幸福美满意味着自己戴上了邪恶的枷锁等，这都是不可能的，这种论调只能煽动和维持阶级仇恨。这种论调若是正确的，那就意味着我们只能在贫困或道德沦丧中作出抉择；若是错误的，谎言就会助长无序，并以欺骗手段使本应互爱互助的阶级彼此对抗。

不错，法律搅乱了社会各阶级发展的自然秩序，造成了人为的不平等，于是，人为的不平等成了愤懑、妒忌和种种邪恶的根源。因此必须弄清楚，社会的自然秩序是否能使所有阶级走向平等，渐趋改善。如果物质方面的这种双重进步必将带来道德的双重退化，那么，如同在讼案中遇到拒绝受理而无计可施那样，我们只得被迫放弃努力。

关于人的需要，我要指出一点，对于政治经济学而言，这点很重要，带有根本性，那就是：需求是不是恒定不变的，就其性质而言，需要是日益增长的，不是停滞的。

即使是最常见的物质需要，也显示了这一特点。当涉及使人有别于禽兽的、精神方面的愿望和趣味时，这个特点越发显著。

人与人彼此相同的一点是需要饮食，除非不正常，否则人的胃都是一样的。

可是，在某时代被视为佳肴的食物，到了另一时代就显得十分粗陋了；意大利流浪汉用以充饥的东西，若让荷兰人食用，简直就是受罪。所以，对于所有的人来说都是须臾不可或缺的、最普通的和最一致的需要，实际上却因年龄、性别、性格、气候、习惯而各不相同。

其他需要也是如此。有了遮风避雨之处后就想拥有一所房舍，有了遮体之衣后就想稍稍打扮一下，一旦有了温饱，就会对学习、科学和艺术提出更多的需要。

随着需要不断得到满足，朦胧的愿望很快变成趣味，趣味很快变为需要，甚至是强烈的需要。这种现象很值得注意。

试以粗俗而勤劳的工匠为例。长期粗茶淡饭、布衣草履、土屋茅房的生活使他不存奢望，现状若能稍有改善，他就会觉得自己是最幸福的人，就会心满意足；见到与他一样身在福中的人依然满腹愁肠，他就会惊诧不已。他终于积聚了一份梦寐以求的家产，于是就感到无比幸福。可是，他的幸福感仅仅延续数日而已。

因为，他很快适应了新的地位，当初的幸福感渐渐消失。穿上了期盼已久的锦衣绣袍，他已毫无不自在之感，他进入了与以往不同的环境，接触的是与以往不同的人，不时地喝些与以往不同的酒，于是他希望更上一层楼。回头一看，他发现家产增加了，求富心却没有变，新的欲望不断涌现。

看来造物主赋予**习惯**以一种异乎寻常的能量，使它如同机器上的齿轮一样在人身上起作用，把人推向一个比一个更高的台阶，无法停留在文明的某个阶段。

自尊心也朝同一方向发展，而且势头更猛。斯多葛派哲学时常责怪人有一个毛病：关心**他人眼中的我**，而不在乎**实际上的我**。但是，通观世间一切事物，**他人眼中的我**不正是**实际上的我**的一种体现方式吗？

　　一个家庭由于勤奋劳动、善于安排和简朴节约而登上了社会高层，进入了趣味日趋高雅、交往更讲礼仪、情感更加纯正、知识更加丰富的社会之后，一旦家道中落，痛苦会是何等剧烈？感受痛苦的不只是肉体，社会地位的下降迫使这个家庭改变早已成为第二本性的种种习惯，自尊心遭受沉重打击，精神力量随之消失殆尽。所以，遭此不幸的人因绝望而迅速沦入浑浑噩噩的境地者，屡见不鲜。气候环境与社会环境一样，习惯于呼吸纯净空气的山民，一旦移居城市中拥挤不堪的街巷，很快就会四肢乏力。

　　我听见有人向我大声说道："经济学家，这次你可是自己打自己耳光了。你说你的经济学理论与伦理学相辅相成，可是你现在居然鼓吹奢华和享乐！"该我回答了："哲学家，请你把衣服脱掉，因为原始人是不穿衣服的，请把你的家具砸碎，请把你的藏书烧掉，请你像野兽那样吃生肉，然后我才来回答你对我的驳斥。"否认习惯的力量再容易不过了，因为我们人人都是习惯的活见证。

　　我们可以责怪自然赋予我们器官的能力，但这并不能改变每人的器官都有同样能力这一事实，蛮族也罢，开化民族也罢，从地球两极到法国，古今所有民族概莫能外。没有这种能力，便无法对文明作出解释。人心的能力既然是普遍存在的，而且是无法摧毁的，社会科学难道可以置之不理吗？

　　驳斥我的可能是一些以卢梭弟子自诩的理论家。可是，卢梭从未否认过我刚才谈到的那些现象。他看到了需要的无限弹性和习惯的力量，也看到了我所说的习惯的作用，并给予积极的评价。在我看来，习惯的作用在于防止人类后退。我与他的不同仅在于，我所赞赏的，他却为之惋惜，其实，这也是理所当然的。卢梭认为，曾有过这样一个时期，那时人民既无权利，亦无义务，彼此既无任何接触，亦无任何感情联系，连语言也不存在。他认为，人只有在这个时期中才是幸福和完善的。他理所当然地要痛恨复杂的社会机器，因为它使人类远远地离开了原来的完善状态。持相反意见的人则认为，完善状态出现在人类社会发展的最终阶段，而不是在其初始阶段，所以，他们赞赏把我们推向前进的动力。不过，在这种动力是否存在以及它如何发挥作用这个问题上，我们与卢梭的看法一致。

他写道："人们能够享有较多的闲暇，用来为自己安排他们的祖先所不知的各式各样的舒适的享受。这是他们无意中给自己戴上的第一个枷锁，同时也就是给他们后代准备下的最初的痛苦的根源。因为，他们除了这样继续使身体和精神衰弱下去以外，这些舒适的享受一旦**成为习惯**，便使人几乎完全感觉不到乐趣，而变成了人的**真正的需要**。于是，得不到这些享受时的痛苦比得到这些享受时的快乐要大得多，而且有了这些享受不见得幸福，失掉了这些享受却真感到不幸了。"

卢梭坚信，上帝、自然和人类都错了。我知道，他的看法为许多人所接受，但我不同意他的看法。

总而言之，请上帝宽恕我，我要在此对人的最可贵的特点、最崇高的品德，即人的压制激情、抑制欲念、控制愿望、鄙视奢华享受的能力提出非议。我的意思并非要让人成为自己的那些不切实际的需求的奴隶，而是说，一般意义上的需要产生于人的肉体和精神的本性，并与习惯的力量和自尊心有关，它具有无限的扩张性，因为它的永不枯竭的根源是欲望。一个人如果生活俭朴，不追求华丽的服饰，不事骄奢淫逸，谁能因他生活富足而斥责他呢？但是，难道就没有任何更高的欲望能让他动心吗？教育这种需要不是没有止境的吗？为国效力，资助艺术发展，弘扬优秀思想，救助不幸的弟兄等，这些与财富的合理使用难道有一丝一毫的不相容吗？

何况，不管哲学家们作何想法，人的需要不是一个固定不变的量，这一点是绝对可靠的、不容置疑的、绝无例外的事实。无论从哪方面说，14 世纪的人对饮食、住房和教育的需要，不是我们现时的需要，不难预见，现时我们的需要也不可能与我们后代的需要相同。

这个看法同样适用于政治经济学的全部组成部分，诸如财富、劳动、价值、劳务等，所有这些东西都属于人的无比丰富的多样性，而人则是政治经济学的主题。与几何学、物理学不同，政治经济学不具有对那些可以计量的事物进行思考的优点，这正是它的困难之一，这也是它永远会犯错误的原因。因为，当我们以心智致力于对某一现象的研究时，必然想要找到一个**标准**，一种可以衡量一切的共同尺度，以使我们所从事的科学具有一种**精确科学**的性质。所以，我们发现，大多数研究者都追寻一种固定性，有人在**价值**中追寻，有人在**货币**中追寻，有人在**小麦**，也就是**劳动**中追寻，总之，都在**变动**中追寻固定性。

把人的需要视为一种固定的量造成了政治经济学的许多错误。所以我觉得有必要就此多说几句。我先说一下人们是怎样推理的，尽管这样做可能在顺序上有些先后颠倒。人们把同时代人的各种一般性满足一一列出后，就以为人类再也不要求其他满足了。由于大自然的慷慨、机器的巨大效力、节俭的习惯等原因，使人的一部分劳动在一段时间内成为富余。对这一进步现象有人忧心忡忡，把它视为灾难，用一些荒诞不经、似是而非的言辞表达他们的恐慌：**"生产超量了，我们将因过剩而衰亡，生产能力已超过了消费能力。"** 等等。

如果把**需要**看成一个不变的量，不懂得它具有无穷的扩张性，那就不可能找到解决**机器**、**外部竞争**和**奢侈**等问题的办法。

然而，如果人的需要不是固定不变的，而是**与日俱增的**，如同它的永不枯竭的源泉——欲望——那样不断增长，那么，人肯定能在自己身上及身边找到日渐增多的以致无穷的办法来获得**满足**，否则在人的经济规律中就会出现失调和矛盾，因为，手段与目的之间的平衡是一切和谐的首要条件。我们将在下文对此进行考察。

我在本书卷首曾说，政治经济学的研究对象是**人**，是从需要及满足需要的手段这个角度来考虑的人。

因此，当然应该从人和人的本性开始我们的研究。

但是，我们也已看到，人不是离群索居的，虽然**需要**和**满足**因人的感受性缘故不可能与感受到**需要**和**满足**的那个人分离，但**努力**却并非如此，**努力**来自人的能动素质，是可以转移的。总之还是那句话：人人彼此为他人劳动。

有一种现象颇为奇特。

当我们以一般方式，或者说以抽象方式观察人以及人的需要、努力、满足、素质、趣味、爱好时，得出的一系列看法都是不言自明的道理，不会招致任何怀疑，人人在自己身上就可找到证明。作者们甚至不知道该怎样向公众讲述这些看得见、摸得着的浅显的道理，因为他们担心遭到讥笑，担心读者会气恼地把书扔掉，大声嚷道："我才不浪费时间去读这种书呢!"作者们的担心并非杞忧。

这些道理在用一般方式阐述时被认为是无可争辩的，我们甚至容不得有人向我们再说一遍。可是，一旦把人置于社会环境中去考察，这些道理就变成了令人发笑的谬误和荒诞不经的理论。谁会在考察孤立状态的人时说："**生产过量了，消费能力跟不上生产能力，奢侈和虚假的趣味是财富的源泉，机器的发明扼杀了劳动**"以及诸如此类的胡言乱语呢?可是，当涉及一群群社会的人时，这些无稽之谈却被当作至理名言，以致成为工业法和商业法的基础。这是因为交换引起了幻觉，令最有头脑的人也迷惑不清。我认为，**政治经济学**如欲达到其目的，完成其使命，必须最终阐明以下事实：对一个人来说是正确的道理，对社会来说也是正确的。孤立的人既是生产者，又是消费者、发明人、经营者、资本家和工人，所有经济现象都在他身上完成，所以，他就是一个小社会。反之亦然，整个人类就是一个包罗万象的多元的巨人，在个人身上观察到的道理全都适用于整个人类。

我觉得说明这一点很有必要，而且希望在进一步对人类进行研究之前，对这一点作更深入的阐述。否则，我担心读者会把我在下面的阐述当作多余的废话，当作不折不扣的**不言自明的道理**抛诸脑后。

我在前面讲到了人的**需要**，大体上已将其逐一列出，我接着指出，这些需要不是停滞的，而是逐步发展的。单个需要是这样，从物质、精神和道德角度来看，总体需要更是如此。怎么可能不是如此呢？有些需要是我们的身体提出来的，必须满足，否则就会死。在某种程度上可以说这类需要具有固定的量；但严格地说，这并不准确。因为，只要不打算无视**习惯力量**这个基本因素，只要实事求是地看看自己，我们就会承认，在习惯的影响下，即使是饮食这类最简单的需要，也不容置疑地处在变动之中。谁若不同意这个看法，把它说成唯物主义或伊壁鸠鲁主义，他就会很倒霉，因为，人们可以抓住他的话柄，让他只喝斯巴达人的那种黑乎乎的汤，让他过离群索居的生活。但是，这类需要的满足有了可靠和永久的保证后，新的需要又会从人的最具扩张性的特点——欲望中产生出来。能想象人有一刻不再有欲望，哪怕是合理的欲望吗？请别忘记，一旦由于能力不断提高而使人的前景更加广阔时，那些在文明的某个阶段，在人的能力只能用来满足低级需要时被看作不合理的需要，就不再是不合理的了。例如，一小时走完10法里路在200年前是不合理的需要，今天就不再是不合理了。坚持认为人的需要和欲望具有停滞不变的、固定的量，就是不认识灵性的本质，就是否认事实。因而无法对文明作出解释。

　　如果需要的发展是不确定的，而满足需要的手段的不断发展却不是不确定的，那样的话，文明就无法解释了。如果人的能力到了某一程度便不能继续发展，如果能力的发展有一个不变的极限，那么，需要的扩张对于实现进步有什么重要性呢？

　　因此，不管主宰我们命运的是什么力量，除非自然和上帝陷入了恼人的可怕的矛盾之中，否则，由于欲望是不确定的，因而我们完全可以预言，满足欲望的手段也是不确定的。

　　我说的是不确定，而不是无限，因为，人的一切都不可能是无限的。正因为人的欲望和能力在无限中发展，所以它们没有可以指明的极限，尽管它们实际上是有绝对极限的。超乎人类之上的高度多得不可胜数，人类永远不可能达到这些高度，但是并不因此而可以说，人类达到某一高度后，便不再向那些不可能达到的高度继续前进了。①

　　我也无意说**欲望**和**手段**同步平行发展。**欲望**在飞奔，**手段**一直一瘸一拐地紧随其后。

　　欲望的迅捷而冒险的性质与人的能力的迟缓形成强烈对比。这就告诉我们，在文明的每一个台阶上，在进步的每一个阶段上，人总是在某种程度上感到痛苦。现在如此，将来依然如此。但是，这也告诉我们，痛苦是有其使命的，因为，如果欲望不是走在能力前面，而是走在能力后面，那就无法理解欲望在驱动着能力。不过，我们无须责怪这一机制残酷无情，因为，我们应该看到，**欲望**变成真正的需要，即**痛苦的欲望**，是有条件的，那就是，只有当某种需要由于总能得到而成为**习惯**时，欲望才是痛苦的；换句话说，只有当**手段**已经找到，而且已经不可逆转地处在

---

　　①　这是政治经济学中常见的，却不被认识的数学定律。——作者

我们的能力所及的范围之内时，欲望才是痛苦的。①

现在让我们来考察这个问题：用以满足我们的欲望的手段是些什么？

在我看来，手段显然有两种：大自然和劳动，即上帝的恩赐和我们努力的成果，后者也可称作：我们作用于自然为我们提供的物质上的能力。

据我所知，任何学派也未将需要的满足**仅仅**归功于自然。经验早已把这种说法驳得体无完肤。我们无须研究政治经济学便可知道，我们的**能力**对于满足需要也是必不可少的。

但是，有一些学派将一切都归功于劳动，他们的信条是：**一切财富来自劳动，劳动即财富。**

我不禁要指出，这些依照字面理解的公式，不仅导致了重大的理论错误，而且造成了一些可悲的立法措施。我在下面将要对此另作说明。

现在我仅就**自然**和**劳动**共同满足我们的需要和欲望这一点略作阐述。

请看事实。

我们在前面列出的第一需要是**呼吸**。关于呼吸，我们已看到，在一般情况下，仅靠**自然**就可满足这一需要，人的**劳动**仅在空气需要净化这种特殊情况下才是必要的。

解渴这一需要也程度不同地由自然给予满足，其程度大小依据自然提供的水源远近、纯净度高低和水量大小而定。如果水源远、水质差，需要净化、水量小，需要挖井和置备容器，那样的

---

① 本书的间接目的之一是反驳现代温情主义学派，他们不顾事实，拒不承认痛苦在某种程度上是上帝的既定目标。由于这个学派自称源自卢梭，我觉得应该在这里引述一段他们这位老师的话："我们见到的邪恶不是绝对的邪恶，它不但不直接损害善良，而且协助善良走向普遍和谐。"——作者

话，劳动在解渴中的辅助作用就会随之增大。

　　同样，自然并非一成不变和一视同仁地向我们提供**食物**。因为土地的肥瘠不同、森林中的猎物多寡有异，河流中的鱼类数量不等，所以我们要付出的劳动量也不一样。

　　照明也是一样，在夜短的地方，人为此付出的劳动量小，在夜长的地方付出的劳动量大。

　　我虽不敢妄称这是一条绝对的规律，但我觉得，需要的层次越高，自然所能提供的合作就越少，因而也就越是依赖于我们自己的能力。自然仅为画家和雕刻家和作家提供了材料和工具；应该承认，作品的魅力、成就、效用和价值全靠他们自己的才华。**学习**也是一种需要，只有正确使用我们的智力，才能使之满足。然而，**自然**既然为我们提供了观察和比较的对象，我们难道不应该说自然也帮了我们的忙吗？在生物学、地质学、自然史等领域中，等量的劳动能得到等量的进步吗？

　　无须再列举其他实例。我们已经看到，自然向我们提供的满足需要的手段具有大小不等的**效用**（效用这个词在这里用的是其原意，即**提供劳务的能力**）。在许多情况下，甚至是在所有情况下，还需要劳动的参与，**效用**才可能完全。不难理解，自然提供得多，所需劳动就少，反之，所需劳动就多，这需视具体情况而定。

　　因此，可以提出以下两个公式：

　　1. 效用有时由自然单独提供，有时由劳动单独提供，但几乎总是由自然和劳动合作提供。

　　2. 在获得完全效用的过程中，劳动的作用与自然的作用互成反比。

　　由这两个公式以及我在前面谈到的需要所具有的不确定的扩张性，我认为可以得出以下一个重要的结论。假定两个互相没有联系的人处在不同的形势下，其中一个人从自然得到的比另一个人多，前者显然可以少付出劳动而获得满足。这样，他的一部分力量就因成为**富余**而被闲置起来。他是否会因受到自然的偏爱而无所事事呢？不会，接下来发生的事可能是这样，他如果愿意，就可以用这部分富余的力量扩大自己享受的范围，用等量的劳动获得两种满足，而不是一种。总之，对他来说，进步更加容易。

我不知道自己是否想入非非，但我觉得，包括几何学在内的任何科学，在初始阶段不可能提出这种无懈可击的真理。倘若有人向我证明，这些真理都是谬误，那么，不仅我对这些真理的坚信荡然无存，而且我的一切信念基础和对事实的信任也会失去。因为，还有哪一种推理逻辑能比有人想推翻的那种推理逻辑更能探明真理呢？除非有一天，点与点之间的最短距离是直线。这个公式被另一个所取代，那时除了绝对怀疑主义之外，人的精神再也无处安身了。

所以，我羞于重复那些最基本的道理，这些道理明白得近乎幼稚。

但是，我不得不指出，由于人与人之间复杂的交易，这些简单的道理并未被认识。为了向读者表明，我花这许多口舌来阐明英国人所说的**不言自明之理**并非多余之举，我要在这里向读者指出许多杰出的思想家的令人费解的糊涂之处。他们在谈论我们的需要被满足时，把**自然的合作**撇在一边，完全不予考虑，于是提出了这样一个绝对的原理：**一切财富来自劳动**，并在这个原理的基础上建立起他们的三段论：

"一切财富来自劳动，

因此，财富与劳动成正比，

可是，劳动与自然的赐予成反比，

所以，财富与自然的赐予成反比。"

不管我们是否愿意，我们的许多经济规律都产生于这种奇怪的推理。这些规律只能损害财富的开发和分配。这就为我作了铺垫，使我得以用乍一看是平平常常的道理，来驳斥当今社会正挣扎于其中的可悲的谬误和偏见。

且让我们将自然的赐予作一分解。

自然给了我们两样东西：**物质和力量**。

我们用来满足需要和欲望的大部分材料，只是在人的劳动对其施加了作用后，才能达到**效用**状态。可是，组成这些材料的元素、原子等，都是自然的**无偿**赠予。这一点极为重要，我相信，它将使财富理论面貌一新。

我希望读者能记住，我在这里研究的是一般意义上人的物质和精神素质、人的需要、能力及其与自然的关系，**交换**要在下一章才谈。这样，我们就将看到人之间的交易是怎样和用什么去改变社会的种种现象的。

很明显，倘若孤立的人应该以他的**劳动**和努力去**购买**大部分满足，那就可以万无一失地肯定，在他进行任何劳动和努力之前，他所能利用的材料都是自然的**无偿**赠予。经过他的哪怕是微不足道的努力之后，这些材料便不再是**无偿**的了。如果政治经济学的术语是准确的，那就可以说，所谓**原始材料**，就是指尚未受到人的任何作用的物质。

我再说一遍，受到人的作用之前的自然赠予是**无偿**的这一点极为重要。事实上，我在第二章中已说过，政治经济学就是**价值理论**。现在我则要提前补充说，只有当劳动赋予物质以价值时，物质才开始具有**价值**。下面我还将阐明，对于孤立的人来说是**无偿**的东西，对社会的人来说亦然。自然的赠予**不论其效用如何**，都不具有价值。一个不付出任何努力而直接取得自然赠予的人，不能被认为他为自己提供了**有偿劳务**；因此凡是涉及人人有份的东西，他也不能被认为向别人提供了劳务。既然没有提供劳务和接受劳务，也就没有**价值**。

　　我在这里就**物质**所说的一切，都同样适用于自然给予我们的**力量**。重力、气体的弹性、风力、平衡法则、植物和动物的生命等，这些都是我们能够学会为我们所用的东西。我们为此付出的体力和智力都可以得到回报，因为我们不能被看成在为他人无偿地付出努力。但是，除了我们的体力和智力外，这些自然力量就其本身而言，都是上帝的**无偿**赐予。就此而论，这些自然力量在人的一切复杂的交易中，都不具有价值。这一点便是本书的主导思想。

　　我承认，如果自然提供的合作始终完全一样，如果无论何时何地何种情况下，每个人都能获得等量的、不变的自然赠予，那么，我在上面说的那一点就不那么重要了。在这种情况下，也就是说，如果自然赠予这个因素无论何时何地都完全一样，对人与人之间劳务交换所产生的影响，从任何角度看都有准确的比例，那么，政治经济学对之不予考虑也就可以原谅了。如同几何学可以忽略不计两个图形所共有的线段一样，政治经济学也可以不考虑自然提供的永久的合作，而只需把说过多次的话再说一遍就行了："自然财富是存在的，政治经济学注意到了这个事实，但不必加以理会。"

　　但是，事物并不照此运动。人的智力受到利益的激励和一系列发现的推动，不可阻挡地要以无偿的自然力取代有偿的人力，因而就某一效用而言，尽管它所提供的满足和结果依然如故，但人为了获得它而付出的劳动却日趋减少。所以，我们不可能看不到这种神奇的现象对价值观念的巨大影响，因为，结果是什么呢？结果是：一切产品都呈现以**无偿**部分取代**有偿**部分的趋势。**效用**是两种要素的共同产物，其中的一种要素要求报酬，另一种则不要，而价值仅与前一种要素相关，因而鉴于自然被迫提供更多的劳务，同一效用的**价值**也就随之降低。因此可以说，人类拥有的满足和财富越多，人类拥有的**价值**则越少。可是，大多数作者把**效用**、**财富**和**价值**几乎视为同义词，结果不仅是理论的错误，而且与真理背道而驰。我真诚地相信，如能更正确地阐述自然力与人力在生产中如何结合，换句话说，如能给价值下一个更正确的定义，就能厘清理论的乱麻，使各执一端的不同学派取得共识。我之所以要先说明结论，而后才详加阐述，为的是让读者明白，为什么我要对这些概念作出解释。否则，读者可能难以懂得这些概念的重要性。

作了以上的阐述后，现在我回过头来从单一的经济学角度进行对人的研究。

萨伊①另有一个观点，其正确性一目了然，却为很多作者所忽视。他认为，人既不**创造物质**，也不**创造自然力**，这里所说的**创造**是指从无到有的创造。物质和自然力自行存在，人只能使两者结合或位移，从而为自己或他人提供便利。如果是为了自己，那就是**为自己提供劳务**，如果是为了他人，那就是**为同类提供劳务**，在这种情况下，他就有权要求得到**相应的劳务**。所以说，**价值与提供的劳务成正比**，而不是与绝对**效用**成正比。因为，在大多数情况下，**效用**来自自然的**无偿的**作用，此时人所提供的有偿劳务的价值很低。这种结果源自下述原理：**为获得某物的完全效用，人的作用与自然的作用成反比**。

这个看法推翻了认为价值存在于事物的**物质性**之中的理论。相反的看法是对的。物质性是自然赋予的一种性质，因而是**无偿**的，不具有**价值**，虽然它具有不可否认的效用。人永远不可能通过自己的作用**创造**出物质来。人的作用，对于孤立的人来说，可以为自己提供劳务，对于社会的人来说，可以互相为他人提供劳务。对这种劳务的自由评估，便是**价值**的基础。亚当·斯密认为

---

① 萨伊（J—B. Say 1766—1823）法国经济学家，持乐观的自由主义观点。——译者

价值存在于**物质**之中，这全然错了。物质与价值之间不可能有关系。

我提到的这种错误理论依据其原理进行严密的演绎后认为，只有对物质进行加工的阶级才是**生产**阶级。亚当·斯密就这样为**现代社会主义学派**的错误理论做好了准备。这些学派不断声称，生产者和消费者之间的**中介人**，诸如经纪人、商人等，都是不从事生产的寄生者。这些人是否提供劳务呢？是否承担了一部分本应由我们承担的劳累呢？应该说，他们虽不创造物质，却创造了**价值**。况且，由于我们每个人都只能相互提供劳务，而不能创造物质，所以正确地说，就相互关系而言，包括农夫和制造工人在内，我们都只是**中介人**而已。

关于自然的作用，我暂且只说这些。自然**始终无偿地**向我们提供物质和力量，只是因气候和季节以及我们的知识程度不同，我们实际享用到的物质和力量差异很大。这些物质和力量不具有价值，若说它们有价值，那就太奇怪了，凭什么说它们有价值呢？怎么能说自然会让人向它付酬、回报、支薪呢？下面我们将会看到，为了确定**价值**，交换必不可少。我们无须购买自然财富，只需收集即可。如果为收集而付出了努力，那么**价值**就存在于所付出的**努力**之中，而不存在于自然的赠予之中。

现在来看看通常称为**劳动**的人的作用。

如同政治经济学使用的几乎所有术语一样，劳动也是一个相当含糊的词，作者们赋予它的含义宽窄不一。与化学等大多数自然科学不同，政治经济学不拥有为它自己创造一套专门术语的优越性，它以自有社会以来的人所关心的事作为研究对象，以人的日常谈话作为一般性课题，从中找到一些现成的词语，而且只能使用这些词语。

劳动通常被限定在人对物件所付出的体力这个意义上，因而**劳动阶级**被用来指称那些在生产中担负体力操作的人。

读者将会明白，我使用的**劳动**一词含义较为广泛。我把用来满足需要的人的各种能力的作用均称作**劳动**。**需要**、**努力**、**满足**，这就是政治经济学的范畴。**努力**可以是体力的，也可以是智力的，甚至可以是道德的；我们将在下面谈到这一点。

不言而喻，我们的器官，我们的一切或几乎一切能力都可以用于而且正在用于生产。注意力、洞察力、智慧、想象力都在其中占有一席之地。

杜努瓦耶①先生在他的《劳动自由》一书中，以严格的科学精神把我们的道德能力列为我们借以获得财富的要素之一。这是新颖、正确和影响深远的思想，它使政治经济学的研究范围更大、更崇高。

我之所以强调这一思想，是因为它给我提供了机会，使我得以对尚未谈及的那个强大的生产要素，即**资本**，进行初步考察。

我们如果逐一审视能满足我们需要的物品，我们就不难看到，人若事先没有做好力量的准备，也就是说人的需要若没有得到满足，物质的加工就需要更多的时间，就需要我们拿出一生中的更大一部分来。这就意味着，执行加工任务的人事先都保存、准备和积聚了一些食物，为的是在执行加工任务时能活着。

对于那些与物质无涉的满足来说，情形也是这样。倘若没有现成的生存手段，神父无法宣教，教师无法授课，法官无法维持公共秩序。

往前追溯到以狩猎为生的孤立的人，如果他每晚将当天的猎获物全部吃光，他就再也不可能干别的事了（这一点不难理解），例如盖茅屋、准备武器等，也就是说，他永远不可能实现进步。

---

① 杜努瓦耶（P. J. Dunoyer，1786—1862），法国经济学家，自由主义经济学派的代表之一。——译者

　　我不想在此为资本的性质和功能下定义，我的唯一目的是要指出，某些道德品质，诸如秩序、预见、自控、节俭等，即使单从财富角度看，也直接作用于我们生活条件的改善。

　　预见是人所独具的优秀才能之一。无须说，在生活中的几乎一切场合里，凡是能知道自己的决定和行动会带来什么后果的人，成功的机会肯定比别人多。

　　抑制欲望，驾驭激情，为未来而牺牲当前，为将来生活得更好而忍受眼前的某些匮乏，这些都是资本形成的基本条件。我们已经看到，资本本身又是复杂或长期劳动的基本条件。很明显，假定两个人处在完全一样的条件下，两人的智力和体力也相同，那么，获得更大进步的人肯定是那个厉行节约、不作短期行为、会改进工具、善于利用自然力量来实现自己计划的人。

　　我不想赘述，只需稍加审视便可确信，我们的所有力量、能力和品德，都有助于人和社会向前发展。

　　基于同理，我们品德上的任何缺陷，都可能成为贫困的直接或间接原因。怠惰会使生产的要素——努力瘫痪，无知和谬误会引向歧途，缺乏预见必然带来失望，贪图一时享受会妨碍财富的积累和形成，虚荣会使人为了虚假的满足而付出努力，从而妨碍真实的需要得到满足。巧取豪夺会招致报复，使人为保护自己而不得不付出高昂的代价，耗费大量精力。

　　在结束对人的初步研究时，我要重申我在谈论需要时说过的话。本章提到的这些进入并构成政治经济学的因素，都是可变动的、多样的。需要、愿望、自然提供的物质和力量、人的体力、器官、智力、品德，所有这些都因人、因时、因地而异。就这些因素中的任何一个而言，没有一个人完全相同，若就所有这些因素而言，当然更是如此。不仅如此，一个人在两小时之前和之后就不完全一样。这个人知道的，那个人不知道，这个人赞同的，那个人不屑一顾，自然在此慷慨，在彼吝啬；在这种气候条件下难以具备的品德，在另一种气候条件下却很容易，政治经济学不像精确科学那样拥有绝对的计量手段，不能用刻度和尺寸去衡量愿望、努力和满足的强度。如果我们人人像动物那样在孤立的状态中劳动，我们所处的环境总会有这种或那种差异。纵然环境完全相同，我们行动的范围完全一致，我们也仍会有许多差异，诸如愿望、需要、思想、洞察力、精力、判断事物的方法、预见能力以及行动，等等。所以，人与人之间的巨大不平等是不可避免的。当然，人的绝对孤立和彼此毫无联系的状态，只是卢梭所想象的虚幻情景。但是，我想问的是，即使被称作**自然状态**的这种反自然的状态确实曾经存在过，卢梭及其弟子根据哪些思想推导出自然状态中存在着平等这一论断呢？下面我们会看到，平等如同财富、自由、博爱、团结一样，是一种结果，而不是起点。平等出现在社会的自然而正常的发展中，人类离平等并不远，而且一直在走向平等，这样说更令人欣慰，也更真实。

　　阐述了**需要**和满足需要的**手段**后，现在我该谈的是**满足**。满足是整部机器运转机制的综合结果。通过人类享受的物质、精神和道德诸方面的**满足**程度，我们可以判断机器是否运转良好。所以，政治经济学使用的**消费**这个词，应该具有深刻的含义。如果保留这个词的词源学意义，它应是**目的**、**实现**等词的同义词。遗憾的是，在日常语言中，甚至在科学语言中，这个词仅用来指物质的、粗陋的消费。若就我们肉体的需要而言，这也许并没错，但若就更高层次的消费而言，那就不对了。种植小麦、纺线织布均以**消费**为终结。画家的画、诗人的诗、法官的思考、教授的授课、神父的宣教难道也是这样吗？在这里我们发现，这个根本性错误所造成的困难，使亚当·斯密把政治经济学局限在物质范畴之中。请读者原谅，我经常在广义上使用**满足**这个词，我把它应用在我们的一切需要和愿望上。我认为这样更能适应政治经济学的广阔范畴。

经济学家常被指责为只关心**消费者的利益**。有人说："你们忘记了生产者。"但是，满足既是一切努力的目标和目的，**消费**既是一切重大经济现象的目标和目的，那么满足就是进步的试金石，这难道还不显而易见吗？一个人的幸福不能以其**努力**的程度而是以其**满足**的程度来衡量，对于一群人来说也是这样，这是正确的。涉及孤立的人时，谁也不否认这是一条真理，可是一旦涉及社会，就众说纷纭，争执不休，被人指责的这句话的意思其实只是："任何经济措施不是用它所引发的劳动来衡量，而是以它所达到的最终结果来衡量，最终结果表现为一般福利的增或减。"

我在谈到需要和愿望时曾说过，没有两个完全相同的人，就**满足**而言，情形也是这样。每个人对满足的评价不可能一样，所以还得旧话重提：趣味人人不同。可是，恰恰是愿望的强烈程度和趣味的多样性决定着我们的努力方向。在这里，道德对能力的影响一目了然。不妨设想有一个孤立的人，他的趣味低下、幼稚，而且不道德，谁都明白，他的力量有限，如不以损害明智的、合理的愿望为代价，就不可能满足他那些不健康的愿望。但是一涉及社会，就有人认为我的这一说法不对，因为有人倾向于认为，不健康的愿望，不可能实现的满足等，虽被公认为是个人贫穷的根源，却都是国民财富的源泉之一，因为，这些愿望能促使人们去想方设法使之得到满足。如果真是这样，我们就只能得出一个可悲的结论：人的社会状态使人处于非贫困潦倒即道德沦丧的两难境地之中。政治经济学再次要以严谨的、令人满意的方式来解决这些表面的矛盾。

第四章　交换

交换就是政治经济学，就是社会的全部。因为没有交换的社会和没有社会的交换都是不可想象的。因此，我绝无在本章中把这样一个大题目谈透的雄心，我这整本书也只能勾勒出一个轮廓而已。

如果人像蜗牛那样生活在彼此完全孤立的状态中，如果人与人之间不交换劳动成果和思想，如果彼此之间没有交易，那么，可能有许多人群，有许多共存的个人，但不会有**社会**。

我甚至要说，连单个的个人都不会有。对于人来说，孤立即死亡。如果说，人离开社会就活不成，那么，千真万确的结论便是：人的自然状态就是人的社会状态。

一切科学都最终揭示了这条真理，可是它在 18 世纪却不为人所知。相反，人们在与之相反的基础上建立了政治学和伦理学。于是，人们不仅将人的自然状态与人的社会状态对立起来，而且认为自然状态比之社会状态具有不容置疑的优越性。蒙田①曾说："人在没有彼此联系、没有法律、没有语言、没有宗教的状态中生活时，是多么幸福啊！"我们知道，卢梭的理论对于舆论和事实产生了并正在产生着巨大的影响，他的理论全部建立在这样一种假设的基础之上："人一旦同意放弃纯真的**自然状态**，接受暴风雨般的**社会状态**，人就变得不幸了。"

---

① 蒙田（M. Y. de Montalgne, 1533—1592），法国著名作家。——译者

这一根本性的错误是迄今毒害政治科学的最致命的错误，因为，倘若社会是借助发明和契约而结成的，那么，人人都可发明新的社会形态。事实也正是这样，自卢梭以来，思想家们都朝着这个方向努力。本章的目标不是一一阐述对这一根本性错误的全部批驳。我觉得，阐明孤立状态使语言不能产生，而没有语言就没有思想，这并不难；不言而喻，没有思想的人不但不是自然状态下的人，而且根本不是人。

但是，如果我们阐明了对交换的若干看法，无疑就是直接对卢梭理论的基础进行断然的批驳，尽管我们并不想这样做。

从经济观点看，**需要**、**努力**、**满足**就是人。

我们已经看到，这三个术语中，前后两个的性质规定了它们是不能转移的，因为它们不但在感觉中产生，而且本身就是一种感觉，而感觉是世界上最最属于个人的东西，产生于努力之前并决定着努力的需要是这样，产生于努力之后并作为对努力的酬报的满足也是这样。

因此，被交换的只有**努力**，不可能有别的。这是因为，交换意味着活动，而唯有努力才体现了这种积极精神。我们虽能感到他人的痛苦或欢乐，但不可能代人受苦或享受。不过，我们可以彼此帮助，可以替他人劳动；我们可以相互提供**劳务**，用我们的能力或源自能力的东西，在得到相应回报的条件下为他人提供**劳务**。这就是社会。交换的各种原因、各种效应和各种规律构成了政治和社会经济学。

我们不仅能够而且必须进行交换。我要肯定的是：我们的身体构造决定了我们必须人人彼此为他人劳动，否则就会死亡，就会立即死亡。如果此说不错，那么，社会就是我们的自然状态，因为只有在这种状态下我们才能存活。

我注意到了需要与能力之间的平衡，这使我对于主宰着我们命运的上帝的这种安排，永远充满敬佩之情。

在孤立状态中，我们的需要大于能力，

在社会状态中，我们的能力大于需要。

正因为如此，人在孤立状态中不能生存，而在社会状态中，人最紧迫的需要被较高层次的愿望所取代，而且由此不断地向更高层次发展，谁也不可能指明这种日臻完善进程的极限。

这绝非夸夸其谈，而是可以用推理、类比严密地加以论证的。但直接的经验即观察不能用来作为论据。为什么？因为经验是真实的感受，而人既然不能在孤立状态中存活，我们也就无法以真实的感受来展示绝对孤立的后果。感官不可能对不存在的东西有真实的感受，人们可以让我明白，三角形永远不可能有四个角，但人们永远无法让我见到一种四个角的三角形。如果有人能做到这件事，三角形永远不可能有四个角的理论就不攻自破了。同样，要我提供经验性的证明，要我以真实的感受研究孤立状态的后果，这不啻是让我陷入自相矛盾的窘境，因为，对于人来说，孤立状态和生命是互相排斥的，我们从未见过，也永远见不到彼此毫无关系的人群。

我不知道是否有这样一些动物，它们由于生理构造而注定要在绝对孤立中走完生命的历程。如果有的话，自然肯定会使它们的需要和能力比例合适。还可以想象，这些动物的能力如果大于需要，它们就能改善自己，不断进化；如果能力与需要恰恰平衡，这些动物就不会进化。但是，我们无法想象它们的需要会大于能力，它们自出生之时起，其能力就完全能够适应其需要，至少是能力与需要以同样的比例发展，否则，这些动物一生出来就会死去，那样的话，我们也就不可能对它们进行观察。

可以肯定，在我们周围，没有任何一种生物有与人一样多的需要。任何一种生物的幼年时期都不像人那样脆弱，那样漫长，那样一无所有；成年时期不像人有那么广泛的责任，老年时期也不像人那样虚弱和痛苦。

退一步说，人的需要即使不多，也还有趣味，而为了满足这些趣味而对能力提出的要求，丝毫不亚于满足需要对能力提出的要求。刚能果腹就想吃得有滋有味，刚能遮体就想穿得体面些，刚能遮风避雨就想把屋子装饰得漂亮些，人不仅有最低的生理要求，还有更多的欲望。人总想探知自然的所有奥秘，驯服所有的动物，掌握所有的元素，了解地层，穿越大洋，飞上蓝天，克服时间和空间的阻隔，了解自己的意志和意愿的动力和规律，抑制自己的情欲，长生不老，像造物主那样将自然和人的同类以及自己牢牢地控制在手中。总之，人的愿望在无限中不断膨胀。

因此，人的能力具有巨大的发展潜能，任何其他动物都无法与人比拟。只有人会比较、判断、推理、说话，只有人能预测未来，为未来而牺牲当前，只有人能将其劳动成果、思想和宝贵的经验代代相传，只有人具有可完善性，这种可完善性向无穷伸延，似乎直到世界尽头之外。

在这里有必要提出一个经济学的观点。人的能力无论大到什么程度，都不可能从无中**创造**出有来。人无法让现有的分子数量增加或减少，人的作用仅限于将其周围的物质加以改造或组合，使之为人所用。（J—B. Say 萨伊）

改造物质，增加其效用，这就是**生产**，确切地说，这就是生产的一种方式。由此我得出结论，下面将会看到，价值永远不存在于这些物质之中，它存在于为改变这些物质所付出的努力之中，存在于这种努力通过交换与其他努力所作的对比之中。所以，价值只不过是对被交换的劳务量的评估，而与物质在其中是否起作用并不相干。例如，我为他人做了一次外科手术，从而为他人提供了直接劳务，或者，我为他人配制了一些药物，从而为他人提供了间接劳务，这都全然不影响价值的概念。当我为他人配制药物时，**效用**存在于物质之中，**价值**却存在于我所提供的劳务之中，存在于一个人为另一个奉献的体力和智力的努力之中。

将价值归之于物质本身，这纯粹是一种借代现象；而在这种以及类似的情况下，由于暗喻的误导，科学迷失了正确的方向。

现在再来谈谈人的体质构造。如果我们停留在上述概念上，那么，人与其他动物的区别仅在于人的需要更多、能力更大而已；人和其他动物都既有需要也不乏能力。候鸟为寻找合适的温度而长距离迁飞，河狸搭桥过河，猛禽肆无忌惮地追逐猎物，猫耐心地守候在老鼠洞口，蜘蛛张网捕虫，所有动物都为自己的生存和发展而出力。

自然赋予动物的需要和能力正好相等，自然对人则慷慨大度得多。为了迫使人成为**社会的人**，自然使人在孤立状态中的需要大于能力，而在社会状态中则能力大于需要，从而为更高层次的享受开拓了无限前景。所以我们应该承认，人之所以胜过其他动物，就人与造物主的关系而言，是因其宗教感情，就人与其同类的关系而言，是因其公正，就人与自己的关系而言，是因其道德，就人与其生存和发展手段的关系而言，则是由于一种不平常的现象，这种现象就是**交换**。

如果没有交换能力，人类即使不从地球上消失，也只能永远苦苦挣扎在贫困、匮乏和无知之中。难道有必要对此作具体的描述吗？

一位享有盛誉的哲学家在他的一部让一代又一代儿童爱不释手的小说中告诉我们，人如何以其毅力、行动和智慧克服绝对孤立状态中的种种困难。为了展现人这个高贵的创造物的潜力，他设计了一个人因意外事故而远离文明的情节。他把鲁滨孙扔在荒岛上，孤零零一个人，赤身裸体，凡是协力、分工、交换和社会能增强人的力量的东西，他一概没有。

可是，鲁滨孙遇到的困难只是一种假想。如果作者过于执着于他企图表达的思想，这部小说就连一星半点的可信性都没有了。然而，笛福毕竟还是被迫向人的社会状态作了让步，他让鲁滨孙从一艘沉船中捡到了食物、火药、枪、斧子、刀子、绳子、木板和铁，等等。这就有力地证明，社会是人须臾不可脱离的环境，即使小说家也无法让人在社会之外生存。

请大家注意，孤立状态中的鲁滨孙还享有另一种**社会财富**，这种财富更加珍贵千百倍，而且不会淹没在滚滚波涛之中，我指的是他的思想、他的记忆、他的经验，甚至包括他的语言，因为，若没有语言，他就不能与自己对话，也就是说不能思考。

我们常将我们所受的痛苦归咎于人的**社会状态**，这实在是一种可悲的非理性的习惯。如果把处于两个不同的进步和完善阶段的社会作一比较，这种归咎还有一定道理。但是，如果把社会状态——哪怕还不完善——与孤立状态作一比较，那就完全错了。若要肯定社会使生存条件恶化——我在这里不是指一般意义上的人，而是指某些人，特别是最穷的国家的人——那就必须首先证明，我们最不幸的兄弟们在社会状态中承受的匮乏和痛苦，比他们倘若生活在孤立状态中更加沉重。现在让我们来看看最卑微的壮工的生活，仔细审视一下他的日常消费品。他穿着粗陋的衣服、吃着黑面包，睡在屋里，至少有块木板当床。现在我要问，如果他生活在孤立状态中，没有通过交换得来的东西，他有一丝一毫的可能获得粗陋的衣服、黑面包和木板床以及小屋吗？对于**自然状态**最热情、最执着的卢梭也承认，这是根本不可能的。他说，在那种状态中，什么也没有，只能赤身裸体，露天而卧。因此，卢梭为了鼓吹自然状况，不得不说幸福存在于匮乏之中。我还想说，即使是这种消极的幸福，也是空想，孤立的人活不了几个小时就必然死去。卢梭也许会走得更远，竟然说这就是完美。这样说倒是很符合他的逻辑，因为，既然幸福存在于匮乏之中，一无所有当然就是尽善尽美了。

我希望读者不至于从这段论述中得出结论，说我对兄弟们的痛苦漠然置之。我们说不完善的社会中的痛苦比孤立状态中少，并不意味着我们不热切地期盼能使痛苦日益减少的进步。但是，如果人在孤立状态中所受的罪甚于人在社会状态中所受的罪，那么，我在前面说过的话就是对的：原因在于人在孤立状态中最迫切的需要大大超过了人的能力。

交换如何促成了有利于我们的逆转，使我们的能力大于需要呢？

首先，事实已为文明所证明。如果我们的需要超过我们的能力，我们将无可挽救地倒退；如若两者持平，我们将永远停滞不前。我们在进步，这就说明，社会生活的每个阶段与前一个阶段相比，总是在提供了一定数量的满足后，还让我们的一部分能力处于等待利用状态。

现在让我们对这一奇妙的现象作一番解释。

孔狄亚克对此所作的解释，在我看来既不充足，又缺乏理论气息，或者干脆说他什么也没解释。他说："交换得以实现这个事实本身表明，参与交换的双方必然都得到了好处，否则就不会有交换。因此，交换对于人类来说是双方获利。"

即使把这个说法视为正确，我们从中看到的也仅仅是一种结果，这与没病找病的人对鸦片的作用所作的解释一模一样：

"因为鸦片有催眠作用，让人犯困。"[①]

你说交换使双方都获利，我倒想知道为什么和怎么会是这样的。"这是交换完成后的结果。""那么交换为什么能完成，是什么推动人们去完成交换呢？是否因为交换本身具有一种神秘的、不可言传的功能，肯定能为人们带来利益呢？"

另有人认为，之所以双方都获利，是因为双方都以己之所余去换取己之所无。这些人说："**这是以多余物换取必需品。**"这种说法显然与事实不符，因为，当农民种出了小麦，自己不吃而

----

① 此话引自莫里哀的喜剧《没病找病》。——译者

拿去交换时，谁敢说他是因为吃不完才出让小麦呢？以多余物换取必需品只能是两个人偶尔作出的安排，它无法解释交换何以会带来进步。

观察使我们能对交换的力量作出令人满意的解释。

交换引起两种现象，一是将人们的力量联合起来，一是促使人们进行分工。

很明显，在许多情况下，几个人联合起来的力量大于它们分散时的总和。例如，为了搬移一个重物，1000个人可能一个接一个地失败，但4个人一起干也许就成功了。我们不妨想一想世界上这类不一起干就干不成的事。

其次，为了一个共同目标而进行体力合作还算不得什么。自然赋予我们每个人的体力、智力和道德方面的能力各不相同，这些力量可以进行多种多样的合作。当需要完成一项有益的事业时，比如筑路或保卫祖国，人人可以各尽所能，有人献出力气，有人献出机敏，有人献出勇气，有人献出经验、预见、想象，乃至名声。我们不难想象，这些人如果各干各的，不但不可能达到同样的结果，甚至连想都不敢想。

力量的联合就意味着交换。人们只有在预计能分享一份满足时，才可能同意参与合作。每个人都让别人分享他的努力，同时以合适的比例分享他人的努力，这就是交换。

从这里我们看到，交换如何以这种形式增加了我们的满足，也就是说，同样的努力仅因联合起来就可获得更大的成果。在这里既没有**以多余物换取必需品**，也没有孔狄亚克所说的双方获利的情况。

这个看法也适用于分工。事实是，如果我们仔细观察，就不难发现，对于人来说，分工实际上是更为常见的协力、合作和联合的另一种方式。如果我们承认自由交换，那么，现今的社会组织就是一种最好的、最广泛的联合——这是非常正确的说法，下文还将进一步阐述——这种联合远比社会主义学派梦想的为好。因为，由于拥有良好的机制，这种联合与个人的独立并行不悖，每个人在任何时候都可以根据对自己是否合适的原则参加和退出联合。每个人为联合做出自愿的贡献，从联合中取得满足，这是依据公正的法则，由事物的性质而不是由首领的专断决定的，所以相比之下更高、更进步。但是，现在就阐述这个观点略嫌早了一些，我现在要做的，只限于解释分工如何增大了我们的能力。

　　这是为数不多的不会引起争议的问题之一，所以我不想多费口舌。不过，略微说几句还是有好处的，因为人们也许对它的重要性估计不足。作者们以某些作坊——例如制针工场——中分工的奇效来说明**分工**的好处。其实，这个问题具有更广泛、更普遍的哲学意义。其次，由于习惯力量作祟，我们往往对身边的事物视而不见。没有任何一句话比卢梭的下面这句话更加正确了："必须具备足够的智慧，才能观察每日所见到的事物"。因此，提醒人们注意他们在不自觉状态下从交换中得到的好处，看来并非多此一举。

　　交换能力通过什么使人类上升到我们今天所见到的高度呢？通过它对**劳动**、对驾驭**自然资源**的能力、对人们的**能力**和对**资本**的影响。

　　亚当·斯密十分正确地阐明了交换对劳动的影响。他写道：

　　"分工之所以能使同样数量的人生产出更多的产品，原因有三条：（1）每个劳动者的技艺都有所提高；（2）原来花在转换工种上的时间节省下来了；（3）劳动者的注意力不必再分散在一大堆各种各样的东西上，而可以集中在一个目标上，这就使劳动者有更多的可能去发现省力的、简便的工作方法。"

　　与亚当·斯密一样把劳动视为财富唯一源泉的那些人，只考虑劳动如何通过分工得到完善。我们在前一章中已经看到，劳动并不是使我们获得满足的唯一因素，**自然力量**在其中也发挥了作用，这是无可争辩的。

比如就农业而言，太阳和雨水、土壤的水分、大气中的有益气体等，肯定与人的劳动一样都是促进作物生长的因素。

工业作坊同样受益于某些物质的化学特性，以及水的落差、蒸汽的弹性、重力和电力，等等。

贸易也利用了某些动物的力气和本能以及风力和磁力等，使之为人类带来好处。风张满船帆，磁力通过罗盘引导船只在无垠的大海上航行。

有两条无可争辩的真理：第一条，**人对自然力量的利用越好，就越能获得所需的一切**。

不言而喻，在付出等量努力的条件下种植小麦，在肥沃土壤上的比在干旱的沙漠上和贫瘠的山岩上收成好得多。

第二条，**自然资源在地球上的分布是不均匀的**。

谁敢说所有的土地都适宜种植同样的作物，所有地方都适宜制造同类产品？

如果说，自然资源确实因地而异，人越善于利用自然资源就越富有，那么，由此可以肯定，交换能力能够无限提高自然资源的利用率。

这里又涉及有偿效用和无偿效用问题；通过交换，无偿效用可以取代有偿效用。事情再明白不过了，人若没有交换能力，就不得不在赤道生产冰块，在极地生产食糖。也就是说，一方面为了获得寒冷和炎热本可无偿提供的东西而被迫付出极大的劳累；另一方面，一大部分自然资源却因此而得不到利用。交换能使这些自然资源就地得到利用。宜种小麦的土地种上了小麦，宜栽葡萄的土地栽上了葡萄，海边有渔夫，山上有樵夫；此处利用水力，彼处利用风力，风力和水力都被用来转动巨轮，顶替十个人的劳动。自然变成了我们无须供应衣食的奴隶，他所提供的劳务，既不需要由我们，也不需要由别人支付报酬，我们的钱包不作任何支出，我们的良心也不受任何谴责。[①] 于是，还是这些人的努力，还是这么些劳务，还是这么多价值，却可以产生出越来越多的效用。在某项计划的完成过程中，由于利用了自然资源，人的活动只消耗掉一部分，另一部分便可移作他用。我们就可以将它用来解决其他问题，满足新的需要，实现新的效用。

交换对于我们智能的影响极大，无论怎样想象也难以作出确切的估量。

特拉西[②]曾说：“知识是我们最宝贵的财富，知识越健全、越广博，就越能指导我们正确使用自己的力量，使之更富有成效。可是，任何人都不可能通晓一切，所以学习比发明容易。当许多人在一起交流时，其中一个人的发现很快就为其余人所知。因此，这些人当中只要有一个富有创造才能的人，珍贵的发现立即就可被大家掌握。我们的知识增长的速度，会比在孤立状态中快得多，况且，这些知识还能保存下来，一代一代越积越多。”

自然提供给人利用的自然资源不是均匀分布的，自然赋予人的能力也是强弱不等的。我们每个人并不拥有同样的力气、勇气、智慧、耐心以及艺术、文学和工业才能。如果没有交换，这种差异不但不能为我们带来幸福，反而会加剧我们的贫困。因为，一方面，人人对自己实际拥有的能力不能充分认识；另一方面，人人都对自己所缺少的能力有特别强烈的感受。通过交换，身强力壮的人在一定程度上可以少拥有一些才干，有才干的人可以少拥有一些力气。因为，在人们共同建立的集体中，每个人都可以分享其他成员的优点。

在大多数情况下，人若单靠劳动和利用自然资源，难以满足

---

① 不仅如此，这个奴隶由于他所具有的优越性，最终将逐渐使其他奴隶变得不必要，从而获得解放。这是一种**和谐**，我请读者明察其后果。——作者

② 特拉西（A. L. Tracy，1756—1836），法国哲学家。——译者

自己的需要和趣味。还需要工具、器械、机器以及各种物资，一句话，需要资本。假设有一个由 10 户人家组成的小群落，如果每户都只为自己劳动，这 10 户人家就不得不从事 10 种不同的作业，每个家长就不得不拥有 10 种不同的装备。这样，这个小群落就有 10 张犁、10 对牛、10 个打铁炉、10 个木工房、10 架织布机，等等。通过交换，一张犁、一对牛、一个打铁炉、一架织布机就够了。交换为资本带来的节省是无法估量的。

读者现在已看到了交换的真实能量。这不是孔狄亚克所说的那样，由于参与交换的双方都认为自己拿出去的少，拿进来的多，因而是**双方获利**；也不是每一方都以自己的多余物去换取必需品。其实简单得很，一个人对另一个人说："你只干这，我只干那，然后咱们分。"于是，劳动、能力、自然资源和资本都得到了更好的利用，人们可以彼此分享的东西也就**更多了**。倘若十人、百人、千人、万人、百万人参加到这种联合，那就愈加好了。

由此可见，我在前面提到的两个论点十分正确：

在孤立状态中，我们的需要大于能力，

在社会状态中，我们的能力大于需要。

第一个论点是正确的，理由是：在整个法国，即使只有一个处于绝对孤立状态中的人，他也无法存活。

第二个论点是正确的，理由是：同样是在法国这块土地上，不仅人口数量在增长，生活质量也在提高。

交换的进步

交换的初始形式是**以物易物**。两个都有愿望而且都占有可以满足对方愿望的物品的人，相互将自己的物品让与对方。或者两人达成协议，各自制作不同的物品，然后按商定的比例分享两人完成的全部产品。这就是**以物易物**，也就是社会主义学派所说的交换、交易、**萌芽状态**的商业。我们从中看到的是，作为动力的两个人的愿望，作为手段的两个人的努力，作为全过程的结果或终结的两个人的满足。人在单独状态中所完成的过程基本上也是这样，但是，愿望和满足因其性质所限是不能转移的，所以彼此交换的仅仅是努力，换句话说，两个人都为对方劳动了，他们相互提供了劳务。

政治经济学从这里才真正开始，因为，只是在这里我们才能见到**价值**的出现。以物易物需在协定和商议后才能进行。参与交易的每一方都根据自身利益作出决断，都要进行如下的计算："如果我能以较少的努力通过交易**满足**我的**需要**，我就参与交易"。能用较少的努力使人的愿望得到同样的满足，这当然是一种奇妙的现象，我在本章第一节中已经对这种现象作了解释。

当两种产品或两种劳务**彼此交换**时，可以说它们具有相同的价值。我们将在下文深入探讨**价值**概念，目前，这样一个笼统的定义已经够用了。

我们可以设想有三方参与的循环式以物易物。**某甲**向**某乙**提供劳务，**某乙**向**某丙**提供等量的劳务，而**某丙**则向**某甲**提供等量的劳务，因而三方都不吃亏。不言而喻，之所以转一个圈，为的是使三方都能参与交易，以物易物的性质和结果并不因此而有任何变化。

交换方增多并不改变以物易物的基本特征。在我们镇上，葡萄种植者用葡萄酒去支付铁匠、理发师、裁缝、教堂执事、本堂神甫和杂货铺老板的劳务，铁匠、理发师、裁缝也用他们收入的葡萄酒向杂货铺老板支付全年消费的各种商品。

我再说一遍，这种循环式以物易物丝毫不影响我在前面几章中谈过的那些基本概念。在交易全过程中，每个参与方都显示了三种现象：**愿望**、**努力**、**满足**。此外还有一样东西，那就是努力的交换，它意味着劳务的转移、分工和分工带来的一切好处。好处被参与交易的每一方分享了，因为，孤立劳动虽是**一种不得已**

而为之的方式，却是任何时候都可以选取的方式，如果不是为了得到某种好处，人们是不会放弃这种方式的。

由此不难懂得，以实物形式进行的循环式以物易物不可能广泛发展，它会碰到许多障碍，在这里不必一一列出。比如，某人想用一座房子去换取全年所需的多达千百种的物品，他该怎样换呢？总之，以物易物不可能越出狭窄的熟人圈子。人类如果找不到一种能使交换变得方便的手段，分工和进步很快就会走到尽头。

所以，从社会存在的第一天起，人就在交易中使用一种中介商品，诸如小麦、葡萄酒、牲畜以及几乎自始至终都被使用的金属。作为中介物，这些商品的方便程度各不相同，但是，只要它们能以**价值**来体现需要通过交换来实现转移的努力，它们中的任何一种就都不会遭到拒绝。

随着中介商品的使用，出现了两种新的经济现象：**出卖和购买**。很显然，在简单的以物易物和循环式以物易物中，都不存在**出卖和购买**的观念。当一个人以某种可喝的东西换取某种可吃的东西时，我们无法对这种交易进行分解。当我们开始研究政治经济学时必须看到，通过中介物进行的交换完全保留了以物易物原有的本质、本性和品质，它只不过是一种复合式的以物易物而已。萨伊说得非常正确、非常深刻：这是一种具有双重因素的以物易物，一是**出卖**，一是**购买**，一个完整的以物易物必须具备这两种因素。

事实上，一种方便的交换手段在世界上的出现，既不改变人的本性，也不改变物的性质。对于每个人来说，仍然是**需要**决定**努力，满足**回报**努力**。只有当为他人作出**努力**的人得到了等量的劳务，交换才是完整的。为了获得**满足**，某人**出卖**其劳务，从而取得中介物，然后以此中介物去**购买**等量的劳务，这样，对于这个人来说，出卖和购买这两个因素构成了简单的以物易物。

以医生为例。医生在若干年中将其能力用于研究疾病和药物。他为患者诊断、写医嘱、开药方，一句话，他提供了**劳务**。他没有从患者那里得到作为回报的直接**劳务**，也就是说，他与患者之间没有进行简单的以物易物。他从患者那里接受的是一种中介物，即一些金属，他用这些金属最终换得他所期待的满足。患者没有向医生提供面包、葡萄酒和家具，但向他支付了这些物品的价值；他之所以能以金属支付，是因为他在此前曾提供了劳务。无论对于患者和医生来说，**劳务**都是平衡的。我们不妨设想，这种循环会一直持续下去，其结果就是以货币为中介的交换表现为无数个简单的以物易物。

在简单的以物易物中，**价值**是对相互交换并相互直接比较的两种劳务的估量。在**复合式交换**中，虽然依旧对两种劳务一一作了估量，但用作比照物的却是中介物，即被称为货币的那种中介商品。在这个复杂化过程中产生了哪些困难和错误，我们将在下文谈及。现在只需指出这个中介商品丝毫无损于**价值**概念就可以了。

倘若认定，交换既是分工的原因，也是分工的结果，而且由于本章篇首提到的原因，分工使**满足**随着**努力**的增长而增长，那么，读者就不难懂得，货币使交换更为方便这件事本身，就是它对人类的贡献。货币使交换得到了巨大的发展。每个人都向社会提供了劳务，却不知道谁将从他们的劳务中得到满足。同样，他们从社会得到的不是直接劳务，而是货币，他们可以在任何时间、地点和以任何方式，最终用货币购买他们所需要的劳务。这样一来，陌生人之间也可以超越时空进行交换，至少在大多数场合下，无人知道是谁的**努力**使自己的**需要**得到了**满足**，也不知道自己的**努力**使谁的**愿望**得到了满足。由于货币的介入，交换变成了许许多多互不相识的人之间的**以物易物**。

然而，由于**交换**给社会带来了巨大的好处（社会本身不就是交换吗?)，为了便利和增加交换，社会就不满足于仅仅使用货币。按照事物发展的逻辑，最初是通过个人的努力来满足需要，接着发展为简单的以物易物——起初是双方的以物易物，后来是由**出卖**和**购买**两种因素构成的复合式交换，——此后又出现了能在更广阔的空间和时间中进行的交换手段：借贷、抵押、汇票、纸币等；这些巧妙的手段既是文明的产物，也在不断自我完善的同时推动着文明的发展。今天巴黎某一个人的努力可以满足大洋彼岸或数百年后的一个陌生人的需要，而这个巴黎人依然可以立即得到报酬，因为有一些中介人向他预付这笔报酬，这些中介人则去到遥远的国度或等候多年之后再索回他们的预支。这种复杂化已达到了何等奇妙的程度！正确分析这种现象，可使我们最终懂得，**需要**、**努力**、**满足**这样一个完整的经济过程，是如何依据公正的法则在每个人身上完成的。

交换的界限

交换的一般性质是**缩小努力与满足之比**。在我们的需要与满足之间，存在着一些**障碍**，通过**交换**，也就是通过协力或分工，我们可以克服这些障碍。可是，交换本身也会遇到障碍，需要我们作些努力才能克服，所以，为了顺利进行交换，投入了大量劳动，贵金属、道路、运河、铁道、车辆、船舶，这些都占用大量人力。请看看，以方便交换为业的人有多少：银行家、批发商、小店主、经纪人、运输商、海员，等等。这么多人和这么多东西都用来为交换创造条件，这个现象比任何道理都更有力地证明，交换的能量多么巨大！否则人类怎么会让自己去干这些事呢?

既然交换的性质是既能**节省**努力，却又**要求**努力，交换的自然界限也就一目了然了。人总是在劣中择优，所以，只要交换所节省的努力大于它所要求的努力，交换就会无限度地扩展。如果用于交换的花费太大，致使分工带来的满足总量抵不上个人直接生产所能提供的满足，那时交换自然就会停止。

以一个部落为例。这个部落若想获得满足，就必须作此努力。它可以对另一个部落说："请为我们作此努力，我们将为你们作彼努力"。如果另外那个部落处境优越，有能力利用更多的无偿自然资源，双方就能达成协议。在此情况下，后一个部落需要付出的努力等于8，前一个部落需要付出的努力等于12；这就是说，对于前一个部落来说，节省的努力等于4。可是，为了进行交换，需要支付运输和中介人的酬金等，这些支出当然要加在8上。只要交换的花费小于4，交换就能持续进行下去；一旦达到4，交换就会停止。法律无须对此作出规定，因为，如果法律在达到这个水平前进行干预，就会因妨碍节省努力而造成损害，如果法律在达到这个水平之后进行干预，那就是多此一举，犹如禁止中午点灯。

交换因不再有利而中止后，一旦**贸易机器**略有改善，交换就会再度活跃起来。在奥尔良和安古莱姆之间有相当数量的贸易往来，只要这两个城市从交易中获得的满足多于直接生产所提供的满足，交易就能顺利地进行。但是，当加上交换费用后的生产费用超过了直接生产所需要的努力或与之持平时，这两个城市就会停止交易。在这种情况下，如能改进交换机制，比方说，中介人索取的费用降低一点，或是开凿一条隧道，或是架设一座桥梁，或是铺设一条大路，或是消除一些障碍，交换就会成倍增长。因为人们希望从交换中获得他们知道能够获得的好处，希望获得无偿效用。从这个意义上说，**贸易机器**的改善等于使两个城市靠近了，因此也就可以说，人与人更加接近等于使交换机制更趋完善。这一点非常重要，人口问题由此可望解决，马尔萨斯所忽略的正是这一点。在马尔萨斯看到不谐和的地方，我们却发现了**和谐**。

人们进行交换就意味着可以通过交换以较少的**努力**换取相应的或较多的**满足**，究其原因，是因为通过相互提供劳务，可以使双方获得更多的**无偿效用**。

交换所遇到的**障碍**越少，所要求的**努力**越少，交换就越频繁。

人与人靠得越近，交换所遇到的障碍和所要求的努力就越少。人口密度越高，**无偿效用**的利用率也就越高。人口密度有力地推动着交换，使人的一部分努力可以移作他用，所以说，人口密度是进步的原因之一。

我们不妨撇开一般，来看看具体事实。

巴黎的一条街不是比人口稀少的小城市中的一条长度相同的街能提供更多的劳务吗？塞纳省的一公里铁道不是比朗德省的一公里铁道能提供更多的劳务吗？伦敦的商人不是因为生意兴隆而情愿在每笔交易中少拿一些报酬吗？在每件事物中我们都能看到两种交换机制，它们虽然是一样的，但由于交换进行地的人口密度不同，它们提供的劳务也差异很大。

人口密度不但使我们可以从交换机制中获得更多的好处，而且还能促进交换机制日臻完善。在人口稠密地区，人们可以付出较少的努力使交换机制得到改善，从而节省较多的努力；在人口稀少地区，同样的改善所要求的努力却超过改善所能节省的努力。

当我们离开巴黎到一个外省小城，我们会惊奇地发现，为了得到某些劳务，往往不得不付出极大代价，花费许多时间，克服无数困难。

人口密度不仅有助于贸易机器物质方面的改善，而且有助于它的道德方面的改善。彼此贴近的人们更善于分工、协作，联合起来兴建学校、博物馆、教堂，保障自己的安全，兴办银行、保险公司，等等。总之，每人只需付出少得多的努力，便可获得多得多的公共福利。

当我们在下文研究人口问题时，这些观点还有机会再作阐述，现在只讲下面一点。

交换是一种手段，人们借此可以更好地开发自己的能力，节省资本，更多地利用无偿的自然资源，提高无偿效用相对于有偿效用的比例，从而降低努力与结果之比，使人能有一部分力量可移作他用，将越来越多的力量用来满足最基本的、最紧迫的需要，从而使享受的层次不断提高。

交换虽能节省努力，但也要求一定数量的努力。交换不断扩展范围，加大频率，增加种类，直到它所能节省的努力和它所要求的努力持平，它才停止发展。如果贸易机器有所改善或人口密度较大，或人与人之间靠得很近，交换就会因具备了必要条件而再度发展。所以，限制交换的法规永远是有害的或多余的。

政府总以为缺了它什么事也做不成，因而拒不承认下面这条和谐的规律：

交换自然地**发展，直到效益不抵花费时，才**自然地**停止在这个界限上。**

所以，政府到处都在忙忙碌碌地企图促进或限制交换。

为了使交换**超越**其自然界限，政府就去寻找新市场，征服殖民地。为了把交换限制在其自然界限**之内**，政府就想出了种种限制和遏止的措施。

这种用强力干预人们交易的做法，必然带来无穷无尽的弊病。

第一个弊病就是促使国家力量日益强大。因为很明显，不大量增加政府雇员，就不可能去征服和统治遥远的国度，就不可能通过关税改变贸易的自然流向。

与政府雇员数量增加相比，政府职能的偏离更是一大弊病。政府的合理职能本应是保护一切自由和一切财产，可是，政府现在却侵犯公民的自由和财产。这样看来，政府是以消除公民头脑中的一切概念和原则作为自己的任务的。一旦人们认为，只要符合法律规定，只要是经由法律和政府在公民中实施的，即使是压迫和掠夺也是正当的，我们就会慢慢地看到，每个阶级都将要求政府让所有阶级为它作出牺牲。

强力对交换进行干预的结果无非两种：或是引起了不应有的交换，或是阻止了本应有的交换，无论前者或后者，都会导致劳动和资本的浪费和误用，进而引起混乱，使人口的分布违背自然规律。此处自然利益消失了，彼处虚假利益出现了，于是，人们被迫随着利益的流向迁徙。就这样，一些大工业在不该建的地方建起来了，法国生产食糖，英国则以来自印度平原的羊毛为原料发展纺织业。经过数百年的战争，流了无数的血，浪费了数不尽的财富；结果是，具有活力的工业在欧洲消失了，取而代之的是一些脆弱的工业，失业、危机、不稳定、最终是贫困化便接踵而来。

可是，我发觉自己又把后面该说的话提前说了。我们应该先认识人类社会的自由和自然的发展规律，然后再研究扰乱这些规律的种种因素。

交换的道德力量

我也许会让现代温情主义者失望，但我还是要说，政治经济学的范围就是人们所说的**做生意**，而生意自然是在**个人利益**驱动下才会去做的。社会主义清教徒们徒劳地大叫："太可怕了，我们一定要改变这一切"。他们的叫喊始终是对他们自己的驳斥。请到伏尔泰滨河路①用博爱去买他们的著作吧！

如果把道德看作由**个人利益**决定和控制的行为，那就坠入另一类无稽之谈中去了。然而，自然对社会秩序作了巧妙的安排，使得那些不以道德为动力的行为，也能达到道德的结果。劳动不

---

① 伏尔泰滨河路是巴黎市内塞纳河边的一条街，以众多的书店和书摊著称。——译者

就是这样吗？所以我要说，交换的动机虽不崇高，但无论在其最初的以物易物阶段，还是后来遍布各地的商业阶段，交换都在社会中推动了崇高的趋向。

愿上帝宽恕我，我认为，我们命运的伟大、光荣和诱人之处，都来自我们的力量。物质世界中有两种力，一种向心，一种离心。同样，社会世界中也有两个原则，那就是利己和同情。最最不幸的人也不至于从未体验过受到恩惠和同情时的愉悦，友谊、爱心、孝心、父爱、慈善、爱国、宗教感情以及对善和美的热烈追求，都体现了同情原则。有人说，同情只不过是个人主义原则的一种绝妙的表现形式，爱别人归根结底是非常聪明地爱自己。我不想在此深入探讨这个问题。无论我们与生俱来的利己和同情是否分得清楚，我们只需知道，它们远非如某些人所说的那样是彼此冲突的，它们可以结合起来去实现同一个目标：普遍幸福。

我曾提出两个论点：

在孤立状态中，我们的需要大于能力，

通过交换，我们的能力大于需要。

这两点正是社会存在的理由，此外还有两点则是社会不断完善的保障：

在孤立状态中，富裕的人们互不相容，

通过交换，富裕的人们互相帮助。

倘若自然的缘故，人注定要在孤立状态中生活，一个人的富裕就必然妨碍别人的富裕；人越多，获得幸福的机遇就越少。总之，我们清楚地看到了人口众多给人们带来苦难的原因，因而无法理解人口众多怎么会给人们带来好处。我不明白，同情原则将会以什么形式表现出来，它何时能出现，我们能想象吗？

但是人们进行交换。我们已经看到，交换促成分工，于是有了不同的职业。人人为了公众的利益而努力战胜某一类困难，提供某一类劳务。对价值所作的分析表明，每种劳务的**价值**，首先在于它固有的效用，其次在于它被提供给一个比较富有的环境，也就是说，被提供给一个准备购买它并具有支付能力的人群。经验表明，巴黎、伦敦、纽约的医生、律师、制造商、批发商、运输商、教授、学者，从他们所提供的劳务中得到的好处，比加斯科涅荒野、威尔士山区或远西地区的草原为多，这就告诉我们这样一条真理：**处在富裕环境中的人有更多致富的机会**。

　　我在本书中谈到了许多和谐，刚才说到的这个肯定是最重要、最美好、最具决定性、最多产的和谐。正因为如此，我对这个和谐所作的阐述肯定很不全面，本书如能展示其耀眼的光彩，那就不错了，如能让读者充分认识到这个和谐的可能性，进而通过自己的努力，达到确信其存在，那就更好了。

　　毫无疑问，这正是我们必须在自然社会秩序和人为社会秩序之间作出抉择的原因，社会问题也只有在那里才能找到解决办法。如果全体的富裕是每个人富裕的条件，那么我们就不仅可以相信自由交换的经济力量，而且可以相信自由交换的道德力量。人们一旦懂得自己真正利益之所在，限制、工业中的倾轧、商战和垄断，就会在舆论抨击之下垮台，人们在要求制定这样或那样的政府规章之前，就会先问一问："这些规章能给大家带来什么好处？"而不会问："这些规章能给我带来什么好处？"我承认，提出前一个问题往往是出于对他人的关心，但是一旦明白了事理，出于个人利益的考虑也会这样提问题的。所以，我们有理由说，人的本性所具有的利己和同情两个动力共同走向一个目标：普遍幸福。这样，我们就无法否认，个人利益和由个人利益驱动的交易——至少就其效果而言——是道德力量的源泉之一。

　　通观人与人、家庭与家庭、省与省、国家与国家、地球的这一半与那一半、资本家与工人、产业主与无产者的关系，在我看来确定无疑的是：若不在以下两个公式中作出抉择，无论从哪个角度看，社会问题都不可能解决，甚至无从考虑。

一人之得为另一人之失，

一人之得为另一人之得。

倘若自然竟然把事物安排得使对抗成为自由交易的规律，那么我们除了抗击自然、扼杀自由之外，就别无他法了；倘若与此相反，自由交易是和谐的，也就是说，自由交易能改善人的生活条件，并使之趋向平等，那么，我们的努力就应仅限于让自然发挥作用，维护人的自由权利。

正因为如此，我建议青年们——本书正是为青年而作——仔细探索本书所包容的观点，分析交换的内在性质及其效果。我坚信，青年读者之中必有一人最终能为下面这条定律作出严密的论证：

每个人的幸福能增进全体的幸福，

全体的幸福能增进每个人的幸福。

他还能援引简洁明快和不容反驳的证据，使这条定律深入人心；能解决社会问题，谁就是人类的大恩人。

请注意，这条定律的正确与否，关系到自然社会规律究竟是和谐的还是对抗的；自然社会规律的和谐或对抗，又关系到我们应该遵循还是违背这条定律。如果一旦证明，在自由体制下人们的利益彼此和谐、互利互补，那么，我们今天所见到的政府为扰乱自然社会规律而采取的行动，明天就应该用来使这些规律充分发挥作用。否则，除了不闻不问之外，政府无须为此作任何努力。政府的干预活动是什么呢？这要视政府的目的而定。如果是要消除所谓的自由带来的不平等，那么为了重新确立平衡，只有一个办法，那就是**取之于甲，赠之于乙**。政府迄今接受的或赋予自己的，正是这个使命。这个使命也正是"**一人之得为另一人之失**"这个公式的必然结果，这个公式既然被认为是正确的，那就必须借助强力来补救自由造成的弊病。这样，我们以为是为了保障每个人的自由和财产而建立的政府，实际上却把侵犯一切自由和一切财产当作自己的任务。这样做似乎不无道理，因为据说弊病的根源存在于自由和财产之中。于是，我们看到，政府到处都在忙着人为地改变劳动、资本和责任的配置。

从另一个角度看，难以胜数的智力白白消耗在对人为社会秩序的追求之中了。**取之于甲，赠之于乙**，侵犯自由和财产，这个目标虽然极为简单，方法却可以多至无穷。因此就有了各种各样的体制，使劳动阶级不胜恐惧，因为，这些体制以其目标的性质，对所有人的利益均构成了威胁。

这样，"一人之得为另一人之失"这个公式必然带来以下后果：专断而臃肿的政府、否定自由和财产、阶级对抗和民族对抗。基于同样的原因，"人的利益彼此和谐"这个公式必然带来的后果则将是：精干的政府、对个人尊严的尊重、自由劳动、自由交换、各民族和平相处、人身安全和财产安全，不过，必须具备一个条件：这个公式被普遍接受。

可是，事实远非如此。读过本书前几章的人会这样质问我："你是无的放矢，谁当真想到过要否认交换优于孤立状态？除了卢梭的著作，你在哪本书里读到过这种奇谈怪论？"

说这种话的人只忘了两件事，或者说忘了现代社会的两个病症、两种面貌：一是理论家们喊得震天响的理论；二是政府强加给我们的实际措施。很显然，"人的利益彼此和谐"未被普遍认同。因为，一方面，政府为了扰乱自然的结合始终在进行干预；另一方面，有人指责政府还干预得不够。

问题在于，弊病究竟应该归咎于自然社会规律的作用呢，还是我们对这种作用的扰乱（很显然，我在这里指的弊病，并不是先天不足造成的后果）？

两种事实同时并存：弊病和致力于破坏自然社会规律的政府。前者是不是后者的必然后果？对于我来说，我以为是这样，我甚至认为这是确定无疑的。不但如此，我同时还能证明，弊病越严重，理论家们就越加起劲地责备政府干预不力。这说明人们不相信这些规律，我的这个结论难道缺乏依据吗？

是的，大概是的。如果问题是孤立状态和交换的取舍，我同意。但是，如果是自由交换和强制交换的取舍问题，我还能同意吗？在法国，在有关商业、借贷、运输、艺术、教育、宗教等的劳务交换中，没有任何人为的、强制的、限制性的和约束性的东西吗？劳动和资本在工业和农业中的分布是自然的吗？当人们离开了他们的正常位置时，他们还能继续追逐自己的利益吗？我们不是到处碰到障碍吗？我们中的大多数人不是被禁止从事许许多多的职业吗？天主教徒不是被迫支付犹太教长提供的劳务，而犹太人不是**被迫**支付天主教神父提供的劳务吗？能有一个法国人从他的父母那里接受他们希望灌输的教育吗？我们的智能、习俗、观念和技能，不都是在专断和人为的体制下形成的吗？我不禁要问：干扰自由交换不就是否认"人的利益彼此和谐"吗？他们为什么要剥夺我的自由，不就是因为他们认为自由损害别人吗？他们会说自由也损害我自己吗？若是这样，那就又多出了一种对抗。老天爷，如果自然让每个人都有一颗永远无法驯服的心，不但要害大家，而且还要害自己，那我们成了什么东西？

啊！人们已经做了那么多的试验，什么时候能对人世间最简单的东西——自由，自由地做一切不损害公正的事，自由地生活、发展、自我完善，自由地施展才能、自由地进行交换，——做一番试验呢？二月革命后建立的政权如能向公民发布如下公告，岂不是一个美好而庄严的场景吗？

"你们将权力赋予了我，我只有在允许进行强力干预的场合才会使用权力，这种场合只有一个，那就是维护公正。我要求人人不得超越权利的界限，你们人人应该白天自由地劳动，黑夜安稳地睡眠。我负责你们的人身和财产安全。这是我的使命，我一定完成；**但我不接受其他使命**。我与你们之间不应再有误解，你们从今以后只需缴纳些许赋税，用于维护秩序和分享公正即可。不过，你们还应知道，从今以后，人人要为自己的生存和发展负责，不要时时求助于我，不要向我要求财富、劳动、贷款、教育、宗教和道德，不要忘记，促进你们发展的动力就在你们自己身上，而我只能通过强力采取行动；我一无所有，除了你们给我的，我绝对一无所有。因此，我所能给予你们中间某些人的，哪怕是微乎其微的东西，也是取自你们中的另一些人的。耕耘你们的田地，制造和运输你们的产品，处理好你们之间的借贷，自由地提供和接受劳务，培育你们的子女，替他们谋职；发展艺术，改善你们的智能，净化你们的情感，加强你们之间的关系，组织工业和慈善团体，联合起来为个人幸福和普遍幸福而作出努力，顺应自己的爱好，依据自己的能力、观点和预测去追寻你们的命运。除了自由和安全，别指望从我这里得到任何东西。记住，你们若向我索取第三件东西，结果只能是连自由和安全也将失去。"

我坚信，二月革命若能发表声明阐述上述原则，今后就再也不会发生革命。完全自由的公民在酝酿推翻政府时，他们的行动其实仅限于争取满足他们最基本、最迫切的社会需要，即公正。人们懂得这一点吗？

可是很不幸，国民议会不可能走这条路，不会说这样的话。这些话既不符合国民议会的思想，也不是公众希望听到的。这些话大概会在社会内部引起惊慌，如同听到了共产主义国家宣告成立那样。有人可能会说，对自己负责吧，除了维护秩序与和平，别再对国家有任何期待；别指望国家会给我们送来财富和知识，别再让它为我们的过失、疏忽和短见承担责任。

依靠我们自己去解决生存手段，改善体质、提高智力和道德！老天爷，我们将会变成什么？社会不会遭受贫困、无知、谬误、不信教和邪恶的侵袭吗？

你们一定同意，如果二月革命宣布以自由为本，也就是说，让自然社会规律主宰一切，我们就会听到上面这类害怕和担心的话。这就表明，不是我们不了解这些规律，就是我们不相信这些规律。我们难以摆脱这种想法：上帝给予我们的动力主要是邪恶，正直只存在于统治者的意向和设想中，人类的自然倾向是无序、混乱。总之，我们相信，各种利益的对抗是不可避免的。

因此，法国社会在二月革命中远未表现出一丝一毫对自然秩序的向往，恰恰相反，法国人的思想和希望也许从未如此热烈地转向虚假的结合。这些虚假的结合是什么呢？我们知之不详。依当今时髦的话说，是要进行一些**试验，让我们在一个没有价值的人身上做试验**。看来，人们极端轻视个人，将人完全等同于没有生命的物质，以至于想用人来进行社会试验，如同用碱和酸做化学实验一样，大家都知道在卢森堡宫开始的第一次试验的结局是什么。① 不久，制宪议会成立了一个劳动委员会，收到了成千上万个社会设计方案。一个信奉傅立叶主义的议员一本正经地要求拨给他一些土地和金钱（他大概紧接着就会要求拨给他一些人），以便进行他的模范社会的建设。另一位**平均主义派**的议员也提交了方案，但未被接受。制造商们运气好一些，他们的方案被接受了。此时，立法议会任命了一个委员会，以便组织实施。

在这些事件当中最令人惊奇的是，掌握了政权的那些人并未为了巩固政权而不时地说些这样的话："你们想让三千六百万公民以为我应该为他们在这个世界上遇到的一切好事和坏事负责吗？不可能有这样的政府！"

不管怎么说，这些五花八门的社会组织方案尽管在方法上各

---

① 此处指设在卢森堡宫的参议院，试验指政府为解决失业问题而建立的"国家工场"。——译者

有不同，却都出自同一原则：取之于甲，赠之于乙。很明显，这种原则之所以能在法国得到普遍认可，就是因为人们坚信，各种利益天生就是相互对抗的，人类天性就倾向邪恶。

取之于甲，赠之于乙，我很明白，这种做法由来已久。但是，为了消除贫困而设想种种手段以实现这个怪异的原则之前，是否应该想一想，不正是因为这个原则早已以某种形式成为现实，才造成了如今的贫困吗？为了寻找药方而再度扰乱自然社会规律之前，难道不应该想一想，社会正在尝其苦果而我们正在设法消除的那个弊病，不正是这种扰乱吗？

取之于甲，赠之于乙，请允许我在此指出这种被称为社会愿望的经济思想的危险和荒谬，在群众中涌动之后终于在二月革命中激烈地爆发的正是这种愿望。①

当社会中尚有众多的阶层时，不难想象，处于最高的第一阶层以损害其他阶层为代价享受着特权。这种现象确实令人憎恨，但并不荒谬。

第二阶层肯定要向特权发动猛攻，在人民的协同下，它迟早会发动一场革命。于是，暴力转入它的手中。不难想象，它照样会给自己规定一些特权。这依然是令人憎恨的，但并不荒谬，至少不是行不通的。因为，只要下面有群众的支持，特权就能存在。倘若第三、第四阶层也闹起革命来，只要它们愿意，照样可以借助巧妙地确立起来的特权剥削人民群众。但是，受尽蹂躏和压迫、几乎无力反抗的人民群众也会闹革命。他们怎么闹呢？你们可能以为他们会取消特权，让普遍的公正主宰一切；以为他们会说："让限制、障碍、垄断、有利于一个阶级的政府干预、苛捐杂税、政治和外交阴谋，统统见鬼去吧！"不，你们错了，他

---

①　参阅《可悲的幻想》第 2 卷以及《经济诡辩论》第 2 系列第 4 卷第 1 章结尾——原编者。

们另有所图。他们把自己变成申请者，他们也要求拥有**特权**。他们——人民中的大多数——步上层阶级的后尘，轮到他们要求特权了。他们要求获得劳动权、信贷权、受教育权、受救济权，但是，靠谁出钱出力呢？他们不屑一想。他们只知道，只要劳动、借贷、教育和晚年的安逸有了保障，不必花钱，那就十分幸福，谁也不会反对。然而，这可能吗？可惜，不可能！所以我要说，到了那时，令人憎恨的事虽没了，但荒谬却到了无以复加的地步。

群众的特权！请人民想一想，你们是否已经把自己引进了一个恶性循环之中？特权意味着一个人享受，另一个人掏腰包。一个享有特权的人，一个享有特权的阶级，这都可以想象，但是，全体人民都享有特权，这让人怎么想象呢？人民底下是否还有一个能承受重负的社会阶层？你们难道总也不明白，你们上了魔术师的当了吗？你们难道永远不能明白，国家若用这只手给你们一点东西，那是因为它用另一只手从你的口袋里拿走了更多的东西？如此反复循环，你们的幸福不但不可能有任何增长，恰恰相反，到头来你们只能得到一个专断的政府，一个更加令人厌恶、更加无事不管、更加耗费钱财、更加朝不保夕的政府。此外，赋税更加沉重，不公正的现象更多：徇情偏袒更加严重，自由更受限制，更多的努力付诸东流，更多的利益、劳动和资本得不到合理的安排，贪婪之心受到激励，致使怨声载道，个人的积极性消失殆尽。

群众这种打乱一切的做法，自然会使上层阶级警觉起来，它们从中察觉到革命的苗头，因为，当一个政府竟然能说出下面这种话来，它的末日也就不远了："我握有暴力，我要用它让所有的人靠所有的人活下去，我承担起让大家都过好日子的责任"。但是，上层阶级的惊恐不也就是它们应得的惩罚吗？它们为今天受到的对待而抱怨，不正是因为它们以前给人民提供了恶劣的榜样而自食其果吗？它们不是也曾经总是把希望寄托在国家身上吗？难道它们不曾把一些大大小小的特权给予工厂、银行、矿山、地产、艺术，乃至娱乐休闲、舞蹈、音乐吗？总之，除了人民的劳动，人民的体力劳动之外的一切一切吗？它们为了用群众的钱给自己提供更多的生存手段，不是增加了官员名额吗？今天有哪个父亲不想为儿子谋个**官职**呢？它们主动采取过任何措施以消除纳税中公认的不平等现象吗？它们不是长期在选举特权上大耍花招吗？而现在它们居然惊诧了，居然为人民走上了同一条道路而苦恼了。但是，既然在富有的阶级中长期存在着乞讨思想，怎能指望这种思想不侵入受苦阶级中去呢？

可是，一场大革命完成了。由于普选的实施，政治权力、立法权、暴力支配权等，几乎已全部转入人民手中了，尽管这还不是事实。因此，人民提出的问题，就该由人民来解决了。但是，如果人民依样画葫芦，企图依靠特权解决问题，国家可就倒霉了。因为，特权在任何时候都是对他人利益的侵害。人民终将失望并由此得到沉痛的教训。因为，为了少数人而侵犯多数人的权利是可能的，然而，为了所有人的利益而去侵犯所有人的权利，这怎么可能呢？这个教训的代价是什么呢？上层阶级该做些什么来预防这种令人惊恐的危险呢？两件事：主动放弃一切特权、开导人民，因为只有两样东西可以拯救社会：公正和启蒙。上层阶级应该仔细观察一下，看看自己是否享有某些垄断权，是否从某些人为的不平等现象中得到好处，看看对自然社会规律的干扰是不是——至少部分是——造成贫困的原因，如果答案是肯定的，那就放弃特权，消除不平等，停止干扰。这样，上层阶级就可以伸出双手给人民看，并对人民说："我的两只手是满满的，但都是干干净净的。"它们是这样做的吗？除非我瞎了眼，它们做的恰恰正相反。它们一开始就抱住垄断不放，后来甚至企图利用革命来扩大垄断。它们就这样把自己置于一个不能说真话，也不能以原则作标榜的地位，因为否则它们就会露出言行不一的真面目来。于是，它们向人民许诺，说什么要像对待自己那样对待人民，它们还想用特权来诱惑人民。它们自以为得计，至今只让出一种小小的特权：受救济权，为的是防备人民进而要求更大的特权：劳动权。它们不懂得，扩大并普遍实行这个原则：取之于甲，赠之于乙，不啻是加剧幻想，会给当前造成困难，给未来带来危险。

不过，我们不应言过其实。上层阶级通过扩大特权来寻找药方，医治特权所造成的弊病，倒是真心实意的。我确信，它们之所以这样做不是出于不公正，而是出于无知。真是不幸得很，法国历届政府都曾为政治经济学的教学设置障碍。更为不幸的是，我们的大学给学生们灌了一脑子古罗马的成见，也就是说，一整套与社会现实格格不入的东西。正是这些东西使上层阶级走上歧路。今天大声呵斥这些阶级已成为时髦。我却认为，这些阶级比任何时候都更怀有善良的愿望。它们热切希望解决社会问题。我相信，它们不但会放弃特权，而且会自愿地将它们的一部分财产捐献给慈善事业，如果它们认为这样做就能使劳动阶级永远不再受苦的话。有人可能会说，它们这样做既是为了自己的利益，也是因为害怕；放弃一部分财产可以保证其余部分，这谈不上是什么慷慨。丢车保帅不过是常见的谨慎之举罢了，我们不要因此而诋毁人的本性，为什么拒不接受有所节制的利己主义情感呢？我国大多数人由于习惯于民主而对其同类的痛苦比较敏感，这不是很自然的吗？但是，不管主导情感是什么，有一点不应否认，那就是：哲学、文学、诗歌、戏剧、宣教、议会辩论、报纸，总之，一切能反映舆论的东西都表明，富有的阶级不但愿意而且热切渴望解决这个大问题。可是，为什么立法议会毫无作为呢？因为它无知。政治经济学向立法议会建议，以**法律的公正和私人救济**作为解决方案。然而，立法议会却南辕北辙，它不自觉地屈从于社会主义者的影响，把救济写进法律，把公正排斥在法律之外。这样，就可能连私人救济也会被扼杀，因为既然法律规定了救济，私人救济就可以取消了。

我们的立法者们为什么把政治经济学的所有概念搅成一团糟呢？为什么他们不让同情和公正各得其所呢？同情本应留在它的自然领域——自由——中，而公正也应留在它的领域——法律——中。为什么他们不把法律仅仅用来实现普遍公正呢？是因为他们不喜欢公正吗？不，他们喜欢，但他们不相信。公正，就是自由和财产。然而，他们都是不自觉的社会主义者。不管他们嘴上怎么说，他们其实不相信自由、财产，因而也不相信公正有助于逐步消灭贫困、增加财富。正因为如此，他们才十分真诚地打算以不断侵犯权利来实现幸福。

我们把包括动力和效果在内的全部控制着人们自由交易的现象称作**自然社会规律**。

阐明了这一点之后，问题就可以表述为：

应该让这些规律发挥作用，还是应该阻止这些规律发挥作用？

具体地说是以下这些问题：

应否承认每个人的财产和自由、劳动权和由本人承担全部责任——无论是赚还是蚀——的交换权？法律——也就是强力——是否只应为了保护这些权利才进行干预？反过来说，应否指望通过侵犯财产和自由、规范劳动、干扰交换、搞乱责任关系来达到实现更大社会幸福的目的？

还可以换一种说法：

法律应该一丝不苟地确立公正的主宰地位呢，还是成为以巧妙手段进行的有组织的劫掠的工具？

毫无疑问，问题的解决取决于对自然社会规律的研究和认识。如果不首先了解财产、自由、各种类型的自由交换是——如政治经济学家所认为的那样——促进人的自我完善呢，还是——如社会主义者所说的那样——使人日益卑劣，我们就不可能发表合乎理性的意见。如果同意政治经济学家的意见，社会弊病就应归咎于对自然社会规律的干扰，对财产和自由的合法侵犯，因此，必须制止的是干扰和侵犯。政治经济学家的意见是正确的。如果同意社会主义者的意见，那就是政府的干预还不够，人为的强制性的交换还应该更多地取代自由的交换，公正、财产和自由这三个有害的原则的威力还太大，立法者对它们的打击还不够狠；取之于甲、赠之于乙的原则贯彻得还不够，迄今所做的仅限于取之于多数人，赠之于少数人，现在应该取之于全体，赠之于全体。一言以蔽之，必须进行有组织的劫掠，而**能够拯救我们的便是社会主义**①。

交换引起的可悲谬误

交换即社会。因此，全面认识交换就是经济学真理，片面认识交换就是谬误。

如果不进行交换，每一种经济现象就只发生在个人身上，我们就很容易通过观察发觉其效果的好坏。

但是，交换导致分工，说得通俗些，就是导致各种职业的形成。每一种劳务（或产品）于是就有两种关系，一种是与提供者的关系，另一种是与接受者的关系。

毫无疑问，当全过程结束时，社会的人与孤立的人一样，既是生产者又是消费者。不过，两者还是有区别的，孤立的人永远只生产本人的消费品，社会的人则几乎从来不是这样的。这是一个无可否认的事实，人人都可以从自己身上得到证实。之所以如此，是因为社会不是别的，就是劳务的交换。

---

① 下文系从作者的文稿中找到的一份笔记。作者若仍健在，肯定会将它纳入他的交换理论。我们所能做的，就是把它放在本章末尾。——原编者

我们所生产和消费的不是东西，而是我们生产的价值。东西交换了，但我们仍是这些东西的价值的所有者。

经济学上的一切糊涂观念和谬误都由此产生。所以，回顾一下人类精神在这方面的发展历程，并非多余。

我们可以把介于我们的需要和满足之间的一切促使我们付出努力的东西，都称之为**障碍**。

在孤立的人身上，需要、障碍、努力和满足这四个因素都一目了然，容易理解。我们绝不会说：

"真糟糕，鲁滨孙没有碰到更多的**障碍**，否则他就有机会付出更多的努力，因而会更加富有。真糟糕，大海把这么多有用的东西：木板、食物、武器、书等冲到荒岛海边，致使鲁滨孙失掉了付出努力的机会，所以他不那么富有。

真糟糕，鲁滨孙竟然织网捕捉鱼类和其他猎物，这就使他可以少付出努力而得到同样的结果，所以他不那么富有。

真糟糕，鲁滨孙不常生病，否则他就有机会为自己制作药品，制作药品是一种劳动，而一切财富都来自劳动；所以，他本可更富有些。

真糟糕，鲁滨孙扑灭了危及他的小屋的火灾，他因此而丢失了宝贵的劳动机会，所以他不那么富有。

真糟糕，荒岛上的土地不那么贫瘠，水源不那么远，日照不那么短；否则，鲁滨孙要解决吃饭、喝水和点灯问题，就得花更大力气，那样的话，他本应更加富有。"

永远不会有人把这些蠢话当作神授的真理来说。财富并不是为取得一种满足而付出的努力的数量，这是一目了然的事实。反过来才是正确的。这就不难懂得，财富不存在于需要、障碍、努力之中，财富存在于满足之中。我们会毫不犹豫地承认，鲁滨孙虽然既是生产者，又是消费者，但判断他是否有所进步，不是看他的劳动，而是看他的劳动成果。总之，声称消费者的利益是最高利益，等于什么也没说，因为，这是**不言自明的道理**。

对孤立的人来说是错的，对社会的人来说也是错的；对孤立的人来说是对的，对社会的人来说也是对的。能弄清楚怎么会和为什么会是这样的民族，真是太幸福了！

不过，有一点可以肯定，对于鲁滨孙的荒岛来说是荒谬的那五六个论点，对于法国来说似乎不但是无可争辩的真理，而且已经成为经济立法的基础了。相反，在我们看来，对于个人来说是真理的那条定理，每次被援引议论社会时，总会引起一阵轻蔑的讥笑。

交换难道真的如此强烈地改变了我们的个人素质，以至于使个人沦于贫困的东西竟然能使社会增加财富？

不，这不是事实。但是，应该说这确实有些似是而非，特别模棱两可，否则怎么会有那么多人相信呢？

社会的本质在于：人人彼此为他人劳动。我们提供的劳务多，我们提供的劳务受好评、需要大、报酬高，我们得到的回报也就多。另一方面，分工的缘故，我们每一个人付出的努力，都是用来战胜他人在寻求满足时所遇到的障碍的。农夫要战胜的障碍是饥饿，医生要战胜的障碍是疾病，神父要战胜的障碍是邪恶，作家要战胜的障碍是无知，煤矿工人要战胜的障碍是寒冷，如此等等。

我们周围的人越是感受到他们面前的障碍，向我们的努力付酬时就越是慷慨。所以，作为生产者，我们都倾向于把我们决心战而胜之的障碍看得十分重大。障碍增多了，我们就觉得自己更富有了，我们立即就会认识到：凡是能给个人带来好处的，也必然有益于公众。①

---

① 对这一谬误的有关驳斥，参阅本书第十一章"生产者和消费者"，《经济诡辩论》第1系列，第4卷，第2章、第3章，第15—19页。——原编者

第五章 价值论

写文章就会有难题，写价值论的文章难题则层出不穷。

只要是初出茅庐的新手，遇上经济问题，又有哪一个不是撇开价值定义不谈，就试图去解决问题的呢？

然而不用多久他就得承认这种办法是多么浅陋。经济学中的价值就好像是算术中的计数。当初伯佐如果为了不使学生乏倦，先不讲清数字的值取自图形和位置，却教他们四则运算和比例式，那他碰上的麻烦怎么也理不出头绪！

我们刻苦学习几何学的基础知识是想让头脑聪明起来，同样道理，读者倘能预料到从价值论可以推断出精彩的结论，他也就不怕价值论基本概念方面的难题了。

然而这一类直感是不可能的。我越是煞费苦心指出价值既不同于使用性，也不同于劳动，进而说明科学一开始就因这些暗礁而翻船是非常自然的事，那么肯定无疑，大家更会认为这种精深讨论不过是钻牛角尖而已，既枯燥无味，又毫无意义，最多只是满足行家们的好奇心而已。

有人会说你是想潜心研究财富寓于物的有用性还是价值性抑或稀少性。这不等于是考学生：形式寓于实体还是寓于偶然？你就不怕大街上善于挖苦讥讽的人拿多样性的问题当众嘲弄你一番吗？

不过我还是要说，从经济学观点看，社会即为交换。第一次产生交换时就有**价值**的概念，从而价值一词在人们头脑中引申出的真理和谬误都是社会性的真理和谬误。

本书试图说明制约人类社会的不以人的意志为转移的种种规律实际上和谐一致，之所以彼此协调而不是互不调和，则在于各种原理、各种动机、各种手段、各种利益共同争取的最终远大成果，由于自身天生的**缺陷**人类虽然永远无法达到，但人在不屈不挠地**自我完善**，因此离这一成果总是越来越近。而对于这最终远大成果，即使社会各阶级不甚了了，但他们也都在日益提高自己的水准，即总体**改善**过程中人人**均等有份**。

不过为了说清问题，我得先说明两点：

1. **使用性**渐渐摆脱个人**占有**而**日趋无偿化和公共化**；

2. **价值**则相反。价值是唯一能占为己有的，是构成法律上和事实上的所有权的唯一因素，价值依附于使用性，但相对而言，其依附性趋向于减弱。

从而，上述论证如能成立，关于所有权，但仅仅是关于价值所有权的论证——而且也是关于共同占有，但仅仅是关于使用性共同占有的论证——我认为应该使各学派都感到满意，而且应该调和各派观点，因为这样的论证承认各派都看到了真理，然而又是从各种角度上所接触到的不完整的真理。

你是经济学家，你就会为所有权辩护。在社会秩序中除了价值所有权以外还有其他种种所有权，而价值所有权是不可动摇的。

你是共产主义者，你梦寐以求的是共同占有。你的梦想已经实现，相应的价值只要能自由交换，社会秩序就能使所有的使用性公有化。

你们好像是对某一建筑物争论不休的建筑师，每人看到的只是一个侧面，看倒是**没有看错**，但看得**不全面**。要使各位取得一致，就得让大家都绕楼走上一圈。

但是社会这幢大厦，如果我撇开其两块基石——使用性和价值而不管，那又怎么能使其浑然一体的特性重新展现在大家眼前呢？既然分歧在于这两种概念造成的倒霉的混乱，我如果知难而退，不去分析这些概念，又怎么能令人向往地在真理基础上调和各学派呢？

为使读者在一时片刻能重视起来，能不怕苦，而且——真不好意思——能不怕难题，上面一席开场白不可不说。可能是我自作多情，但大前提虽然枯燥乏味，最后结论却是精彩有益，从而也就将功补过。当初牛顿刚学数学时老大不高兴，他如果因此而灰心，日后心就根本不可能对天体运动的协调一致赞叹不已、激动万分了。我认为，只要能拿出魄力探索某些基本概念，也就足以让人认识到上帝在社会力学中同样乐善好施，简洁利落和仪态万方了。

我们在第一章已经看到人是**被动**的，但也是**主动**的。**需要**和**满足**只是影响**感觉**，因此从本质上讲这都是因人而异，是内心感受，不可传递；相反，努力则把需要和满足连接一起，是从原理到目的手段，源于我们的**积极性**、自发性和主观意愿，因此可以是约定俗成，可以相互传递。我知道，从形而上学观点看，可以对上述论点提出异议，可以认为努力同样是因人而异。我无意卷入意识形态领域，但希望我的想法采用下面通俗形式后能为大家接受，不致引起争论。我们不可能**体验**别人的满足，但可以相互**提供劳务**。

正是活动能传递，劳务能交换，这才构成了政治经济学的内容。因为从另一方面说，经济学可用**价值**一词全部概括，只是**价值**一词的长篇解释而已，由此可见，**价值**概念如果以**需要**和**满足**为基础，而不是以我们**活动**的体现、**努力**和能相互交换的**劳务**为基础，那么这种概念的确定既不完善也不真实，因为需要和满足是凭借我们的感受才得以实现的两极现象，是内心感受且不可传递，是人与人之间**不可比较**的现象，而我们活动的体现、努力和能相互交换的劳务既可以比较，又可以衡量、**估价**和交换。

我们在第一章还得出如下结论：

"使用性（即某行为或某事物能为我们服务的特性）是复合的：一部分是大自然活动的结果，另一部分是人活动的结果"；"某一结果自然作用的成分越多，留给人作用的成分越少"；"大自然给予的合作基本上是**无偿**的，而人给予的合作，不论是精神的还是物质的，不论交换与否，也不论是集体的还是个体的，基本上正如努力一词所包含的意思一样，是有偿的"。

无偿不可能有价值，因为说有**价值**是指**有偿**获取，可见如果把价值概念部分或全部延伸到自然的赠予或合作，而不是限定在人的合作之内，价值概念仍然不明确。

所以从两方面，通过两种不同途径，我们可以得出结论说，**价值**同人们为**满足**他们**需要**所作出的努力有关。

我们在第三章已看到人不能离群索居。不过假若通过想象展现一下这种子虚乌有的景象，展示这种在 18 世纪作为**自然状态**而被大肆宣扬的**反自然状态**，我们马上会认识到此种状态虽然出现我们称作努力的主动原理，但还显不出有什么价值的概念。原因很简单：价值包含比较、衡量、**估价**和计量。要使两物能互为计量，它们必须可以互为比较，因而必须是同类事物。既是离群索居，努力又能同什么比较呢？难道同需要、同满足比较吗？所以只能说这种努力或多或少是应时应景而已。在社会状态中人们所比较的（价值观念正由此种比较产生），是一个人的努力同另一个人的努力，这是同一类的两种现象，因而是**可比**现象。

所以价值一词的定义，按正确说法，应该不仅同人的努力有关，而且应同人的已交换或可以交换的努力有关。交换不只是确认和测定价值，而且产生价值。我的意思不是说交换产生相互对换的行为或物，而是说交换产生**价值**的概念。

两个人相互让与正在进行的努力或各自先前努力的结果，他们就是**互相帮助**，互相提供劳务。

所以我认为，**价值就是两项交换的劳务之间的比例关系**。

世界上第一次有**价值**观念是这样一种情况：某人对他兄弟说，"你替我做这事，我帮你做那事"。他们两人都同意了，因为这时人们第一次可以说：两项交换的**劳务价值相等**。

颇为奇特的是，真正的价值论，人们苦于在许多鸿篇巨制中找而找不到，但福洛朗的精彩寓言诗《瞎子与瘫子》却说到了：

"我们不妨相互帮助，
两人均可减轻苦楚。
我有腿，你有眼，
你我有的谁都不可少。
我背着你，你领着我，
你我做的那样最有效？
全不用友情决断诚告。
来吧，我替你跑，你替我瞧。"

这里**价值**找到了，也明确了，而且在经济上是绝对精确，只是友情方面的感人之处则属于另一领域罢了。我们可以想象，两个不幸的人相互提供**劳务**，但不去计较**谁做的事更有效**。寓言家假想的特殊情况很能说明强有力的同情成分可以说淹没了对交换劳务的认真仔细的评价，但这种评价对充分揭示价值概念来说却是必不可缺的。所以假若有的人，或大部分人得了瘫痪，或者失明了，这种评价就会充分表现出来，因为这时铁面无情的供求定律将占上风，做事最有用的那个人也就不肯总是作出牺牲，代之而起的则是公平基础上的交易。

在某些方面我们都是盲人或者某方面行动不便的残疾人，我们会很快懂得相互帮助后我们**不幸的痛苦可以减少**，交换由此产生。我们劳动是彼此给饭吃，给衣穿，给房子住，给灯点，治病，保护和教育，由此相互提供劳务。这些劳务我们要比较、商量、**估价**，价值由此产生。

　　许多情况下可以增加一种劳务的相对重要性。劳务对我们的用处有大有小，为我们提供劳务的人有众有寡，我们自己从而可以省去劳动的艰辛；技能、时间和事先的学习有多有少，按此我们可以确定劳务重要性是大还是小。不仅是价值，而且我们对价值的判断都取决于这些情况。我们有可能，而且往往很可能把一种事实上有害的劳务看作极有用的，于是把它看得很高。正因为这样，虚荣、无知、失误能对我们叫作**价值**的，本质上则是有弹性的、不固定的比例关系发生作用。但我们可以断定，今天对劳务的评价更趋近于绝对真理和公正，而人则变得更聪颖，更有道德，更有修养。

　　至今人们探求价值原理都只是根据造成价值增减诸多情况中的某个情况，如物质性、时间性、使用性、稀少性、劳动、为获取而遇到的困难以及判断等，所以一开始就把科学引入了歧途。因为改变现象的偶然性并不是现象本身。另外，可以说每一位作者都以为哪种情况最重要，就竭力突出哪种情况，结论也总是靠推理演绎得出的。因为是以偏概全，一个词的词义扩展延伸起来，也就无所不包了。所以价值原理对亚当·斯密来说在于物质性和时间性，对萨伊来说在于使用性，对李嘉图来说在于劳动，对西尼尔来说在于稀少性，而对施托希来说则在于判断，等等。

　　结果如何呢？而应有的结果又该如何呢？实际上从各自观点看，这几位作者都言之成理，但他们又像是各执一词，无意中损害了科学的权威和尊严。而且，他们首开先河，把政治经济学的概念引入了错综复杂、布满难点的迷宫，同样的词对他们来说表达的思想都不一样。另外，虽然一种情况可以说成是根本的，然而其他情况的作用又太明显，只好牵强附会，于是定义被不断扩充拉长。

　　本书的目的不是争论，而是想把问题说清楚。我要说的是我自己所见，而不是别人的见解，然而我不得不提醒读者注意，人家是透过哪些情况得出价值依据的。但是，理论是通过各种实用情况来掌握领会的，我应首先举出一组实例向读者展示什么是**价值**。

　　我想首先说明各种交换是如何一律简化为劳务对劳务的交换，但也只是请大家回顾一下上一章谈的物物交换的内容而已。单纯的物物交换并不多见，有时要转好几道手，而且往往以货币为中介，因而物物交换可以分解成**买卖**两大要素。情况虽然复杂，但交换的性质没有改变，因此为便于叙述，我不妨把交换假设成直接即时交换；我们这样说不会对价值的性质产生任何误解。

　　我们生来都有一种急切的物质需要，如得不到满足，人即会死去，这需要就是呼吸。一方面我们所处的环境在一般情况下无须我们自身作任何努力就提供了这种需要。所以说空气有使用性而无**价值**，之所以没有价值是因为不需要努力就可有的，它构不成任何劳务的机会。给人提供劳务是免除一种艰辛，然而在不用举手之劳即能得到满足的情况下，也就无所谓艰辛需要免除。

　　但是假设有人坐沉箱潜入河中，空气与此人的两肺之间有某种异物堵塞，要使气流重新通畅必须开动抽气机，这就需要做出一种努力，付出一种辛劳。当然，潜入河中的人会什么都答应，因为这是性命攸关的大事，而他自己却无法给自己提供这样重要的劳务。

　　他自己做不了，转而请我帮忙。而要让我肯帮忙，他得答应以后作出某种辛劳，使我得到某种满足。我们经过讨论达成协议。这里我们看到的是什么？两种需要和两种满足都没有移位，而两种努力则是一笔自愿交易的内容，两种劳务相互交换了，于是**价值**出现了。

　　现在人们都说使用性是价值的基础。空气的使用性是固有的，于是在人们的心目中空气的价值也是固有的。显然这是一种混淆。空气鉴于其组成成分具有一种物理性能，能同我们器官之一的肺相协调。我从大气中吸取的，并注入沉箱的东西没有改变性质，仍然是氧和氮，任何新的物理性能都没有加进去，也没有任何反应物释放出叫作**价值**的新成分。实际上**价值**完完全全只是从提供的劳务中产生。

　　人们提出的使用性是价值的基础这一公理，如果理解为，劳务对为之给予报酬的受惠者有用，所以劳务具有价值，那我没有什么异议，**劳务**一词已充分顾及这一**公理**的内容。

　　但是，空气的使用性和劳务的使用性两者不可混淆。两种使用性彼此不同，范畴不同，性质不同，彼此不可比，也无任何必然关系。在有的情况下我们稍稍努力一下，给人免除的辛劳微不足道，给人的劳务因而非常微薄，但是给人的东西却有着极大的固有**价值**。

　　我们不妨来看一下，一人向另一人输送空气，提供**劳务**，两人是怎样估价这一**劳务**的。要有一个参照点，参照点只能在于潜入河水中的人答应以什么**劳务**作回报。他们各自向对方提出的要求则取决于各自处于何种境地，怀有多大欲望，在多大程度上可以无求于对方。起决定作用的情况很多，这正说明价值寓于劳务，因为价值与劳务一起增加。

　　读者如肯费心再想一想，不难找出上述假设的衍变形式，最后可以认识到价值并不必然同努力强度成比例，这一点我在这里暂且略带一笔，因为这是后话，我还要证明价值既不寓于劳动，也不寓于使用性。

　　无奈大自然早已着意安排好了，倘若我不能每日每时饮水解渴，我就会死去。水溪就在我家村子一里之遥，每天早上我自己得费心去取我自己用的那么一点水，因为我懂得水的**有用性**在于能解除人们叫作口渴的痛苦之功能。需要、满足、辛劳这里全有了，使用性我已经体会到了，但是价值我还没有体会出来。

我的邻居也去水溪，我便对他说："**给我提供点劳务**帮我打水，**省得我自己费力**来回走了。你去打水时我可帮你做点别的什么事，譬如教你孩子识字。"正好我们两家都觉得这很合适，于是两家交换了劳务，而且可以说彼此的**价值是相等**的。请注意，这里比较的是两家的努力，而不是两家的需要和满足，因为喝水的好处和识字的好处两者又能用什么尺度来衡量呢？

不久我对邻居说："你家孩子招我心烦，我还是帮你做点其他什么事吧。你仍给我打水，我付给你五生丁。"这建议要是被接受，经济学家则可不必害怕出错，尽管放心说："**这一劳务值五生丁**。"

嗣后，我的邻居不再等我提出要求。从经验中他知道我每日都要喝水。不需要我说就为我挑水，与此同时还为其他人挑水。一句话，他成了水商。于是，有人可以这样说："**水值 5 生丁**"。

可是事实上水的性质改变了吗？价值刚才还寓于劳务，现在是否物质化了，从而融于水中，并在水里添加了某种新的化学成分呢？原先找同邻居商量好的事稍有变化，但这变化就那样厉害，变换了**价值**原理，改变了价值性质？我不至于这样古板，不许大家说"**水值 5 生丁**""**太阳落山了**"这样的话。但是大家都应该清楚，这都是修辞学上的借代，隐喻并不影响事物的实际状况，科学地讲——因为我们都是从事科学的——价值不寓于水，太阳不落于西山。

对事物我们应该还其原有特性，水、空气有其**使用性**，**劳务**有其**价值**，我们应该说成"水有用，因为水能解渴；劳务有价，因为商谈的对象是劳务"。这种说法完全正确，水溪是远是近，水的使用性还是原样，但是价值却有增有减。为什么？因为**劳务**

有大有小。价值与劳务同时变化，而且按照劳务的变化而变化，所以**价值**寓于**劳务**。

　　钻石在经济学著作中扮演了重要角色。经济学家拿钻石来解释价值规律，或者以此来说明所谓的价值规律的波动情况。这把武器锃光发亮，所有的学派都拿来战斗。英国派说："价值寓于劳动"，法国派拿出钻石对英国派说："这产品不需要任何劳动，但具有极大价值。"法国派断言价值寓于使用性，英国派立即拿钻石同空气、光线和水来比，说："空气非常有用，但不具有价值。钻石的**使用性**颇有争议，但其**价值**却在整个大气之上。"读者也就只好学亨利四世的话来说了：天啊，他们各有各的理。最后人们一起陷进了比上面两个错误更为严重的错误：必须承认上帝创造万物时加进了**价值**，价值也就**物质化**了。

　　我觉得这些奇谈怪论一遇上我提出的简单明了的定义便不能成立，因为上述例子不是削弱，相反却进一步证实了我的定义。

　　譬如，说我在海边散步时交上了好运，捡到一颗珍贵的钻石，于是我拥有一笔巨大的**价值**。为什么是我？因为我将造福于人类，还是因为我付出了漫长而艰辛的劳动？都不是。然而这颗钻石为什么具有那么大的价值？肯定是因为我把钻石让给谁，谁就认为我给他提供了一项巨大的**劳务**，何况许多富人都在寻找钻石，但能给的却只有我一个人。要我钻石的人这样判断，其理由值得商榷，但姑且是这样吧。虚荣、出风头或别的什么都可以是理由，总之有人因此打算采取行动，他脑子里就会有这种判断，这就够了。

　　这里远不是先对**使用性**有合乎情理的估计才作出判断的，我们可以说实际情况正相反。显示自己为了出风头，不管东西多么无用也舍得大花冤枉钱，这恰恰是出风头的目的所在。

　　虽然这里价值同提供劳务的人所**完成**的劳动远不成必要的比

例，我们却可以说价值同劳务受益人因此**省去**的劳动是成比例的，而且这本身就是价值规律，是一种普遍规律，但据我所知，这一规律虽然制约普遍的实际情况，却没有得到理论家们的注意。以后我们会谈到价值在不受干扰时如何通过其奇妙的机制达到与劳动成比例。然而，价值原理对**提供劳务**的人从事的劳动作用较小，而对**得到劳务**的人因此省去的劳动作用较大，这同样是实际情况。

其实我们说的那颗钻石成交之前会有这样一段对话：

"先生，你把钻石让给我吧。"

"我很愿意让给你，先生，但你得把你整一年的劳动成果作为回报让给我。"

"可是先生，你没有花一分钟就得到钻石了。"

"那好，先生，这样的一分钟你自己去碰碰吧。"

"不过我们应**等价**交换才是公平合理。"

"不对，要公平合理，你得珍惜你的劳务，我珍惜我的劳务。我不强求你，你为什么要强求我呢？把你整整一年时间给我，要不你自己去捡一颗钻石好了。"

"可是我得辛辛苦苦找上 10 年，还不说最后可能是失望。我看要说聪明有用，还是用这 10 年干别的什么。"

"所以我觉得向你要一年时间还是给你提供了劳务，替你省去了九年的时间。我给我的**劳务定价**是很高，你觉得我苛刻，那是因为你只看到我从事的劳动，可你还得看看我替你省去的劳动，你就会觉得我很厚道。"

"你得益的是大自然给的一年，这不假吧？"

"我要是把我捡到的钻石白白送给你，或者只向你要一丁点东西，那得益的是你了。再说这钻石价值很高，因为大自然从有史以来就没有像造露水那样去造钻石。"

"是的，钻石要是像露水那样多，你对我也就没有什么命令好下了。"

"不错，要是这样你是不会来找我的，或者说，为了得到一种你自己都可以轻而易举向自己提供的**劳务**，你不会重金酬谢我的。"

从这席对话可以看出，我们所见到的价值既不寓于水或空气，也不寓于钻石，价值纯粹寓于为着这些东西提供的和得到的**劳务**，是由交换双方自由商量决定的。

不妨收集一下经济学家的著作，读一下，比较一下各种定义。要是有条定义说到空气、钻石这两种似乎大相径庭的例子，你干脆把这本书扔进火里烧了吧。我的定义虽然十分简单，如能解决难题，或能使难题消失，我恳请读者读完这本书，因为科学大门上挂什么美好的招牌也只能是徒劳无功的事。

我不妨再多举些例子，既好把我的观点解释清楚，也好让读者熟悉一种新的定义。从各方面举例说明原理还可以帮助大家领会结论，我敢说，结论不但重要而且是意想不到的。

鉴于我们的生理构造，我们脱离不开某些需要，其中有进食的需要，最适合满足这一需要的是面包。

当然吃东西的需要是我自己的事，为生产所需数量的面包，有关的一切活动得由我自己去做。我的兄弟们也受制于这种需要，必须在这方面努力，我不可能要求他们向我无偿提供这项劳务。

如果我自己做面包，就得进行一项极其复杂的劳动，这同我出于需要而去水溪打水的劳动相似。其实面包的各种成分自然界都有。按照萨伊的恰如其分的观察，人没有必要也不可能创造什么。煤气、盐、电、植物能，一切都是现成的。我们叫作大地的这座巨大实验室里进行着人类科学勉强揭开面纱的神秘活动，我要做的就是利用这座巨大实验室来汇总、催化、融合和运送。为实现我的目的而进行的种种活动虽然在总体上非常复杂，但每一项活动单独来看则同去水溪提取大自然在那里存放着的水一样简单。我每做一项努力正好是向我自己提供一项劳务。如果按照自由商谈好的协议，别的人免掉我做其中某些或全部努力，免去的就是我得到的**劳务**，其总和与我回报的劳务之比构成并确定面包的价值。

有一种方便的中介物可使不同的劳务易于交换，甚至可以衡量劳务的相对重要性，这就是货币。然而物的本质没有改变，这同力的传递是靠一个还是多个齿轮进行一样，都受制于某种同一规律。

我们完全可以这样说，面包值四生丁，一个优秀的记账员如果想把这一**价值**分解一下，他能够从肯定极为繁杂的交易中找出为构成面包价值而**努力**了的各种人，找出所有为吃上面包而最终付钱的并省去辛劳的人。记账员首先找到面包师，面包师留取 1/20 的价值，并以此酬报替他砌面包炉的泥瓦工，替他准备柴火的伐木工，等等。接着找到磨坊主，磨坊主得到的不止是他自己劳动的报酬，还有一部分是他要用来酬报替他打磨盘的石匠，替他筑水堤的挖土工，等等。总价值的其余部分付给在谷仓打麦的、收割的、耕地的、播种的各种人，一直到钱分完为止。酬报上帝或大自然的却没有，一点儿也没有。这样的假设本身就是荒谬的，但在一些经济学家的理论中却被大谈而特谈，因为这些经济学家认为产品**价值**中的某一部分属于物质或自然力量。错了，这里体现**价值**的同样不是面包，而是让我得到面包的一系列**劳务**。

的确是这样，记账员在面包价值的基本成分中会遇到一种成分，他很难归成为**劳务**，至少不能说成需要付出努力的劳务。他会看到 20 生丁中有一二生丁属于土地主人，也就是实验室的拥有人。面包价值中的这一小小的份额构成人们所说的**地租**。在此我们再次看到的修辞上的借代，即地租这种说法把记账员弄糊涂了，他可能以为这一份额属于自然作用，属于土地本身。

我认为，如果记账员精明能干，他会明白这仍然是一种**劳务**

费，实实在在，与其他劳务性质相同。本书谈到**地产**时会给予明确论证，现在我只说明一点，这里我谈的不是所有权，而是**价值**。我不研究是不是所有的劳务都实实在在，都合乎情理，是不是有的人自己没有提供劳务却要领取报酬。天啊，世上充满了这种种不公道，不过**地租**不在此列。

我在这里要论证的是，所谓**物**的价值其实就是**劳务**的价值而已，实在的或假想的劳务也好，由物引起而得到的或付出的劳务也好，都是这样。价值并不寓于物本身，既不寓于面包，也不寓于钻石，或者寓于水、空气，报酬中没有哪一部分是付给自然的。价值由最终消费者来进行分配，而且完全在人与人之间分配。价值之所以由最终消费者分配给人，仅仅是因为这些人为他付出了劳务，但欺诈或暴力情况除外。

有两个人认为夏天冰是好东西，冬天煤更是好东西。这两样东西符合我们两种需要，一个可使我们凉爽，一个可使我们暖和。我们得不厌其烦地说明这两样东西的使用性在于它们的某些**物质**特性以及这些特性与我们的**物质**器官通融。另外我们还应看到，在这种种可用物理学和化学——说出的特性中，唯独没有**价值**或任何类似的东西，人们又怎么能认为价值寓于物质和价值是物质的呢?

如果上述两个人都想满足自己的需要，但他们互不商量，于是为获得这两样东西他们各干各的活。如果他们商量好了，一人下矿为两人采煤，一人进山为两人采冰。但此种情况要有协议才行，两种相互交换的劳务之比例关系应算清楚，各种情况都要考虑到，例如，要克服的困难、应冒的风险、花费的时间、付出的辛劳、发挥的技能、碰上的机遇以及通过别的方式也可满足自己需要的可能性，等等。交换各方都同意了，经济学家就会说：交换的**劳务价值**相等。通俗语言则用借代法说：多少煤值多少冰，似乎价值已融进物体而物质化了。但是我们不难认识到，通俗的说法足以表示结果，然而只有科学的表述才能揭示事情的实质。

协议以复合交换取代简单物物交换时，可涉及一大群人而不只是两种劳务和两个人了。这时货币介入进来以方便交换，但是价值原理并未因此而转移或改变，这难道还用我来说明吗？

然而有关煤的情况我得附加一个说明：有可能当地只有一座煤矿，而且被某个人占为己有。这样，那人可以发号施令了，也就是说他可以提高他的**劳务**或者他的所谓的**劳务**价码。

我们尚未谈到权益和公道的问题，也没有把正当劳务同假冒劳务区分开来，这是后话。现在重要的是进一步明确真正的价值论，使之摆脱影响到经济学的一种错误。我们说"大自然创造的或赋予的都是**无偿**的，因此这不具有**价值**"，人们于是会把煤或其他什么自然产物的价格分解，以此回敬我们。人们承认这价格大部分同人的劳务有关。有人挖土，有人排水，这一个把煤开采上来，那一个把煤运出山，人们会说这是构成**几乎是**全部**价值**的所有的劳动。但是还有一部分**价值**同任何一种劳动、任何一种**劳务**都不相干。这一部分是煤的价格，即蕴藏在地下，按人们所说，未经任何人工劳动的原始煤，它的价格构成属于矿主的份额。既然价值的这一部分不为人所创造，那就应该是自然的产物。

我不同意这一结论，而且提醒读者，如果同意，不论有意无意，要想在科学上再迈进一步则是不可能的了。大自然的作用不创造价值。人的活动也不创造物质。下面的情况二者必居其一：要么是矿主对最终结果起了有用的作用，提供了实际劳务，那样他加在煤上面的那部分价值符合我的定义；要么他是作为寄生虫强挤进来的，这时他要弄手腕让人为他从未提供的**劳务**付出报酬，煤的价格非法提高了。这种情况清楚表明交易中掺进了不公正，但推翻不了理论，不至于授人以借口说这一部分的价值是物质的，作为物理成分与无偿的天赋之物结合成一体了。证据何在？请看：如有不公正，请终止不公正，相应的价值应该随之消失。如果价值属于物质的和自然创造的，事情当然不会这样。

现在我们来看看我们最迫切的需要中的一种需要，即**安全**的需要。

一群人来到一处荒凉的海滩开始干活，但是他们每个人每时每刻都不得安心工作，每个人都得防备猛兽或者比猛兽更凶残的人，每个人除了为保护自己直接花去的时间和精力之外，还得用很多时间和精力为自己配备武器和弹药。最后大家认识到，如果某些人放下其他一切活专门负责这项**劳务**，精力的总消耗可以大大减少。于是最灵活、最勇敢、最强健的几个人被分去专门从事这项**劳务**。他们就从事这项日常工作，精益求精。他们为集体安全警戒，此后集体干活时不再中断，干活给**所有的人**带来的满足大于因分出十个人造成的损失。协议于是达成了。如果说这里形成的并要求的交换**劳务**还不是**分工**方面的一种进步，那又能是什么呢？

这些人是军人、战士、民兵、保镖，叫什么都可以，他们提供的劳务是不是**生产性**的？当然是生产性的，因为正是为了提高整体满足和全体努力的比例关系才有上述安排的。

他们的劳务是否具有**价值**？当然应该有，因为对这些劳务要开价、估算，最后用别的**劳务**作比较并以此偿还。

报酬用什么形式确定，费用分担采用什么方式，商讨和确定协议又通过哪些手段，凡此种种都不影响到原理。是否有些人的努力被另外一些人省去了？是否有些人的满足靠了另外一些人得到了？如是这样，**劳务**则是交换了，比较了，**估算了**，**价值**也就出现了。

社会情况很复杂，这一类劳务往往导致非常麻烦的现象。要求这一部分劳动者提供的劳务，正是由这种劳务的性质所决定，要求集体赋予这一部分人武力，能制伏各种各样的反抗，而掌握武力的那些人有可能滥用武力，转而对付集体本身。他们从集体牟取的劳务同集体对**安全**的需要成比例，也有可能这些人制造不安全，使自己成为更是必不可缺的，他们会运用圆滑的手段让集体里的人卷入连绵战乱。

这一切以前见过，现在仍能见到。我承认，相互提供劳务应该是公正、均等，但受到了巨大干扰。然而价值的基本原理和科学的理论没有受到丝毫影响。

再举一两个例子。请读者相信，我至少跟读者一样，也觉得这一系列的假设让人厌烦而且拖泥带水，但归纳出的论据一样，引导出的结论一样，用的词语也一样。但是应该懂得，这种方式虽不是最有意思，但至少是最为可靠，一定能求证出真正的价值论，从而找到我们应该走的路。

譬如说现在我们在巴黎。许多欲望会在这大城市萌生，而满足欲望的手段也是层出不穷。一帮非常富裕或相当宽裕的人在这里从事工业、艺术或政治，晚上他们非常想有一小时消遣一下。他们极为向往的娱乐首先是玛丽布朗女士演唱的罗西纳的优美歌曲，或者是拉歇尔朗诵的拉西纳的精彩诗篇。全世界只有两个女人能给人以这种精致而高尚的享受，但是她们得愿意才行，除非对她们动刑，然而这无济于事。所以说期待玛丽布朗和拉歇尔提供的劳务**价值**很高。这种解释平淡无奇，不过话没有说错。

有位极富裕的银行家为满足自己的虚荣心打算请两位艺术家中的一位到他家的客厅表演。他凭经验知道我的理论从各方面看都是正确的。他既然寻求一种强烈的满足，而且求之心切，世上又只有一个人能满足他的要求，而要让人家肯来，他除了给一笔很高的酬金以外没有其他任何办法。

这笔交易中最大限度是多少呢？银行家最多是宁可不要满足也不付这笔钱，而歌唱家最多是酬金与其分文全无不如给多少算多少。这一平衡点决定了这项特殊劳务的价值，这同其他劳务一样。很多场合可能是靠约定俗成来确定这一微妙的平衡点。上流社会的人会非常有风度地对某些劳务**讨价还价**，酬金甚至可能巧妙伪装起来，从而掩盖经济规律中通俗化了的东西。经济规律对极其普通的交易起作用，对现在这笔交易也照样起作用。经历丰富或彬彬有礼的人不会凡事都争，但价值并不因此改变性质。

　　这就说明为什么杰出艺术家可以获取高额收入。另一种情况也有利于艺术家：他们的劳务有其特性，可以通过同一努力向一大群人提供劳务。大厅不管有多大，只要拉歇尔的声音能传遍，无与伦比的诗朗诵在心灵中产生的感受，听众都能在自己心灵中体会到。可以设想一种新的安排有了基础。三四千人都想听，他们可以协商，大家来凑份子，他们每人回报给这位著名演员的劳务的总数同演员向所有听众同时提供的那一份劳务是对等的。这就是**价值**。

　　许多听众可以协商一起听朗诵，同样，多名演员可以协商合唱一幕歌剧或合演一台戏。承办人可以介入，使签约人省去许多细微次要的协议。价值因此增多而复杂起来，并分出许多分支被切割分配，但是价值的性质没有改变。

　　最后说一下大家叫作例外的情况，可以检验理论正确与否。正确的规则并不因为有例外而受到削弱，相反能得到证实。

　　一位年长的传教士手持拐杖，腋下夹着经书，一边赶路一边思考问题。他的相貌是那么的安详，脸部表情是那么的丰富，而他的目光又是那么的富有灵感。他去哪儿？你难道没有看到远处的钟楼？村里的年轻教士对自己的能力还没有信心，请老教士来帮忙。但是有些事要事先安排好。老教士在他住教堂的日子里肯定会有吃的、盖的，但是两斋之间的那些日子他得活下来，这是普遍规律。老教士于是请村里的有钱人自愿捐助，东西不多但够他用。老教士要求不高。人们因此写信问他，他回答说："面包我留下，这是我必需的，钱给穷人，我自己用不着。"

　　这样经济上事先安排好了，因为政治经济学这个讨厌的家伙无处不钻，无事不管，我真的觉得这家伙在说：Nie Humani a me alienum put。

　　对这个例子我们再多说几句，当然同我们有关。

　　上面说的完全是一种劳务交换。一方面，老教士为了让村民的思想得到一点启示，提高他们的道德水准，他耗尽了他的时间、精力、才智和健康；另一方面，老教士几天之内的面包、一件漂亮的呢料长袍和一顶三角帽也就有了保障。

　　但还有别的事情，这里有牺牲的作用。凡是对老教士来说并非必不可缺的东西，他一概拒不收下。他吃得不多，一半是自己负担的，另一半是村里有钱人施舍给别人的，而老教士的布道同样让那些人受惠。

　　这种牺牲是否影响我们的价值定义呢？根本不会。每个人都可以按对其合适的条件转让自己的努力。如果条件要求不高，或者甚至不提任何要求，其结果是什么呢？结果是劳务的使用性保持着，但价值丧失了。老教士深信他的努力将在别的地方得到报酬，不要求在我们这尘世上得到回报。他肯定知道他向村民布道是向村民提供劳务，他也相信村民听他布道是向他提供劳务。由此可看出交易之所以能做成，在于交易一方得到好处，另一方则出于自愿。事情就这样简单。一般说劳务交换与否按个人利益决定和衡量。但谢天谢地，有时却按同情心这一原则来决定和衡量。所以，我们可以向他人转让一种我们本有权留下自己享用的满足，也可以向他人付出一种我们本可以为自己所用的努力。慷慨、献身、忘我等激情是我们的天性，同许多其他情况一样，这些都会影响某项劳务的实际**价值**，然而不改变**价值**的普遍规律。

　　我还可以举出一些完全不同的情况，与上面说的令人快慰的例子恰恰相反。要使一项劳务从字面的经济含义上讲具有价值，即具有事实上的价值，劳务不一定非得是实在的、有良心的和有用的，只要有人肯要，用别的劳务作回报就行了。世界充斥着这样一些人，他们让人家接受其劳务并要求给予回报，但劳务的质量实在令人怀疑。问题完全在于**判断**，所以道德总是政治经济学的最称职的助手。

骗子可用妖术蛊惑人心，把自己说成是上天派下凡的，天堂或地狱的门他们想怎么打开就怎么打开。他们说的信仰深入人心后，他们就说："这些画像虽小，却有我们施进的法力，谁带在身上谁能永生永世幸福。让给你一幅是向你提供巨大**劳务**，所以作为交换条件你也得向我**提供劳务**。"**价值**被编造出来了。人们会说这是因为估价不对才具有价值的，这话是对的。对很多实物我们都可以这么说，实物能有某种价值，因为即便是高价拍卖也会有买主。经济学只承认正确估算的价值为价值时不成为经济学，每走一步经济学都得更新物理学和伦理学的课程。一个离群索居的人由于其需要有悖常情，或者由于其思想乖戾，会付出巨大努力，得到的却是虚幻的满足，甚至是失望。同样，我们生活在社会中，有时正如一位哲学家所说的，会花上大价钱买个后悔。如果人的理智本性中正确的成分生来就比错误的成分多，各种欺诈蒙骗也就注定会消失，各种假冒的劳务注定遭受拒绝，失去其**价值**。久而久之，文明作用之下人人举止有分寸，事事安排妥帖稳当。

这一过于冗长的分析应该结束了。人有呼吸、吃饭、饮水的需要，有虚荣心上的、智力上的、精神上的、信念上的、正确的或虚幻的期望中的需要，我们从各个方面寻找价值，凡是有价值存在的地方，即凡是有**劳务交换**的地方，我们都看到了价值。我们从各个方面看到价值本身是一致的，虽然受诸多不同情况影响，但其赖以成立的原理则简单、明了、绝对。我们也可以看看其他各种需要，研究一下木工、泥瓦工、制造商、裁缝、医生、传达员、律师、商人、画家、法官、总统，我们看到的不是别的什么，而往往是物质，有时是大自然**无偿**提供的力量，但任何时候都是人的劳务在相互交换、相互比较、衡量、估价、**测算**，也正是人的劳务体现出这种测算的结果，即价值。

　　然而我们各种需要中有一种非常特殊，它是社会的纽带，我们各种各样交易的因与果，政治经济学中说不完的问题。这里我不妨稍稍说几句，谈谈**交换**的需要。

　　我们在上一章描述了交换的绝妙效果，而效果既是这样，人们当然想如何方便交换，甚至不惜作出巨大牺牲。于是公路、运河、铁路、车辆、舟船、大小商人、银行家应运而生。如果交换本身不可能给人类巨大回报，人类却为了方便交换而事先付出如此之大的努力则是不可思议的了。

　　我们看到，简单的**物物交换**产生的交易必然是极不方便而且是很有限的。

　　所以人们把物物交换分解成两种因素：**买**与**卖**，分解通过一种中间货物进行，它应易于分割，特别是要具有**价值**，才能作为中间货物得到大家的信任，这就是货币。

　　这里我要说明一下，人们用省略法或借代法所说的黄金价格或白银价格，其原理同空气的价值、水的价值、钻石的价值、上文说的老教士布道的价值，或者是玛丽布朗精彩表演的价值是一致的，也就是说仍然是以提供的和得到的劳务为基础。

　　散落于美国萨克拉门托的幸运海滩的黄金确实从大自然得到许多宝贵的特性：延展性强，重量沉，有光泽，华丽，甚至可以说具有使用性。但是有一样东西大自然没有赋予它，因为这东西同黄金无关，这就是**价值**。有个人懂得黄金可以满足一种非常迫切的需要，这是抢手货，他就到加利福尼亚去淘金，就好像上面说的我的邻居去水溪打水一样。淘金人历尽千辛万苦，他得寻找、刨土、洗金和铸金，然后他来对我说："我愿向你提供劳务，把这块金让给你，作为交换你向我提供什么劳务呢？"我们商谈起来，凡能明确劳务的各种情况我们两人都在掂量，最后我们成交了，于是价值反映出来了，而且也被确定下来了。人们被黄金**有价**这一简略说法弄糊涂，很容易以为价值同延展性、重量一样寓于黄金，是大自然刻意安放到黄金中去的。我希望读者现在可以相信，这是一种误解，读者以后还会清楚这是一种可悲的误解。

有关黄金，更确切说有关货币，还有一种误解。货币是各种交易的惯用中介，是**复合的物物交换**的中项，互相交换的劳务各自价值都是以货币来衡量的，所以货币成为价值的**尺度**。实际上也只能是这样。但是科学千万不能忘记，从价值讲，货币同其他产品或劳务一样，受种种变动的影响。然而科学常常忘了这一点，这也不足为奇。看来一切都让人把货币看成价值的尺度，就像公升是容积的度量一样。货币在交易中起的作用相似，然而货币自身有浮动，人们却不知道，因为法郎及其大数和小数的名称一成不变。算术把法郎列入公尺、公升、公亩、立方米、克一类的计量单位，所以算术本身就在扩散混淆。

我对价值下了定义，至少我是怎么理解便怎么说。我用各种不同的事例来检验我的定义，我认为还没有哪一个事例能推翻我的定义。另外，我给价值一词注释的科学含义同通俗说法混同，这既不是故意误解，也不是耍小聪明，因为，科学如不是经验的理性化又是什么？理论如不是普遍实践的条理化的表达又是什么？

现在不妨简单谈一下至今仍占主导地位的学术体系。我研究这个问题并不是因为我爱挑剔好指责，我认为研究一下可以进一步说明本书的基本思想，要不然我完全可以不谈。

我们看到人们著书立说，在对价值起明显影响的一种或多种偶然性——如物质性、可储性、使用性、稀少性和劳动等方面研究价值原理，这好像生理学家在培育生命的一种或多种外部现象，如空气、水、光线和电等方面研究生命原理。

物质性。德博纳尔说："人是由器官事奉的智慧。"如果唯物论派经济学家说人只有借助肉体器官才能相互交换劳务，从而得出结论，认为服务，因而在价值中总有某种物质性的东西，我也就不再多说什么，其实我害怕字面上争来争去，也害怕学者们过于喜欢的、卖弄才华的钻牛角尖。

　　但是他们不是这个意思。他们认为赋予物价值的，或者是人的劳动，或者是自然的作用。一句话，黄金**值**多少，小麦**值**多少，这种简略说法把他们弄糊涂了，他们因此认为物质中有一种叫作**价值**的属性，就像物理学家，虽然自己也不肯定，但总是把物的不可渗透性、有重量看成物的属性。

　　不管怎么说，我很明确，对这一价值论持有异议。

　　首先，我们不可否认物质和价值通常是分开的。我们对人们说：请你把信送给收信人，去替我打水，教我这门学问或这种工艺，替我治病，给我这案子想想办法，在我工作和睡觉时替我照看一下安全，我们要求的是一种劳务，我们对普天下所有的人都承认劳务具有价值，因为我们自觉自愿用一项**相等**的劳务偿还。实践中人人都能接受的，理论却容不下，这确实是怪事。

　　我们做交易的确往往与物质有关，但这又能证明什么？人是有预见的，会事先准备好应人之请提供劳务。我买成衣或者请裁缝上家来做零工，价值原理有时体现在衣服上，有时体现在劳务上，但又有什么不一样呢？

　　这里有人可能会提出这样一个巧妙的问题：是否应该先看作价值寓于物，然后依次类推，把价值归于劳务？我认为事情正相反，首先应该看到价值寓于劳务，然后，如果要这么说的话，可用借代法把价值归于物。

　　我已向读者列举不少有关劳务的例子，这里没有必要过多讨论了。但我还得说明，讨论这一点时我已指出科学入口处的一种失误，或不妨说一条不完整的真理将会带来多么有害的后果。

　　我所反对的定义至少错误地斩头去尾把政治经济学删改得支离破碎。如果说价值寓于物质，那么没有物质便没有价值，难怪重农主义者把人口中的四分之三称为**无为**阶级，亚当·斯密的说法较婉转，说成**非产业**阶级。

　　归根结底，事实胜于定义，我们还是应该从某个方面把这些阶级纳入经济学的研究范畴。经济学上说他们如此这般是一种类比法，但是科学语言不以科学为依据，还没有说却已物质化了，结果是上面的引申说法令人反感。**"消耗是一种非物质性产品"**，**"人是一种积累资本"**，**"安全是一种商品"**，等等，这是什么意思呢？

　　人们不仅把语言过分物质化了，而且又让烦琐的分辨用语充斥语言，以调和各种被错误分割开的概念，例如想出了**使用价值**以便有别于**交换价值**。

　　另外一个非常严重的问题是，**所有权**和**共同占有**这两大社会现象混淆不清，所以其中一种现象总是解释不通，另一种现象又总是模糊不清。

　　诚然，如果说价值寓于物质，价值就会同对人有用的物体的物理属性混同起来，但是物体的这些属性通常是自然赋予的，这样大自然为创造**价值**起了作用，我们也就把价值归于本质上是**无偿的**和**公有的**一类东西了。那样的话，**所有权**的基础在哪儿呢？为了得到一种物质产品，例如小麦，我应付报酬，与这产品有关的劳动者，直接间接地向我提供了**劳务**，报酬应分给他们，那么，一部分**价值**既然是大自然赋予的，与人无关，报酬中的相应一份应该分给谁呢？分给上帝吗？谁都不会同意，因为从未见过上帝提出工资的要求。分给某个个人吗？那又凭什么？因为从假设看，这个人并没有做什么事。

　　人们会认为我夸大其词，说我为了证实自己的定义，从经济学家的定义杜撰出这些严密的结论。不对，这些结论是经济学家自己按逻辑推理非常明确地提出来的。

　　例如西尼尔得出结论说："占有自然因素的那些人自己没有做任何牺牲，但是以租金形式收取报酬。他们的作为只是伸手接受他人的礼物。"斯克洛普说："土地所有权是人为地限制享用上帝为了满足芸芸众生而给的礼物。"萨伊则说："耕地算作自然财富似成问题，因为这不是人的创造，是大自然**无偿**给的。然而耕地不是空气、水那样的瞬间财富，农田有固定的空间和界线，**某些人可以**占为己有，其他人同意他们占有也就被排除在外。原来是自然财富和**无偿**的土地从而**成为**社会财富，要使用就**应该付钱**。"

果真如此的话，蒲鲁东先生先可怕地发问，后又更为可怕地断言，当然是不无道理的了。他说：

"地租归谁？无疑应归造地人。地是谁造的？上帝。所以说地主应该退一边去。"

的确是这样，由于定义上的不妥当，政治经济学认为共产主义若是合乎逻辑的。我要打破他们手中这一可怕武器，或者说，他们应高高兴兴地把武器给我交出来。我推翻这条原理不会有任何后果遗留下来，而且我要证明，如果说创造财富时自然的行为与人的行为结合一起，自然行为本质上是无偿的和公有的，而且在我们所有的交易过程中始终是无偿的和公有的；只是人的行为**才体现劳务**和**价值**，只是人的行为索要报酬，只是人的行为才是所有权的基础、释义和理由。一句话，我认为人彼此相对而言只是事物价值的所有者，人在传交产品时签约的唯一依据是价值，即各自提供的劳务，同时也就互相交换了产品凭借大自然而具有的属性、特征和使用性。

如果说政治经济学由于不承认这一根本观点，至此已动摇了所有权的保护原理——所有权又被说成是必需但不公正的人为机制，从而暗中埋伏下了另一种惊人的现象，**即逐渐共同占有**的现象，这可是上帝对其创造物的最感天动地的安排。

财富按其一般含义说是两种行为，即自然行为和人的行为相结合的结果。自然行为是无偿的和公有的，依附于天公，永远不会失去其特征。只是人的行为才**具有价值**，从而**为人占有**。但是随着智慧的开发和文明的进步，两种行为在创造某一使用性全过

程中的比重，一个越来越重，一个越来越轻，从而无偿和共同占
有的领域不断向人类内部延伸，价值和所有权领域则按比例退
缩。这一点内涵丰富且令人宽慰，但是科学只要一味把价值归于
大自然的合作，那就完全不可能看到这一点。

　　所有的宗教都对上帝的善行感恩戴德。一家之父为掰碎分给
孩子们吃的面包而祝圣。如果说上帝施舍中不含任何无偿的成
分，这种令人感动的习俗在情理上反而说不通了。

　　可储性。这被说成价值不可缺的条件，并与上文刚讨论过的
条件有关。亚当·斯密认为，价值要有意义，必须附着于某种可
以交换、积累、储存，从而是某种**物质性**的东西。斯密说：

　　"有一种劳动能增加①其作用对象的价值，另一种劳动则没
有这样的效果。"

　　他还说：

　　"产业劳动附着于并完成于某种可售商品之中，商品在劳动
完成之后**至少继续存在一段时间**。相反仆人的劳动不附着于任何
可售商品中（在这一点上，作者把军人、法官、音乐家、教师
的劳动算作是同一类的）。劳务提供之后即行消失，之后也不留
下**价值**的痕迹。"

　　可以看出，这里价值与事物的变化，而不是同人的满足有关。
这是个严重的错误，因为事物起变化之所以是好事，仅仅在于以满
足为结果，而满足正是一切努力的目的，终极和**消耗**。如果我们通
过即时的和直接的努力达到满足，其结果还是那样。另外，如果努
力可以用作交易，交换或可以**估算**，**价值**原理也就包含其中了。

　　至于从努力到满足的延续时间，亚当·斯密实际上看得过于

---

　　①　增加！这样说劳动之前，对象通过自身作用已经具有价值。对象只能从大自
然获取价值，那样的话自然行为也不是**无偿**的了。有谁竟敢如此大胆让人向他支付
这一部分**非人为因素**的价值呢？——作者

严重了，他认为有无价值正取决于这一点。他说："可售商品的价值**至少应延续一段时间**。"不错，价值肯定要延续到物尽其用，即满足需要之时，劳务的情况也完全是这样。一盆草莓只要留在食品柜上，它就保持着价值。为什么？因为这是我给自己提供的，或者是别人折合成报酬为我提供的劳务的结果，但是这劳务**我还没有使用**。我吃草莓，用了这劳务，价值立即消失。**劳务一旦消失便不留下价值的痕迹**。这同伺候人的情况一样。消费者使价值消失，因为价值只是为此目的而创造出来。今天付出的辛劳是立即满足需要，还是明天或一年以后，对价值定义而言则无关紧要。

譬如说我得了白内障，请来了眼科医生。他使用的器械有**价值**，因为这是耐用品。然而手术能是没有价值的吗？——虽然我得付报酬，还过价，也让好几位大夫竞争。若是这样，那就与屡见不鲜的事例相违，与无人不同意的概念相左。一种理论如果对普遍实践不予考虑，只当是没有的一样，那又能算是什么理论呢？

请读者相信，我不是逞性妄为一味想争论。我之所以强调这些基本概念则是为读者对下文将提及的严重后果做思想准备。我不清楚这样预先让大家察觉这些严重性是否违反了方法论，不过这种小小不严我暂且为之吧，我是担心大家不耐烦。这就是为什么我在上文过早地谈了**所有权**和**共同占有**的问题，而且出于同样考虑我要提一下**资本**的问题。

亚当·斯密认为财富寓于物质，因而只能把资本理解为物的积累，那又怎么能把价值归于既不可能积累，又不可能资本化的劳务呢？

人们认为资本首先是工具、机器、劳动器械，其用途是借助自然力来生产。既然认为自然力有创造价值的能力，大家也就认为劳动工具**本身**具有同样的能力，与人的劳务完全无关。铲、犁、蒸汽机被看作能与自然因素以及人的力量一起努力，不仅创造使用性，而且创造价值。然而所有价值都在交换中支付，那么，价值中与人的劳务无关的那一部分又属于谁的呢？

因此蒲鲁东学派先是对**地租**持有异议，继而怀疑**资本红利**，这一论题很大，因为涉及别的论题了。我认为从科学观点看，蒲鲁东学派的错误根源在亚当·斯密的错误。我可以论证资本同自然因素一样，从其自身和从其作用讲，只创造使用性而从不创造价值。价值从本质上讲是正当**劳务**的结果。我同样可以论证，从社会范畴讲，资本不是物质可储性决定的物的积累，而是**价值**即**劳务**的积累。所以说，近来对资本生产力论的批判也就没有什么意义了，从而这种批判已是，或者至少可能是不攻自破了。发起这一批判的人对此是会高兴的，因为我证明了交换世界进行的只是**劳务互换**而已，蒲鲁东先生的原理胜利了，不过他又得同时认输。

劳动。亚当·斯密及其弟子以物质性为前提，把劳动说成价值原理，但是还有一种观点认为在价值的产生过程中自然力有其一份，两者相互矛盾。这些作者谈地租和资本红利，得出的错误结论自相矛盾，我不想在这里予以抨击了。

不管怎样，他们把价值原理上溯为劳动，如果他们不是暗指（原文如此，似为不仅仅指——译者注）体力劳动，则非常接近真理了。本章开头部分我曾说过价值应同努力相关。与劳动这一说法相比，我喜欢说努力一词，因为努力的词义范围广，包含了人类活动的全部领域。不过我同时得说明价值只能从相互交换努力，或相互提供劳务中产生，因为价值不是独立存在的事物，而是一种比例关系。

严格地说，亚当·斯密的定义有两大缺陷。第一个缺陷是他的定义没有看到交换，而没有交换价值既不可能产生，也不可能设想；第二个缺陷是他的定义用**劳动**这词含义太窄，除非以不常用的含义扩充该词词义，加进不仅指强度和时间，而且指技能、精干，甚至机遇好坏等意思。

请注意，我在定义中使用的**劳务**一词可克服这两个缺陷。劳务必然含有转让的意思，因为劳务不被人接受也就不可能提供，而且劳务同样包含努力的意思，但不去判断价值同努力是否成比例。

英国经济学家的定义特别在这一点上出现问题。说价值寓于劳动，等于提示说价值和劳动互为尺度、互成比例。所以英国经济学家的定义与事实有悖，而与事实有悖的定义则是不完善的定义。

往往有这样的情况，一种劳动论其本身意义则被看成微不足道，但在社会上却换得巨大**价值**（如钻石、歌剧主角的演唱、银行家签的几笔字、船东的一次侥幸投机、拉斐尔的挥笔作画、一道大赦令、英国女王不用费力便能起到的作用，等等），但更经常发生的是，一种持久而繁重的劳动结果却是失望，劳而**无益**。既是这样，又如何确定**价值**和**劳动**两者关系，即两者间必要的比例呢?

我的定义解决了这一难点。显然，有的情况下可以不怎么费力就提供巨大劳务，而别的情况下千辛万苦的结果却是发现对任何人都没有提供什么劳务。所以在这一方面也一样，更确切的提法应该是，价值寓于劳务而不是劳动，因为价值与劳务而不是与劳动成比例。

不妨说得更深远一些。我可以断定，价值的估量至少既要根据为受让人省去的劳动，也要根据让与人付出的劳动。读者应很好回顾一下两个缔约人关于钻石的那席对话。这不是某个偶然情况下说的话，我敢断言，话虽未明说，但点到了所有交易的实处。不应忘了我们在这里假设的两个缔约人完全是自由的，完全是自觉自愿，完全由自己做主。他们中每一个人出于种种理由决定答应交换。他们肯定首先考虑了受让人如果自己直接觅取现在提供给他的满足，他会有哪些困难。他们两人都会盯住困难不放，而且心里都会有数；只是一个或多或少好说话些，另一个则是或多或少挑剔些。让与人付出的辛劳对交易也会起影响，这是因素之一，但不是唯一因素。因此，价值由劳动确定这一说法是不确切的。价值是由**劳务**一词包含的诸多因素决定。

有一点千真万确，即由于竞争的影响，价值**趋于**同努力保持比例，或者说报酬趋于同功绩保持比例。这是社会的极好调和，但是同价值相比，竞争所引起的毫无二致的压力完全是外部因素，从严密的逻辑上讲，不应把现象从外因受到的影响与现象本身混同起来。①

---

① 努力在自由影响下相互竞争，才得到与其强度大体成比例的报酬。但是，我再说一遍，这种比例与价值概念并无内在联系。

以下情况可以佐证。没有竞争也就没有比例关系，这时也就看不出各种劳动与报酬之间有什么关系。

缺乏竞争可能是由事物性质和人的反常状态引起的。

如由事物性质引起，我们可以看到一种相对而言极为菲薄的劳动却产生大价值，而又不致引起任何人的合乎情理的抱怨。发现钻石的那个人、吕比尼、玛丽布朗、塔里奥尼、走红的裁缝、克洛－武若的地主等，就是这种情况。环境使他们拥有不同寻常的提供劳务的手段。他们没有竞争者，要价很高。**凤毛麟角的劳务**恰恰说明这种劳务对人类福利和进步并非不可缺少，所以这是用来夸耀的奢侈品，是富人追求的东西。任何人问津这类满足之前，期待的先是自己能解决更为迫切、更切合实际的需要，这难道不是人之常情吗？

如果由于人的某种暴力造成没有竞争，产生的作用也是一样的，区别只是在于这些作用在本不该发生的时间和场合发生了。我们同样可以看到一种相对菲薄的劳动产生大价值，然而这又是如何产生的呢？是粗暴地禁止旨在使报酬和劳务成比例的竞争。这样一来，吕比尼会对歌迷说："我要的报酬很高，否则我不在你们晚会上演唱。"他所依仗的是这种劳务只有他一人能提供。同样，面包商、肉店老板、店主、银行家会说："我要的报酬极高，要不你别来向我要小麦、面包、肉、黄金。我已有提防，杀人的刀准备好了，不让你们到别处去买，也不让任何人向你们提供跟我一样的劳务。"

这些人掌握着人为垄断和他们叫作的自然垄断。两者有一点是共同的，即他们抬高了劳动价值。我认为这些人非常盲目和肤浅。

人为垄断是一种抢劫，造成与之伴生的危害，即社会上相当一部分人强遭盘剥，而且往往是在最必需的物品方面受害。另外，人为垄断引起愤怒、憎恨、报复等不公正的恶果。

优越的自然条件于人类无害，我们至多能说的是，这验证了早已有之而且与其无关的弊端。托卡依葡萄酒不如劣等酸酒那样多那样低廉，这或许是件憾事，但这不是社会现象，而是大自然给我们规定好了的。

优越的自然条件与人为垄断有着深刻的区别：

一个是早已有之、必然有之的稀少性的结果；

另一个则是人为的，与自然有悖的稀少性的根源。

第一种情况下，不是缺乏竞争产生稀少性，而是稀少性说明了缺乏竞争的原因。人类如果因此而恼火、反抗，那也太幼稚了，因为世界上只有一个热尼兰、一个克洛－武日，一个雷让。

第二种情况与上述情况相反，竞争之所以不可能，其原因并不在于天意造成的稀少性，而是由于武力抑制了竞争，造成人类社会中原不该有的稀少性（作者手稿摘注）。

使用性。如果我没有记错，让·巴蒂斯特·萨伊是打破**物质性**桎梏的第一人。他故意把价值说成是一种品性，这一说法可能过了头，因为价值不可能是物质的或精神的，而只是一种比例关系。

但是萨伊这位法国大经济学家自己就说过："谁都不可能达到科学的绝限，科学家们彼此踩着肩膀向越来越宽广的地平线扫视。"或许萨伊先生的光荣（仅指与我们有关的论题而言，因为在其他方面他有着许许多多不朽的光荣称号）在于他高瞻远瞩给后人留下了丰富的思想。

萨伊的原理为：**价值以使用性为基础**。

如果这里说的是人的**劳务**的相对使用性，我不持异议，至多我只提醒一句，原理说的是极为明显的事，因此是多余的，的确谁都是在或正确或错误判断劳务对自己是否有用之后才肯付报酬的。法语的**劳务**（Service）一词已包含了**使用性**的意思，完全是拉丁语的 uti（劳务）一词的对译甚至是仿造。

然而很可惜，萨伊不是这个意思。他认为价值原理不仅寓于人围绕事物提供的劳务之中，而且寓于大自然赋予物的**有用**的特性之中。由此他又回到了物质性的桎梏之下。还应该说，他因此无法撕掉英国经济学家蒙在所有权问题上的有害面纱。

讨论萨伊原理正题之前，我应该首先说明一下此项原理的逻辑性，以免人家说我不但自己卷入而且还把读者拉进无用的争论。

无可怀疑，萨伊说的使用性是寓于物体的使用性。小麦、木柴、煤、呢绒之所以有价值，因为这些产品具有使之为我们所用的特性，能满足我们吃饭、取暖和穿衣的需要。

因此，大自然既然创造了**使用性**，也就创造了**价值**。这是一种有害的混淆，成为所有反对派手中的可怕的武器。

有一种产品，譬如说是小麦，我在市场上用 16 法郎买下。

通过无限分叉，通过经纬万端的种种预付和偿还，这16法郎分给直接间接把麦子送到我手上的各种人，耕地的、播种的、收割的、脱粒的、赶大车的以及准备工具的铁匠和修理工都得到若干东西。至此，不论是经济学家还是共产主义者都没有异议。

但是我发觉我的16法郎中4法郎给了土地所有主，我当然有权问这人是否同所有其他人一样给我提供了劳务，从而同他们一样无可争辩地应有其报酬。

按本书希望强调的理论，答案是明确无疑的，用确切肯定的话来回答，土地所有主是给我提供了**劳务**。什么样的劳务？请看：他本人或者是他祖父开了荒，把地围起来；他清除了荒草，排清了积水，填厚了腐殖土层；他盖了住房、牛栏和马厩。这是长期的劳动，是他本人干的还是雇人干的，这都一样。这是劳务，按照公平的对等法则，他的劳务应计报酬。但是这人从未得到或至少没有全部得到报酬。他的报酬不可能有人来买他100升麦子就拿到手了。那么后来又是怎样安排的呢？能想到的当然是最巧妙的、最合情合理的，又是最公平的安排，即谁想买袋麦子，除了要给上面列举的种种劳动者支付报酬以外，还要付一小部分报酬给所有主。换句话说，所有主的**劳务的价值**是通过该耕地出产的袋袋麦子来补偿的。

人们现在要问这里说的4法郎的报酬是高了还是低了，这问题同政治经济学无关。政治经济学说明所有主提供劳务价值的结算法则同所有别的劳务绝对一致，其余无须赘述。

人们还会感到奇怪，这种长期分段偿还不见得同分期偿还的总和，即所有主权利的抵消相当。对此持有异议的人不懂得产生恒利是资本的性质之一，这一点本书以后会谈到。

现在我该回到正题上来，可以说明（情况都摆在那里了）我付的16法郎中每分每厘都用于偿还人的劳务，但是大自然由于赋予小麦**使用性**而输入其中的所谓的**价值**，没有任何一分钱是与之相符的。

但是，读者如以萨伊和英国经济学家的原理为依据，他们则会说：这 16 法郎中 12 法郎是付给耕地的、播种的、收割的、赶大车的，等等，2 法郎是回报土地所有主本人的劳务，最后 2 法郎体现的是一种价值，因为在人的一切合作之外，上帝和自然因素创造了**使用性**。君不见人家会马上反问你：谁从这一份**价值**中得益了？又有谁有权享有这份报酬？上帝是不会来领取的，又能有谁胆敢顶替上帝来领取呢？

这方面萨伊越想把所有权问题解释清楚，他就越是给对手授以口实。萨伊首先很有道理把土地比作实验室，实验室中进行种种化学活动，其成果对人有用。接着萨伊说："土地因此**产生某种使用性**，当它（土地）以利润或地租形式让人给**地主**付报酬时，对消费者付给它（土地）的东西不是不给任何回报。它（仍为土地）给了消费者一种业已产生的使用性，正是因为产生使用性，**土地同劳动一样也是生产性的**。"

论述很清楚。现在有两个人来分麦子消费者付给的报酬，一个是土地，一个是劳动。他们两个身份一致，因为萨伊先生说过土地同劳动一样也是生产性的。劳动索要**劳务**报酬，土地则索要使用性报酬，但不是为土地自己要的（人家又以什么形式付给它报酬呢？），他是替**地主**索取的。

为此蒲鲁东责令那位自称全权代表土地的地主出示委托书。

人家要我付钱，换句话说，人作出努力的那一部分已经单独得了报酬，但是在人的努力之外，由自然因素产生的**使用性**，我得提供劳务才能得到。

然而我还是要问：我提供的劳务让谁受益？

是使用性的创造者，即土地吗？这说不通。我可以高枕无忧等它派人来找我好了。

受益的是什么人吧？但是凭什么受益的呢？如果是因为他向

我提供了劳务，那就对了。说到这里你已清楚我的观点了。具有**价值**的是人的劳务而不是自然的劳务，这就是我要指引读者得出的结论。

但是这同读者提出的假设截然相反。你会说人的各项劳务总共得了 14 法郎的报酬，凑成麦子价格的另外 2 法郎是回报大自然创造的价值。这样我得把我的问题重说一遍：某人以什么名义来要这 2 法郎？如果你特意把**地主**一词安在声称有权领取那 2 法郎的人身上，你正好证明"**所有权即为偷窃**"这一名言。对不起，问题难道还不清楚吗？

而且，人们认为混淆使用性和价值并非仅仅为了动摇土地所有权而已。混淆先是导致对**地租**产生怀疑，然后导致对**资本红利**的异议。

的确，机器、劳动工具同土地一样都制造**使用性**。使用性如具有**价值**，就会索取报酬，因为价值一词包含了有权享有报酬的意思。但是向谁索要？肯定是向机器的所有主。是因为有人的劳务？那就应该说价值寓于劳务了。然而如果你说第一笔报酬是因为有劳务才付的，人的行为也就得到报酬了，所以第二笔报酬是因为独立于人的行动之外机器制造了使用性才付的。这样人们就会问你这笔报酬付给谁？既然人的各种劳务都已得到报酬、人又怎么可以索要分外的东西呢？

真实情况是，大自然制造的使用性是**无偿的**，从而是**公有的**，劳动工具制造的使用性同样如此，是无偿的，为操作所公有：或者由自己操作，自己为自己提供劳务，获取使用性；或者，如果让人操作，请别人提供劳务，那就得让出**相等**的劳务作交换。价值正是寓于劳务之中，而丝毫不在自然的使用性。付出的辛劳可大可小并因此改变价值，但不改变使用性。当我们就在水溪边上，只要肯俯身取水，水对大家都是无偿的。如果我们请邻居付出辛劳，我会看到协议，交易和**价值**全都冒出来，然而水并不因此就不再是无偿的了。如果我们离水溪有一小时的路，交易做到什么程度可能依据别的考虑，但原理不会改变，价值并不因此转移到水中，也不会转移到水的使用性中。是自己去打水，还是经过自由商讨之后，有人愿意免除我们辛劳他们去打水，我们则付给他们报酬，水仍然是**无偿**的。

　　一切都是这样。使用性比比皆是，**但要俯身去捡**。这种努力有时非常简单，但通常极为复杂。大部分情况下汲取大自然为之准备了使用性的水是再容易不过的了，但采集大自然同样为之准备了使用性的小麦就不那么简单了。所以这两种努力的价值在程度上是不一样的，但在原理上没有变化。劳务有繁重有轻巧，因此劳务的价有高有低，但是使用性总是**无偿**的。

　　劳动工具介入会产生什么结果？使用性的采集就会比较容易，劳务的**价值**随之减少。印刷术发明以后我们买书当然便宜了，这是个了不起的现象，但被过于低估了。你说劳动工具创造价值，错了，创造的是使用性，而且应该说成无偿使用性。至于价值，劳动工具创造得很少，少到反而在不断削减价值。

　　制造机器的人确实提供了劳务并得到一份报酬，产品的价值也随之增长，从而我们容易想象为对机器制造的使用性我们是给了报酬的，但这是错觉。我们回报的是参加制造机器或操作机器的人为我们提供的**劳务**。制造出来的使用性中包含的价值微乎其微，所以甚至在对这种新增加的**劳务**付了报酬之后，我们获得使用性的条件还是比以前优越。

　　我们应该牢记把使用性和价值区分开来，只有这样才谈得上经济学。我远非认为使用性和价值是一致的，或者甚至是同类的，而且我不怕说过头，敢于断言这是两个互为对立的概念。需要、努力、满足，这就是人——从经济观点看，话就是这么说的。使用关系是指需要和满足而言，价值关系是指努力而言。使用性是善行，通过满足终止需要。价值是邪恶，因为价值源自介于需要和满足之间的障碍，没有这些障碍，便无所谓付出和交换努力，使用性也将是永远无穷，无偿并**无条件**地公用，价值的概念也就不会闯入我们这个世界。因为有这些障碍，使用性只是在努力相互交换之后才是无偿的，价值也只是努力相互比较之后才体现出来。面对大自然的慷慨和科学进步，障碍在降低，使用性也就越接近无偿和绝对公有，因为有偿的条件，进而是**价值**，随障碍降低而降低。我这些论述可能显得难以捉摸，我本人既担心过于冗长又担心过于简短，但如能借此说明这一令人安心的真理——**价值占有合情合理**，并说明另一令人宽慰的真理——**使用性逐步公有化**，我则是非常高兴的了。

还应说明一点，凡**能使用**的东西即为有用（拉丁语 Uti 即为法语 Servir），因此说在宇宙之内有什么东西，力量或物质于人类**无用**，这非常令人怀疑。

我们至少可以不必担心出错而大胆说，许许多多的东西对我们有用但不为人知。月球的位置如果再高一些或再低一些，无机界，继而植物界，再进而动物界可能发生深刻变化。在我写作时如果天穹没有这颗光彩熠熠的星球，人类也就不存在。大自然在我们周围撒满了使用性。这一特性能起**有益**作用，我们在许多物质和现象中看到了，科学和经验还将每日每时通过别的物质和现象向我们揭示，还有其他物质和现象同样蕴藏着这一特性，只是我们全然或永远不知道而已。

这种种物质和现象向我们，但**不通过我们**，发生有用作用时，我们根本不去注意比较一下有用到什么程度，而且我们也几乎没有什么办法可以测定。我们知道氧和氮对我们有用，但是我们不去测定有用率是多少，而且很可能是我们即使想测定也是徒劳。这里不存在估算和估价的因素。我认为盐、煤气、各种自然力都是这种情况。这些因素发生作用，互相组合，为我们制造使用性而**不用我们配合**，我们享用使用性但不对之**估价**。当我们参与合作时，尤其在交换此类合作时，于是，也仅仅在这时候，出现了估算和价值，但涉及的并非往往被忽视的物质或现象的使用性，而是合作本身。

所以我认为价值即为劳务交换的评价。劳务可以是极其复杂的，可能需要许许多多的劳动，有先前的，有当今的，可以由一个领域传递到另一个领域，由这一代人传给另一代人，牵涉众多缔约人，需要贷款、预付款、各种各样的协议，直至达到总体平衡，但是价值原理总是寓于劳务，而不寓于使用性，但是劳务凭借使用性传递。另外，无偿的使用性**在协议之外**（恕我直言）是辗转无穷的。

总之，如果人们坚持认为使用性是价值基础，我可以同意，不过这里说的使用性不是物体和现象中由上帝施予或凭借技艺的威力才有的使用性，而是寓于人作出的，经比较并相互交换了的劳务中的使用性。

稀少性。按照西尼尔的说法，影响价值的诸多情况中稀少性是最关键的。如果西尼尔说法的前提从形式上说，不是我始终不顾情面抨击的假设，即价值为物体固有，我对此不持任何异议。实际上我们现在论题中的**稀少性**一词简要表述下列意思：事物都是均等的，一种劳务的价值高在于我们自我服务的困难大，从而我们请别人提供劳务时，人家提出的要求多。稀少性是一种困难，是必须克服的又一**障碍**。障碍越大，我们给为我们克服障碍的人付出的报酬越多。稀少性导致高报酬，所以上文我不同意英国经济学家说的价值同劳动成比例的观点。应该看到在某些方面大自然对我们很是精打细算。**劳务**一词包含了所有这些意思以及含义上的细微差别。

判断什么。施托希认为**价值**是帮助我们确认价值的判断。当然，每当涉及**比例**关系的时候，就得有所比较和**判断**。但毕竟比例是一回事，判断又是一回事。我们比较两棵树的高矮时，树的大小就不在我们的评比之列。

　　然而在确定价值过程中，应予判断的是一种什么样的比例关系呢？是两种劳务交换间的比例关系。问题在转让行为或让与事物时，一方面要考虑各种各样的情况，另一方面要知道提供和接受的两种服务彼此相比值多少，而不在这些行为或事物是否包含固有的使用性，因为使用性可能部分地与人的行为无关，从而与**价值**无关。

　　施托希没有摆脱我在这里抨击的根本性错误，他说：

　　"判断使我们发现我们的需要和事物**使用性**两者之间的比例关系。我们通过判断就事物**使用性**作出的决定构成事物的**价值**"。

　　施托希后来又说：

　　"创造价值必须汇合下列三种情况：（1）人感到或想到某种需要；（2）有一种事物可以满足此种需要；（3）**对事物的使用性**作出有利的判断。所以事物的价值即为事物的相对**使用性**。"

　　白天我感到需要看清东西。有一样东西可以满足我的需要，这就是阳光。对该物我作出判断，结论是……该物虽有使用性，但不具有价值。为什么？因为我不用请人提供劳务就能得到阳光。

　　夜间我同样感到有此需要，有一件东西能勉强给予满足，这就是蜡烛。我对使用性作出判断，实际上是对该物非常有限的相对使用性作判断，结论是该物具有**价值**。为什么？因为假若我不付出相当的劳务，因制造蜡烛而付出辛劳的人不肯为我提供劳务把蜡烛让给我。

　　为决定价值而需要比较和判断的，不是事物的**相对使用性**，而是两种劳务间的比例关系。

　　如果这样说，我不排斥施托希的定义。

　　我们来对本节内容作一简述，从而可以说明在我之先作出的定义，凡是对的我的定义中都有了，凡是因为过头或因为缺陷出现错误的，在我的定义中都被排除了。

　　我认为价值原理寓于人的**劳务**，价值是对两项相互比较的劳务作出评价的结果。

　　价值应与努力有关——**劳务**包含任何一种努力。

　　价值以比较相互交换的，至少是可以交换的努力为前提——**劳务**包含两项内容：提供、接受。

　　但事实上价值同努力的强度不成比例——**劳务**并不必然包含此项比例。

　　许多外部情况影响价值，但并不构成价值——**劳务**一词考虑到了合理范围内的各种情况。

　　物质性。当劳务意味出让某物时，完全可用借代说法说该物**有价**。但是不应忘了这是借喻，把劳务的价值归于物本身，然而物只是劳务的机会而已。

　　可储性。价值（不论是否具有物质性）储存到满足为止，之后便不复存在。满足可以紧随也可以不紧随努力，劳务可以涉及人和实物，但价值并不因此改变性质。

　　可积累性。从社会意义上讲，通过节省积累的不是物，而是价值或劳务。[①]

　　使用性。如果大家都认为这里说的使用性不是寓于物的使用性，而是劳务的相对使用性，我则同意萨伊先生的说法，即使用

---

　　①　详见第十五章。

　　积累在政治经济学中是个无关紧要的问题。

　　满足不论是即时的或滞后的，不论在努力之后有所延迟还是紧随努力而不可割裂，都不会在任何方面改变事物的性质。

　　为了能听到优美的歌声，我愿意作出牺牲，去剧院花钱买了票，满足是即时的。如果我花钱买了一盘草莓，我可以留到明天享用，事情就是这样简单。

　　或许有人会说草莓是一种财富，因为我还可以用草莓来交换。话没有说错，只要努力已经付出，满足尚未实现，财富就存在着。消耗财富的是满足。后来我吃那盘草莓，这一满足跟我听阿尔波尼的歌声得到的满足是一样的。得到劳务，提供劳务，两者即为政治经济学（作者手稿摘注）。

性是价值的基础。

劳动。首先应该从最通常的含义上去理解劳动一词，其次不应得出与所有事实不相符的比例关系，换句话说，应用**劳务**一词代替**劳动**一词，如是这样我则同意李嘉图的说法，即劳动是价值的基础。

稀少性。我同意西尼尔的说法，稀少性影响**价值**。但是，为什么会影响价值？因为它使**劳务**更为宝贵。

判断。如果大家都认为我们作出的判断不是针对物的使用性而是针对**劳务**的使用性，我则同意施托希的说法，即价值是判断的结果。

这样各派经济学家都应感到满意。我认为他们都正确，因为他们都从一个侧面看到了真理。的确，错误总是在阴面。我的定义是否注意到了各种真理，摒弃了各种错误，读者自己可以作出判断。

最后我还得对政治经济学上的难题——**价值尺度**说一句。作为前几章的结束语，我在这里再一次，而且是理直气壮地说明我的观点。

我已说明，我们的需要、我们的欲望、我们的爱好都没有界限也没有确切的量。

我已说明，我们实现需要、欲望和爱好的手段，如天赋、能力、能动性、预见性、辨别力等都没有量。这种种因素的每一项其本身就是变化无常，因人而异，而且在同一个人身上也是因时而异，所以上述种种构成一个变幻不定的整体。

如果现在大家都在考虑使用性、劳动、稀少性，判断情况中哪一种影响价值，如果大家又承认没有一种情况不是变化无穷的，那又怎么能一味寻找**价值**的固定尺度呢？

一个中项由多变因素组成，且中项为两个更为多变的外项中的比，我们居然能找出此中项的固定点，这岂非怪事一桩！

　　经济学家寻求**价值的绝对尺度**则是在追求虚无缥缈，又是毫无用处的东西。实际上普天下都明明知道黄金、白银的价值变化不定，但还是选用这两种金属。尺度既然对两个交换的物毫无二致，就不会危害公平交易，尺度纵然是易变而不稳定，这又有什么关系呢？这是个**比例中项**，可高也可低，但不会因此贻误其正确显示两个外项**比例**的使命。

　　科学不同于交换，不以寻找**两项劳务的实际比例**为目的，因为这种比货币足以代替了。科学主要研究**努力和满足两者的比**，在这一点上价值尺度即便有对科学也没有什么意义，因为努力向满足提供的都是比例不定，而且不具有价值的无偿使用性。由于福利这一因素已被遗忘，所以大部分作者为没有价值尺度而惋惜。他们没有看到价值尺度根本回答不了这样的问题：什么是两个阶级，两个民族，两代人的财富或比较福利？

　　为回答这一问题，科学应有一种尺度向其揭示**努力和满足**两者的比例，但不是**两种劳务的比例**，因为劳务传递无偿使用性的程度悬殊。科学需要的这种尺度不可能是别的什么，而只能是努力本身或劳动。

　　但是劳动又怎么能起尺度的作用呢？劳动本身不就是一种最容易变化的因素吗？劳动的技巧、艰辛、机遇、危险、厌烦不是有大有小吗？劳动所要求的某种智力作用和某种道德作用不是有强有弱吗？综上所述，劳动带来的报酬不是变化无穷吗？

　　有一类劳动在任何时间任何场合自身保持一致，这种劳动可以作为典型。这种劳动最简单、最初级、最原始、最需要体力；最不需要大自然的任何合作；任何人都能从事；提供的劳务任何人都能为自己提供；不要求任何特殊的体力，也不要求技能和学艺；与人类之初出现的劳动一模一样，一句话，这是普通雇工的劳动。这种劳动在任何地方都最有人干、最普通、最清一色、报酬最低。一切报酬都以这种劳动为基础来分级和定量，并以这种劳动为参照，依据贡献大小来决定报酬增长。

如果要对两种社会的状况作比较，采用**价值尺度**也是不可取的。原因有二，都合乎逻辑。第一是因为没有价值尺度，其次是因为价值尺度所给的回答不真实，忽略了人类福利方面一个重要的累进的因素——无偿使用性。

我们应该做的恰恰相反，必须彻底忘掉价值，尤其忘掉货币。我们应该思考某个国家在某一时期内每一类的特定使用性的量为多少，各种使用性折合成初级劳动的某种单量后的总和为多少，换言之，普通雇工通过交换能得到什么样的福利？

我们可以说，如果一方面从事初级劳动报酬最低的人数不断减少，另一方面，他们的报酬不以价值或货币计而以实在的满足计，人数则在不断提高，那么自然形成的社会秩序可日臻完善并协调和谐。①

交换的各种组合，先辈们已作了详尽的描述，计有：**以物易物**、**以物易劳务**、**以劳务易物**、**以劳务易劳务**。

货物与劳务相互交换，两者必须有某种共同的东西，某种可使两者相互比较、相互估价的东西，即**价值**。

但是价值必须是一种自身一致的东西。不论在货物中的或在劳务中的价值必须原点一致，成为价值的原因也应一致。

综上所述，价值最初主要寓于**货物**，而价值概念引申到**劳务**是否是一种类比手法呢？

或者相反价值寓于劳务，那么价值在货物中体现，是否正是而且仅仅是劳务在货物中体现的缘故呢？

某些人认为这纯属是钻牛角尖的问题，这是后话，暂时我只想说明一点：政治经济学不问价值定义是对是错岂非怪事一桩？

我不怀疑一开始政治经济学认为价值寓于货物，而且是寓于

---

① 以下部分按作者原意编入本章。——原编者

货物的**物质性**有什么不对。重农学派把价值完全归于土地，并且把不能在物质中增添任何东西的人称作**无为**阶级，因为在他们看来，**物质**与**价值**是紧密相连的。

打破这一观念的似属亚当·斯密，他指出**价值**源自**劳动**。纯劳务难道不要求劳动？难道不包含有价值？斯密已接近真理，然而还没有掌握真理。他不仅明确说劳动要具有价值必须作用于物质，作用于物质上可触摸、可积累的物。而且大家都知道他同重农学派一样，把仅限于提供劳务的人列入非产业阶级。

斯密事实上在其《国富论》中对这些阶级谈得很多。但这又能说明什么呢？他作出了定义却不能自圆其说，何况定义又是错误的。斯密如果不曾写下有关教育、教士、公用事业等问题的精彩篇章，如果在论述财富时只谈他的定义，他也就不可能闻名遐迩了。他幸亏自己前后不连贯，最终摆脱了自己设下的前提的桎梏。事情总是这样，有某种天才的人从某一错误原理出发，没有一个不是前后不连贯的，否则他会逐步陷入谬误不成其天才，连个一般人都不如了。

斯密比重农派进了一步，萨伊又比斯密进了一步。萨伊最后逐渐承认劳务的价值，但他仅仅从类推和引申的意义上承认。他认为主要的价值寓于货物。他把两个互不调和的词放在一起，非常古怪地把劳务称作"**非物质产品**"，这是极好的证明。萨伊的起点是斯密，这样说的证据是在这位作学生的论著最初十行文字中可以找到他的老师的全部理论。① 但是 30 年中他在思索和前进，所以他离真理更近了，但没有完全达到真理。

此外，他把价值从产品引申到劳务，又从劳务拉回到产品，如果以他的推断为基础的社会主义不反过来暴露他的原理的不足和危害，我们可以认为他完成了经济学家的使命。

---

① 《政治经济学概论》，第 1 页。——作者

我反问自己：既然某些产品具有价值，既然某些劳务具有价值，既然价值本身是一致的，因此只能有一个原点、一种原因、一种相同解的解释，那么原点、原因和解释是在产品中还是在劳务中？

我可理直气壮地说，我从不认为对此问题有什么不置可否的，其理由不容置辩：凡具有价值的产品包含有劳务，但并非所有劳务均需产品作前提。

我认为这一点是关键，而且毋庸置疑。

劳务——不论是否具有物质形式，既然是劳务就具有价值。

物质——让与物质即为提供劳务，物质具有价值，但如果不提供劳务，物质不具有价值。

所以价值不是由物质到劳务，而是由劳务到物质。

另外，从价值观点看劳务先于产品，这是最容易解释不过的了。我们可以看到，与此有关的一种情况其实很容易觉察到，但恰恰因为有目共睹而没有人去观察。这种情况就是人天生具有的预见性。人出于预见，不停留在提供人家要求的劳务上面，而是提前准备好提供他估计人家可能要求的劳务。因此以劳务易劳务变成以物易物，支配并说明一切交易的因素依然适用。

让对皮埃尔说：我想要只酒杯。本应该我自己来制作，不过你要是肯给我做，你就给我提供了劳务，我用等量的劳务给你付报酬。

皮埃尔同意了。于是他去找合适的土，搅和，揉搓，总之本来该是让干的活他全干了。

这里很清楚，劳务决定价值。交易的主词是劳务。后来价值融入产品，但仅仅是因为价值源自劳务，而劳务是皮埃尔从事的劳动和免除让从事的劳动的结合。

但有可能让经常向皮埃尔提出同样的建议，别的人也向皮埃尔这么说，结果皮埃尔正确预见到这一类劳务会向他提出来，他就做好提供的准备。他可能这样想：制造酒杯我已经比较熟练了，经验告诉我酒杯符合一种应该得到满足的需要，我可以提前做好。

此后让对皮埃尔说的，不再是**以劳务易劳务**，而是**以劳务易物**。同样，如果他预见到皮埃尔的需要，为满足需要提前把活干好，他就会说**以物易物**。

然而我不禁要问，源自人的预见性的进步又在哪一方面改变了价值性质和原点？没有劳务，价值能存在和衡量吗？至于价值的真实概念，为了制作酒杯皮埃尔是等人家向他提出来再做，还是预先想到人家会向他提出来于是事先做好，这又有什么关系呢？

应该看到人在有经验、有预见之前先是没有经验和没有预见，只是长此以往后人才能预见彼此的需要，大家各自为满足需要而准备起来。**以劳务易劳务**必然在**以物易物**之先。以物易物又是某种广为流传的知识、某种已有经验、某种政治安全、某种对将来的信心，一句话，某种文明的结果和象征。这种社会性的预见，这种促使人们对**要求**提前做**供应**准备的信心，这种**直观上的统计**（每个人的观念有明确有模糊，但在需要和供给之间建立起令人吃惊的平衡），这都是人类臻于完善的最有效的动力之一。借此动力我们才有分工，或者说我们至少借此才有各种职业。借此动力我们才掌握了人类努力追求的财产之一，即对劳动以**工资**形式，对资本以**红利**形式确定报酬。借此动力我们才有信贷、远期交易、平摊风险的活动，等等。令人惊讶的是，从政治经济学观点看，人的这一高尚的品质——预见性竟然没有得到更多的注意。正如卢梭所说，原因总是在于我们觉得很难观察自己所处的、形成我们习以为常的气氛的环境。只有非正常情况才能使我们震惊，而那些在我们周围经常不断替代我们，并对我们发生作用，从而深刻改变人和社会的事物，我们却不知不觉放过了。

我们且回到正题上来。人的预见性不断扩展以至无穷，越来越倾向用以物易物代替以劳务易劳务，但是我们不应忘了，价值观念是在交换的早期和**必要**的形式中首次出现，早期形式就是**相互提供劳务**，总之从交换观点看，产品只是**预先考虑到了的劳务**。

我认为价值不是物质固有的，只能算作是物质的一个属性，但我远非否认价值可以从**劳务**转入**产品**，最后可以说是融合于物质。我请不同意我观点的人相信，我还没有这样学究，想从语言中取消这些习惯说法，如黄金**值钱**，小麦**值钱**，土地**值钱**等。我只是认为自己有权向科学问个为什么。如果科学回答说，因为黄金、小麦、土地本身具有内在**价值**，那我认为自己有权说："你错了，而且错误很危险。"说你错了，因为有不具有价值的黄金和土地，这种黄金和土地还不曾让人有机会提供任何劳务。说你错误很危险，因为它引导人在单纯的劳务互惠权中窃取上帝的无偿施与。

我可以承认产品具有价值，但人们应向我承认价值不是产品所固有，价值依附于并源自劳务。

这一点完全正确，由此得出的结论非常重要，这是政治经济学的基本结论，然而没有得到也不可能得到注意，结论为：

当价值从劳务转入产品之后，价值在劳务中应有的各种可能性在产品中也都具有。

价值不可能作为产品的一种固有特征而在产品中固定不变。情况不是这样，价值本质上是变化不定的，产生价值的劳务用途不同，价值可以无限上升，也可以下降直至消除。

有人为了明年卖现在就制作酒杯，无疑他现在把价值注入酒杯，然而这个价值是由劳务价值确定的——不是劳务现在具有的价值，而是一年后具有的价值。出售酒杯的时候如果有关这一类的劳务较为难得，酒杯的价值就比较高，反之酒杯价值就下跌。

　　所以人时刻受到激励，必须有预见并利用预见。价值有升有降，从长远看人都是有了正确预见才得到报酬，因为预见错误而受到惩罚。我们应看到，人的成功或挫折同整体的福与祸相符。如果他预见正确，事先准备投入社会领域的劳务比较稀少，比较被人器重，比较有效，符合比较迫切的需要，他就为缓解这一类劳务的稀少程度，并为增加其数量，为让更多的人以更少的牺牲得到劳务作出贡献。如果在相反情况下他对未来估计错误，由于他参与竞争，本已遭冷落的劳务更为萧条，他的牺牲只换取一个负面的好处，即警告人们某一类劳务目前不需要社会作很多活动，社会活动也不应以此为方向，因为在这方面得不到报酬。

　　附加价值，如果我能这样说，同其所融入的劳务种类的命运总是一致的，这一现象值得注意而且极为重要，不仅因为价值原理寓于劳务的理论因此得到论证，而且因为其他学派认为不正常的现象因此可轻而易举地得到解释。

　　产品一经投放社会市场，人们总的倾向是不是去压低而不是抬高其**价值**？这等于是向孕育有关价值的这一类劳务应得到的报酬趋于抬高还是压低。两种情况都有可能，人的无限预见也就有了用武之地。

　　然而我们看到，人能够体验、学习和修正自己，人的普遍规律是进步。很可能某一时期在某一方面花费的时间和精力得到的成果比前一时期多，因此可以得出结论，附加价值的主要趋势是在下降。譬如，上文作为产品象征提到的酒杯是在好几年前制作的，现在很可能跌价了。的确，今天制作同样一个酒杯人们更熟练了，资源更多了，工具更好了，资本更容易了，劳动分工也更精细了。所以想要酒杯的人不会再这样对酒杯持有人说：请告诉我这酒杯花去你多大数量和何种质量的劳动，这样我可给你相应的报酬。不，他要说的话是这样的：今天由于技艺的进步，用如此这般数量和质量的劳动，我可以自己制作或者通过交换得到一只同样的酒杯，我能给你的报酬最多就是这些。

由此可见，鉴于劳务必然日臻完善，其收益日渐增多，鉴于当前劳动与先前劳动相交换，当前劳动由于提供较多劳务而一般都处于有利地位，一切附加价值，也可以说一切积累劳动，一切资本都趋向于不断贬值。

所以说，我们不断听到的抨击土地所有权的那些夸夸其谈确实不乏极为空洞的东西。

不论从其原点、性质，还是从其缓慢贬值的基本规律看，土地的价值与其他价值并无二致。

土地价值代表过去的劳务，如排涝、开垦、清除石块、平地、建围栅、加厚腐殖土层、建造房屋，等等。价值即为要求提供劳务费的权利，然而劳务费的结算不考虑已从事的劳动。地主不会这样说："地用了多少劳动，作为交换你应给我多少劳动（如果按照斯密的理论，价值来自劳动并与劳动成比例，地主就会这样说）。"地主更不会像李嘉图和许多经济学家假设的那样说："首先地用了多少劳动你给我多少劳动，然后加上一定数量的与地上自然力相等的劳动。"不，地主代表了所有在他之前的，包括第一批垦荒者在内的占有者，他只是以这些人的名义谦逊地说：

"我们准备了劳务，想以此换取相当的劳务。我们在过去做了许多事，因为那时候我们还不掌握现在你们使用的强大的施工手段，那时候没有路，我们只好肩挑手扛，这田地中洒下了许许多多的汗水和人生。但是我们并不要求以劳动换劳动，我们也没有任何办法可以做这样一笔交易。我们知道今天用在土地上的劳动不论在法国或在别的地方都更完善、更有收益。我们要的，人家明显不能对我们拒绝的，就是我们以前的劳动与现在的劳动按比例交换，不是按劳动时间和强度算，而是按成果算，好让我们按同样的劳务得到同样的报酬。照这安排，从劳动观点看我们吃亏了，因为提供同样多的劳务我们付出的劳动是你们付出的劳动的两倍，也可能是三倍。可是不得不这样安排，因为我们不可能提出别的更好的办法，你们也不可能拒绝我们现在的办法。"

实际上事情就是这样。如果我们能了解法国的每一公顷土地达到现在这样的生产状态是付出了多大的努力和辛劳，前前后后流下了多少汗水，那么我们一定会坚信不疑，买地的人没有按劳动付出劳动，至少百分之九十九的情况是这样。

我还有一个保留，因为不要忘了，融合进的劳务可以获得也可以失去价值，尽管普遍趋势是贬值，但不论是土地或其他事物，有时在特殊情况下会出现相反的现象，但公平的法则并未受到伤害，垄断也不会受到抱怨。

事实上始终能揭示价值的是劳务。实际情况中先前的劳动提供的劳务极有可能比现在的劳动少，但这不是绝对规律。如果说先前的劳动提供的劳务几乎千篇一律比新有的劳动少，交换时为达到等值先前的劳动应多于新有的劳动，因为，我再说一遍，等值是通过劳务结算的。但是，有的时候先前的劳动提供的劳务比新有的劳动多，则新有的劳动应付出多出部分的补偿……

第六章　财富

　　所以对凡能满足我们需要和盼望的事物，必须看到和分辨两种内容：大自然制造的和人制造的——无偿的和有偿的，上帝的赐予和人的服务，**使用性**和**价值**。在同一事物中一种内容可以是无限多，而另一种内容则少得难以察觉；一种内容固定不变，另一种内容可能无穷无尽地减少，而且，每当我们利用一种巧妙的办法以较少的努力得到同样结果时，该内容确实减少了。

　　科学大门前的一大难题，引起误解，争论和错误的一大渊源在这里已能感觉出来了。

　　何谓**财富**？

　　我们**富裕**与否是不是同我们掌握的使用性，即我们能得到满足的需要和欲望成正比？亚当·斯密说："一个人贫困或富裕取决于他能谋得享用多少**有用**的东西。"

　　我们**富裕**与否是不是同我们掌握的**价值**，即我们能支配的**劳务**成比例？让·巴蒂斯特·萨伊说："财产同价值成比例。构成财产的价值总数大，财产就多。价值少，财产就少。"

　　没有学识的人认为财富有两种意思。有时我们听到他们说，"丰沛的水是某地的财富"，他们想到的只是使用性。但是他们中某个人想知道他自己的财产，他就列出人们所说的财产清册，他考虑的只是价值。

　　尽管学者们不乐意，我还是认为这一次是没有学识的人有理。的确是这样，财富既是**实有的**也是**相对的**。按照第一种观点，财富以我们的满足来判断，人类得到的福利越多，不论谋得的物品有多大价值，人类就越富裕。但是总的福利中每个人所占有的比例，换句话说，**相对财富**，人们是否想知道？有一种简单的比例，只有价值才有，因为价值本身就是一种比例。

科学研究人类总的福利，研究人的努力和满足两者的比例，无偿使用性对生产活动的参与逐渐增多能有利于改变这一比例关系。所以科学不可能排除财富观念这一因素。科学认为实有财富不是价值的总和，而是与价值相连的无偿或有偿有用性的总和。从满足（亦即实际情况）看，我们富裕不仅在于进步消除了多少价值，而且也在于还有多少价值在劳务之后依然存在。

生活中进行的一般交换，随着使用性由于价值降低而逐渐**无偿化**，人们不再考虑使用性了。为什么？因为无偿的即为**公有的**，凡是公有的就丝毫不影响每个人在实有财富中所占的比例。人们不拿公有的东西做交换。实际上做生意只需知道以价值标明的实有财富所占的比例，所以人们只注意这种比例。

李嘉图和让·巴蒂斯特·萨伊对此进行了一场辩论。李嘉图把财富一词解释为使用性，萨伊则解释为价值。两人都是第一流学者，很难说谁占绝对上风，因为这词两个意思都有，要看是用在有效财富方面还是相对财富方面。

但是有一点应该说明，况且萨伊在这些方面权威更大：如果把财富（意为实有福利）看作价值，尤其是如果说财富与价值成比例，就有把科学引入歧路的危险。这方面的例子在二流经济学家著作和社会主义的著作中实在太多了。这第一步就没有走对，正好把构成人类财产的精华部分掩盖了，使人把由于进步而成为公有的那一部分福利视作已被消除，最危险的东西在人们头脑中蔓延，也就是把尚待证明的判断作论据毫无结果地一味论证，想象出的政治经济学反乎常理，我们所想往的**目的**又总是同阻拦我们的**障碍**混合在一起。

　　的确只是因为有障碍才有价值。价值是我们天生弱点的标志、象征、证明和证据，价值随时都在让我们想着从起点即已宣布了的终止：你得靠自己额头的辛勤汗水才有面包吃。对上帝来说，**努力**、**劳务**进而**价值**这些词是不存在的，而我们则囹圄于充满了**使用性**的环境之中，其中大部分使用性是无偿的，其余的我们只能有偿占有。这些使用性和它们能够给予满足的需要之间存有障碍，我们只能要么放弃使用性，要么通过努力克服障碍，总之辛勤的汗水不是从我们自己额头淌下，就得从为我们流汗的他人额头淌下。

　　肯定无疑，一个社会的价值越多就越能说明该社会的人克服的障碍，而且越能证明确有障碍要克服。既然没有障碍就没有价值，人们是否甚至会说障碍创造财富呢？

　　不妨设想有两个国家，一个国家得到的满足比另一个国家多，但拥有的价值少，因为自然对这个国家有利，它遇到的障碍少。这两个国家哪一个富？

　　再不妨以同一国家两个不同时代为例。应予克服的障碍总是这些，但是该国今天克服这些障碍非常容易，例如从事运输、耕耘、纺织需要花出的努力如此之少以至于价值大大减少。该国因而可以有两种决策：一是仅限于同以前一样的满足，国家取得的进步落实到娱乐上，这种情况能否说该国拥有的价值减少了？它的财富倒退了？另一决策是把该国富余下来的努力用于增加享受，那么，是否因为该国的价值稳定不变，从而可以大胆断言该国的财富也是稳定不变的？如果把**财富**和**价值**这两样东西看作相似的，我们就会得出上述结论。

　　这里的暗礁对政治经济学来说非常危险。衡量财富，政治经济学究竟应以已经实现的满足还是以已经创造的价值为尺度？

　　如果使用性和欲望之间根本没有什么障碍，也就没有努力、劳务、价值，也没有上帝什么事。按第一种意思理解，人类便同上帝一样拥有无限财富；按第二种意思理解，人类什么财富都不拥有。在这两种定义中，如果有两位经济学家一人采纳一种，那么，一人说**人类无限富裕**，另一人则说**人类无限贫穷**。

的确，无限在任何方面都不是人类的属性。但是人类终归从某方面走来，不断努力并有其意向，或者向着逐渐富裕，或者向着逐渐贫穷攀缘。然而，如果就结果而言努力逐渐被抵消，就价值而言应付出的或应给予报酬的辛劳逐渐被抵消，对这种情况有些经济学家看作通向财富的一个进步，另外的经济学家则认为是陷入贫穷的堕落，经济学家们又怎能彼此统一意见？

另外，如果困难只同经济学家有关，那么，人们可以说让他们辩论好了。然而立法机构和政府每天都要采取对人类利益产生实际影响的措施。如果采取措施的时候缺乏指引我们区分财富和贫穷的启示，那我们将会落到什么地步？

所以我要指出，以价值来说明财富特征的理论归根结底是在美化障碍，我们可以这样推论："财富同价值成比例，价值同努力成比例，劳动同障碍成比例，所以财富同障碍成比例。"我还指出，劳动分工把每个人都锁在一种职业之内，所以上述幻觉是极难消除得了的。我们每个人都因为有某种障碍、某种需要、某种痛苦而提供劳务，并以此谋生：医生靠疾病，农民靠饥饿，厂主靠寒冷，赶车人靠路途遥远，律师靠焦虑，士兵靠国家的危险，结果是任何障碍的消失没有一个不是极不合时宜的，不是让某个人极为恼火的，甚至从总体看没有一个不是致命的，因为这似乎毁灭了劳务、价值、财富的一个资源。完全坚持这种幻觉的经济学家人数很少，而且科学一旦能驱散这一幻觉，科学在尘世上的实际使命也就完成。因为——我不妨来说明第三点，我们政府的做法已被这一理论所充斥，政府每当认为有必要照顾某一阶级、某一职业、某一工业的时候，只有一个手段，即提高障碍，以此为某种性质的劳务创造发展机会，扩大社会必须求助的劳务范围，进而增加价值和所谓的增加财富。

这种手段对被照顾的阶级的确有利，人们会看到他们兴高采烈和雀跃欢呼。但是，同样的照顾又陆陆续续给了其他阶级，往后又该怎么办呢？

首先把使用性归同于价值，然后把价值归同于财富，这是再合乎情理也不过的了！科学没有碰上它不需小心提防的陷阱。科学遇上的是什么呢？每有进步科学是这样推论的："障碍在减少，所以努力在减少，所以价值在减少，所以使用性在减少，所以财富在减少，所以我们是最不幸的人了，因为我们竟想起发明，交换，本应长三个指头却长了五个，本应长一只手臂却长了两只，所以应该敦促政府利用强制性手段管管这恣行无忌的事了。"

这种反乎情理的政治经济学慷慨解囊，让一大批报纸和我们的立法会议摇唇鼓舌，使正直和仁慈的西斯蒙第走入歧途。德·圣－夏芒先生著书对这种政治经济学作了非常合乎逻辑的介绍。他说：

"一个国家有两类财富，如果只从数量、富足方面考虑**有用产品**，所注意的是为社会谋求享受的财富，我称之为**享受财富**。

如果从可交换价值或单纯从价值考虑产品，所注意的是给社会谋求价值的财富，我称之为**价值财富。政治经济学注意的是价值财富，政府注意的可能主要也是这种财富**。"

那么，政治经济学和政府的作用是什么？政治经济学是指明增加价值财富的方法，政府则是实施这些方法。

但是价值财富同努力成比例，而努力同障碍成比例。因此为增加障碍，政治经济学应教人如何办，政府则应想方设法巧立障碍。对此结论德·圣－夏芒倒也是敢作敢当。

交换是否使人比较容易地用较少的**价值财富**获取较多的**享受财富**？——所以必须遏止交换（德·圣－夏芒著作第438页）。

　　无偿使用值中是否有一部分可以用有偿使用值替代，例如取消某种工具或某种机器？这万不可掉以轻心，因为很明显，德·圣－夏芒说道，机器虽然增加了**享受财富**却减少了**价值财富**。"我国燃料贵是增加蒸汽机的障碍，我们应该**为此感到庆幸**"（第263页）。

　　大自然有没有在什么方面照顾了我们？想到的却是我们的厄运，因为大自然通过厄运剥夺了我们劳动的机会。"我承认，我非常可能希望通过双手、汗水，通过一种强制性的劳动来制造本可不用费劲自然而然生产出来的东西"（第456页）。

　　多么可惜，大自然没有让我们来配制饮用水，这可是创造**价值财富**的好机会。幸好我们可拿葡萄酒来出气。"你得找到秘诀，让地里冒出泉水般丰沛的葡萄酒泉。你再等着瞧吧，上好的东西将毁掉四分之一的法国"（第456页）。

　　按照德·圣－夏芒这位经济学家的一系列非常天真的想法，促使人创造**价值财富**的方法有许许多多，而且都是十分简单。

　　第一个办法是有节制地从人手里取走**价值财富**。"如果说税收把钱从多的地方收上来送到少的地方去，税收确有其作用，对国家来说这远非是损失，而是**收获**"（第161页）。

　　第二个办法是分散**价值财富**。"奢侈和挥霍对个人财产非常有害，但**有利于公共财产**。人们会对我说，你鼓吹的是何种高尚品德。我无此想法。我谈的是政治经济学，而不是伦理道德。大家都在寻求使所有国家都更富有的办法，我提出的是奢侈"（第168页）。

　　还有更迅捷的办法，即用美好的战争摧毁**价值财富**。"人们如果同意我的观点，承认挥霍的支出同其他支出一样都能带来收益，承认政府开支同样带来收益……那么，英国在打完这场费用浩大的战争后财富反而更多，也就不足为奇了"（第168页）。

　　但是为了激励创造**价值财富**，税收、奢侈、战争等上述办法都得向一个更有效的办法，即火灾举手投降。

"建筑业是一大财源，因为可给出售材料的业主、给工人以及各种各样的工匠和技师提供收益。傻瓜援引骑士毕狄的话：一场非同小可的大火烧毁了伦敦 2/3 的建筑，毕狄把伦敦重建房屋的劳动视为**国家利润**，他估计 4 年内每年（利润）100 万英镑（1866 年价值），而且其他所有贸易并不受此影响。德·圣－夏芒先生说，**这一利润**很可以算作一笔固定的巨款，而且至少可以肯定大火对英国的财富不产生有害影响……毕狄的结论并非不现实，因为伦敦须重建，这就必然创造大量的新收入"（第 63 页）。

从**财富即价值**出发的经济学家，如果有很强的逻辑性的话，必然会得出同样结论，但他们不是这样，因为在谬误的道路上人总是走不下去的，有的早一点，有的晚一点，看他有没有正确的头脑。德·圣－夏芒在对自己的原理作结论时赞美火灾，但也似乎从自己的结论后退了一些。可以看出他犹豫了，只是作了一个负面的赞美。逻辑上他本应该一行到底，公开宣布他明确示意的意思。

所有经济学家中，从最令人头疼的物质性陷入这里所讨论的难点的，肯定是西斯蒙第先生了。如同德·圣－夏芒一样，他认为价值是财富的因素，并以此为出发点，以此为论据，建立了一种**有悖情理的政治经济学**，凡是减少价值的他都咒骂。他也赞扬障碍，摒弃机器，诅咒交换、竞争、自由，美化奢侈和税收，最后得出结论说，东西越充足人类越是一无所有。

然而西斯蒙第先生在他全部著作中似乎都从内心深处感到自己弄错了，他和真理之间夹了一层他无法捅破的薄纱，他不敢像德·圣－夏芒先生那样从自己的原理得出唐突结论；他发窘了，犹豫了，有时他反问自己，人在试图缩小努力和满足两者比例关系，即**价值**的时候，是否有史以来一直处在错误之中，一直走在自绝的路上。他既是自由之友又是自由之敌，但他惧怕自由，因为自由通过富足减少价值导致普遍贫穷，同时他又不知道如何摧毁这一有害的自由。结果他走入介于社会主义和人为组织的边缘，暗示政府和科学应解决和压制一切，尔后他又看到自己的提议的危险性，收回提议，最后陷入失望，说：自由导向深渊，强制既不可能也没有用，因此没有出路可走。——如果价值即为财富，就是说障碍寓于福利就是福利，也就是说如果坏即为好，那的确没有出路可走了。

最后一位扰乱这一问题的作者，据我所知是蒲鲁东先生。这问题使他的《经济矛盾体系》一书走了红运，这可是千载难逢的上好机会来抓住**矛盾**和嘲弄科学，也是千载难逢的上好机会请问他："你认为价值增长是件好事还是坏事？高见尚须论证。——该有多热闹则是可想而知的了！"[①]

蒲鲁东说：

"我要求所有严肃的经济学家不要注释和重复问题，而是告诉我为什么价值随着生产增长而逐渐下降以及反之亦然……用专门术语说，使用价值和交换价值虽然互为必需，但彼此成反比……使用价值和交换价值尽管本质上总是趋于相互排斥，但彼此又必然连接在一起。

关于价值概念中固有的矛盾，没有可以确指的，并能说得清楚的原因。由于人需要许多产品而又必须通过劳动才能得到，使用价值和交换价值的对立必然由此产生，这就是横在政治经济学门槛前的矛盾。任何聪明才智，任何神的或人的意愿都无法阻拦。所以大可不必去寻找无意义的解释，我们能很好看到**矛盾的必然性**就可以了。"

[①]　赞成竞争吧，你错了；反对竞争吧，你则错上加错，这又意味着你总是对的（蒲鲁东：《经济矛盾的体系》，第182页）。——作者

　　我们知道蒲鲁东先生的一大发现是一切既是真又是假，既是好又是坏，既合理又不合理，没有不自相矛盾的原理，**矛盾**不仅在错误的理论中有，而且在事物和现象的本质中有："矛盾是必然性的抽象解释，生命的内在规律，"等等，所以矛盾是不可避免的，而且不可矫正，其不成**系列**合乎情理，实际中也不可能有**人民银行**。上帝，二律背反；自由，二律背反；竞争，二律背反；所有权，二律背反；价值、信贷、垄断、公有，二律背反，永远无尽的二律背反。蒲鲁东先生作出这一杰出发现的时候，他肯定高兴得心花怒放，因为矛盾无所不有、无处不在，什么时候都有辩驳的材料，这对他来说是至善至美。有一天他对我说：我想去天堂，可是我怕大家都同意，反而找不到人可以争辩了。

　　应该承认价值给他提供了轻松自在研究二律背反的极佳机会。但是我请他多多包涵，该词反映的矛盾和对立寓于错误的理论，而并不像他所说的寓于现象的本质。

　　理论家们一开始就混淆了价值和使用性，也就是混淆了坏与好（因为使用性是希望得到的结果，价值来自介于结果和希望之间的障碍）。这是第一个错误。当他们发现这一错误的后果时，他们以为问题解决了，因为他们想到了把使用价值同交换价值区分开，其实这是笨拙的同语反复，把两个对立的现象用于同一个词——价值。

　　然而，如果我们把这些微妙之处搁置一边而来研究一下实际情况，我们会看到什么现象呢？肯定只有非常自然的，而且很不矛盾的现象。

　　有个人只为自己而劳动。如果他更熟练，如果他的体力和智力都增强了，如果自然变得更慷慨了，或者如果他学会让大自然更好地协助他的事业，他就以**更少的劳动**获取**更多的福利**。矛盾在哪里呢？又有什么好大惊小怪的呢？

　　现在这人不是孤立一人了，他与其他人有了往来。他们进行交换，我把我观察到的复述一遍：随着他们更熟练，更有经验，更强健，更聪明，随着大自然更慷慨或者更顺从，给予的合作更有效，他们都以**更少的劳动**获取**更多的福利**，他们都拥有更多的无偿使用性，他们进行交易，他们互相交换有用的成果，其总和按某一特定的劳动量计算比以前多了。矛盾又在哪里？

啊，如果你像斯密及其后人一样错误地把同一名称——**价值**，既安在取得的成果之上又安在付出的辛劳之上，这样二律背反或者说矛盾才显现出来。

但是应该知道，矛盾完全是在你的错误解释之中，而根本不在实际情况之中。

蒲鲁东先生本应该这样提出他的命题：由于人需要大量产品，由于人必须通过自己劳动才能得到产品，由于人有学习和自我完善的可贵天赋，与努力相比，成果不断增长是再自然不过的了，而某种特定价值充当更多已有使用性的媒介物是毫不矛盾的。

不妨再说一遍，因为对人而言，使用性是光彩的一面，而价值是奖章的灰暗的背面。使用性只同我们的满足有关，价值只同我们的辛劳有关；价值证明我们天生的不足之处，滋生于障碍并同障碍成比例。

鉴于人可日臻完善，无偿使用性趋向逐渐替代的**价值**一词表达的有偿使用性。现象就是这样，肯定不包含任何矛盾的事物。

但至此还不清楚财富一词究竟应该包含合为一体的两种使用性还是只含有偿使用性。

如果可以毕其功于一役同时创造两类使用性，属无偿的放一边，属有偿的放另一边，这样也就创造了两类财富，按萨伊先生的说法，一类是**自然财富**，一类是**社会财富**；或者按德·圣－夏芒的说法，一类是**享受财富**，一类是**价值财富**。之后人们可照这些作者所提议的，只用注意第一类就行了。

萨伊先生说：

"人人可获得的，每人不必去努力获取，也不用担心将其耗尽而能尽情享用的财产，如空气、水、阳光等是大自然无偿给予我们的，可以叫作**自然财富**。由于这种财富既不可能被创造，也不可能被分配，也不可能被耗竭，所以**不属于政治经济学范畴**。

政治经济学研究的财富由人们拥有，其价值由为人们承认的财产构成，可以叫作社会财富，因为这种财富只存在于社会群居生活的人们之间。"

德·圣-夏芒说：

"**政治经济学主要研究价值财富**，本书中我每次提到财富而不作特别说明的即为价值财富，几乎所有的经济学家都是这么认为的。"

施托希说："首先出现的最突出的区别是，有的价值能被占为己有，有的价值则不能。① **只有第一种财富才是政治经济学的研究对象**，因为对另一种财富的研究不可能提供值得政治家注意的任何结果。"

我认为这一部分使用性由于进步不再是有偿的了，不再具有价值，但并不因此而不成为使用性，从而堕入**公有的**和**无偿的**领域，正是这一部分使用性经常不断引起政治家和经济学家的注意。看不到这一点，科学不能深刻理解那些影响并提高人类的伟大成果，而依然是对付一种极其琐碎、变幻不定、趋于减弱甚至消失的东西，一种简单的关系，一句话对付价值。科学本身看不到这一点，只是一味考虑辛劳、障碍、生产者利益，更糟糕的是把生产者利益同公共利益混为一谈，也就是说把坏的当成了好

---

① 又是这个价值和使用性两者间无休止的讨厌的混淆。我完全可以向你指出没有被占为己有的使用性，但是我看你未必能向我指出世界上有什么无占有者的价值。——作者

的。在圣一夏芒和西斯蒙第之辈的带领下科学堕入了社会主义的幻想或堕入蒲鲁东的二律背反。

另外，两种使用性之间的分界线是完全虚构，随意而且是不可能的吗？自然的合作和人的合作在各方面都交织在一起；两种合作相互结合、相互混同，一个趋于取代另一个，而且正是这种趋势构成进步，既是这样，你又怎么能把这两种合作分开呢？在某些方面如此枯燥无味的政治经济学之所以在别的方面能令人怡悦，增长智慧，恰恰在于这门科学描述了人与自然结合的规律，在于这门科学说明了无偿使用性越来越取代有偿使用性。与劳累相比，人的享受在增长，因为障碍在不断减少。障碍和价值确实始终是生产者的失望，但由于福利的日益增长而得到更多的补偿。自然财富，即**无偿的公有的财富取代个人的、占为己有的**财富。然而人们居然要从政治经济学中摒除其严肃认真的协调这一部分内容。

你会说空气、水、阳光是无偿的。说得对，如果我们只是享用原始状态下的这些物质，如果我们不把这些物质用于我们进行的任何工程，我们可以把它们排除在政治经济学之外，就像排除彗星上可能有的使用性一样。但是我们应该看到人是从何而来和目的地何在。首先人利用水、空气、阳光以及其他自然因素是很不完善的。人的每一种满足都需要付出巨大个人努力才能得到，都需要付出很大的劳动，而且只有得到很大的**劳务**才能让与，一句话满足体现了许多**价值**。这些水、空气、阳光以及万有引力、弹性、卡路里、电、植物能渐渐从它们的相对惰性中振作了起来，越来越多地用到我们的工业上，并在工业中取代了人的劳动，无偿从事人的劳动有偿进行的生产。它们没有损害满足，但削减了价值。用通俗的话说，原先值一百法郎的东西现在只值十法郎，原先要用十天的工现在只用一天。削减下的价值都从占有范畴转为公有范畴。很大一部分人的努力被解放出来，可以用到我们其他事业上，因而人类以同等辛劳、同等劳务、同等价值出奇地扩大了人类自己享受的范围。然而，你却说我应从科学中摒除这种公有的无偿使用性，恰恰唯有这种使用性才能说明人类为什么在高度和广度上取得进步，或者（如果我能这样说的话），既在福利方面又在平等方面取得进步。

我们的结论是：对财富一词可以合情合理地给予以下两种含义：

实有财富——确实的，能实现满足或能代表人的劳动在大自然协助下向社会提供的使用性的总和；

相对财富——也就是总财富中每个人的比例份额，即由价值决定的份额。

财富一词蕴含的和谐定律为：

人的行为通过劳动与大自然的行为结合。

使用性源自这一合作。

每个人从总使用性中提取的部分与他创造的价值成比例，也就是与他提供的劳务成比例，归根结底也就是与他自身的使用性成比例[1]。

财富道德观：上面我们从经济观点研究财富，现在就财富的道德问题说几句，可能不无裨益。

从道德观点看，财富在各个时代都是一个引起争论的题目。某些哲学家、某些宗教对财富都是弃如敝屣，另外一些人却又为其庸俗而大肆赞美：庸者为荣。至于认为向往拥有财富出于道德的虽然确有人在但也是寥寥无几。

孰是孰非，这种个人道德方面的问题不用政治经济学来讨论，我只想说明一点：我本人倾向于认为，属于普遍习俗方面的问题，当然习俗一词不仅包含人类总体的行为，而且包含人类总

---

① 下文为从作者手稿中发现的一段注译的第一部分。——原编者

体的情感和思想的时候，理论家、学者和哲学家出现错误的可能性要比普遍习俗本身出错的可能性多得多。

但是普遍习俗告诉我们什么？告诉我们人人都在努力摆脱实为我们起点的贫困，满足与需要相比人人喜欢满足，财富与匮乏相比人人喜欢财富，我说的是人人，甚至除绝无仅有的特殊情况以外，还包括那些激烈反对财富的人。

对财富的向往极天际地、万古不变、无所不至，而且不可抑制。这一向往几乎在全球范围战胜了我们天生的对劳动的厌恶。不管人们怎么说，这一向往流露出的卑劣贪婪，野蛮不文明民族甚于文明民族。18世纪从欧洲出海的人都充满了由于卢梭而风靡一时的想法，认为他们到了安提波德①可以见到无私、慷慨和好客的原始人，但结果是原始人的贪婪使这些欧洲人感到震惊。今天我们的军人清楚对被大肆吹捧阿拉伯民族的无私应作何感想。

一方面公众舆论，甚至包括那些并不以此约束自己行为的人，一致认为应褒扬无私、慷慨、克己，至于过分迷恋财富，为谋取财富无所不用其极则应贬抑。总之，对那些为改善自己命运，改善家庭状况，不论在什么情况下都坚韧不拔和诚恳劳动的人，公众舆论充满敬意。我觉得从个人道德观点看，应该从上述情况、情感和思想的总体出发来看待财富。

第一，应该承认我们追求财富的动机在于自然，这是神授天意，因此是**精神的**。这一动机在于最初的普遍的匮乏，如果我们没有从这一动机萌生摆脱匮乏的欲望，那么，匮乏就是我们大家的命运。第二，应该承认人为了摆脱这种最初的匮乏所付出的努力，只要不越出道义的界限，都是可尊可敬的，而且实际上已得到普遍的尊重和敬仰，也没有任何人不赞同劳动本身具有的道

---

① 新西兰的群岛，由一群岩石嶙峋的小岛组成，无常年定居人口。——译者

德。各国都有的谚语"懒惰是万恶之源"说明了这一点。如果一方面说劳动是人类道德所不可缺，另一方面又因为人希望通过劳动获取财富而说人不道德，这就太不能自圆其说了。第三，应该承认，当我们因向往财富而到了超越道义的地步，随着贪得无厌的人越来越富有，他们的渴望因而不得人心，这时向往财富也就成为不道德的了。

这些判断不是某几个哲学家，也不是某几个教派定下的，而是普天下众人作出的，也是我本人遵循的规矩。

我同样应指出，道德的判断今天可与古代不一样，然而古今不可能矛盾对立。

禁欲主义者所在社会用压迫、掠夺和暴力夺取财富。不仅社会本身是不道德的，而且由于获取财富手段不道德，社会唤起了人原本具有的不道德。厌恶财富的反应虽然过分但也自然。激烈反对财富的现代哲学家，看不到获取财富手段有差异，自诩为是塞内克①，是基督，其实他们自己也不懂，只是鹦鹉学舌而已。

但是政治经济学给自己提出的问题是：财富对人类来说是道德上的一种善还是一种恶？从道德观点看，财富上逐渐腾达导致至善还是堕落？

读者急着要我回答，他们知道我非得说几句关于个人道德的话才能摆脱这一矛盾（或者说荒谬），即个人的不道德即为公德。

不必求助统计数字，也不必翻阅我们监狱中囚犯的花名册，我们即可讨论如下表述的问题：

随着人更能支配事物和自然，随着人不断迫使自然为其服

---

① 塞内克（公元前55—公元39年），拉丁作家，著有《论辩论》；另，塞内克（公元前4—公元65年），系前者之子，哲学家、政治家、悲剧作家。本文疑指后者。——译者

务，随着人因此为自己创造闲暇，随着人摆脱自身机体最迫切的需要，人可以唤醒沉睡中的，而原本赋予人，肯定不是永远嗜眠不醒的智力和精神上的功能，人是否在不断堕落？

随着人脱离近似于无机体的状态，逐步升华到他所能接近的最为灵性的状态，人是否在不断堕落？

这样提出问题就是解决问题。

我十分同意，财富当着用不道德手段发展的时候，就会像当初罗马帝国所经历的那样起不道德的影响。

我也同意，财富当着用很不平等的方式发展，造成越来越深的阶级鸿沟的时候，会起不道德的影响，产生破坏的欲望。

但是，当财富是正直劳动和自由交易的成果时，当财富均匀分配给各阶级时，情况是否一样呢？说一样未必确有道理。

然而社会主义的著作中充满了对财富的攻击。

我的确不理解，社会主义派在其他问题上是如此各执一词，然而在这一点上却又如此异口同声，他们怎么就是看不到自己陷入的矛盾呢？

一方面，按社会主义派领袖的说法，财富的作用是毒害身心，败坏道德，使灵魂失去光泽，使心肠变得狠毒，最终只是让低级趣味的享受流传于世。富人无恶不作，穷人具有一切美德，公正、明智、无私、慷慨，凡此等等。

而另一方面，社会主义者发挥种种想象，发明种种制度，企图强加给我们种种法律，照他们的说法，这是为了变贫穷为财富……

财富的道德观念可由这样一句格言阐明：一人得益亦为他人得益①……

---

① 作者对最后一个观点未作发挥，但本书许多章均有说明，详见"所有权和公有""团结互助"等章。——原编者

第七章　资本

经济规律的原则不管是对人数众多的群体，还是对两个人，甚至对因环境所迫而孤立生活的个人，都是一样的。

一个人如果他能与外界隔绝生活一段时间，他将同时是资本家、承包者、工人、生产者和消费者。经济发展的全部过程都将集中在他身上来完成。他将考虑到这一过程的每一要素，如需要、努力、满足、无偿使用价值和有偿使用价值，来构想整个机制，尽管这种机制是极其简单的。

如果说世界上有什么明显之事，那就是他绝不能混淆无偿之物与需要努力之物，这会导致概念的矛盾。他将清楚地知道何时他能从大自然中得到一种物质或一种力量而无须他以劳动相助，甚至它们会结合起来使他的劳动更有成效。

孤立生活的个人，只要他能直接从自然界收集到一样东西，他绝不想用自己的劳动去创造它。如果他的窝棚边有泉眼，他就不会去一里之外打水。出于同样的动机，每当他需要付出劳动时，他总想尽量利用自然的协作来代替。

因此，假如他想制造一条小船的话，他将使用最轻的木料，以便利用水的重力。他还将尽力在船上安装一片风帆，好让风力免除他划桨的辛劳，等等。所以，为了这样来利用自然力量，必须具备工具。

这里人们感到孤立生活的个人必须进行核算。他会提出这样的问题：在作出了一定的努力之后，现在我得到了一种满足；当我拥有工具以后，用更少的努力，即制造工具本身的努力加上我还要付出的努力，我能得到同样的满足吗？

没有一个人愿意随便去浪费自己的气力。我们的鲁宾孙只是在最终看到了欲取得同样的满足能少花力气，或花出同等的力气可增加满足时，他才着手制造工具的。

有一种情况对核算影响很大，就是工具使用期限内使用工具生产出的产品的数量与频率。鲁宾孙有一个最初的比较用语，就是目前的努力，即每次他想在没有任何帮助的情况下直接得到满足所需的努力。他估计着在每一场合下工具将会省出多少努力。然而，制造工具必须劳动，他在头脑中将这一劳动分配到他可能使用工具的总次数中去，这种次数越多，利用自然因素的决定性动机就越强。正是在这里，在对全部产品的**投资**分配中，体现了利益的原则和存在的理由。

鲁宾孙一旦下决心制造工具，他便意识到只有良好的意愿和有利因素是不够的，必须有工具才能制造工具，打铁要用铁来打。如此类推，可以将困难一步步地推上去，直到看来似乎无法解决的第一个困难。这向我们提醒了最初资本形成的极度缓慢性和每一满足要求人类付出努力的巨大程度。

还不止于此，要做成劳动工具，要有必要的工具，还要有**材料**。如果材料是由大自然无偿提供的，如石头，但要做成工具，需要艰苦的劳动。要获得这些材料，如利用毛、麻、铁和铅等，几乎都需要预先的、长时间的和复杂的劳动。

还不止于此。当人只是为了有利于今后的劳动而这样工作时，他对于眼前的需要根本不考虑。但在这里自然现象不会中断，每天他需要吃、穿和住。因此，鲁宾孙发现，为了利用自然力量，如果他事先没有积蓄**食物**，他就什么也不能进行。为了有必要的时间去制作他想要的生产工具，每天他要东奔西走去打猎，要把一部分猎物储存起来，他还要节省着吃。在这样的情况下，非常可能的是他只想制作一种不完善的、简陋的生产工具，也就是说很难适合它的用途的工具。

此后，所有的能力都一起增加了。思考和经验将使得我们的岛民学会更好地劳动，第一件工具给他提供了制作其他工具和更快积累食物的能力。

工具、材料和食物，大概这些就是鲁宾孙称为的**资本**。他将会很容易地承认，这种资本越多，他就越能征服自然力量，越能利用自然力量为自己的劳动效劳，越能提高满足与劳动之间的关系。

现在让我们置身于社会的内部。在那里资本也是由生产工具、材料和食物构成的，没有这些，无论在孤立的情况下或在社会中，都不可能进行任何长时间的劳动。有些人之所以成为资本的拥有者，是因有他们通过自己的劳动或节俭而创造了它。他们进行这些劳动（这种劳动与眼前的需要无关）和实行节俭的目的只是为了今后的利益，例如在更大程度上利用自然的力量。对他们来说，让与这种资本，就是牺牲所追求的利益，就是将这一利益让与别人，就是提供**劳务**。从此，要么应该放弃最起码的公正，甚至放弃评理，要么应该承认他们完全有权将这种让与与可以自由讨价还价和自愿接受的一种**劳务**进行交换。我不相信世界上会有一个人反对**互助服务**的公正性，因为换句话说**互助服务**意味着公正。人们会说交易将不会**自由**进行，因为有资本者不是可以支配无资本者吗？交易到底应该如何进行呢？如果交换不是双方自愿接受的话，那以什么来识别**劳务的等值**呢？此外，人们不也看到了借贷者可自由地进行借贷，如果借贷对他没有好处他可以拒绝，贷款永远不会损害他的地位吗？很明显他可能提出的问题将是：这种资本的使用能否给我带来比我需付出的代价更多的好处？或者是：为得到一定的满足，我现在不得不作出的努力是高于还是低于我的总努力？这种总努力首先是为借用资本必须提供的劳务，其次是为利用所借资本继续追求这种满足。要是考虑再三，认为没有什么好处，他就不借用资本了，他将保持他原来的地位。这样做对他有什么害处呢？人们会说，他可能错了。也许是这样，在可想象的一切交易中人们是容易搞错的。这是不是说不可能存在任何一种自由的交易呢？让他们这样去说好了！让他们对我们说用别的什么来代替自由的意愿和自由的赞同吧！是用强制吗？因为我只知道在自由之外有强制。有人说这不是强制，这是第三者的看法。我并不反对，但有三个条件。第一个条件是不管这个人叫什么名字，他的决定将不是强迫作出的。第二个条件是他将不会犯错误，因为用不着用一种错误去代替另一种错误，我最不防备的是当事人的错误。第三个条件是，此人不要别人付他钱，因为先剥夺借贷者的自由，然后再在他肩上加上另一种负担以补偿这种仁慈的劳务，这将是对借贷者表示同情的一种奇特方式。让我们撇开法律问题，回到政治经济学中去吧。

由材料、食物或工具组成的一种资本具有两个方面：使用性和价值。让与资本者只能让别人给他付出资本的**价值**，即借资本所提供的劳务，即让与者付出的辛苦加上受让与者所免除的辛苦。如果读者不理解这一点，就是我没有讲清价值的理论。其实，资本是一种产品，与别的产品一样，它被冠以资本之名是由于它以后的作用。相信资本是自然存在的事物，这是一种极大的幻想。一袋小麦就是一袋小麦，只是从不同的角度说，一个人卖它作为收入，另一个人买它作为资本。交换就是根据这一成不变的原则进行的：价值换价值，劳务换劳务。一切进入无偿使用性的东西都是外加的，因为无偿的东西是没有价值的，价值只出现在交易中。在这方面，与资本有关的价值和别的价值没有任何区别。

由此从社会方面得出了令人钦佩的看法，我只在这里提一提。孤立的人只有在聚集了材料、食物和工具时才有资本。社会的人却不是如此。社会的人只需提供**劳务**和有能力通过交换机器从社会中得到同等的**劳务**。我所称之的交换机器，就是货币、记名期票、钞票甚至银行家。任何一个人付出了劳务，还没有得到相应的满足，他便是一种证券的持有者，或是有价证券如货币，或是信用证券如钞票。这种证券可使他在任何时候、任何地方和以任何形式从社会中得到同等的**劳务**。这对我要试图阐明的重大法则：**劳务互换**，从原则上、实际上和法律角度，都没有任何影响。这还是物物交换的初步形态，只是发展了、扩大了、复杂了，但万变不离其宗。

因此，证券持有者可从社会中随意取得某种立即可得的满足，或者他认为具有资本性质的一种物品。这是让与者从不感到担心的事，人们只考虑**劳务的同等性**。

还可在定期**归还**和**劳务**的双重条件下将证券转让给别人，以便做他想做的事。如果深入事物的本质，人们会发现在这种情况下，让与者或将立即可得的满足推迟几年将它转给受让与者，或给予了受让与者可能增加其自身力量、利用自然因素和为自己提高满足与努力关系的某种生产工具。这些利益他不享受而是让与了别人，肯定地说这就是为别人提供**劳务**，从真正的衡平法来说，不可能认为这种劳务没有互助权。一年以后不折不扣地归还不能认为是这种特别劳务的报酬，持这种看法的人不懂得这不是一种出售，在出售中因为交货是即时的，付款也是即时的。这里有一个期限问题，**期限本身**就是一种特别劳务，因为它要求给予期限的人作出牺牲，而对要求期限者给予了好处。这就是要报酬的理由，要么就该放弃社会的最高法则：**劳务互换**。这种报酬在不同的情况下有不同的说法：租金、地租、定期收益，统称**利息**。[①]

---

　　① 参见我的《资本与定期收益》的小册子。——作者

这样奇妙的事就出现了，由于有了美好的交换机制，任何**劳务**都是或可能变成一种资本。如果工人们要在十年以后修建一条铁路，那么从现在起我们就得提供实物，给他们小麦吃，给他们麻布让他们穿衣，给他们推车以便他们在这项长期工程中使用。但我们可以把这些东西省下来，而给他们这些东西的**价值**。要这样做只需为社会提供当前的**劳务**，从社会取得证券，这些证券十年后就会转变成小麦和麻布。在这期间我们甚至不一定让证券闲散在那里，有大商人、银行家和社会中的各种机构，他们可以以换取劳务的方式为我们提供储存这些证券的劳务。

更使人惊奇的是，我们可以进行相反的活动，尽管乍一看来这似乎是不可能的。利用 20 世纪才能提供的**劳务**，我们便可以把一种还未形成的资本转换成生产工具、铁路和房屋。一些银行家为此进行贷款，他们相信这些借款将由第三代或第四代的劳动者和旅行者偿还。这些关于未来的证券不断转手，从不会闲在那里不产生效益。我承认我不认为人造社会的发明者们能想象出同时是既很简单又很复杂、既很别致又很公平的东西来，不管这些发明者们有多么众多。如果他们知道上帝创造的社会机器是多么的和谐，他们肯定会放弃他们的枯燥而又笨拙的乌托邦思想。阿拉贡的一位国王也曾考虑，如果他被召去参加上帝的议事会，他将向上帝进谏关于天国机器的什么意见。这种大逆不道的思想并不是牛顿的首创。

但是应该说，劳务从空间和时间的一点转移到另一点建立在这样的条件上：**给予期限便是提供劳务**，换言之，建立在利息的合法性之上。今天要想取消利息的人就是没有懂得他将把交换拉回到最初的形式——以物易物，今天的以物易物是完全行不通的。他没有弄懂，他自以为最先进，实际上他是最倒行逆施的人，因为他想把社会建立在最原始的雏形上。他说他想要**劳务的互助性**，可是他正是一开始就给劳务的本质剥去了**劳务**性质。**劳**

务的本质就是将所有的地方和所有的时间连接、维系在一起，结成团结互助的关系。在所有的社会主义者当中，此人尽管夸夸其谈，但他却最了解、最尊重社会的现时秩序。他的改革归根结底只有一种——不能成功的改革，这种改革在于取消社会中最强有力的、最为美好的机构。

我在别处解释过利息的**合法性**和**长期性**。我在这里只想回顾一下以下两点。

1. 利息的合法性建立在这一事实之上：**给予期限的人提供了劳务**，因此，根据**劳务互换**的原则，利息是合法的。

2. 利息的长久性建立在另一事实之上：**借款人必须到期全部归还**。然而，东西或价值归还给了主人，主人可以再次借出，再次归还以后，主人可以第三次借出，这样可以**永久地**类推下去。连续和自愿的借款者谁还有怨言呢？

近一个时期以来，利息的合法性屡遭非议，其目的是吓退资本，使资本隐藏起来。为此，请允许我指出这种奇怪的抗议是多么的荒诞。首先，对要求并得到了一年、两年、十年期限的人和对不要求任何期限的人收取的报酬是一样的，这岂不是荒谬而又不合理吗？假如在所谓的**平均**理论的影响下，我们的民法可悲地要求这样做，人间的各种类型的交易都被立即取缔了，还将会有**以物易物**和**现款出售**，只是没有**期货出售**，也没有**贷款**罢了。平均主义者们免除了借贷者的利息负担，这是事实，但同时也夺走了他们的贷款。在这一前提之下，还可以使人们免除购物付款的那种必要的麻烦，只要禁止他们购物，或让法律宣布**价格**是不合法的就行了，其实这两种做法是一回事。

平均的原则实际上有一点平均的东西。首先，它可阻止资本的形成，因为谁还愿意积蓄他捞不到一点好处的东西呢？其次，它将使工资等于零，因为没有资本（工具、原料和食物）的地方既不会有未来的工作，也不会有工资。这样我们就快要到达最彻底的平均主义了——虚无。然而，谁能有眼无珠看不到期限**本身**就是一种有偿的情况，因而可以得到酬劳的呢？甚至在借款之外，每个人不都试图缩短期限吗？这是我们经常忧虑的问题。任何企业主都非常重视他还贷款的时期。根据时期的长短，他可卖得贵一些或贱一些。对这一点无所谓的人，他对资本是一种力量一定是无知的。如果他知道这一点，他自然会希望这种力量尽快完成它已投入的事业，以便将它再投入新的事业。

只有那些蹩脚的经济学家才会认为，我们只有在借用资本时才付资本的利息。建立在公正基础上的总规则是，得到满足的人应该负担生产的全部费用，**期限包括在内**，或者他为自己提供劳务，或者他让别人为他提供劳务。不与任何人作交易的孤立的人可能会认为，剥夺他的武器一年的任何情况都是**无法忍受**的，而在社会中，为什么类似的情况不被认为是无法忍受的呢？如果一个人为了另一个人的利益自愿接受这样做，而这个人又自愿表示给他一笔酬劳，这种酬劳又有什么不合法的呢？

假如期限**本身**没有被看作**有偿**的情况，没有得到如此对待和付酬，世界上将一事无成，任何一个要求贷款的企业都将不会成功，将没有人去种植、去播种、去耕作。在这一点上普遍的意见是一致的：没有一种交换不在这一原则的支配之下。期限和延缓都在劳务的评价之中，因而也在**价值**的组成之中。

由此看来，平均主义者在他们反对利息的斗争中，不仅践踏了均等的最简单的概念和他们自己的原则——**劳务互换**，而且还藐视了人类的权威和普遍的做法。他们怎么敢向众人卖弄这样一种奢望所支持的无以类比的傲气："自从世界之初，除了我，所有的人都犯过错误？"宗派主义者暗地里，但往往公开地将它作为座右铭，这岂不是一件奇怪而又可悲的事！

请大家原谅我强调建立在下述公理之上的利息的合法性：**既然期限是有价的，就应该给它付钱，有价和付钱是互为关联的。**

这一方面的错误存在于我们时代的精神之中。人类认定的至关重要的真理被某些疯狂的革新者们动摇了，必须使这些真理得以巩固。对一个想要表现各种现象的整体和谐的作家来说，要时刻停下来解释最基本的概念，请大家相信这是一件很艰难的事。假如在他的读者之中没有共同的和被承认的概念，拉普拉斯就不得不极简要地说明我们这个星球的体系；假如要证明地球在旋转，他就不得不事先讲授计数法——这就是当代经济学家艰巨的选择。如果他不仔细讲讲内容，他就不会被理解，如果对内容加以解释，洪流般的细节就会湮没整体的简单性和美感。

利息是合法的，这对人类来说真是太幸运了。如果不是这样，人类也将处于一个严峻的选择：公正地消亡，或者不公正地向前发展。

所有技艺都是各方努力的结果，但在这些努力当中需要作本质性的区别，一些与现时就要提供的劳务有关，另一些与未确定的一系列类似的劳务有关。请让我解释。

卖水郎一天当中付出的辛苦应由利用这种辛苦的人来付以报酬。然而，他制造手推车和水桶所付出的劳动在收取报酬时，应将报酬分摊到数目未确定的消费者头上。

同样，播种、锄草、耕地、耙地、收割、脱粒只与当前的收获有关。可是围地、开垦、晒干土地、建房、改良土壤却关系到并有利于今后一系列未知的收获。

根据**劳务互换**的总规律，得到满足的人应向为他们作出努力的人归还努力。这对第一类的努力没有困难，可以在做出努力与利用努力的人之间对这种努力进行讨论和估价。但是第二类的劳务，如何来估价它们呢？诸如经济学家们所说的经常性投资、总务费用和固定资本，怎样将它们的正确比例分摊到它们将要实现的一系列的满足上去呢？通过什么方法人们才能以公平合理的方式将费用摊派到每个买水者头上，直至手推车用坏为止呢？既然土地仍在生产小麦，又怎样将费用分摊到每一个买小麦者的头上呢？

我不知道人们在伊卡里亚岛和在法伦斯泰尔将怎样来解决这个问题。但可以这样认为，那些创造社会的先生们作出了如此纷繁的人为规定，并又如此迅速地将这些规定用法律固定下来，即不管他们承认与否，采用了强制的方法固定下来，然而他们没有设想出一个比完全自然的方法更巧妙的办法来。这种完全自然的方法是人类（其中勇敢者）早自世界初始自己发现的，而今天却有人要禁止他们去使用它。下面就是这种方法，它来自**利息**规律。

假设 1000 法郎用来改良土地，利率为 5%，平均收成为 5000 公升。根据这些已知条件，每 100 公升小麦将负担一法郎的利息。

这一法郎显然是对主人（也可称为劳动者）为 10 年后买 100 公升小麦和今天买 100 公升小麦的买主提供了实际**劳务**的报酬。严格公正的规律在这里得到了遵守。

如果对改良后的土地，或手推车和水桶，可以大概地估计出一个使用期限，那么在利息上还要加上折旧，这样做是为了使主人不上当受骗，能继续工作。这里还是公正的规律在起作用。

不要以为每百公升小麦负担一个法郎的利息是不变的。不是的，这一个法郎代表着一种价值，是服从于价值规律的，它是根据供求的变化，即根据时间的要求和社会的最大利益，上升或下降的。

倾向性的看法是，这类报酬如果不是在技艺改善方面，至少是在土地改善方面，趋于增加。有人说假定这种利息开始时是公平的，但后来变得过分了。因为资本拥有者从此不必再劳动便可以看着利息与年俱增，仅仅由于人口的增长带来了对小麦需要的增长。

我承认这种倾向是存在的，但它不是地租所特有的，它是所有劳动类别所共有的。没有一种劳动其价值不是随着人口的密度而增加的，一个最低级的短工在巴黎要比在布列塔尼地区挣得多。

其次，关于地租，人们所指出的那种倾向受到了相反倾向，即进步倾向的有力抵消。今天通过先进的手段，用更少的人力劳动，在利率降低的时候所实现的改善阻止着所有旧的改善提出过高要求。地主的固定资本与厂主的固定资本一样，由于具有相同价值的越来越强劲的工具的出现，在慢慢下降。这里一个绝好的法则推翻了李嘉图的悲惨理论，当我们讲到地产时将详细地阐述这种理论。

请注意，由于经常性的改善所造成的有偿劳务的分配问题，只能通过**利息**规律得到解决。地主甚至不可能将资本分摊给一定数目的连续不断的买主身上，因为，这个不确定的数字应卡在哪儿为好呢？前面的买主可能替后来者付了钱，这是不合理的。此外，可能会出现这样的时候，地主可能同时又有资本又有改善，在更多的情况下不会是这样。因此，我们得承认，自然的社会机制十分巧妙，我们无法摆脱它，也不能用人为的机制去取代它。

我以最简单的形式介绍了这一现象，以便使大家了解它的性质，在实践中事情并不完全是这样进行的。

地主并不自己去进行分配，并不是他去决定每百公升小麦将增加差不多一个法郎。他发现在世界上，小麦的平均价格也好，利率也好，一切都是现成的，正是在这一前提下他决定他的资本去向。如果他计算以后小麦的价格可使他得到正常的利率，他将把资本用作改造土地。否则，他就将资本用到更能赚钱的一种产业中去，正是由于这样，这种产业在社会利益中对资本具有更大的吸引力。这是一种真正的进程，取得的结果是同样的，表现出另一种和谐。

读者会明白，我是仅用一种特殊的现象来阐明支配所有行业的一种总规律的。

例如，一位律师不能让他碰上的第一个诉讼人偿还他总数为两万多法郎的教育费用、实习费用和建立第一个律师事务所的费用。这不仅是极不公正的，而且也是行不通的。这第一个诉讼人是永远不会出现的，我们的居若斯将只好效法这位东道主：他看到谁也不来参加他组织的第一场舞会，就说我明年再组织第二场舞会。

商人、医生、船主和艺术家也同样如此。在所有的职业生涯中都有两种范畴的努力，第二种严格要求在数目无法确定的顾客中进行分摊，我看人们难以想象这种分摊可在**利息**机制以外进行。

最近一个时期，人们大肆宣传企图使人民对资本产生厌恶，说什么资本是可耻的，和恶魔一样。他们在群众面前将资本描绘成一个凶残而又贪得无厌的魔鬼，比霍乱更具有毁灭性，比暴乱更可怕，它是社会的吸血鬼，其吮吸力将无限期地自行增大。这个魔鬼的舌头叫作"定期收益、重利、租金、地租和利息"。一个因自己出众的才华可能成名，并一向乐于以反派理论闻名的作家，满心喜悦地将这个魔鬼扔进了已被革命狂热鼓动起来的民众之中。我也有一个表面看来近似反派的理论提供给读者，请读者检验它是不是一个伟大的、令人快慰的真理。

但首先，我要对蒲鲁东及其学派解释**利息**的不合法性的方式来说几句话。

资本是生产工具，生产工具的用途是利用自然界的**无偿**力量。通过蒸汽机，人们控制了气体的弹力；通过钟表的发条，人们控制了钢铁的弹力；通过水的重量和下落，人们控制了地心引力；通过伏特的电池，人们掌握了电光的速度；通过土地，人们掌握了被称为植被的化学和物理的结合物，等等。然而，人们在分不清使用性和价值的时候，猜想这些自然因素具有其**独特的**价值，因而，占有它们的人就要别人付给他使用费，因为价值和支付是互相关联的。人们想象由于人的劳务产品增加一份**价值**便认为是公正的，而由于自然的劳务产品增加同一份**价值**便大喊极不公正。人们会说为什么要给重力、电力、植物生命和弹力等自然力量付酬呢？

答案就在**价值**的理论之中。工具的合法价值是人类劳务的产物，而它的有益的、永远是无偿的结果需扣除这种合法的价值或与此有关的利息。自称为平均主义者的社会主义者将合法价值与工具混为一谈。我在给耕作者、磨坊主、铁路公司报酬时，我对植物现象、重力和蒸汽是绝对一毛不拔的。我只付制作迫使这些自然力量发挥作用的工具所需人工的费用，或我更愿意说，我只付人工的利息。我是以劳务换劳务，这样一来，这些自然力量的有益行动完全为我利用，而且是无偿的，就像与在交换中和简单的以物易物中一样。资本的出现不会改变这一规律，因为资本仅是价值的积累和赋有使自然合作的特殊使命的**劳务**的积累。

现在我来谈谈我的反论。

在组成任何产品的总价值的所有因素中，我们最乐于付钱的因素就是人们称为的借款或资本的利息。

为什么呢？因为这一因素要我们只支付**一倍钱**，而使我们免去了双倍钱；因为这一因素存在的本身就表明，自然力量对最后结果起了作用，但这种作用是无偿的；因为由此可见，在这一情况下，这种总使用价值为我们所用，无偿使用价值的某种比例取代了有偿使用价值，这对我们是大好事儿。一言以蔽之，因为产品降低了价格。我们得到这种产品时付出的劳动比例缩小了。作出了精巧发明的孤立个人可能遇到的问题，整个社会也可能会遇到。

下面举一个低工资工人的例子。他每天挣四个法郎，他用两个法郎，即半天的劳动，去买一双长棉袜子。如果他想用自己的劳动直接得到这双袜子，我真认为他劳动一辈子都不够。那么，在这种情况下，他是怎么用半天的劳动得到别人给他提供的劳务的呢？根据**劳务互换**的规律，他为何无须进行多年的劳动的呢？

这是因为这双袜子是**人类劳务**的结果，其自然因素通过资本的干预大大降低了比重。这位工人不但支付了所有参与织造袜子的人的现时劳动，而且也支付了使自然在其中发挥作用的资本的利息。需要指出的是，如果不支付资本的利息，或认为它是非法的，资本就不会去求助自然的因素，在产品中将只有有偿使用价值，它将是只有人类劳动的结果。前面谈到的那位工人将会处于最初的选择：要么不要穿袜子，要么以数年辛苦劳动的代价去买袜子。

假如这位工人学会了去分析这些现象，他将一定会与资本和解，并知道他应该好好感谢它。他尤其会深信他完全会拥有上帝的无偿赠予物，他得到这些慷慨的赠予不是因为个人的功劳，而是多亏了**自然**社会秩序的美好机制。资本不是促使棉花发芽、开花的植物力量，而是种植者**付出的辛劳**；资本不是鼓满船帆的风，也不是使指南针走动的磁力，而是帆船工和光学仪器制造商所**付出的辛劳**；资本不是推动工厂的锭子转动的蒸汽的弹力，而是机器制造者所**付出的辛劳**。植物、风力、磁力和弹力，所有这些肯定是无偿的，这就是为什么袜子没有多大价值的道理。至于种植者、帆船工、光学仪器制造者、机器制造者、海员、制造者和商人所付出的整个辛劳，它们是要被分摊的，或更确切地说，这是一种起作用的资本，它的利息将由无数购袜者分摊，所以，他们之中的每个人所承受的劳动份额是非常小的。

其实，现代改革者们，当你们想用你们发明的一套办法来代替这种美好的秩序时，有两件事（其实也就是一件）使我弄不清楚：你们不相信上帝和只相信自己；你们的无知与你们的高傲。

综上所述，我们可以得出结论，人类的进步与资本的迅速形成是同时出现的，因为，新资本的形成，换句话说，就是过去用劳动去有偿克服而今天用自然去无偿克服的障碍。请注意，这不是对资本家有利，而是对社会有利。

果真如此，支配着所有人的利益（当然是从经济角度来说），就是促进资本的迅速形成。可以说资本是在劳动、节俭和安全的三重影响下自动增长起来的。如果不是通过公众舆论和妥善处理我们的好恶，我们几乎不可能对我们的兄弟的劳动和节俭施加直接的影响。但我们可对安全起很大的作用，没有安全，资本远不能形成，会藏匿起来，会逃跑和自行毁灭。由此人们可以看出，在工人阶级有时表现出来的搅乱公共和平的热情中包含着多么近乎自杀的东西。应该让工人阶级知道这一点，资本从一开始就致力于把人们从愚昧、需要和专制的桎梏下解放出来，吓跑资本就是在人类的手臂上套上三重锁链。

"力量是自发产生的"完全适用于资本和它的有益的影响。所有形成中的资本必然可让劳动和支付劳动的报酬自由地利用，因此，它本身包含着一种进步的力量。资本中还带有某种像速度规律的东西，这正是科学至今可能疏忽了用它来对抗马尔萨斯所发现的另一种进步。这种和谐我们在这里不能讲述，我们将它留在人口一章中。

我必须提醒读者注意一种貌似合理的反对意见，说什么如果资本的使命是使自然去做人工要做的事，不管它给人类带来什么好处，它将对工人阶级，特别是依靠工资过活的人有害。因为，一切闲置人手的做法加剧了被闲置者之间的竞争，这大概就是无产者反对资产者的秘密理由。如果这种反对意见成立，在社会和谐中就将会出现不一致的声调。

幻想是由于人们没有看到以下这一点而产生的：**资本随着其**

活动范围的扩大，只是在闲置了相应数量的报酬的同时才将一定数量的人力闲置起来的。这样两种因素聚集在一起，互为满足。劳动在某种特殊事业中被无偿力量代替之后，并未因此而丧失活动，它在进步的总事业中又向其他障碍发起了进攻，而且成功的把握更大了，因为社会已为它准备好了酬劳。

事实上从上述的例子中很容易看到，在资本的作用下袜子的价格降低了（如同书籍、交通和所有的东西的价格一样），将原价格的一部分留给了顾客。工人用两个法郎买到了过去可能要付六个法郎的东西，于是他省下了四个法郎，这甚至是近乎稚气的多余的话。然而这一部分正是人力被自然力量所取代的部分，这些力量完全是靠征服自然得来的，毫不影响劳动与可取报酬之间的关系。请读者回顾一下，当我在观察孤立的人或处在物物交换的初期规律时的人时，我就提醒过读者注意我在这里力图揭穿的如此共同的幻想，那时我对这种反对意见早就准备好了答复。

那么就让资本毫无顾忌地根据它们自己的倾向和人们的心理倾向去形成、发展吧！我们不要去这样想象：当一位贫苦的工人为养老而积蓄时，当家长想到儿子的前途和女儿的嫁妆时，他们只是在损害总体利益的情况下施展着人的崇高能力——预见性。如果说在资本和劳动之间有不调和性的话，那可能就是这样，私人的道德可能与公共利益相矛盾。

人类远远没有屈服于这种矛盾，我们甚至还可以说，对于这种不可能性（因为怎么能设想从对局部越来越有利的事情中会产生出对集体越来越有害的东西来呢？）应该承认：相反，上帝以它的公正和仁慈已在进步中留给劳动的部分远比留给资本的要多。与依靠父辈的汗水而生活的人相比，上帝的安排对当前挥汗劳动的人是一种更为有效的激励，一种更为慷慨的报酬。

其实，在承认一切资本的增长都会带来总福利必要增长的同时，我敢给这一福利的分配确定以下不可动摇的原则：

　　"随着资本的增长，资本从总产品中的绝对提取额增加了，而它的相对份额降低了。相反，劳动从中提取的绝对额和相对份额都增加了。"

　　通过数字我将让人更好地了解我的思想。我们用 1000、2000、3000、4000 等来表示连续几个时期的社会总产品。我说资本的提取比例将连续从 50% 下降至 40%、35%、30%，而劳动的提取比例将因此从 50% 上升至 60%、65%、70%。

　　然而，这样一来，资本的**绝对**提取额在每一时期总是在增大，尽管它的**相对**份额在缩小。这样劳资提取额的分配如下：

	总产品	资本提取额	劳动提取额
第一时期	1000	500	500
第二时期	2000	800	1200
第三时期	3000	1050	1950
第四时期	4000	1200	2800

　　这就是伟大的、令人钦佩的、令人快慰的、必要的和**不可改变的**资本规律。长期以来，人们让我们提防由人类能力产生的文明与均衡的最强大武器的**贪婪**与**残暴**，在我看来，揭示资本的规律就是使充斥我们耳朵的这些夸张说法的影响一扫而光。

　　揭示分为两部分，首先必须证明资本的**相对**提取额将不断降低。

　　这不需要很长时间，因为这就等于说：**资本越丰富，利息越下降**。然而这是无可争辩和毋庸置疑的一个事实。不仅科学解释了它，而且这是明显的事实。那些最怪僻的学派都承认它，一个作为专门反对这个**恶魔般的**资本的学派也将资本变成了它的理论基础，因为正是从利息的明显下降中这个学派得出了资本必然灭亡的结论。然而，它说既然资本的灭亡是必然的，既然它在一定的时候一定要到来，既然它能导致实现绝对利益，那就应该促进它宣布它的到来。在这里我不去反驳这些原则和人们由此得出的推论。我仅指出，所有的经济、社会主义、平均主义学派和其他的学派事实上都承认，在社会的自然秩序内资本越是丰富利息越是下降。即使他们不愿意承认这一点，事实终究是事实。事实对它来说就是人类的权威，全世界资本家的无可奈何的承认。资本的利息在西班牙低于墨西哥，在法国低于西班牙，在英国低于法国，在荷兰低于英国，这些都是事实。然而，当利息从20%降低到15%，0降低到10%、8%、6%、5%、4.5%、4%、3.5%、3%时，对于我们所关心的问题这意味着什么呢？这意味着资本在增长时，为在产业活动中帮助实现福利，它满足于或也可以说被迫满足于越来越少的利息。在小麦、房屋、麻布、船舶和运河的价值中，资本能占到1/3吗？换言之，当人们在出售这些东西时，是不是1/3归资本家，2/3归工人呢？慢慢地资本家们只得到1/4、1/5、1/6，他们的**相对**提取额将下降，工人们的相对提取额将按同样的比例增长。这就是我要揭示的第一部分。

我还要证明资本的**绝对**提取额在不断增长。利息趋向于下降，这完全是事实。但什么时候和为什么下降？下降的时候和原因就是资本的增长。完全有可能总产品增加了，而**百分比**下降了。一个人的20万法郎以4%计息比10万法郎以5%计息带来的利息更多，况且在第一种情况下，他让劳动者付出的使用资本的报酬更少。对一个国家和全人类都是如此。但是我说**百分比**在降低的倾向中不应该也不可能遵循很快的速度，因而**利息的总额**并不那么高；而当利息很少时，资本便大量增长。我完全同意如果人类的资本用100、利息用5来表示——当资本增加到200时，利息就将只有4了——这里人们可以看出同时产生出两种后果：**相对**提取额减小，**绝对**提取额增大——但是，我不同意这种假设：例如资本从 100 上升到 200 会使利息从 5% 下降到 2%——如果果真如此，一个拥有 10 万法郎资本、可获 5000 法郎利息的资本家，当他的资本增加到 20 万法郎时，他就只剩下 4000 法郎的利息了——这种矛盾的、不可能的结果，奇怪的反常现象，将会导致所有解决办法中的一种最简单的、最痛快的解决办法，因为想要增加利息只需吃掉一半资本。使我们在贫穷的同时变得富裕起来的时代将是一个可喜而又奇怪的时代。

因此，我们不应忘了两件互相关联的事情之间的配合：资本的增加和利息的减少**必定**会完成，其结果是总产品不断增加。

这里顺便提一句，这就以彻底而绝对的方式打破了某些人的幻想，他们认为：因为利息降低因而它将趋向消亡，以至于这一天将会到来，资本如此发达其结果是资本拥有者无利可图了。请大家不要着急，在这一天到来之前，资本拥有者们为了使收入重新出现，他们将会赶紧将资金隐藏起来的。

于是便确定了有关如何分配合作成果的资本与劳动的伟大法则，每一方有一个不断增长的**绝对**提取额，但是资本的提取**比例**部分与劳动的提取**比例**部分相比却不断减少。

因此，资本家和工人们，你们不要再以不信任和嫉妒的目光互相对视了。不要再听那些荒谬的说法了，这根本不是骄傲，只是一种无知，它们以允诺未来的博爱为借口，开始挑起了当前的不和。不管人们怎么说，应该承认：你们的利益是共同的、一致的；不管人们怎么说，它们融合在一起，它们的目标是一起去实现总的利益；这一代人的汗水与上一代人的汗水流淌在一起；必须有一部报酬分配给所有从事这一事业的人；你们之间最为巧妙的、最为公平的分配应该通过顺乎天意的法则的智慧，在自由与自愿交易的支配下进行，千万别让多余的伤感主义将它的意志强加给你们，以损害你们的利益、自由、安全与尊严。

　　资本植根于人的三种特性之中：远见、智慧和节俭。要想形成资本，就得预见未来，牺牲现在，对自己与自己的欲望进行少有的控制，不但要抵制眼前享受的诱惑，而且还要抵制虚荣心的刺激和公众舆论的随意性，公众舆论对无忧无虑和慷慨的性格总是带有很大偏见的。还应将因果联系起来，知道用什么方法、什么工具在生产事业中去掌握和征服大自然。特别需要具有家庭精神，不怕牺牲，要有前人栽树后人乘凉的精神。积蓄钱财，就是准备下一代的食、宿、娱乐、教育、独立和尊严。如果不实行最社会化的道德，而且更重要的是将这些道德变成习惯，所有这一切将无法实现。

　　然而，比较普遍的是将一种有害的效力归咎于资本，其后果可能是给渴望资本或拥有资本者的心灵中注入自私自利、铁石心肠和阴险狡诈。人们没有搞混淆吧？在有的国家中劳动所得无几，挣得的一点钱还要与税务机关分享。为了夺取你的劳动成果，人们所称为的"国家"给你强加上了很多限制。国家干预你的所有活动，参与你的所有交易，支配着你的智慧和信仰；它变动所有的利息，使每一种利息处于人为的、脆弱的地位；它独揽一切大权，扼杀个人的积极性和活力；它将责任归咎于不应负责的人，以致正义与非正义的概念逐渐消失了；在外交上它将民族卷入世界的所有纠葛，然后又动用海军和陆军；它尽量在经济问题上给群众造成错觉，因为它需要让他们相信，国家的巨额开支、非正义的侵略、征服和殖民地是群众财富的源泉。在这些国家中，资本很难通过自然渠道形成。人们热切希望的是用暴力和诡计向资本的创立者诈取资本。在那里人们看到，一些人通过战争、公职、赌博、供给、投机、商业走私、冒险的企业和公共市场等手段大发横财。这样从建立了资本的人手中夺取资本所需的品德与建立资本所需的品德是截然相反的。所以，在这些国家中将资本与自私自利这两种思想联系起来就不足为怪了。如果这个国家的所有道德思想植根于古代和中世纪的历史之中，这种联系便变得坚不可摧。

　　但是当人们将思想不是集中在资本的盗取上，而是集中在通过智慧的劳动、预见性和节俭来建立资本上，就不能不承认一种社会的、有道德的品质与资本的获得是连在一起的。

　　如果在资本的形成中有道德的社交性存在，在资本的活动中也有不少的道德社交性，其特有作用就是利用自然，在生产事业中解除人的最粗笨、最费体力和最强烈的劳动，逐步树立智慧的原则，逐渐提高不能说是游手好闲，但可说是娱乐的地位，由于易于得到满足使粗野需要的呼声变得越来越不紧迫，而代之以更高级、更精美、更纯洁、更艺术和更精神性的享受。

　　资本使我们的需要高尚了，使我们的努力减轻了，使我们的满足洁净了，使自然降服了，使道德变成了习惯，使社会性发展了，带来了平等和自由，它还通过最巧妙的方法使得公正无处无时不在。因此，不管人们从什么角度来看待资本，只要将它与以上各点联系起来，只要它依照不脱离自然轨道的社会秩序去形成和活动，我们就能在它身上找到一切合乎上帝的伟大法则的特点：和谐。

第八章 产权与共同体

在承认土地、自然因素和生产工具本身无可争辩地具有产生实用性天赋的同时，我竭力从它们身上除去人们错误地给予它们的东西：创造价值的能力，这种能力只属于人们之间互相交换的劳务。

这种如此简单的更正在肯定产权的同时给产权恢复了真正的特性，它将向科学显示出一个神奇的事实。如果我没有弄错的话，这是一个科学还未发现的事实，即一个真实的、主要的、**渐进的**共同体，它是一切社会秩序巧合的结果，其制度就是自由，其明显的目标是引导亲如兄弟的所有的人，从原始的平等即穷困与愚昧的平等走向拥有福利和真理的最终的平等。

如果事物的实用性与劳务价值的根本区别在其本身和它的推理中是确乎存在的话，人们不可能不认识到它的意义。因为，它在科学中一点也不吸收乌托邦思想；在满足所有的智慧和所有的向往的共同信仰中，它一点也不调和对立的学派。

有产权和有闲暇的人们，不管因你们的活动、诚实、等级和节俭达到了社会的哪一阶层，使你们害怕的混乱来自何方呢？啊，现在乌托邦带毒的香风已威胁着你们的存在了。为了安养晚年，保证有饭吃、受教育和儿女的前途，你们积蓄了一笔钱，有人说，并大声叫嚷，你们这样做损害了你们的兄弟。他们说你们处在上帝的赏赐物和穷苦人之间；像贪婪的征税官一样，你们以产权、利息、年金和租金之名向这些赏赐物征了税；你们截获了人类之父遗留给所有儿女的财富，然后又将它们出卖；他们呼吁你们偿还，使你们增加恐惧的是，在你们律师的辩护中往往有这种暗含的招供：窃取是极其明显的，但这是必要的。而我说：不，你们没有截获上帝的赏赐物；你们是从自然界手中无偿地得来的，这是事实，但是你们毫无保留地、无偿地将它们转让给了你们的兄弟，他们对你们也是这样做的。唯一互相**补偿**的事情就是体力或脑力劳动、流淌的汗水、所冒的危险、所使用的才干、所接受的节衣缩食、所付出的辛劳、**所享受到的和所提供的劳务**。你们可能只想到了你们自己，但你们的个人利益本身就被极有远见、极有智慧的上帝用作在人类中不断扩大共同体范围的工具。因为，没有你们的努力，你们向大自然所祈求的这些**有益的效应**——为了将它们毫无报酬地分发给所有的人——将永远在那里沉睡呢。我说**无报酬**，因为你们所得到的报酬只不过是对你们努力的一种简单的偿还，完全不是上帝赏赐物的代价。因此，你们心安理得地生活吧，不要害怕，也不要有所顾忌。在这个世界上劳务权是你们仅有的产权，这种产权是用你们忠实提供的和你们的兄弟自愿接受的劳务换来的。这种产权是合法的，不受伤害的，任何乌托邦都不能战胜它，因为，它是和自然的本质相联系，并滋生在一起的。任何理论都永远不可能动摇它，使它屈服。

　　劳苦与贫贱之人，你们不要闭眼不见这样一个真理：人类之初是一个完整的共同体，在不幸、贫困和愚昧方面完全是平等的。人类通过汗水得到了补偿，并走向另一个共同体，即不费大力而陆续得到上帝恩赐物的共同体，走向另一个平等，即福利、智慧和道德尊严的平等。是的，在这条可完善的道路上人们所走的步伐有先有后，你们不能仅因先遣队的快速前进会使你们的行进减慢而对此抱怨。但事情完全是相反的，没有一个迸发出的智慧的火花不在某种程度上照亮了你们的智慧，没有一个出自业主

的动机而实现的进步不是你们的进步；没有一种形成的财富不是
为了解放你们，没有一种资本不在你的劳动中增加你的享受程
度，没有一种获取的财富对你们来说不是取得财富的有利条件，
没有一种产权其任务不是为了你们的利益去扩大共同体的范围。
自然的社会秩序通过上帝安排得如此艺术，以至于在赎罪道路上
走在最前面的人自愿地、或不知不觉地、或有意无意地向你们伸
出了援助之手。因为上帝是这样来安排世间事物的：没有一个人
不在为自己诚实地劳动时，也同时在为所有人劳动。一切危害这
一美好秩序的行为对你来说不仅是杀人，而且也是自杀，这种说
法是非常真实的。人类是一个令人赞叹的锁链，在这根链条上出
现了一个奇迹：头几个链环向所有的链环传送一个渐进的运动，
这种运动越传越快直至最后一个链环。

　　博爱之人，平等的爱好者们，在文明道路上落伍的贫困者的
盲目保护者和危险的朋友们，你们这些人在这个世界上试图主宰
共同体，那为什么你们要先动摇利益和理智呢？为什么在你们的
骄傲中想把所有人的意志套上你们发明的社会枷锁呢？你们所追
求的这种共同体就好像要将天国搬到地球上来一样，可是你们看
到没有，上帝已经早就考虑到了，并已经将它建成了；上帝没有
等你们的发明就已将它变成了他的儿孙们的家产了；上帝不需要
你们的构思，也不需要你们的暴力；这种共同体根据上帝的美好
的旨意每时每刻都在实现；为了实行他的意志，上帝既不相信你
们幼稚的安排的偶然性，也不相信通过慈善表现出的同情原则的
各种形式，而是将实现他的意图的任务交给了我们的最活跃、最
深刻、最持久的力量——个人的利益，因为，他深知这种力量永
不休息。因此请你们研究出自伟大的机制发明者（上帝——译
者注）之手的这种社会机制，你们将会深信这种机制表现出的
一种普遍关怀远远超出了你们的梦想和幻想。那时你们可能不再
声称要改造上帝的功绩，而是满足于去赞美它了。

　　这不是意味着在地球上没有改革和改革者的地位。这也不是意味着人类不应该以自己的愿望去号召、以自己的认识去鼓励研究人员、科学工作者、具有献身精神的人，以及忠实于民主的心灵。人类非常需要这些人，但不是为了推翻社会规律，相反是要铲除妨碍社会规律、危害行动的人为障碍。事实上，很难弄明白人们是怎样不断重复这些陈词滥调的："对于既成事实，政治经济学是乐观的，它认为应该存在的东西**已经存在**了；看到好现象和坏现象它都说：**听其自然吧！**"什么？我们难道忘了人类是从贫困、愚昧和暴力统治中发展起来的吗？或者我们**面对这些既成事实是乐观的吗**？什么？难道我们不知道人的动力是对所有疼痛和所有劳累的极大反感；由于劳动是一种劳累，所以人的个人利益的第一种表现就是相互推诿繁重的劳动。那些吃人的字眼：战斗、奴役、特权、垄断、走私、掠夺、欺诈，将永远不会传进我们的耳朵，或者我们将会在这些可厌的现象中看到进步事业的必要机制。这不是人们有意将所有的事情这样混淆起来，然后指控我们将事情混淆了吗？当我们欣赏交易的顺乎天意的规律时，当我们说利益一致时，当我们由此得出结论：它们的自然引力趋向于实现相对平等和普遍进步时，表面上看起来我们是在这些规律的行动中，而不是在它们的干扰中期待和谐。当我们说：**顺其自然吧**，看起来我们是想说：**让这些规律起作用**，而不是**让人去干扰这些规律**。好事或坏事的产生，取决于人们是否顺应或违反这些自然规律。换句话说，只要每个人享有自己的权利，只要劳务能自由地、自愿地进行互换，利益便是和谐的。这是不是意味着我们不承认错误与公正之间的永恒的斗争呢？是不是我们看不到，或者是我们同意为用暴力或欺骗的手段改变劳务之间的自然同等性在以往任何时候所作出的努力，以及现在还在作出的努力呢？这正是我们以违背合乎天意的社会规律的名义和以侵犯产权的名义所反对的东西，因为，在我们看来，劳务的自由交换，正

义、产权、自由和安全永远是体现在各个方面的同一思想。应该
反对的不是产权的原则，而是对立的原则、掠夺的原则。大大小
小的产权所有者们，各种派别的革新者们，这正是应使我们和解
和团结的使命所在。

现在是开始这场斗争的时候了，而且是大好时机。对产权的
理论上的宣战既不是最激烈的，也不是最危险的。自世界形成之
初实际上就存在着夺取产权的阴谋，这种阴谋还远没有停止。战
争、奴役、欺诈、苛捐杂税、垄断、特权、商业走私、殖民地、
劳动权、贷款权、受援助权、受教育权、根据能力的直接原因或
相反原因征收累进税，所有这些重锤无数次地撞击着业已摇摇欲
坠的支柱。人们能否告诉我，在法国，甚至在自认为的保守派
中，有没有很多人以这样或那样的形式不在从事着破坏的事
业呢？

在有些人看来，产权从来只是以一块土地或一袋钱币的形式
出现的。只要人们不移动神圣的地界，只要人们不去掏尽他们的
囊中之物，这些人便感到很坦然。

难道没有双手产权、能力产权和思想产权，一句话，难道没
有劳务产权吗？当我向社会提供一种劳务时，如果我可以根据自
然同等性规律来解释的话，这不就是我在社会中暂存的权利吗？
这种权利不是与人们同意与我交换的任何其他的劳务是同等的
吗？我们一致同意建立了一种公共力量以保护我们所理解的产
权。要是这种力量本身以为拥有并赋予自己搅乱这一平衡的使
命，而且这种搅乱是在社会主义者们借口垄断产生于自由和**顺其
自然**是可恶的、毫无怜悯之心的情况下进行时，那么我们处于什
么样的境地呢？如果事情如此发展，个人的偷盗将会不常见，并
受到严厉的惩处，可是抢劫倒是有组织的、合法的和经常性的
了。革新家们，放心吧，你们的事业并未告终，你们只要努力去
理解你们的事业就行了。

在研究公开的或私下的、合法的或非法的掠夺之前，在研究这种掠夺在世界上的作用和它作为社会问题内容的意义之前，如果可能的话，我们应该对共同体和产权有一个正确的认识，因为，就像我们将要看到的那样，掠夺只不过是产权的极限，如同产权是共同体的极限那样。

从以上的篇章中，尤其从论述"实用性与价值"的篇章中，我们可以推断出这样的公式：

任何人都可无偿地享受自然界所提供或设计的全部实用性，只要他付出辛劳去搜集这些实用性，或者给那些为他代劳向他提供劳务的人报以等价的劳务。

这里有两个相互联系、融合在一起的事实，尽管它们在本质上是有区别的：

有自然的赠与物，无偿的物质和无偿的力量，这是**共同体**的范畴。

此外，还有用于搜集这些物质、领导这些力量的人类的努力，这些努力是相互交换、相互估价和相互补偿的，这是**产权**的范畴。

换句话说，我们彼此都不是事物实用性的产权所有者，可是是事物价值的产权所有者，价值只是对互相提供劳务的评价。

产权、共同体是与**有偿**和**无偿**思想相关的两种思想，这两种思想正是从有偿和无偿中而来。

无偿的东西便是**共有**的，因为每个人都享有，而且允许每个人无条件地享有。

有偿的东西被据为**私有**了，因为，要付出的辛劳是满足的条件，如同满足是付出辛劳的理由一样。

交换会出现吗？交换是通过评价两种辛劳或两种劳务来完成的。

这种对辛劳的求助包含了障碍的思想。因此人们可以说，障碍越小，所寻求的目标就越接近无偿和共有。因为，根据我们的大前提，完全没有障碍将导致最完美的无偿和共有性。

　　然而，在不断进步和可臻完善的人类面前，障碍从来不能被看作一个不变和绝对的量，障碍是可以变小的，因此辛劳也随之减小，劳务随着辛劳减小，价值随着劳务减小，产权随着价值减小。

　　实用性将永远不变：因此，无偿和共有性之所得正是有偿和产权之所失。

　　要让人去劳动必须有一个动机，这个动机便是他所追求的满足，或**实用性**。他的毋庸置疑和不可征服的倾向，就是用最小的劳动去实现最大可能的满足，就是使最大的**实用性**适合于最小的产权。由此得出，产权，更准确地说是产权思想的使命就是实现越来越大的共同体。

　　由于人类的起点是最大限度的贫困，或者说是需要克服的最大障碍，很明显人类在各个时期的一切所得，皆因为有了产权思想。

　　事实既然如此，那么在世界上就仅有一个人在理论上反对产权吗？人们不是看到了不可能想象有一种比产权更公正同时又更民主的社会力量吗？蒲鲁东自己最基本的信条是**劳务的互助性**，在这一点上我们是一致的。我们与他不同的是：我将这一信条称之为**产权**，因为在对事物进行寻根刨底时，我确信自由的人除了价值的产权或他们的劳务产权外，他们没有也不可能有别的产权。与此相反，蒲鲁东以及大部分的经济学家却认为，某些自然因素**有其特殊的价值**，因此这些因素被据为**私有**了。至于劳务产权，蒲鲁东绝不反对，而是笃信无疑。有没有人还愿意走得更远呢？有没有人甚至会说一个人不应该成为他自己辛劳所得的主人呢？并说在交换中无偿让与自然因素的合作是不够的，还要无偿让与他自己的努力呢？请大家注意，这种说法将是为奴隶制歌功颂德。因为说某些人应该尽义务，就是说另一些人应该接受无报酬的劳务，这不就是奴隶制吗？如果有人说这种无偿应该是相互的，这是令人无法理解的咬文嚼字。因为，或者在交换中有一点公正，那么劳务将会以这种或那种方式进行**估计**，并得到补偿；或者劳务将不被估价和补偿，在此情况下，一些人提供很多的劳务，其他人只提供少量的服务，这还是一种奴隶制。

　　因此，不可能反对根据等价原则交换得来的合法的劳务产权。解释这一合法性，我们不需要哲学和法学，也无须形而上学。社会主义者们、经济学家们、平均主义者们与博爱者们，只要你们不改变立场，我就敢于向你们挑战，我看你们未必能找到哪怕是一星半点反对**自愿提供劳务的合法的互助性**，也就是反对存在于自然社会范围内我称作为产权的理由。

　　当然，我知道在实际上产权还远未建立起它的独霸地位，它还面对着与它敌对的事实。有的劳务不是自愿提供的，其报酬不是自由决定的，有的劳务的等价性被暴力或欺骗破坏了，一句话，有掠夺现象。产权原则的合法性没有被宣告无效，而是被证实了。人们侵犯它，正说明了它的存在。要么不要相信世界上的任何事情，既不要相信事实，也不要相信正义，既不要相信普遍的赞同，也不要相信人的言语；要么应该承认，产权和掠夺这两个词表示了人们难以辨别清楚的相互对立和互不调和的思想，就像人们难以分辨是与非、光明与黑暗、真与伪、和谐与不一致那样。因此，**产权就是偷窃**这一出名的公式按字面意义来说是空前荒谬的。没有比说**偷窃就是产权**、合法就是非法、是即非云云更为过分的了。很可能制造这种奇谈怪论的人是想紧紧抓住人们的思想，人们总是好奇地想看到这些人怎样来说明一种反派理论的，实际上这种怪论者想要说的是：某些人不但要别人给他们进行的劳动付出报酬，而且也要别人给他们没有进行的劳动付出报酬，这样他们便把上帝的赏赐物、无偿的**实用性**和所有人的财富完全占为己有了。在这种情况下，应首先证明论点，然后去说：
偷窃就是偷窃。

　　偷窃在普通语义中的含义是：用暴力或欺诈手段去占据一种
价值，不仅没有征得这一价值创造者的同意，而且对其造成了损
害。这样人们便能理解假的政治经济学是怎样扩大**偷窃**这一不祥
字眼的意义的。

　　首先，人们将**实用性**与价值混为一谈。其次，因为自然对创
造实用性进行了合作，因此人们得出结论：自然也对创造价值提
供了合作，并说，这一部分价值不是任何人的劳动果实，因而是
属于大家的。最后，还应指出价值永远是通过报酬转让的。人们
又说，谁将自然创造的、不属于人的劳动的和**事物本身固有的**价
值归于自己，谁就是**偷窃者**，价值是事物的**本质**之一，是由上帝
指定的，如同重力，或多孔性、形状或颜色一样。

　　对于价值的准确分析推翻了上述东拼西凑起来的微妙论调，
由此人们想推断出掠夺与产权之间可怕的类似性。

　　上帝给人提供了物质与力量。为了占有这些物质和力量，有
的需要辛劳，有的无须辛劳。如果不需要任何辛劳，没有一个人
会自愿同意付出努力向别人购买他可以不费气力地从上帝手中得
到的东西。这里没有劳务，没有交换，没有价值，也不可能有产
权。如果需要辛劳，这种辛劳将非常正当地落在应该感到满足的
人的身上，由此可知，满足应归于付出辛劳的人。这便是产权的
原则。这样假定以后，一个人是为了自己而付出辛劳的，这样他
就变成了由自己的辛劳和自然共同实现的所有使用性的产权所有
者。他拥有的**使用性**可以让与别人，在此情况下，作为交换他规
定以同等的劳苦作为媒介让与**使用性**，结果表明有两种辛劳，两
种易了手的**使用性**和两种满足。但是不要忘了交易的成交是通过
对交换的两种劳务进行比较和估计进行的，而不是通过对两种使
用性进行比较和估价进行的（两种**使用性**是无法估价的）。从个

人角度来看，人通过劳动变成了自然**使用性**的主人（他就是为此而劳动的），不管劳动与使用性的关系变化到何等程度。但从**社会**的角度来看，人与人之间从来只是互为价值的主人，这种价值的基础不是自然的慷慨，而是人的劳务、付出的辛劳、经历的危险和为得到大自然的赠与所使用的技能。一句话，关于自然的和无偿的**使用性**，最后一位购买者，通过交换完全被放置在第一位劳动者的地位和位置上。第一位劳动者面对的是某一无偿使用性，他费力获取了它，而最后一位购得使用性者以同等的辛劳去偿还第一位劳动者，因此继承了他的一切权利，他同样得到了**使用性**，也就是说通过辛劳无偿地获得的。这里没有过度截取上帝赏赐物的事实和表象。

所以，我敢说下面的命题是不可动摇的：**人与人之间只是互为价值的主人，价值只代表经过比较、自由接受和自由提供的劳务**。

一方面这是**价值**一词的真正含义，这一点我已在第五章中讲述过了；另一方面，人们相互之间从来是，也只可能是**价值**的拥有者，这完全是从推理和经验中得出的结论。从推理的方面来说，我怎么去付以辛劳从一个人手中购买我不用付出辛劳或很少的辛劳可从自然界中得到的东西呢？从普遍的经验来说（在这个问题中普遍经验是不容忽视的一个方面），在任何时代和任何国家，若要使人相信某种理论，没有比依靠人们的理智和实际的赞同更为合适的了。然而我说普遍性的赞同认可了我在这里给产权一词下的定义。当一位政府官员在一个人死亡后或为司法机关对**财产造册**时，当商人、手工工场主和农庄主为自己的财产登记造册时，或由破产管理人来做这项工作时，他们见到一件物品后在盖了公章的登记簿上怎么写呢？写它的**使用性**，还是写它固有的本质呢？不，写它的**价值**，即任何一个购买者为得到一件同样的物品需要付出的辛劳的等价。专家们是不是想知道这一物品比

那一物品更有用呢？他们是不是从它们能够产生的满足的角度来
看问题呢？他们是否认为一把锤子比一件中国古玩更有价值呢？
因为锤子会以一种奇妙的方式使万有引力定律变得对它的主人有
利。他们是否认为一杯水比一颗钻石更有价值呢？因为从绝对的
方式说，一杯水可以提供更为现实的劳务。他们是否认为萨伊的
书比傅立叶的书更有价值呢？因为在萨伊的书中他们可以汲取到
真正的享受和更坚实的教育。不是这样，请你注意，他们是严格
根据我的定义进行**估价**并写出**价值**的——或者说得更清楚些，是
我的定义符合他们的实践——他们考虑的不是自然的好处或依附
于每种物品的无偿使用性，而是任何一个购买者为自己的需要提
供的劳务，或向想要得到这件物品的其他人索要的劳务。他们看
重的不是上帝付出的辛劳，请原谅我这种冒昧的说法，他们看重
的是购买者将要付出的辛劳。当登记造册完毕后，当公众知道了
登记簿上标明的总价值时，大家便会异口同声地说：这就是继承
人所拥有的财产。

既然财产所有者只拥有价值，既然价值只表示关系，由此得
出，产权本身就是关系。

当公众看到了两本财产造册时说："这个人比那个人富有"，
他们不是想说两种产权的关系表示了两种绝对财富或福利的比例
关系，他们在满足和绝对福利中带进了一部分大量改变这种比例
的**公共使用性**。事实上，所有的人在日光、可呼吸的空气和太阳
的热量面前是一律平等的。由产权的不同和价值的不同所表现出
来的不平等只应该是**有偿使用性**的不平等。

我已重复过多次，大概还要重复数次，因为这是社会各种和
谐中最重要、最美好、可能是最鲜为人知的和谐，它概括了其他
所有的和谐。将有偿使用性转变为无偿使用性；降低价值而不降
低使用性；使每个人为得到同样的东西而自己付出更少的辛苦或
给别人更少的辛苦报酬；不断扩大公共事物的数量，以便所有的

人以同样的方式享受这些公共事物，并逐步消除来自产权差别的不平等现象，所有以上这些都是进步的本质所在，而进步也只能体现在这些方面。

我们不要为分析这一机制的成果而感到厌倦。

我在观察社会现象时，有多少次深深感到卢梭这句话的正确性："要有多少哲理才能观察我们每日所看到的现象啊！"所以，**习以为常**像一片薄纱一样掩盖着平庸之辈的眼睛，专心的观察家有时也不能摆脱它，它阻碍我们去认清经济现象中最美好的现象：真正的财富不断从产权领域落入共同体领域。

让我们尽力去发现这种民主的变化，如有可能的话，去衡量它的意义吧。

此外，我说过如果我们想要从实际的福利角度比较两个时代，我们就应该把一切归于按时间计算的总劳动，并给我们自己提出这样的问题：根据社会的发展程度，总劳动的一个特定时间限度（比如说一个普通勤杂工的一个工作日）所得到的满足有多大的差别？

这一问题又包含了两个别的问题：在发展之初，满足与最简单的劳动之间的关系如何？今天这种关系又怎么样？

以上两种关系的差别将表明无偿**使用性**对于有偿**使用性**的增长和公共领域对于私有领域的增长。

我认为政治家不可能会遇到一个更有趣、更有教育意义的问题。请读者原谅我，为使问题得到圆满解决，我使用了众多的例子使你们感到厌烦。

一开始时我曾用了人类最基本需要的一种专门术语：呼吸、食物、穿衣、住房、交通、教育、消遣，等等。

还是根据这一顺序，我们来看一看一个普通的短工通过一定数量的劳动日，在当初和今天能得到多少他满意的东西。

呼吸　从一开始无偿与**共有**性就是很完整的。大自然包揽了一切，使我们无事可做。没有努力，没有劳务，没有价值，没有产权，也无进步可言。从**使用**角度来说，迪奥热内与亚历山大一样富有；从价值角度来说，亚历山大与迪奥热内一样富有。

食物　在目前情况下，在法国100公升小麦价值与15—20个最简单的劳动日的价值相等。这一事实尽管人们对它不了解，仍值得一提。今天在研究由无产者短工所代表的人类落后现象时，我们发现人类用15个最简单的劳动日可以满意地获得100公升小麦，这是有积极意义的。根据计算，一个人的食物需要300公升小麦。因此，一个普通勤杂工在他的全年劳动中拿出45个至60个劳动日就能生产出他所需要的食物，至少是食物的价值（这对他来说是一回事）。如果我们用1来代表价值的单位（我们用它来表示**一个简单劳动日**），100公升小麦的价值将根据年份用15、18或20来表示。

这两种价值之比为1比15。

要知道有没有进步，要来衡量这种进步，应该自问一下，人类在发展之初的这种比例是怎样的。其实我不敢随便说一个数字，然而要解这个X是有办法的。当你听到一个人宣称反对社会秩序、反对土地私有化、反对利息和反对机器时，你把他带到原始森林中去，或把他带到发出臭气的沼泽地边去，你对他说："我想让你从你所抱怨的枷锁中解放出来，我想让你从无政府状态竞争的残酷斗争中、从利害冲突中、从富人的自私自利中、从产权的压迫中、从机器的严重对抗和从社会的窒息气氛中解脱出来。这里有一块土地，它与第一批垦荒者所面对的土地是一样的。如果你乐意的话，你可以要10公顷、100公顷。你自己去种田吧，你生产出来的东西全部归你所有。我只有一个条件：你不要去求助那个坑害你的社会。"

应该指出，这个人面对土地所处的与人类初期所处的情形是一样的。如果我说他每两年生产不出一百公升小麦，恐怕不会有人反对我。比例为 15 比 600。

这里进步便衡量出来了。仅就小麦而言——尽管他被迫付出地租、资本的利息和工具的租金——或更确切地说是他自己支付的——一个短工用 15 个劳动日的所得是他用 600 个劳动日难以得到的。用最简单的劳动衡量的小麦的价值因此下降到 600 与 15 之比，或 40 与 1 之比。对于人来说，现在 100 公升小麦与古远时期的 100 公升小麦有着完全同样的使用价值，它有同样的可食量，它在同样的程度上满足了同样的需要，它有同样的**真实财富**，但再没有同样的**相对财富**了。小麦的生产大部分已经**交给了自然**负责，人们用**较小的人力劳动**便可获得，在转手交换时人们提供的劳务少了，小麦的**价值小了**。一言以蔽之，小麦变成了无偿产品，不是绝对的，但在 40 比 1 的比例中是这样。

小麦不仅变成了**无偿的**，而且在这一比例上也变成了**公共的**。因为，39/40 的努力被取消了，不是对其生产者有利，而是对其消费者有利，不管消费者从事什么性质的劳动。

衣服　这一现象也是一样。一个普通勤杂工走进沼泽派①商店，他在那里买得一件衣服，其价值合他的 20 个劳动日，我们可以认为这件衣服的质量是最次的。如果他想要自己制成这件衣服，他一辈子都不会做成。如果他想买一件与亨利四世时期相仿的衣服，可能需要付出三四百个劳动日。对于织物来说，用简单的劳动时间来计算的这种**价值**差别是怎样的呢？这种差别消失了，因为**无偿**的自然力量起了作用，差别的消失有利于全人类。

应不断地指出这一点：每个人应该给他的同类偿还的劳务与他从同类那里所得到的劳务是等价的。因此，假如织布匠的技术没有任何进步，只是部分地利用**无偿**力量来织布，织布匠将要用

_____

① 又译"平原派"，为法国大革命中立法议会、国民公会期间的温和党派，"热月 9 日政变"后上台执政。——译者

二三百个劳动日才能织成布匹，那么这位勤杂工将要用二三百个劳动日才能买下布匹。尽管织布匠有良好的意愿，既然他无法使人为他出让二三百个劳动日，无法使人因无偿力量的干预和实现了的进步为他付出报酬，人们可以完全正确地说，实现进步有利于购买者和消费者，有利于普遍的满足，有利于人类。

交通　在一切进步来到之前，当人类与我们所举例的那位短工一样不得不进行原始和简单的劳动时，假如有一个人欲将一公担的重物从巴黎搬运到巴约内去，他只有这样的选择：或肩负重物，翻山越岭，自己去完成任务，这至少要他劳累一年；或者请别人为他代劳，根据假设，新的送货郎将使用同样的方法，需要同样的时间，他将向货主要一年的工钱。因此，这一时期简单劳动的价值为1，在二百里距离内运输一公担重物的价值为300。

事情有了很大变化。其实，在巴黎没有一个勤杂工不能用两天的劳动来完成同一任务，选择完全是一样的，还是要自己来进行运输，或者支付报酬雇用别人来完成。如果我们的那位短工自己去完成，他仍需要一年的辛劳。要是他请专业工人，他用三至四法郎可找到20个承包人来完成这一任务，即相当两个简单劳动日的代价。因此，简单劳动的价值为1，运输的价值过去为300，现在只为2了。

这种惊人的革命是怎样来完成的呢？啊！花了几个世纪的努力才完成的！人们驯服了某些动物，凿通了山梁，填平了山谷，在河道上架起了桥梁。人们首先发明了雪橇，然后发明了车轮。人们使障碍或使劳动、劳务和价值的机会变少了。一句话，人们用两份辛劳做到了起初用300份辛劳才能做到的事情。这一进步是由那些只想到自己利益的人们来实现的。然而，今天谁是受益者呢？我们那个可怜的短工，还有我们大家。

希望人们不要说这不是**共同体**。我说这是严格意义上的共同体。起初，对所有人来说，300个简单劳动日或在一定比例上较

少的智力劳动日就可以获得满足。现在 300 个劳动日中的 298 个
已交由大自然来完成，人类被免除了这些劳动。然而，在这些被
消除的障碍面前，在缩短的距离面前，在被取消的劳累面前，在
被取消的价值面前，很显然所有的人都是平等的，因为所有的人
都得到了成果，而不用付出报酬。他们要付报酬的是剩下的人力
劳动，用简单劳动来表现的 2。换言之，在技术上没有提高和只
能提供体力劳动的人要想得到满足还要进行两个工作日的劳动。
所有其他的人用较短时间的劳动便能得到这种满足：巴黎的律师
年薪 3 万法郎，他用 1/25 个劳动日就够了，等等。从这里人们
可以看出，在被取消的价值面前所有的人都是平等的，不平等局
限在仍然残存的价值领域或在产权领域内。

举例说明对科学来说是一种危险。读者一般的思想倾向于认
为，科学要描绘的现象只在用来举例的特殊情况下才是真实的。
上述说过的小麦、衣服、交通的例子是普遍真实的，这是很明显
的。当作者普遍化时，读者应加以个性化。当作者致力于重大
的、冷酷的分析时，读者最不愿意去综合。

总之，这种综合规律可以给它这样的公式：

价值是社会产权，产生于努力和障碍。

随着障碍的减小，努力、价值，或产权领域也随之减小。

**给予每一次满足之后，产权总是向后退缩，而共同体则不断
前进。**

要不要像蒲鲁东那样由此作出结论：产权必将消亡？对于每
一个要实现的努力，对于每一个要得到的满足，产权总是向共同
体退让，能不能因此说产权将在共同体中被吸收和被消灭呢？

这样作结论是完全不懂得人的本性。这里我们遇到了一种诡
辩，这种诡辩与在资本利息问题上遭到我们驳斥的那种诡辩相
似。他们曾说，利息趋向降低，因此它的命运就是被消灭。现在
他们说，价值和产权降低了，因此它们的前途便是消亡。

一切诡辩在于使用这样的言辞：**为获得每个特定的效果**。是的，人类用更少的努力取得了**特定的效果**，这是非常真实的。正是在这一方面效果是逐步的，可以改进的，正因为这样，在从给予满足的观点研究产权的相对领域时，我们可以肯定产权的**相对领域**在缩小。

所有**可能取得的效果**都已经完了，这是不真实的，因而认为进步的本质就是改变产权的**绝对**领域的说法是荒谬的。

我们以各种形式说过多遍：随着时间的推移，每种努力都可以作为更大量的无偿使用价值的导体，但不能由此得出结论：人类将永远不会停止作出努力。人们从这里应该推断出的只能是：人类多余的力量将去征服其他的障碍，以同样的劳动去实现前所未有的满足。

我将还要强调这一思想。当人们大胆说出产权和共同体这两个可怕的字眼时，在现时应该允许不要有任何过分的解释。

在人类生存的一定时期，孤立的人只能拥有一定数量的努力，社会也同样如此。

当孤立的人利用自然的力量帮助自己实现一种进步时，**与所追求的有用效果相比**，他的总的努力相应减少了。要是这个人满足他的最初的状况，将他的进步转变成闲暇**时间**，并不再将这一部分多余的努力用于获得新的享受，他的努力总量也将以**绝对**的方式减少。这就要求志向、欲望和向往是有限的力量，人的心不能无限量地扩大。然而，事情远非如此。鲁宾孙刚刚将他的一部分工作交给了大自然，他就将剩余的努力去从事新的事业。他的努力总量不变，只是在这些努力之中有一种努力在更大比例的自然力量的无偿帮助下，更具有生产性和更有成效。正是这种现象在社会内部实现了。

在犁、耙、锤、锯、牛马、风帆、瀑布、蒸汽相继免除了人类一大部分努力去取得每一个成果之后，其结果不一定是这些多余的努力会闲在那里不动。请让我们回忆一下我们在论述需要和欲望的无限扩展性时所说过的话。此外，请我们看看这个世界，我们可以毫不犹豫地承认，当每次人类用自然力量战胜一种障碍时，他们就将自己的力量去克服其他的障碍。印刷更容易了，印刷得也就更多了。每一本书的出版所需人力更少，价值和产权也更少，但是书更多了。总之，有多少努力就有多少价值和产权。对于衣服、房屋、铁路和所有人的生产，我都可以这样说。不是整个的价值降低了，而是整个使用价值增加了。不是产权的**绝对**领域缩小了，而是**共同体**的绝对领域扩大了。进步没使劳动停顿，进步扩大了福利。

无偿与共同体这是自然力量的领域，这一领域不断扩大，这是推理和事实的一条真理。

价值与产权这是人力和相互提供劳务的领域，这一领域不断紧缩，但只对每个特定的结果而言，而不是对整个的结果而言，只对每个特定的满足而言，而不是对全部的满足而言。因为，可能的满足向人类展开了宏大的前景。

因此，相对产权不断让位于共同体有多正确，绝对产权趋向于在这个世界上消失就有多错误。这是一位开拓者，他在一个圈子中完成了任务，又进入了另一个圈子。为了使他的任务消失，劳动就应该没有障碍，人类的所有努力都应变成多余的，人们应该再没有机会去交换，去互相提供劳务，一切生产都应该是自发的，只要有欲望马上就能满足，在**诸神面前**应该人人**平等**。那时，真的一切将是无偿的，一切将是公共所有的：努力、劳务、价值、产权，任何我们生就的弱点都没有存在的理由了。

但是尽管人的能力有了提高，人远远不是万能的。在无穷尽的阶梯上他走到了什么程度了呢？我们所能了解到的神明具备的特点，就是在它的意志与完成它的意志之间没有障碍：说光明存在，光明即现。由于摩西无法说明人类本性以外的事情，致使他猜想在神的意志与光明之间存在着说出一个字的障碍。不管人的可进步的本性给自己保留了什么样的进步，人们可以说，这些进步将永远不能扫除在永无止境的福利道路上遇到的所有障碍，不会使人的体力和智力劳动变得无用。理由很简单：因为随着某些障碍被克服，欲望便膨胀起来，遇上新的障碍，这些新障碍又要求新的努力。因此，我们总是有劳动、交换和**估价**要去做。这样占有将要一直存在到世界的末日，占有量将随着人变得更活跃、更众多而不断增大。尽管每一种努力、每一种劳务、每一种价值和不断转手的相对产权将成为无偿与公共使用性比例增长的导体。

　　读者可以看到我们给予产权一词的定义很广，但仍然是很准确的。**产权就是把自己的努力归于自己的权利，或以接受同等努力的让与将它出卖的权利**。区别产权所有者和无产者是完全错误的，除非人们认为有一个不从事任何劳动或没有权利拥有自己的努力、没有权利给别人提供劳务或接受交换得来的劳务这样一个阶级。

　　人们将产权一词只用于一种特殊的形式、资本、土地和可以生利的东西，这是错误的。正是根据这种错误的定义人们然后将所有的人分成两个对抗的阶级。分析证明利息和年金是提供劳务的成果，与人工费同出一源，有同样的性质和权利。

　　世界是由上帝慷慨提供材料和力量的一个广大的工场。人的劳动将这些材料和力量归为己有。以前的努力、现在的努力，甚至未来努力的许诺都可以拿来互相交换。交换中发现的努力的相对好处与材料和无偿力量无关，它显示了价值。每个人正好是他自己产生的价值的所有者。

　　人们可能会这样反驳：正如你们所说，一个人只是价值或被公认的他的劳务成果的所有者，这有什么关系呢？价值产权包括和它联系在一起的使用价值和产权。让有两袋小麦，彼得只有一袋小麦。你们会说，让在**价值上**有两倍的富有，可是殊不知他在**使用价值**，甚至在自然**使用价值**上同样如此，他可以再吃一次。

无疑他不也完成了双倍的劳动吗？

还是让我们来看看反对意见的实质吧。

我们已经说过，主要的、绝对的财富存在于**使用性**，这正是这一词本身所表达的。只有**使用性**才能够使用，只有它与我们的需要有关系，当人们在劳动时考虑的也只是**使用性**。至少它是人们最终追求的，因为事情不能为我们充饥解渴，因为它只含有价值，不含有**使用性**。

然而，必须考虑到社会在这方面产生的现象。

在孤立状态下，人所向往的是实现**使用性**，而不管价值，而且价值这一概念那时对他并不存在。

相反，在社会状态中，人希望实现价值，而不去考虑**使用性**。他所生产的东西不是为了自己的需要，从这时起他所生产的东西用处大小对他没有什么重要，而是让怀有愿望的人对这一点加以判断。至于生产者，他所感兴趣的是在市场上人们给他的产品以最好的价值，可以肯定他将能从市场上根据自己的选择得到更多的**使用性**，因为他给市场提供了更多的价值。

劳动的分工带来了这种情况：每个人生产的不是他消费的产品，他消费的是别人生产的产品。作为生产者，我们追求价值；作为消费者，我们追求**使用性**，这是属于普遍的经验。钻石琢磨工、花边绣工、酿酒工和罂粟种植者他们不去考虑他们产品的消费是不是合适，只要他们的生产能实现价值他们就生产，这对他们就足够了。

在这里顺便提一下，证明道德不道德的不是生产，而是欲望。人类道德的提高不是靠生产者的德性，而是靠消费者的德性。多少人曾大叫大嚷地反对英国人在印度收获鸦片，有人说他们的目的旨在毒化中国人！这是不了解和回避道德原则。人们从不去阻止生产因深受欢迎而具有价值的东西。应该由希望得到满足的人去估量这些产品的后果，人们企图将预见性和责任分开这是枉费心机。我们的葡萄生产者们酿酒，只要酒有价值他们就造酒，从不费心思去了解这种酒有没有在法国引起酗酒或在美国造成自杀。决定生产方向的是人们对自己的需要和自己满足的评价。这对孤立的个人同样适用，假如一种愚蠢的虚荣心战胜了鲁宾孙的饥饿，他就不会把时间用来打猎，而是用来梳理帽子上的羽毛装饰品。同样，一个严肃的民族将会从事严肃的产业，一个轻浮的民族将去从事轻浮的产业（参看第十一章）。

我们回顾一下，我说：为自己生产的人只看到**使用性**；为别人生产的人只看到价值。

然而，我给予定义的产权建立在价值基础之上，由于价值只是一种关系，所以产权本身也是一种关系。

倘若只有一个人生活在地球上，他的脑海中绝对不会有产权的想法。作为获取自身周围的所有**使用性**的主人，从不会遇到限制自己权利的类似权利，他怎能想起说："**这是属于我的**"呢？这句话必须有一句相应的话："**这不属于我的**"或"**这是属于别人的**"。**你的**和**我的**不可能孤立地形成，应该由产权一词带来联系，因为产权强烈地表示了一件物品是**属于一个人的**，同时也表明了这件物品**不属于任何其他人**。

卢梭说：第一个围地的人大胆宣布"**这块地是我的**"，他便是文明社会的真正的奠基人。

围栏不是意味着排他思想，因此也是一种关系思想，那又是为什么？如果围栏的目的仅仅是阻止野兽进入田地，这是一种小心谨慎，不是产权的标志。相反，一种界标却是产权的标志，而不是小心谨慎的标志。

所以，所有的人都是真正的产权所有者，这仅仅是一部分人对另一部分人相对而言的。这样假设以后，他们是什么东西的所有者呢？价值的所有者。在他们的相互交换中人们对这一点看得非常清楚。

根据我们的习惯做法，举一个简单的例子吧。

自然界可能永恒地在泉水中加入使它能为我们解渴，并能为我们具有**使用性**的一些品质。这个例子肯定不是我的发明，因我不知道也没有参与提出这个例子。从这一角度来说，我完全可以讲，水对于我来说是上帝无偿的恩赐物。我**自己**所做的就是去为汲取我每天的饮水所作的努力。

通过这一行动，我成了什么东西的所有者呢？

如果人们可以这样说的话，对我而言，我是自然界在水中加入的所有**使用性**的产权所有者。我可以随心所欲地使它对我有利，正因如此我才花了力气将它取来。反对我的这一权利就意味着：虽然人们没有水就不能生活，他们没有权利喝他们用自己的劳动取来的水。我想共产党人尽管他们走得很远，也不会出来反对我的说法。甚至在加贝统治时期，当伊卡里亚羊羔渴了的时候，也一定会允许它们去清澈的河边饮水的。

但对于其他人来说，假定他们也可以自由地像我那样去做，我只是而且也只能是人们用借代语所称为的**水的价值**（即我卖水所提供的劳务的价值）的**所有者**。既然人们承认我有饮这种水的权利，他们就不可能反对我将它转让的权利。既然人们承认另一个签约人像我一样有权去泉边取水，人们也不可能反对他有权接受我的水。如果一个人有权转让，另一个人有权接受，但要付以自由确定的报酬，那么，前者对于后者来说就是所有者。其实，不停下来进行如此幼稚的论证，人们就不可能在政治经济学上前进一步，在这样的时代著书立说真是不愉快之事。

但在什么基础之上来达成协议呢？一定要知道这一点才能评价在民主温情主义者们听来如此刺耳的"产权"一词的全部社会意义。

很明显，由于我们两人都是自由的，我们将重视我已付出的辛劳，他将免除的辛劳，以及形成价值的所有情况。我们讨论我们的条件，如果生意成交，便可以既不夸张又不含糊地说：我的邻居**无偿地**获得了，也可以说**与我一样无偿地**获得了水的所有使用性。要不要证明是人的努力，而不是固有的使用性决定了交易的比较昂贵的条件的呢？人们会同意这种使用性是一样的，不管泉水是近是远，只是付出的辛劳或将要付出的辛劳根据距离的远近有所不同，因报酬是根据辛劳而变化的，价值与相对产权存在于辛劳之中，而不是在使用性之中。

对于其他人来说，我只是也只能是我的努力和我的劳务的产权所有者，我的努力与劳务和神秘而又不可知的造物活动是毫无共同之处的，这一点是肯定的。大自然通过造物活动给事物提供了使用性，这正是它的劳务。要是我的要价过高那是徒劳的，我的事实上的产权将会受到限制，因为，假如我要求的高于我提供劳务的价值，我的邻居将去自行提供劳务。这一限制是绝对的、不可逾越的和决定性的，它充分解释和说明了产权必然被限制在劳务互换的很自然的权利之内。这一限制意味着以下的思想：对自然使用性的占有只是名义上的和表面的；1公顷土地、1公担铁、100公升小麦和1公尺布的产权的说法是一种真正的假借，它与水、铁等的价值的说法一样；由于大自然赋予了人类这些财富，所有的人都可以无偿地共同享有它们；总之，共同体与产权和谐地结合在一起，上帝的恩赐物存在于其中的一个领域中，只有人的劳务形成了另一个非常合法的领域。

为了说明公共领域与私有领域的分界线，我选择了一个很简单的例子，从这个例子中人们不能得出这样的结论：这条分界线会在更为复杂的交易中消失。不，它将继续存在，并总是在所有的自由交易中出现。到泉边打水的行动可能太简单了，要是仔细观察人们会相信，种植小麦的行动更为复杂是因为这一行动包括了一系列同样很简单的行动，在每一个行动中自然与人的合作结合在一起，所以选择的这个例子是一切经济现象的典型。不管是水、小麦、布匹、书籍、运输，还是画、舞蹈、音乐，某些情况可能给某些劳务更多的价值，我们已承认了这一点。但是任何人都不能获得额外的报酬，特别是自然协作的报酬，因为协议的一方可能对另一方说："要是你的要价超过了你的劳务价值，我就去找别人，或我将自行提供劳务。"

这样证明产权还嫌不够，我还想让最坚定的共产主义者来珍视它。为此应怎么做呢？描绘产权的民主、进步和平等的作用，使人们懂得它不仅不将上帝的恩赐物垄断在少数人手中，而且它的特殊使命是不断扩大共同体的圈子。从这一点来说，它比柏拉图、莫吕斯、费纳隆或加贝先生要智慧得多。

世界上存在着人们在完全平等的基础之上无偿并共同享受的财富，在社会秩序中和产权之下存在着一个真实的共同体，对此没有一个人有异议。不论是经济学家还是社会主义者，只要有眼睛便能看到这一点。所有上帝的子孙们在某些方面都得到同样对待，所有的人在把他们附着在地面上的引力面前，在适合于呼吸的空气、日光和汹涌的流水面前，都是平等的。这种与价值或产权不相干的广泛而巨大的公共财富，萨伊称之为与**社会财富**相对的**自然财富**，蒲鲁东称之为与**获得的财产**相对的**自然财产**，孔西戴朗称之为与**创造资本**相对的**自然资本**，圣·夏芒称之为与**价值财富**相对的**享受财富**，而我们称它为与**有偿使用性**相对的**无偿使用性**。随便人们怎样去称呼它，这足以说明它是确乎存在的，在人世间存在着一种能无偿和平等地使人们得到满足的公共财富。

如果这种社会的、获得的、创造的和有偿价值的财富，一句话产权，分配得不均等，人们不能说这是不公正的，因为它对每个人来说是同产生它的劳务成正比的，它只是这种劳务的估价。此外，很明显，这种不均等根据以下的数学规则被存在的公共财富减轻了：两个不相等的数字分别加上一些相等的数字其相对不等性便减弱了。所以，当我们的财产清册表明一个人比另一个人两倍富有时，如果我们考虑到他们的无偿使用性部分，这个比例就不准确了。如果这种公共财富的数量本身在逐渐增大，这种不平等便随之逐渐减小。

问题是要弄清楚：**这种公共财富**是不是一个固定的不变量，它是一开始就由上帝一次性地赠与了人类，后来又加上了**个人占有的财富**，而在这两种现象之间没有任何联系和任何作用。

经济学家们认为，社会秩序对这种共有的自然财富没有任何影响，因此他们将这种财富排除在政治经济学之外。

社会党人走得更远：他们认为社会秩序趋向将公共资产流入到产权领域，认为社会秩序认可侵占属于所有人的财富对少数人有利。所以他们起来反对，不承认这一悲惨倾向的政治经济学，反对经历着这种倾向的当今社会。

我说什么呢？社会主义在这里指责轻率的政治经济学是有一些道理的。因为在宣告了在公共财富与私有财富之间没有关系以后，政治经济学撤销了自己的论点，并引起了社会主义者的不满。在混淆了价值与使用性的那一天，它说自然的材料和力量即上帝的恩赐物具有固有的价值、它们自己特有的价值——因为价值总是而且必然地带来私有化。这一天政治经济学便失去了逻辑地证明产权权利的方法。

我以上所讲的，我坚信不疑地断定的就是：的确存在着一种私有资产对公共资产的经常性的活动，从这一方面来看第一种经济观点是错误的，但是被社会主义发展和利用的第二种观点更是可悲的。因为这一活动的完成并不是将公共资产流入私有资产，相反而是将私有领域不断转入公共领域。产权本身是正确的和合法的，因为总是与劳务相符合的，它趋向于将有偿的使用性转变成无偿的使用性。它是一种刺激物，它迫使人的智慧从无生气的状态中汲取潜在的自然力量。无疑它为了自身的利益去与产生有偿使用性的障碍进行斗争。当障碍在一定程度上被推倒时，这种被推倒的障碍对所有人都是有利的。这时不知疲倦的产权又去攻击其他的障碍，就这样长此以往，不断提高人类的水平，逐步实现共同体，并随之在大家庭内部实现平等。

自然社会秩序的无限美好的和谐就在于此。我不能去描绘这种和谐而不去与那些死灰复燃的反对论调进行斗争，不去再度重复那些令人厌倦的老调。没有关系，我尽力去做吧，也请读者多加包涵。

必须深入这一基本概念：当在欲望与满足之间对于任何人都无任何障碍时（例如在我们的眼睛与阳光之间）。就没有努力可做，对于自己和对于别人都没有任何劳务需要提供，没有任何价值和任何可能的产权。当存在着一种障碍时，一整套东西都将建立起来。首先我们看到努力出现了，然后是努力和服务的自愿交换，再然后便是劳务或价值的比较评价，最后是每一个人享受与这些价值或产权相联系的使用性的权利。

假如在这场斗争中与之斗争的障碍总是同等的，求助于自然和求助于劳动也总是相应同等的，产权和共同体顺着两条平行线向前发展，从不改变比例。

然而并不是如此。人们在他们的创业中普遍向往的是减低努力与成果之间的比例，为了做到这一点，便把不断增大的自然因素的比例吸收到他们的劳动中来。在全地球上没有一位农民、没有一位工场主、没有一位商人、没有一位船主、没有一位艺术家不是将这一点作为他们的永久的忧虑的，一切的能力都是趋向于这一点的。正是为此他们发明了工具或机器，他们求助于物质的化学力量与机械力量，他们同心协力，分工合作。在任何时代、在任何地方、在任何情况下和对于任何事情，他们向自己提出的一个永恒的问题是：用更少的劳动换取更多的成果。在这里他们受到了个人利益的驱使，谁会反对这一点呢？何种刺激物能以同样的力量刺激他们呢？每个人在这个世界上的首要责任就是自己的生存和发展，他能把个人利益之外的东西作为永久性的动机吗？你们会叫嚷起来，请等到最后，你们将会看到，要是人为自己，上帝就会为大家。

　　因此，我们每时每刻的用心就是按照所追求的有用效果逐渐地降低努力。当努力由于障碍被摧毁或由于发明了机器、劳动进行了分工、力量联合起来了和另一种自然因素的干预而降低了时，这种被减弱的努力与其他努力相比评价就低了，给别人作出努力时，人们提供的**劳务**也小了。这种努力的价值小了，因此可以非常正确地说产权后退了。有用效果是否也因此而丧失呢？甚至根据假设也是不会的，那么它跑到哪里去了呢？跑到共同体领域去了。至于这一部分有用效果吸收不了的人的努力也不会因此而无用，它将转向其他的征服活动。面对着我们的体力、智力和道德需要的无限扩大，总有相当多的障碍于现在和将来出现，以便使从一方面解脱出来的劳动在另一方面能有用武之地。正是这样私有资产不变，而公共资产像一个圆一样扩大，其半径不断往外伸延。

　　没有这一点，我们怎么能解释进步和哪怕是不完善的文明呢？回过头来看看我们自己吧，研究一下我们的弱点，把我们的力量和知识与和在社会中我们能够汲取的无数的满足所要求的力量和知识作一比较，诚然，我们将深信，如果人们给我们每个人成百万公顷的未开垦的土地，只靠我们自己的力量连十万分之一的土地我们都开垦不了。因此可以肯定，一定数量的人的努力今天将会实现比德洛伊时代大得不知多少倍的成果。要是只是某一个人如此的话，自然归纳法将表明他是靠损人利己而致富的。但既然这种现象对人类大家庭的所有成员都是一样的，就会自然得出这样一个令人快慰的结论：我们之外的某种东西会来援助我们；自然的无偿合作逐渐地加入了我们自己的努力；在我们的所有交易中这种合作都是无偿的，因为如果它不是无偿的，它将什么也说明不了。

综上所述，我们应该推论出以下的公式：

一切产权都是价值，一切价值都是产权。

没有价值的东西是无偿的，无偿的东西是公共的。

价值的降低就是近似于无偿。

近似于无偿就是部分实现了共同体。

有的时候人们说出某些话来不得不被别人曲解，动不动大叫大嚷的人大有人在，根据不同的阵营，意在颂扬或批评。"作者讲的是共同体，因此他是共产党人"，我预料到了这一点，我也认了。我预先接受这种痛苦，但是我要尽力远离它。

假如没有看到共同体与共产主义之间的深渊，读者也真是太粗枝大叶了（所以最可怕的读者阶级是那些不读书的人）。在这两种思想之间，不仅有产权，而且还有权利、自由、正义，甚至人的个性的厚墙之隔。

共同体可以理解为我们共同享受的财富，它是老天恩赐的，无须作出任何的努力叫它来为我们所用。这些财富不可能产生任何劳务、任何交易和任何产权。产权的基础是自我提供劳务或以同样方式回报为条件为别人提供劳务的权利。

共产主义要大家共同享用的不是上帝的无偿恩赐物，而是人的努力和劳务。

共产主义要大家将自己的劳动成果交给民众，然后让权威机关将民众分成相等的部分。

然而，二者必居其一，要么分成的部分与要分的东西成比例，要么分成的部分将建立在别的基础之上。

在前一种情况下，共产主义希望实现的结果就是目前的秩序，局限于用一个人的专断去取代所有人的自由。

在后一种情况下，分配的基础是什么呢？共产主义回答：平等。什么？平等，不考虑辛劳的差别！每人得到**一等份**，不管你劳动了 6 小时还是 12 个小时，不管你是不自觉地劳动还是运用智慧进行劳动！这不是最惊人的不平等吗？而且这不是摧毁了一切活动、一切自由、一切尊严和一切聪明吗？你们声称要消灭竞争，请注意，你们是要将它改变。今天人们为谁干得又多又好而竞争，在你们的制度下，人们将要为谁干得又坏又少而竞争。

共产主义不了解人的本质。努力的本身是艰辛的，什么东西使得我们去从事这种努力呢？可能只是一种更加痛苦的感情，必须满足的需要、必须摆脱的疼痛和需要实现的财富。我们的动机是个人利益，当人们问共产主义它要以什么取而代之时，它通过路易·布朗的口说：**荣誉感！**通过加贝先生的口说：**博爱！**你们让我体会一下他人的感受吧，以便我至少能知道我应朝什么方面进行努力。

在路易·布朗和加贝两位先生的鼓动和监督下，在全人类实行的荣誉感和博爱是什么东西呢？

在这里我不是要批驳共产主义，我所要指出的是，在各个方面它正是我们想要建立的制度的对立面。

我们承认人有自行提供劳务或在自由讨论的条件下为他人提供劳务的权利。共产主义否认这种权利，因为它将所有的劳务都集中在一种专横权力的手中。

我们的学说建立在产权基础之上，而共产主义却建立在一贯掠夺的基础之上，因为他将一个人的劳动毫无补偿地送给另一个人。其实，如果它实行按劳分配，它就应承认产权，那它就不是共产主义了。

我们的学说建立在自由基础之上。老实说，产权和自由在我们看来就是一个，是一回事儿，因为正是拥有劳务的权利和能力使人们变成了其劳务的产权所有者。共产主义消灭自由，因为它不给任何人自由支配自己的劳动。

我们的学说建立在公正的基础之上，共产主义建立在不公正的基础之上。这一点从以上所述可见。

在共产主义者与我们之间只有一个接触之点，那就是在**共产主义**与**共同体**两个词中有两个相同的音节。①

但愿这一相同点不要迷惑了读者的头脑。在共产主义反对产权时，在我们的关于共同体的学说中，我们看到了对于产权最明确的肯定和最有说服力的证明。

产权的合法性之所以显得可疑和不可解释，甚至对那些非共产主义者也是如此，是因为他们以为产权把起初为共有的上帝的恩赐物集中到了某一些人的手中，而将另一些人排除在外。上帝赐予我们共有的东西在人类进行的所有交易之后仍然是共有的，产权领域永远不会超出用所提供的劳务有偿获得的价值和权利。在证明了这一点以后，我们认为已经取消了对于产权的疑虑。

在这些词语之中，谁能否认产权？如果不是疯子谁敢说人对于自己的劳动没有任何权利，无权接受得到他自愿提供劳务的人报以自愿提供的劳务呢？

还有一个词我要解释一下，因为近一个时期以来，人们用得太滥了，就是**无偿**一词。我称为的无偿不是对一个人来说不花一分钱的东西，因为是从别人手中得到的，我所说的无偿是对任何人都不花钱的东西，这一点还需要说明吗？

当迪奥热内在晒太阳时，人们可以说他晒太阳是无偿的，因为他得到的满足是由于上帝的慷慨，既不需要自己也不需

---

① 共产主义（COMMUNISME）和共同体（COMMUNAUTÉ）的前两个音节（COMMU）读音相同。——译者

要同代任何人的劳动。我还要加上一点：阳光的热量是无偿的，土地的主人用它来使小麦和葡萄成熟，既然在出售葡萄和小麦时，他收取他的劳务报酬，而不收太阳提供劳务的报酬。这种观点可能是错误的（这样的话我们只好变成共产主义者了），总之，这就是我给**无偿**一词的定义，以及这一词明显包含的意义。

自共和国建立以来，人们侈谈**无偿**贷款、**无偿**教育，显然在这一字眼上人们裹上了一层粗俗的诡辩。难道国家可以像阳光一样普及教育而无须任何人作出任何努力吗？国家能在法国遍布不需要任何形式报酬的教育机构和教师吗？国家所能做到的一切就是，不让每一个人去强烈要求这种劳务并给予报酬，它可以通过税收向公民提取这种报酬，然后向公民施行它所选择的教育，而不再向他们收取第二次报酬。在这样的情况下，不学习的人为学习的人付钱，学得少的人为学习多的人付钱，将来从事体力劳动的人为将来从事自由职业的人付钱。这就是在人类活动的一个分支里所实行的共产主义。在这种制度下，我对其暂不作评论，人们可以说而且应该说：**教育是公共的**。但如果说：**教育是无偿的**，就未免太可笑了。无偿？是的，对于一些接受教育的人来说是这样，但对于那些如果不是说付报酬给老师，但至少付报酬给家庭教师的人来说却不是这样。

这一点也不意味着国家不能**无偿地**支付这笔钱。如果这个词不是一个骗局的话，那向国家索要的就不仅是**无偿**教育，而且还有**无偿**食品，**无偿**衣服和**无偿**吃住，等等。弄错了一个词，我们一步跨进了共产主义，我们为什么不跨出第二步乃至第三步，直至一切自由、一切产权和一切公正在那里建立起来呢？人们会不会说教育是那样的普遍需要，因而人们可以为它使权利和原则让步呢？什么？难道食物不是更加必要吗？人们会说：**食物第一，**

哲学第二，我真不知道怎么回答他们才好。

　　由于我发现了上帝恩赐物的顺乎天意的**共同体**，那些因而指责我为共产主义者的人很可能就是侵犯学习与教育权利即本质就是产权的人，谁能料到呢？这种前后不一致的行为较为罕见，但非常惊人。

第九章　土地产权

如果本书的主导思想是正确的，那么就应该这样来设想人类与其外部世界的关系。

上帝创造了地球，他在地球表面和腹中装满了对人有用的东西，这些东西能够满足人的需要。

此外，上帝给力量和物质赋予了引力、弹性、多孔性、压缩性、热能、光能、电能、结晶性和植物生命。

上帝将人放在这些物质与力量的面前，给人无偿地提供了这些物质与力量。

人开始向这些物质与力量施展他们的活动，这样就为自己提供了劳务。他们也开展了互助劳动，于是他们相互提供劳务。在交换中比较劳务产生了价值思想，价值又产生了产权。

每一个人按照其劳务变成了产权所有者。可是起初上帝无偿赐予人的物质与力量在人的所有交易中过去是、今天是、将来仍然是无偿的，因为在交换引起的评价中，被估价的只是**人的劳务**，而不是**上帝的恩赐物**。

由此可知，只要交易是自由的，我们之中没有一个人不是这种赠与物的有用益权者，只是向我们提出了唯一的条件，就是进行必要的劳动以使它们能为我们所用，或者是某一个人为我们付出这份辛劳，我们应该为他付出等价的辛劳。

如果这就是真理，产权肯定是不可动摇的。

当理论来探索产权的依据时，比个人的任何刻苦更靠得住的人类的普遍本能不加分析地满足于这一结论。

遗憾的是理论一开始就混淆了一件事：它把**使用性**看成了价值，它将与人的任何劳务不相干的本来的一种**价值**给予了物质或自然力量。这样一来产权便变得无法解释和不可理解了。

因为使用性是事物与我们的组织之间的一种关系，它不一定带来努力、交易和比较。它可以在本身和相对于孤立的个人而产生。相反，价值是人与人之间的一种关系。它的存在必须有两样东西成双地存在，因为任何单独的东西都无法作比较。价值要求拥有这种价值的人只有得到同等的价值才能将它转让。混淆了这两种思想的理论于是认为，在交换中一个人拿出了自然创造的所谓价值，而获得了人所创造出的真正的价值，拿出了没有要求任何劳动的**使用价值**，而获得了要求劳动的**使用价值**，换言之，这个人可以不劳动而享受别人的劳动。理论首先将如此理解的产权称之为**必要的垄断**，然后称之为**垄断**，再然后称之为**非法**，最后称之为**偷窃**。

土地产权首当其冲，这是必然的。并不是所有行业在它们的生产中都利用自然力量，但是在大多数人看来，在植物和动物生命的现象中，在食品生产和在人们不恰当地称之为**原料**的农业专门生产中，这些自然力量以极其明显的方式表现出来了。

而且，假如一种垄断比任何一种垄断更能激起人的意识的反感，那一定是关于生活的基本必需品的垄断。

这种混淆从科学角度来说非常貌似有理，我所知道的理论家无不受其影响，通过世界所呈现的景象这种混淆变得更为貌似有理。

人们常常看到坐吃而不劳动的地主，人们由此得出这一比较可接受的结论："他肯定找到了不是为自己的劳动而是为别的什么获取报酬的办法。"这个别的什么如果不是肥力、生产力、工具的合作和土地，还可能是什么呢？根据不同时代，在必要的垄断、特权、非法和偷窃等名字中，是**地租**失去了光泽。

应该承认：理论在它的道路上遇到了大大促使它迷失方向的一件事情：在欧洲很少的土地躲过了征服，逃脱了由征服带来的灾难，科学因而混淆了地产被用武力获得的方式与地产自然形成的方式。

不应该想象**价值**一词的错误定义仅限于使地产动摇。不管它是从好的还是坏的原则出发，逻辑是一个可怕的和不懈的力量！有人说，如土地利用光能、热能、电能和植物生命等生产了价值一样，同样资本不也利用风力、弹力和引力等生产了价值吗？因此，除了农民之外还有人由于自然因素的干预而得到了报酬。这一报酬是通过资本利息得到的，就好像地主从地租得到报酬那样。因此，战争会带来利益和地租。

以下是产权所遭受的多方面的攻击，这些攻击是根据我认为是错误的，而经济学家和平均主义者们认为是正确的原则进行的，即**自然因素具有或创造了价值**。必须指出，这是一个前提，所有的学派都同意它，他们的反对派仅仅是去进行羞怯的或大胆的推论。

经济学家们说：（土地）**产权是一种特权**，但这是必要的，应该维持它。

社会主义者们说：（土地）**产权是一种特权**，但这是必要的，应该维持它——然而应向它要求一种补偿，即劳动权利。

共产主义者和平均主义者们说：（一般的）**产权是一种特权**，应该消灭它。

而我，我高声叫喊：**产权不是一种特权**。你们的共同的大前提错了，因而你们的三种结论尽管不一样，但都是错的。产权不是一种特权，因此既不应出于恩惠去宽恕它，也不应要求它补偿，也不应消灭它。

让我们简要地回顾一下各种学派关于这一重大问题所发表的

观点吧。

我们知道英国经济学家们提出了这一原则，他们的意见似乎是一致的：**价值来自劳动**。他们之间的一致是可能的，但他们自己前后是否一致呢？这正是我们希望的，读者将去判断吧。读者将会看到他们是不是时时、处处混淆了不能付以报酬、没有价值的无偿**使用性**和唯一来自劳动、在他们看来唯一具有价值的有偿**使用性**。

亚当·斯密："在土地种植中，自然与人一起劳动，**尽管自然的劳动没有任何花费**，但它所生产的东西**仍然是**有价值的，工资最高的工人所生产的东西也同样有价值。"

这里自然能生产价值，因此小麦购买者必须为这种价值付钱，尽管这种价值没有让任何人付钱，甚至没有付出劳动。谁敢站出来接受这种所谓的价值呢？将价值一词换成**使用性**一词，一切就清楚了，产权就合法了，公正就满足了。

"人们可以将地租看成是这种**自然力量**的产品，地主将自然力量借给佃农享用……它（地租！）是**大自然的业绩，在可以被看成人的业绩**被全部毁掉或补偿以后，这种大自然的业绩仍然存在。它往往占总产品的1/3以上，很少低于1/4。在手工制造业中使用的同样数量的人工劳动不可能产生出这样大的再生产。在手工制造行业中，自然无能为力，一切都是人的劳动。"

人们能用更少的词句堆积起更多危险的错误吗？这样一来1/4或1/3的生活所着的**价值便完全**来自自然力量。然而，地主让佃户而佃户又让无产者付出了这种在**人的劳动得到报酬**以后的这种所谓的价值。你们想要把产权建立在这一基础之上！你们将怎样来对付**一切价值来自劳动**这一公认的原则呢？

此外，还说自然在工厂中**无所作为**！怎么，引力、气体的弹力和动物的力量对工场主就没有帮助吗？这些力量在工场中所起的作用完全与在田地里一样，它们无偿地生产的不是价值，而是

使用性。没有这些力量，资本所有者和土地所有者一样都躲不开共产主义者的归纳推论。

评论家布沙南接受了这位大师的关于地租的理论，但在逻辑的驱使下，他指责大师认为这一理论是有利的。

"斯密在把代表着**土地利润**（这是什么语言！）的领土生产的部分看成对社会**有益**时，他没有考虑到地租是高价的后果，地主从土地上的所得**损害**了消费者。社会从土地利润的再生产中没有得到任何好处。这是一个以损害别人而致富的阶级。"

这里人们看到出现了**地租是不公正的逻辑推论**。

李嘉图："地租是土地生产的一部分，人们因有了利用**土地生产的和不可磨灭的能力**而向地主**交纳**地租。"

为使人们不致弄错，作者又接着说：

"人们往往将地租与资本的利息和利润相混淆……很显然，一部分地租代表着用于改良土地和修建必要的建筑等的资本利息，**其余部分支付土地的不可摧毁的自然产权**。所以当我在本书以后的章节中讲述地租时，我只用这一名词来表示佃户因有了利用**土地原始的和不可摧毁的能力的权利**而向地主交纳的东西。"

麦卡洛克："人们所称为的地租，是**为使用自然力量和土地固有力量**而付出的一笔钱。这笔钱与为建筑、围地、修路和土地的其他改善所付出的钱是有区别的。**因此地租永远是一种垄断**。"

斯克罗普："土地的价值和利用土地收取地租的权力取决于两种情况：（1）**自然力量**的私有化；（2）用于改善土地的劳动。"

后果马上就出现了：

"从前一方面来看，地租是一种垄断。为了满足人的需要，造物主给人带来了恩赐物，地租便是对这些恩赐物用益权的一种限制。这种限制**是正确的，只因为它对公共财产是必要的**。"

那些拒绝承认任何不正确的东西都是不必要的这一思想的好心人，他们的困惑该有多大啊！

最后，斯克罗普的结束语是这样的：

"当地租超过这一点时，应该根据使它成立的原则来修改它。"

读者不可能看不出，这些作者们已导致我们去否定产权，他们从"地主让别人为上帝的恩赐物给他付报酬"这一点出发，使我们非常合乎逻辑地到达了这一步。这就是说：地租是法律在必要的支配下建立起来的不公正，法律可以在另一种必要的支配下修改或摧毁它。共产主义者从未说过别的话。

西尼尔："生产工具是劳动和自然因素。由于自然因素被私有化了，地主让佃户以地租形式**给他们付以自然因素的报酬**。地租不是对某一种牺牲的酬劳，它是由既没有劳动也没有投资的人收取的，这些人只满足于伸手接受共同体的祭品。"

在给予产权这样沉重的一击之后，西尼尔解释说，一部分地租相当于资本的利息，然后他又说：

"剩余部分是由**自然因素的所有者**收取的，不是因为他进行了劳动或储蓄，而仅仅是因为当他可以留给自己时没有留给自己，而且允许自然的赠与物被别人接受。"

我们看到了永远是同一种理论。我们设想地主处在饥饿的嘴巴与上帝以劳动作为条件给它提供的食物之间。地主参加了生产，因此领取了酬劳，这是正当的。他又因自然的劳动、使用生产力和土地的不可消灭的力量第二次得到了报酬，这是独一无二的。

这种被英国经济学家米尔、马尔萨斯等人发展起来的理论，也在欧洲大陆起着人们难以看到的作用。

西亚洛加说："当1个法郎的种子产出了100法郎的小麦时，这一**价值**的增值主要是由于土地。"

这是混淆了**使用性**与价值。这就等于说：离泉边 10 步远时，水只值 1 分钱，离泉边 100 步远时，就要值一角钱。这一价值的增值主要是由于自然的干预。

佛洛里兹·埃斯特拉达："地租是在**所有的生产费用支付以后剩下的一部分农业产品**。"

因此，地主坐享其成。

所有的英国经济学家开始都提出这样的原则：**价值来自劳动**。只是由于前后不一致他们后来才把**价值归于土地的力量**。

一般来说，法国经济学家认为价值寓于使用性之中，但由于他们将无偿**使用性**与有偿使用性混为一谈，他们给予产权的打击也是够重的。

萨伊："土地不是能够生产的唯一自然因素，但是是唯一的，或几乎是唯一的人能够归为己有的自然因素。海水和河水同样有生产能力，由于它们能够转动机器，养鱼和推动船只。风力直至太阳的热能也为我们劳动，**幸好的是**，没有一个人能说：风和太阳属于我的，它们所提供的劳务我应该收取报酬。"

这里萨伊似乎惋惜有人这样说：土地属于我的，它提供的劳务我应该收取报酬。我说**幸好的是**，地主既不能收土地劳务的报酬，也不能收风和太阳劳务的报酬。

土地是一个极好的化学作坊，那里有互相配合和互相转化的，以小麦、水果和亚麻等形式出现的很多材料和元素。大自然给人类无偿地赠送了一个广阔的工场，它分为各种生产专用的无数个方格。所有人中的某一些人占据了这些格块，并说："这一块是我的，那一块是我的，里面生长出来的东西将归我独有。"真是奇事！这种被**篡夺**的**特权**不仅对共同体毫无害处，而且对它有利。

是的，这样的处理可能对**共同体有益，但原因何在**？因为这既不是**特权**，也没有被**篡夺**；因为说"这一块是我的"的人没有能接着说："里面生长出来的东西将归我独有。"而是说："里面生长出来的东西将归想要买的任何人所有，只有把我将从事的辛劳以及我将使他免除的辛劳归还给我。自然的协助对我是无偿的，对他也将是无偿的。"

请大家注意，在小麦的价值中，萨伊区分了产权、资本和劳动三个部分。他好心好意地花了很大气力来证明属于地主的、不是以前或现在任何劳动酬金的第一部分报酬。但他并未能做到这一点，因为他与斯克罗普一样，突然转向了最后的、最不令人满意的财富：**必要性**。

"如果既没有土地和资本，也没有这些生产资料作为**产权**，进行生产是不可能的，人们不可以说它们的产权所有者起着一种生产作用吗？因为没有这种作用，生产是不可能进行的。这种作用实际上是很简单的，然而在我们的社会现状下，它要求来自生产或储蓄等方面的积累。"

这里的混淆再明显不过了。要求积累的是地主作为资本拥有者的地位，地主的这种地位没有遭到反对，不成问题。而简单的是地主作为所有者、作为因上帝的恩赐物而得到报酬者的地位。需要加以证明的正是这种地位，这里谈不到积累和储蓄。

"如果领土和资本产权（为什么要接受不同的东西呢？）是生产的成果，我有理由将这些产权看作进行劳动和生产的机器，其发明者无须劳动而坐收租金。"

这里的混淆是一样的。发明机器的人拥有一种**资本产权**，他收取合法的租金，因为他不是收取机器劳动的报酬，而是他为制造机器自己进行劳动的报酬。可是土地是**领土产权**，不是**人的生产成果**，人们以何种名义来收取它的合作的报酬呢？这里作者将两个性质不同的产权放在一起，目的是归纳出以一种产权的动机来为另一种产权辩解的精神。

布朗基："农民在自己的土地上耕地、施肥、播种和收获时提供了一种劳动，没有这种劳动，他将颗粒无收。但是给种子催芽的土地的活动和使庄稼成熟的太阳的活动，与这种劳动是两码事，但参与形成了收获的**价值**……斯密和很多经济学家认为人的劳动是价值的唯一源泉。不，诚然农民的种植技术不是一袋小麦**价值**的唯一来源，也不是一斗土豆价值的唯一来源。农民的天才绝对不会去创造出发芽的现象，就像点金术者的耐心没有发现成金的奥秘一样。这是显而易见的。"

不可能首先在**使用性**和价值之间，然后又在无偿**使用性**和有偿**使用性**之间进行更为全面的混淆了。

约瑟夫·加尼埃："地主的地租与付给工人的劳动报酬和付给贷款人的利息有本质上的区别。后两者是一种补偿费，一个是劳苦补偿，一个是节俭和风险补偿，而地租是地主**无偿地**、**只是根据**承认和维护某些人的地产权的**合法协定**而收取的。"（《政治经济学基础知识》，第 2 版，第 293 页）

换句话说，工人和贷款者是因为他们提供了劳务而公正地得到了报酬，而地主由于没有提供劳务而根据法律得到了报酬。

"最大胆的革新者只是提出了以**共同体**产权代替个人产权的建议……**在我们看来他们在人权方面是很有道理的**，只要他们没有能说明一种更好的经济体制的优越性，他们在实际上就错了……"（同上书，第 377 页和第 378 页）

"还要在相当长的时间里，**在承认产权是一种特权和一种垄断时**，人们将会补充说：这是一种有用的、自然的垄断……"

"归结起来，在政治经济学方面（唉，确实如此，坏就坏在这里）人们似乎承认产权不是来自神权、产业权或其他任何投机权，而是来自它的**使用性**。**这只是为了公众利益而被容忍的一种垄断**，云云。"

这完完全全是斯克罗普宣布的而萨伊重复过的判决，只是言辞不那么强硬罢了。

　　我以为我充分地证明了，从"**自然因素具有或创造了价值**"这一错误的前提出发，政治经济学得出了这样的结论："产权（由于它占据了与任何人的劳务无关的这种价值，并以此得到了报酬）是一种特权，一种垄断和一种窃取。但这是一种必要的特权，应该维持它。"

　　我还要证明，社会主义者从这一同样的前提出发，他们只是将结论这样改变了一下："产权是一种必要的特权；应该维持它，但应向产权所有者为无产者以**劳动权**的形式要求一种补偿。"

　　然后，我将要让共产主义者出来说话，从同一前提出发，他们总是说："产权是一种特权，应该消灭它。"

　　最后，我可能要重复，如有可能我将推翻这三种结论的共同前提作为结束，即"**自然因素具有或创造了价值**"。假如我成功了，假如我证明了：即使私有化了的自然因素也不会产生出价值，只能产生出**使用性**；经过产权所有者之手，**使用性**没有给他留下任何东西，而是无偿地来到了消费者身边。在这种情况下，经济学家、社会主义者和共产主义者所有的人，都将会最终同意在这一方面不去触动当今的世界。

　　孔西戴朗先生：为了看出**私人产权**是怎样和在什么条件下合法地表现和发展的，我们应该掌握如下的**产业权利的基本原则**：

　　任何人都合法拥有其劳动和智慧，或更一般地说其活动所创造出来的东西。

　　这一原则是无可辩驳的，值得一提的是它暗含着对所有人的土地权的承认。其实，土地并非为人所创造，它来自产权的基本原则，即土地是提供给人类的公共资产，它无论如何不可能合法成为没有创造这一价值的某些人所独有的绝对产权。因此，让我们来创立产权的真正理论吧，让它建立在不容置疑的原则基础之上，这一原则把**产权的合法性**建立在创造事物或创造**已拥有的价**

值这一事实之上。为此我们将对建立生产活动进行思考，即对人类社会中的种植、制造、技艺等的起源与发展进行思考。

我们设想一下，在一个孤岛的土地上，在一个国家的领土上，或整个地球上（活动范围的大小对评价事实没有影响），一代人第一次从事生产活动，第一次种植、制造，等等。每一代人通过自己的劳动和智慧，通过进行自己的适当活动，**创造着产品、发展着**在原始土地上从未存在的**价值**。

假如**通过所有人的活动生产出的价值或财富**根据每个人对创造总财富所作的贡献而分配给生产者，产权将符合这灵巧的第一代人的权利，这不是极其明显的吗？这是毋庸置疑的。

然而，这一代人劳动的成果分为两种类别，必须区分清楚。

"**第一类**包括属于第一代有用益权的人的土地所生产的产品，这些产品通过这一代人的苦干加巧干得到增长、提炼和加工。这些原产品或经过加工制作的产品或为消费品，或为劳动工具。很显然这些产品作为**完全合法的产权**属于通过自己的活动创造它们的人们。因此，他们当中的每一个人都有权立即消费这些产品，或将它们储存起来以便以后合意时享用，或将它们使用和交换、或将它们赠与或留给他所喜欢的人，他这样做无须得到任何人的批准。在这种情况下，这种产权明显是合法的、应受到尊重和神圣的。人们不能损害它而不触犯**正义、权利和个人自由**，而不实行掠夺。

第二类由这第一代人的智慧性的活动所实现的创造并不都包括在上一类中。这一代人不但创造了我们刚才提到的产品（消费品和劳动工具），而且他们还用他们所进行的种植、建设、土地工程和不动产为**土地的原始价值**增加了一种**剩余价值**。

这种剩余价值明显是一种产品，一种第一代人的活动所创造的价值。然而，如果通过随便哪种方法（这里我们不去研究方法问题），这种剩余价值的产权公正地，即根据每个人在创造中的努力按比例地分配给不同的社会成员，他们之中的每一个人将**合法地**拥有自己的一份。因此，他可以任意地支配这种合法的个人产权，将它交换、赠与或留给后代，任何其他个人，即社会，永远不能对这些价值有任何的权利和权力。"

因此，我们完全可以设想，当第二代人到来时，他们在地球上将会发现两种资本：

1. **原始资本或自然资本**，它不是由第一代人所创造的，这是原始土地的**价值**。

2. 第一代人所**创造的资本包括**：（1）没有被第一代人消费或使用的**产品**：食物和工具；（2）第一代人的劳动为原始土地价值所增加的**剩余价值**。

显而易见，从刚才我们确立的产业权利的基本原则中可以明显地、必要地得出：第二代的每一个人对**原始资本或自然资本**享有同样的权利，而对另外一种资本，即第一代人的劳动**所创造的资本**，却没有任何权利。第一代的每一个人因而可以支配他的一份**创造出的资本**，给他愿意选择的第二代的这样或那样的个人如子女、朋友等，任何人甚至国家都不能对赠与者或遗留者所作出的安排（根据产业权利）提出任何要求。

请注意，在我们的假设中，第二代的个人比第一代的个人已经占了便宜，因为除了给他留下的**原始资本**的权利外，他还有幸得到了一份**创造出的资本**，即不是他生产的、代表着前人劳动的价值。

如果我们设想在社会中事情是这样存在的：

1. **原始资本**的权利，即原始状态土地用益权被保留下来了，或在这块土地上任何时代出生的每一个人的**同等权利**得到了承认；

2. **创造出的资本在其形成的同时**不断地根据每一个人对生产这一资本的贡献分配给创造者；

如果我们说社会组织机构满足了以上两个条件，在这样的社会制度下，**产权将会绝对合法地建立起来**。事实与法律将会一致起来。（《产业权与劳动权理论》，第 3 版，第 15 页）

在这里我们看到了社会主义经济学家区分两种价值：**创造出的价值**与非创造出的价值，前者是合法产权的目标，后者又称为**原始土地、原始资本和自然资本的价值**，它只有通过掠夺才能成为个人产权。然而，根据我竭力阐述的理论，**非创造的、原始的和自然的**等词语所表示的思想完全排除了**价值和资本**的思想。因此，导致孔西戴朗先生作出悲惨结论的前提是错误的：

"在将产权在所有文明国家建立起来的制度下，整个人类享有充分用益权的公共资产被侵占了，少数人将它侵吞了，大部分人被排除在外。好吧，哪怕实际上只有一个人被产权制度的本质排除了他对公共资产享有用益权，这种排除本身便构成了对权利的损害，认可这种做法的产权制度将肯定是不公正的、非法的。"

然而，孔西戴朗先生承认土地只有在个人产权制度下才能被耕种，这就是**必要的垄断**。因此，怎样做才能使各方面和解，并保护无产者对原始的、自然的和非创造的资本的权利，以及对原始土地价值的权利呢？

"一种富于创造性的社会掌握了土地，剥夺了人在土地上盲目地、自由地实行其四种自然权利的能力。好吧，但愿这种社会承认个人的**劳动权利**，以补偿它剥夺了人的各种权利。"

要说世界上有什么明显的东西的话，那就是这种理论除了结论以外，与经济学家的理论同出一辙。购买农产品的人要对三件事情付出报酬：（1）目前的劳动，这是最合法的；（2）以前给予土地剩余价值的劳动，这也是最合法的；（3）最后是**原始的、自然的或非创造出的资本**，这是上帝的无偿赐予物，孔西戴朗称之为**原始土地的价值**；斯密称之为**土地的不可毁灭的力量**；李嘉图称之为**土地的永不衰退的生产能力**；萨伊称之为**自然因素**。孔西戴朗先生认为这正是已**被侵占**的东西，萨伊也认为这正是已**被侵占**的东西。在社会主义者看来，这正是构成**非法与掠夺**的东西。在经济学家看来，这正是构成**垄断和特权**的东西。对于农产品获取三种报酬这一安排的**必要性**和实用性，各派观点仍然是一致的，斯密的弟子们说非此土地就不能生产，傅立叶的门生们说舍此我们将要回到原始状态。

我们可以看出，在理论和法律上，两派之间的意见一致比人们想象得更真诚些（至少在这一重大问题上）。只是在要从人们意见一致的事实上用立法推断出后果时，两派就会发生意见分歧。既然产权受到了非法性的损害，它给产权所有者一部分他们不应得到的报酬，另一方面既然它又是必要的，那就让我们尊重它吧，向它要求补偿吧——经济学家们说："不，尽管它是一种垄断，既然它是必要的，让我们尊重它吧，让它安歇吧。"而且他们作的这种辩护是软弱无力的，他们的最后一位喉舌 J. 加尼埃补充道："在人权方面你们对了，但只要你们拿不出一种更好的制度的效果来，在实际上你们就错了。"对此社会主义者马上给予答复："我们找到了这种更好的制度，就是**劳动权利**，你们可以一试。"

就在这时出来了蒲鲁东先生。你们可能以为这位有名的反驳者将会反对经济学家或社会主义者的大前提吗？完全不是这样。为了灭掉产权，他不用这样做。相反他抓住了这一前提，他紧握着它、挤压着它，表达了它的极为逻辑的后果。他说："啊，你们承认了上帝的无偿赠与物不但有使用性，而且还有价值。你们承认了产权所有者窃取了上帝的无偿赠与物，并且将它们出卖。因此，产权就是偷窃！因此，既不应该维持它，也不应该向它要求补偿，而应该消灭它！"

蒲鲁东先生积累了很多反对土地产权的论据，最为严肃的唯一论据就是那些混淆了使用性与价值的作者们为他提供的。

他说："土地这种财富不是人的劳动创造的，谁有权让别人付出它的使用酬金呢？谁应收取地租呢？当然是土地的生产者。谁创造了土地呢？上帝。因此，地主，你滚蛋吧！"

"……土地的创造者并不出卖土地，而是将它奉送，他在奉送土地时毫不偏袒任何人。那么在他的所有孩子中，怎么就有的人以长子来对待，有的以私生子来对待呢？如果份额的均等是最初的权利，怎么条件的不均等就成了后世的权利呢？"

在答复把土地比作工具的萨伊时，他说：

"我完全同意土地是一种工具，但工人是谁呢？是地主吗？是他通过产业权利的有效的美德给土地带来了力量和肥沃吗？这正是地主的垄断所在，他没有将土地变成工具，而是对它收取劳务报酬。让创始者出现并亲自来催交地租吧，我们与他一起来计算。或者让所谓的代理人——地主给我们看看他的委托书吧！"

很明显，三种体制实为一体。经济学家、社会主义者和平均主义者都对地主进行责备，他们的**指责就是一个**，即收取了他无权收取的报酬。这种错误一些人称之为**垄断**，另一些人称之为**非法的**，还有的称之为**窃取**，只不过是同一种怨恨的逐步升级罢了。

现在，我求助于所有认真阅读的读者，这种怨恨有道理吗？难道我没有证明在上帝的赠与物与饥饿的嘴巴之间只有一件事，即人的劳务吗？

经济学家们，你们说："租金是人们为使用土地的不可摧毁的生产能力为地主付出的酬金。"我说："不，租金是人们付给卖水者的酬金，因为他为制作手推车和车轮付出了辛劳，如果他将水驮在背上，水就会对我们更贵。小麦、亚麻、羊毛、木材、肉类和水果同样会对我们更贵，如果地主没有改善生产这些产品的工具的话。"

　　社会主义者们，你们说："最初，在劳动条件下，人民大众享有对土地的权利；现在，他们的自然遗产被排除、被抢夺了。"我回答说："不，人民大众没有被排除、没有被抢夺，在劳动条件下（即将这种劳动归还给使他们免除了这种劳动的人），人民大众无偿地获得了土地产生的使用性。"

　　平均主义者们，你们说："这正是地主的垄断所在，他没有将土地变成工具，而是对它收取劳务报酬。"我回答："不。土地工具是上帝造就的，它生产出**使用价值**，而这种使用价值是无偿的，地主无权让别人为他付出这种使用价值的报酬。土地工具是地主准备的，他进行过劳动，做了围栏，排干了积水、改良了土壤，并加上了其他必要的工具，这样土地工具才产生出了**价值**，这种价值代表了真实的人的**劳务**，这就是地主让别人付出酬劳的唯一的一件事。要么你们应该承认这一权利的合法性，要么你们应该抛弃你们自己的原则：**劳务的互助性**。"

　　为了弄明白什么是领土价值的真正内容，让我们看一看地产的形成，当然不是根据暴力和征服的规律，而是根据劳动与交换的规律。我们来看看在美国事情是怎么进行的。

　　乔纳森兄弟是纽约的一位勤勤恳恳的送饮用水工人，腰包中装了他劳动与积蓄的成果一千多元美金，去到了远西（草原——译者注）。

　　他穿过了很多富饶的地区，那里土地、阳光和雨水创造了很多奇迹，但从经济和**实际**意义上说，这些地区**没有任何价值**。

　　由于他有点哲学头脑，他想："不管斯密和李嘉图怎么说，价值不应该是**土地的自然的、不可毁灭的生产力量**，而是其他的东西。"

　　他终于来到了阿肯色州，面对着大约 100 英亩的一片好地，政府已立桩标界，售价 1 英亩 1 美元。

　　"1 英亩才 1 美元！"他心里思忖着，"这太少了，少得实际上差不多跟不要钱一样。我将买下这块地，开垦它，然后打下粮食卖掉。过去的卖水郎，我将来也要变成地主啦！"

乔纳森兄弟是一位有严格逻辑精神的人，他喜欢对任何事情都要弄个明白。他想：为什么这块土地只值一美元一英亩呢？因为谁也没有碰过它，它是未开垦的处女地。斯密和李嘉图，在他们之后还有一大串的理论家，直到蒲鲁东，他们说得对吗？土地的价值是与任何劳动、任何劳务、任何人的干预都无关吗？应该不应该承认土地的不可毁灭的生产力量**有价值**呢？要是这样，为什么在我所经过的地区这些力量**没有价值**呢？此外，既然这些力量大大超过了人的才能，根据布朗基先生的很有道理的意见，人从不可能创造出发芽现象，那为什么这些神奇的力量只值一美元呢？

但他马上就明白了，这种价值与所有其他的价值一样，是人和社会创造出来的。美国政府要价每英亩一美元，另外它还许诺在一定程度上保障买主的安全，它已经在附近开出了一条道路，还给信报的传递提供方便，等等。乔纳森说："劳务互换嘛，我给政府一美元，它也给了我同等的代价。从此以后，请你李嘉图别见怪，我将从人的观点来解释这块土地的价值，道路离它越近，邮局对它越方便，安全越有效，这块土地的价值就越大。"

乔纳森一边思考，一边劳动，应该为他说句公道话，他习惯于同时做这两件事。

他把剩余的钱用来盖房、围地、垦荒、挖沟、排水和整地，在完成了耕耙、播种和收获以后，出卖粮食的时刻来到了。一直关注着价值问题的乔纳森叫喊起来："我终于将知道，我当了地主以后，我是否变成了垄断者、有特权的贵族、我兄弟们的掠夺者和神圣自由权的独揽者？"

于是他将粮食背到市场，碰到一位北方佬，便问：

"朋友，这玉米你给什么价？"

"市价。"对方回答说。

"市价？但它能不能高于我的资本的利息和我的劳动报酬呢？"

"我是商人，"北方佬说，"我应该满足我以前的劳动和现在的劳动报酬。"

"当我是卖水郎时，我很满足。"乔纳森继续说，"可是现在我是地主了，英国和法国经济学家们向我保证，作为地主，除了以上的两种报酬外，我还应该**从土地的永不毁灭的生产力量**中得到好处，从上帝的赠与物中获取意外的利益。"

"上帝的赠与物是属于大家的，"商人说，"我利用风的**生产力量**来推动我的船只，我没有收取这种力量的费用。"

"可是我想让你为这些力量破费一点，以便西尼尔、孔西戴朗和蒲鲁东三位先生别白白地称我为垄断者和掠夺者。我之所以因此而感到羞耻，因为我获利最少。"

"要是这样，再见吧！兄弟。要买玉米，我去找别的地主。如果他们的想法与你一样，我就自己去种玉米啰！"

这时乔纳森明白了一个真理：在自由制度之下，不是所有的人都能成为垄断者的。他想：只要在合众国有土地可开垦，我只不过是一个著名的不可毁灭的生产力量的利用者。人们为我的辛劳付出报酬，仅此而已，完全与我当卖水郎时一样，人们只为我的劳动付出酬劳，但不为自然的劳动付酬劳。我看清了，对上帝的恩赐物真正有用益权的人不是种小麦的人，而是吃小麦的人。

几年以后，另一件事情吸引了乔纳森，他开始找一个佃农为他种地。缔约双方的对话非常奇怪，如我将对话全部照引就会使问题真相大白。

下面是对话的摘要：

地主：什么？我的地租你只想按市价付我所花资本的利息？

佃农：一分不多。

地主：请说为什么？

佃农：因为用同样的资本我能够开出一块与你的地情况一样的地。

地主：这看来是决定性的。但你应考虑到这一点：当你是我的佃农时，不但我的资本在为你劳动，还有**土地的不可毁灭的生产力量**。太阳、月亮、亲和力和电力的极佳效果都为你提供了劳务。我把这些都让给你了，岂能分文不取？

佃农：既然这些你未曾付过一分钱，为什么你不可以不得利，我也将不得利呢？

地主：我不得利？真见鬼！我得利可多啦！要没有这些奇妙的现象，我的所有辛苦不会使一根草长出来。

佃农：或许是。你还记得那位北方佬吗？对于这种自然的合作，他不想多给你一个铜子儿。你在当卖水郎时，纽约的家庭主妇们也不愿为自然加工制作泉水的美妙现象而多给你一个铜子儿。

地主：可是李嘉图和蒲鲁东说……

佃农：我才不买李嘉图的账呢！请按我所说的基础谈判吧，否则我将在你的土地旁边**开垦一块土地**，太阳和月亮将为我提供无偿劳务。

论据还是一样的，乔纳森开始懂得了，上帝拥有的某种智慧使人很难截获他的赠与物。

乔纳森对他的地主职业感到厌倦，他想从事别的活动。他决心将土地卖掉。

无须说没有一个人愿意给他多于他自己买土地时所花的钱。他抬出李嘉图，提到来自土地不可毁灭的力量的所谓固有价值，这一切都是徒劳的，人们总是这样回答他："旁边还有很多土地。"这一句话使他的要求和幻想化为泡影。

在这种交易中，甚至出现了一个具有重要经济意义而又未受到足够重视的事实。

　　每个人都懂得，如果一个制造商在 10 年或 15 年后卖他的产品，即使这一产品的状态还是新的，很可能他不得不受到损失。原因很简单：10 年或 15 年时间过去了不可能不带来机械学的某些进步。所以，在市场上展出 10 年或 15 年前制造的机器的人，不可能希望人们完全给他付出这台机器所需的全部劳动代价。因为，以同样的劳动，根据所实现的进步，买主可以找到更先进的机器。这里顺便提一句，这就越来越证明了价值不是与劳动，而是与劳务成比例的。

　　由此我们可以得出结论，在大自然中存在着一些劳动工具，它们失去其价值唯一的原因就是时间的作用，而与使用带来的损坏毫无关系。我们可以立下这一公式：**进步的效果之一就是减低所有现存工具的价值。**

　　实际上，这是非常明显的事：进步越快，旧工具就越难以去与新工具相对抗。

　　这里我不想花很多时间去谈这一规律的和谐后果，我要指出的是，土地产权与其他所有产权一样都逃不过这一规律。

　　乔纳森兄弟对此进行了尝试。他对他的买主说：

　　"在这块土地上我用于经常性改进的花费相当于 1000 个劳动日，我想你首先付给我这 1000 个劳动日的等价，然后再为与人的任何劳动无关的、土地的固有价值付一点钱。"

　　买主回答说："第一，土地本身的价值我一分钱也不给你，因为它只是使用价值，旁边的那块地与你的地一样有使用价值。然而，这种自然的、人类活动之外的使用性我可以无偿地得到，这就证明了它没有价值。第二，你的账本既然表明你使用了 1000 个劳动日使你的地产变成了目前的这种状况，我只能偿还你 800 个劳动日。我的理由是，用 800 个劳动日，今天我可以在旁边这块土地上做出你以前用 1000 个劳动日在你的土地上做出

的成绩来。请你仔细想一想，15 年来，晒地、垦荒、建筑、打
井、盖牲口棚和运输的艺术都进步了。取得的每一项成果要求更
少的劳动，我用 8 个劳动日就能得到的东西我不能同意给你 10
个劳动日，尤其是小麦的价格随着这一进步下跌了。这种进步不
仅是对你我有利，而且对全人类都有利。"

这样一来乔纳森只有两个选择：或者蚀本卖掉土地，或者保
留土地。

毫无疑问，土地的价值不是由一种现象影响的，其他的情况
如开凿运河、建设城市，可能使这一价值上升。我所指出的这种
情况是很普遍的、不可避免的，它所起的作用总是而且必然是使
土地的价值下降。

综上所述，结论如下：在一个国家只要有大量的土地可供开
垦，地主自己种地、出租土地或出卖土地都享受不到任何特权、
任何垄断或任何特别的利益，他尤其得不到自然无偿赠与物的任
何意外的好处。人被认为是自由的，地主怎么会成为这个样子的
呢？任何有资本有劳动力的人没有权利选择农业、制造业、商
业、渔业、航海、艺术或自由职业吗？资本和劳动力不是迅猛涌
向产生高额利润的行业吗？它们不是要逃离亏损的行业吗？这种
可靠的人力分配在我们所假设的情况下还不足以建立报酬的平衡
吗？在美国人们能否看到农民比商人、船主、银行家或医生能更
快地发迹呢？一定会的，只要他们首先像其他人一样得到了自己
的劳动报酬，此外像人们所认为的那样，比别人更多地得到大量
的大自然的劳动报酬。

啊，你们想不想知道，甚至在美国，地主是怎样形成垄断
的？我试图来说明这一点。

我设想乔纳森把全美国的地主都集中起来，对他们这样说：

"我想出售我的收获物，我没有找到一个人愿给我出较高的
价钱。我想出租我的土地，我的要求也受到了限制。我想将它转

让，我遇到了同样的失望。人们总是用**"旁边有地"**这句话来打断我的要求。以至于出现了一件讨厌的事，尽管理论家们的美妙的许诺，我在共同体中的劳务的价值与其他所有的劳务一样得到了应有的承认。对土地的不可毁灭的生产力量，对我以为拥有产权而实际上只是名义上的所有者的自然因素，如阳光、月光、雨、风、露水和霜，他们不给我一点钱，一点也不给。我得到的报酬仅是我的劳务，而且以因竞争而压低了的价格，这岂不是一件极不公道之事吗？你们所有的人都受到了同样的压力，你们都是无政府状态竞争的受害者。你们很容易明白，如果我们将土地产权组织起来，如果我们共同协商从今以后不允许任何人再开垦一寸美国的土地，事情就将不会是这个样子。那时由于人口的增长，居民们将争先恐后地抢购几乎是同样数量的粮食，只要把粮价控制起来，我们就可以发横财了。这对其他阶级来说也是一件大好事，因为我们富起来以后便可以使他们有活儿干了。"

如果在这次讲话以后，地主们联合起来控制立法权，颁布一项法令禁止任何新的垦殖，在一段时间内他们毫无疑问会增加利润。我说在一段时间内，因为如果对某种罪行的惩罚不是自然地来自这一罪行本身，社会规律就会缺乏和谐。出于对科学严格性的尊重，我不说新的规律可能给土地的力量或自然因素带来价值（如果真如此，这一规律对任何人都无害），但我说：劳务的平衡被暴力中断了，一个阶级掠夺其他的阶级，奴役的原则被引进了这个国家。

我们再进行另一种假设，说真的它是欧洲文明国家的现实，在那里所有土地都已进入私人产权的范围。

在这一情况下，我们要研究的仍然是，广大消费群众或**共同体**是否继续无偿地享受土地生产力量和自然因素的用益权；土地的所有者是否是土地**价值**之外的其他东西，即根据竞争规律受到好评的他们的真诚劳务的所有者；在他们为这些劳务得到报酬时，他们是否与大家一样被迫额外给予上帝的赠与物。

这是政府转让的整个阿肯色州的领土，它被分成私人遗产供种植。当乔纳森出售小麦，甚至出售土地时，他利用不利用土地的生产力量呢？他想不想将这种力量加入价值中去呢？现在人们不能再用像在前面的情况下"你的地周围还有很多荒地"这句令人难以忍受的答复来把他顶回去了。

这种新的情况是与人口的增加联系在一起的。居民分成为两个阶级：1. 为共同体提供农业劳务的阶级；2. 为共同体提供工业、知识及其他劳务的阶级。

我说的这些在我看来似乎是很明显的。想买小麦的劳动者（地主除外）完全可以自由地去找乔纳森，或他的邻居，或邻州的地主，甚至可以到阿肯色州界外的荒地上去垦殖，乔纳森绝对不能给他们强加一项不公正的法律。在某处存在着无价值的土地这一唯一的事实给特权设置了不可克服的障碍，在上一假设中我们已弄清了这一问题。农业劳务经受着普遍竞争的规律，绝对不可能让人以超过它们的实际价值来接受。我还要加上一句，农业劳务不比其他性质的劳务价值更高。制造商在让人为他的时间、认真、辛苦、危险、投资和技巧（一切构成人的劳务并由价值来代表的东西）都付了报酬以后，不能为他使用的引力和蒸汽的膨胀性规律再要任何钱。乔纳森也是一样，他只能将他个人以前的和现在的全部劳务加进小麦的价值，但不能将他得到帮助的植物生理学的规律加进去。劳务的平衡不会改变，只要服务以商讨的价格自由地互相交换。这些劳务作为媒介的、在交换中转手的上帝赠与物停留在共同体范围内。

人们大概会说，实际上土地的价值在不断增长，确实如此，随着居民更加稠密和更加富有，交通更加便利，地主从他的劳务中得到了更大的益处。是不是这一规律对他特别有利呢？这一规律对所有劳动者不一样吗？以同样的劳动，一位医生，一位律师，一位歌唱家，一位画家和一位普通工人，在 19 世纪不比在 4 世纪得到的满足更多吗？在巴黎不比在布列塔尼、在法国不比在摩洛哥得到的满足更多吗？可是这种更多的满足不是以损害任何人得来的，必须要理解这一点。此外，我们将在本书的另一个部分当我们谈到李嘉图的理论时（参看第二卷，《1846 年 9 月 29 日讲话》），我们将深入探讨土地的这一价值（换喻的）规律。

　　现在我们只要注意到这一点就够了：在我们研究的假设中，乔纳森对工业阶级不能施加任何压力，只要劳务交换是自由的，只要劳动没有任何法律的阻拦，能在阿肯色州或其他地方的各种生产中被分配。这种自由使得地主们不能为自身的利益去截获自然的无偿恩惠。

　　假如乔纳森与他的同僚们夺取了立法权，取消或阻挠自由贸易，假如他们促成作出像这样的决定，外国的一粒小麦也不得进入阿肯色州的领土，事情就不会是这样了。那时地主与非地主之间所交换的劳务的价值就不再是通过公正来解决的了，非地主就没有任何办法去抵制地主的要求了。这样一种立法措施将与刚才我们所提到的那种立法措施一样极不公正。如果乔纳森背了一袋小麦去市场卖了十五法郎，他从口袋中拔出手枪对着买主说："再给我三个法郎，要不我崩了你的脑袋。"其效果与上述情况是绝对一样的。

　　这一效果（必须使用这个词来称呼它）叫作**勒索**，说它是**粗暴的**或**合法的**，不能改变它的性质。这种勒索行为说它粗暴是因为带了手枪，侵犯了产权；说它合法是因为它带有禁令，同样侵犯了产权。此外，它还否认产权的原则。我们已经说过，人们只能是价值的所有者，而价值是两种劳务自由交换时的评价。因此，不可能设想有什么比以法律的名义改变劳务交换的平衡更加与产权原则的实质相对抗的东西了。

这种规律在压迫者和被压迫者看来都是极不公正的，非常糟糕的，指出这一点恐怕不是多余的。在某些国家中我们看到劳动阶级对这些限制很热衷，因为它们使地主富有。这些人没有看到这对他们不利，我是通过经验知道的，向他们说明这一点有时是不很谨慎的。

真是怪事！人民在自愿地听取宗派主义分子对他们进行共产主义布道，共产主义是一种奴役，因为不能享受自己的劳务便是受奴役。他们不屑听时时处处捍卫自由的人，而自由是上帝的恩惠大家共享。

我们现在来看看第三种假想，地球上的所有可耕地都已进入了私有产权的范围。

我们所面对的仍然是两个阶级：拥有土地的阶级和没有土地的阶级。前者没有能力压迫后者吗？后者不是只好出卖更多的劳动力来换取同样多的食物吗？

如果我的回答是相反的，人们会理解，这是为了科学的名声，因为我们离开这一假想实现的时代还有上百个世纪。

总之，一切预示着这一时代将会到来，那时不可能再用"还有荒地可垦"这句话来抵制地主的要求了。

我请读者注意，这一假想关联着另一个假想：那时候人口将达到土地可以养活的极限。

这是问题的一个新的、客观的因素，就好像人们这样向我提问："人的肺太多了，将来大气中的空气不够了怎么办呢？"

不管人们对人口的原则怎么想，至少可以肯定人口能够**增长**，甚至有增长的趋向，因为它在增长。所有的社会经济安排似乎是预见到了这种趋向而组织起来的，而且与这种趋向完全是协调的。地主总是希望得到他所控制的自然因素的使用报酬，可是他的这种疯狂的、不公正的要求总是得不到满足，因为他控制不了相类似的大量的自然因素。大自然的相对无限慷慨使他成了一个简单的拥有者。现在你们把我推到了人找到了这种慷慨极限的时代，再也期待不到任何东西了。人的增长倾向要停顿，人口应该止步，这是不可避免的，任何一种经济制度都不可能使它逃脱这种必要性。在这种假设中，将用大量死亡来遏制人口的一切增长，再乐观的博爱论者也不会去声称：当食物无可挽回地结束了它的发展时，人口的数目还可以继续向前发展。

因此，这是一种新秩序。社会界的规律将是不协调的，如果它们事先没有为一种可能的情况做好准备，尽管这种情况与我们所处的情况非常不同。

所提出的困难等于是这样的：一只在海洋上的航船还要航行一个月才能靠岸，可是只剩下十五天的食物了，怎么办呢？显然只能降低每个水手的食物定量，这样做不是心狠，而是出于谨慎和公正。

同样，当人口达到整个地球的可耕地能够养活的极限时，作出最温和和最可靠的安排以便限制人口继续增长的这一法律将既不是强硬的，也不是不公正的，然而还是土地产权将提供解决办法。在个人利益的刺激下，它将使土地生产出最大数量的粮食来。还是土地产权通过遗产的分割使每个家庭能去估量不慎增加人口对它带来的危险。显而易见，其他的任何制度，如共产主义制度，对生产的刺激将是不够强烈的，同时对人口的限制也将是不够有力的。

只要人类的进步还没有被禁止，劳务的互助性这一伟大而正确的规律将以和谐的方式而实现，总之，在我看来似乎政治经济学证明了以上这一点时便完成了其使命。直至目前在自由制度之下，没有一个阶级有权压迫另一个阶级，想到这一点不是令人欣慰的吗？经济学是否必定要来解决另外一个问题，即由于人口的增长趋向，当地球上没有了新居民的生存空间了，那该怎么办呢？上帝有没有为这一时代储备某种创造性的大变动和他的无穷神威的某种奇妙的表现呢？或者，根据基督信条是否应该相信世界的毁灭呢？显然这些已经不是经济问题了，没有一种科学能解决类似的困难。物理学家们非常清楚，地球表面任何活动的物体只要掉下去就不会再起来。根据这一点，这一天将会来到：高山将把山谷填平，河口的水位将和源头一样高，水将再也流不通了，等等。到那时将会发生什么事情呢？物理学是不是应该停止观察和欣赏当今世界的协调呢？因为它不可能猜出通过什么样的另外一种协调上帝支配着肯定很遥远，但又是不可避免的事情。我认为这里经济学家和物理学家都要将好奇行为换成信赖行为。如此美妙地安排了我们这个世界的人一定会为另外的情况准备另一个世界。

我们是根据我们目睹的事实来判断土地的生产力和人的精明能干的，这是否是一个合理的尺度呢？我们在采取这一尺度时，可能会这样想：用了六千年在地球的十分之一的土地上才长出了瘦弱的庄稼，在全球都变成花园之前，时光还要流逝几百个世纪呢？

还是在这一估计之中，而且是非常令人欣慰的，我们只是设想在农业方面推广知识或更恰切地说推广目前的一知半解。我再重复一次，这是否是一个可接受的尺度呢？类比法没有告诉我们说看不透的帷幕可能给我们挡住了艺术的无穷力量吗？野人以狩猎为生，他需要一块一里见方的土地。要是有人对他说，在同样大小的土地上，田园生活可以养活十倍的人，他该有多惊奇呀！游牧者在听到三年的耕作能很容易地供养的人数还要增加十倍，他也会感到很震惊。你对一个墨守成规的农民说，轮作可以带来一种同样大的发展，他会不信你的。轮作本身对我们来说是一个全新的名词，它是否将是人类的全新的名词呢？我们不必为人类的命运而担忧，它还有成千个世纪的路可走。总之，我们不要要求政治经济学去解决不是属于它的范畴的问题，放心大胆地将后代的命运托付给创造他们生命的人吧。

让我们归纳一下本章中的一些概念吧。

使用性与价值这两种现象，自然和人的贡献，进一步还有共同体和产权，都出现在农业和其他各行业中。

在为我们充饥的小麦生产中和为我们解渴的水的生成中，都有一种相类似的东西。经济学家们，赋予诗人灵感的海洋不也给我们提供了一道美好的思考题了吗？正是这一庞大的蓄水库应该为所有的人提供饮水。要是人距离这种不能喝的海水有千里之遥，这怎么成为可能呢？这里我们应赞美大自然的卓越本领了。太阳晒热了波涛汹涌的大海，并使其缓慢地蒸发，水成为气态，排出使它变质的盐分，然后上升到大气的高层。在各个方向上相遇的微风将它推向有人类居住的大陆，在那里水汽遇冷凝结，成为固态附着在山腰上。不久，春天的温暖使之液化，在其重量的牵引下，水经过板岩和沙砾层得到了过滤和净化。最后，水形成无数支流，流向全球各个角落，为人们提供清凉的泉水。这无疑是大自然为人类造福的一件巧妙的杰作。形态的变化、地点的变化和使用性应有尽有。可是**价值**何在呢？价值还未产生。假如对人们可以称之为上帝劳动成果的东西要付报酬（假如它有**价值**而应该得到报酬），谁能说出一滴水**值多少钱**？

然而，不是在所有人的脚下都有一眼活泉水，为了能饮到水，他们还要付出辛劳，作出努力，具有远见，并施展出本领来。正是这种人的**补充**劳动产生了协议、交易和**估价**，因此，价值的来源和基础正是人的劳动。

人在有知识以前是愚昧的。最初，人们不得不去四处找水，不得不去用最大的辛劳去完成大自然留给他的补充劳动，这是水在交换中最有价值的时代。逐渐地人制造出了手推车和车轮，驯服了马，发明了水管，发现了虹吸规律，等等。一句话，人将他自己的一部分劳动转嫁到无偿的自然力量之中。这样，水的价值而不是使用性便逐渐降低了。

要是我们不愿在和谐的地方看到不协调，就必须注意到并理解这里出现的现象。买水者在较好的条件下买到了水，即每当这种进步实现时，他让出较少一部分自己的劳动便能得到一定数量的水。况且，在这种情况下，他还得付出强迫自然行动的工具的报酬。过去他为去取水的劳动付出报酬，如今他既要付这种劳动的报酬，还要付制造推车、车轮和水管所需劳动的报酬。不过，**总括起来**他付的钱少了。从这里我们可以看出，那些认为与资本有关的报酬是消费者的一种负担的人的忧虑是悲伤的和错误的。他们难道永远不会懂得，对于每种一定的效果，资本取消的劳动比它要求的劳动要多吗？

所有上述描写的完全适用于小麦的生产。这里也是一样，在人掌握技艺之前存在着大自然的一种巨大的、无与伦比的技艺，最先进的科学对其奥秘也一无所知。地上和大气中到处散布着气体和盐。电、亲和力、风、雨、光、热和生命常常在我们不知不觉的情况下，相继来运送和变化这些物质，使它们接近、分离和合成。这种美妙技艺的活动和使用性是我们无法评价的，甚至超出了我们的想象力，但它却没有任何价值。价值是在人的第一次干预时出现的，人在这件事情中与在其他事情中一样，甚至超过其他事情，有一种**补充**劳动要去完成。

为了驾驭这些自然力量，排除阻碍它们行动的障碍，人占据了土地这一工具，他这样做无损于任何人，因为这一工具没有价值。这不是要讨论的内容，这是事实。在地球上的任何一点，请你给我指出一块没有直接或间接受到人的活动影响的土地，我将给你指出一块没有价值的土地。

然而，为了实现与自然竞争生产小麦，农民从事着两类完全不同的劳动。一些劳动立即而直接地与当年的收获有关，而且只与当年的收获有关，必须由当年收获来付给报酬，比如播种、锄草、收割和脱粒。其他的劳动，如盖房、排水、垦荒、围地等对一系列不确定的连续收获都发挥着作用，费用应该分摊到连续数年，人们可以通过称之为利息与折旧规律的巧妙手段来达到这一点。如果农民自产自销，收获便是他的报酬。要是他拿收获去交换，就是换取另一方面的劳务，换得劳务的估价便是他的收获的价值。

现在很容易明白，农民在土地上所进行的这一类的经常性的劳动是还没有得到全部报酬的**价值**，但它的报酬是肯定会得到的。他不应该放弃和让另一个人去取代他的权利而得不到补偿。价值包含在土地中，与土地融合在一起，所以人们可以换喻说：**土地有价值**。确实，土地有价，既然任何人再也不能不以这些劳动的等量作为交换买到它。我的观点是：生产的自然力量起初没有给予土地任何价值，现在它也同样没有价值。这种自然力量以前是无偿的，现在还是，将来永远是。我们完全可以说：这块土地**值钱**，其实值钱是将土地改善了的人的劳动，是撒在土地上的资本。土地的所有者最终只是他所创造的价值和他所提供的劳务的所有者，从此人们这样说是绝对正确的。还有更合法的产权吗？土地产权是在没有损害任何人的情况下建立起来的，它没有截取任何上天的赠与物，也没有对它征税。

还不止于此。所投入资本的利息应分摊到连续的收获当中去，资本却远远没有提高收获的价格，并成为消费者的负担。消费者随着资本的增加，即随着土地价值的增加，以总是较好的条件购买农产品的。只要人们习惯于将土地价值看作为不是灾害就是不公正，我不怀疑有人将这一论点看成是带有夸张的乐观主义的悖论。而我肯定这一点：说土地价值的建立无损于任何人是不够的，说它不损害任何人也是不够的，应该说它对大家都有利。土地价值不仅是合法的，甚至于对无产者也是有好处的。

在这里其实我们看到了刚才我们发现的关于水的现象的再

现。我们曾说，送饮用水者发明了手推车和车轮的那一天，的确
买水者便不得不付给两种劳动而不是一种劳动的钱：（1）制造
车轮和车子所进行的劳动，或更确切地说这种资本的利息和折旧
费；（2）送水者要付出的直接劳动。这两种劳动加在一起还不
及发明之前人类被迫进行的一种劳动，这也是真实的。为什么
呢？因为人类将它的一部分劳动交给了自然的无偿力量，也正是
因为能减轻人的辛劳发明才会出现和被采用。

　　关于土地和小麦，情况是完全一样的。每一次农民为了不断
地改善而投资时，连续收获便增加了这一资本的利息，这是无疑
的。另一类原始的和眼前的劳动在更大程度上已成为无用，这也
是无疑的。这样一来，地主获得的每一次收获，因而也是买主买
得的每一次收获，都是比较便宜的，资本本身的活动正是在于以
自然的无偿的协作来代替人的领取报酬的劳动。

　　举例来说吧。为了有好收成，土地不能过于潮湿，我们设想
这一劳动仍属于第一类。我们设想农民每天上午拿一个瓦罐去淘
出地里的积水。很明显，到年底时土地没有因为这一劳动增加任
何价值，但收获的价格却大大增加了。只要淘水的艺术仍属原始
的方法，以后收获的价格将仍然如此。假如地主开一条沟，土地
将立即得到一种价值，因为这一劳动属于第二类。这种劳动属于
加入土地应该由以后数年的产品给予报酬的劳动，没有一个人能
想要买下这块土地而不给这一工程付出报酬。然而这些不都是真
的吗？它将有降低收获价值的趋向，尽管它第一年要求的是一种
巨大的努力，但最终它免除的努力比它所需要的努力要多；从今
以后土地的排干将通过流体静力学的无偿规律来进行，比用臂力
排水经济多了；小麦购买者得益于这一行动；他们应该为土地得
到了这一新的价值而感到高兴。最后概括起来说，土地证明了进
步的实现不但对地主有利，而且对人类有利。假如人类这样说：
为了利息和河沟的折旧费，或为了它能在土地价值中出现而将小

麦价格提高，这就是特权、垄断和窃取，这不是极其荒唐，而且与自己为敌吗？照这样说，为了去掉垄断者和窃贼的罪名，地主只要填满排水沟，重操用瓦罐排水的旧业。无产者们，你们就因此而更先进了吗？

回顾一下所有成为整个土地价值的经常性的改进措施，你会在每一措施中发现同样的问题。先将排水沟填平，再把围栏拆除，让地主在他自己的田地周围看守，毁掉水井、粮仓、道路、木犁、土地的平整和积肥，然后再在土地上重新布满石子、杂草和树根，这样你就实现了平均主义的乌托邦。土地将恢复到原始状态，也把人类带回到原始状态：土地再也没有价值了。收获与资本也不再有任何纠纷了，收获的价格也摆脱了人们称之为魔鬼的利息，一切（绝对是一切）将通过眼前的、肉眼可见的劳动来实现。政治经济学将变得极其简单。法国将是一平方里养活一个人，其余的人将死于营养不良，但是人们不再会说：产权是垄断、不合法和偷窃。

随着我们分析交换、价值、资本、利息、产权和共同体思想时，我们不应对在我们眼前展现的这些经济和谐无动于衷——哦，我能将上述各点逐一说明吗？——也许我们走得够远了，可以承认社会世界与物质世界一样打上了上帝之手的烙印，由此产生了智慧与仁慈，我们应该赞美和感谢这只神手。

这里我不禁要回到孔西德朗先生的一种思想上去。

从土地有其自己的与所有人的劳动无关的价值和土地是**原始的、非创造出的资本**这一前提出发，他认为正确地得出了**通过掠夺的私有化**这一结论。这种所谓的不公正促使他连篇累牍地猛烈攻击现代社会制度。另一方面，他承认经常性的改进措施给这种原始的、次要的资本增加了剩余价值（这种次要资本与主要资本混在一起，以致主次难分）。那怎么办呢？因为我们面临着由两种成分组成的总价值：一种是合法的产权，它是劳动的成果；

另一种是不公正的掠夺，它是上帝所为。

困难是不小的，孔西戴朗先生用**劳动权利**来解决它。

人类在地球上的发展显然要求不应让土地处于非耕和荒芜状态。因此，人类命运的本身反对人的土地权利保持它的**原始**和**野蛮**形式。

野人在森林里和草原上享受着四种自然权利：打猎、捕鱼、采摘和放牧。这就是权利的初级形式。

在所有的文明社会中，老百姓和没有任何继承与一无所有的无产者，完完全全地被剥夺了这些权利。因而人们不能说原始权利在这里改变了形式，既然它不复存在了，形式与内容一起消失了。

然而，权利能够与文明社会的条件相一致的形式是什么呢？回答很简单。

在原始状态中，为了使用自己的权利，人**被迫行动**。捕鱼、打猎、采摘和放牧**劳动**是行使权利的条件。因此，原始权利只是这些劳动的权利。

文明社会掌握了土地，剥夺了人盲目地、自由地在土地上行使这四种自然权利的能力。好吧，但愿这种社会承认个人的劳动权利，作为它剥夺这些权利的补偿：那时，原则上和除非有合适的安排，个人将不会再有什么抱怨了。

因此，产权合法性的**不可缺少**的条件是，社会承认无产者的劳动权利，为无产者在进行特定的劳动时提供至少与在原始和野蛮状态下这一劳动**可能**得到的同样多的生活资料，作为补偿。

我不想反反复复地与孔西戴朗先生讨论实质性问题。要是我给他证明他称之的**非创造出的资本**根本不是**资本**，他所说的土地的**剩余价值**不是**剩余价值**而是全部价值，他将会承认他的论据将会全部被推倒，所有他对于自亚当以来人类认为适合存在和生活的方式的怨恨也随之消除了。可是这场争论将促使我再次重复我已经说过的关于自然因素是主要的和不可否认的无偿性这番话。

　　我仅指出，假如孔西戴朗先生为无产者讲话，其实他过于温和了，他们可能认为他们被他出卖了。什么！地主们夺取了土地和所有地里生长的奇妙的庄稼！他们夺走了太阳、雨水、露水、氧气、氢气和氮气，因为这些有助于农产品的生长。你要求地主们为无产阶级在进行特定劳动时提供至少与在原始、野蛮状态下这一劳动可能得到的同样多的生活资料，作为补偿！

　　可是，你没有看到土地产权没有等到你的命令，它就已经变得成千上万倍地慷慨了吗？你还要求什么呢？

　　在原始状态中，你的捕鱼、打猎、采摘和放牧的四大权利使差不多一个人在一平方里内生活，或更确切地说过着饥寒交迫的生活。照你看来，夺取土地因而是合法的，只要犯下这种罪行的人能使一个人在一平方里内生活，并且要求他干与一个人或一个易洛魁人同样多的劳动。请注意，法国只有 3 万平方里，因而它只能使 3 万居民在野蛮生活所提供的舒适状态中生活。你代表无产者再不向产权提出任何要求了。然而有 3000 万法国人没有一寸土地，其中有这样一些人：共和国总统、部长、法官、银行家、商人、公证人、律师、医生、经纪人、士兵、海员、教师、记者等，他们不愿将自己的命运与一个域外人的命运进行交换。因此，土地产权应该做出比你要求它的更多的事情。你向土地产权要求**劳动权利**直至一定的限度，直至它在群众中——以一定的劳动为交换——施以与野蛮生活能够得到的同样多的食物。土地产权做得还要多：它不仅给了劳动权利，而且还直接给了劳动，仅就它交纳的税收，就胜过你要求的一百倍。

　　哎呀，我最为遗憾的是，我还未结束土地产权和它的价值。我要用最简洁的语言提出并批驳貌似有理，甚至是严肃的一种反对意见。

　　有人说："你的理论与事实不符。毫无疑问，只要在一个国家中有大量未被开垦的土地，这会使得已经耕种的土地不能取得过高的价值。毫无疑问的还有以下一点：即使整个领土都进入了私有化领域，倘若邻国有大片土地可给木犁提供用武之地，自由交易足够将土地产权的价值限制在正确的限度内。在这两种情况下，似乎地价只能代表所投入的资本，地租只能代表这一资本的利益。由此应该像你那样得出结论，土地自身的活动和自然因素的干预没有任何价值，不能提高收获的价格，它们是无偿的，因而是公共的，所有这些都貌似有理。我们要去揭露这一论据的危害可能很棘手，但它确是有害的。为了能相信这一点，只要注意这一事实：在法国，耕地的地价每公顷一百法郎到六千法郎，巨大的价格差异的原因主要不在于以前投入的劳动多少，而在于肥力的大小。请不要否认肥力没有自身的价值，没有一份售地契约能证明这一点。任何人买一块土地都要查看它的质量，并以此付款。假如有靠在一起的两块地，具有同等有利条件，一块是肥沃的冲积土，一块是沙土，肯定第一块的卖价比第二块高。而且两块地吸收了同样多的资本，老实说买主根本不考虑这种情况。他的眼睛盯着未来，而不是盯着过去。他感兴趣的不是土地值多少钱，而是它能赚多少钱，他知道地是根据肥力来赚钱的。因而这种肥力有自己的、固有的和与人的任何劳动无关的价值。支持相反的观点，就是想从牛角尖里或更恰当地说从悖论中找出个人产权的合法性。

"去寻找土地价值的真正原因吧。"

但愿读者不要忘了，在我们这个时代问题是严重的。直至目前，经济学家们将它疏忽了或轻率地对待了，它对他们来说只不过是一个好奇之点。过去个人产权的合法性没有争议，现在不是这样了。一些赫赫有名的理论在最好的思想中对产业权力散布了疑惑。这些理论将它们的怨恨建立在什么上面呢？正好建立在我刚才提出的反对意见的一些言论之上。正是在这一事实上，遗憾

的是所有的学派都同意了这一事实，土地从它的肥力和从自然中
得到了自身的价值，但这种价值还没有通过人去交给它。然而，
价值不是无偿地转让的，它的名称就排除了无偿的想法。因此有
人对地主说："你要的是我的劳动成果的价值，你与我交换的是
另一种价值，它不是你的劳动成果，也不是其他劳动的成果，而
是大自然的慷慨大度。"

大家应该知道，这种不满情绪如果有充分的理由，那将是可
怕的。它不是由孔西戴朗和蒲鲁东两位先生提出来的，在斯密、
李嘉图、西尼尔那里，在所有经济学家那里都毫无例外可以找到
它，不仅是作为一种理论，而且作为一种怨恨。这些作者不仅局
限于给土地一种人类活动以外的价值，而且还比较大胆地推断出
其后果，给土地产权加上了特权、垄断和窃取的罪名。其实，他
们在如此败坏了土地产权后，又以**必要性**的名义去保护它。可是
这种保护不是共产主义的逻辑学家仓促修复起来的辩证法上的瑕
疵又是什么呢？

我谈论这一微妙的题目并不是出于爱钻牛角尖的一种怪癖。
我事先已预感到了本章结尾的这种麻烦，我曾想给读者也想给我
自己免除它。

我对这种反对论的答复包含在第五章中论述的价值理论中。
在那里我说：价值不是主要与劳动相关联，更不是与劳动一定成
比例。我指出，价值的基础主要不是转让它的人所**付出的劳苦**，
而是得到它的人所**免除的劳苦**。正是因为这样我将它放在包括两
种成分的东西中，即**劳务**。我说人们可以用轻微的努力提供巨大
的劳务，而也可以用很大的努力只能提供很差的劳务。由此可
知，劳动并不一定总能得到与其强度相适应的报酬，这对孤立的
人和社会的人都是如此。

价值是在买卖双方讨论后确定的。然而，他们中的每一个人
在讨论中都持自己的观点。你向我推销小麦，你所耗费的时间和

精力对我有什么重要呢？我所关心的主要是我在其他地方买到小麦时我将要花费的时间和精力。你对我的境况的了解可能使你要价更低或更高，而我对你的境况的了解可以使我购买的心情更为迫切或不太迫切。因此，没有一个必然的尺度来确定你将领取的劳动报酬，要视情况而定，视情况给我们之间交换的两种劳务作出的价格而定。马上我们将要提到被称之为竞争的一种外部力量，其使命是调节价值，使之与努力更加适应。不过这种适应性不属于价值本质性的东西，因为它是在偶然事件的压力之下被确立的。

回顾了这些以后，我说：土地价值的产生、浮动和确定，如同黄金、铁、水，律师的建议、医生的断诊，唱歌、跳舞或画家的画一样，如同所有的价值一样；它不遵循特别的规律；它形成了同一来源、同一性质与别的产权同样合法的一种产权。但我们现在必须明白，这完全并不是说，用于土地的两种劳动，一种不能比另一种幸运地得到更多的报酬。

让我们再回过头来看看所有职业中最为简单的那种职业，它最能向我们展现能够将人的有偿劳动与自然的无偿协作分开的微妙之点。我想说的就是卖水郎的卑贱职业。

一个人取了一吨水，把它挑到自己家中。他是否是与他的劳动必然相适应的一种价值的所有者呢？在这种情况下，这种价值与它能够提供的劳务是没有关系的。而且它将是不变的，因为，他所花的劳动不再可能增加或减少。

那么，在这一吨水被接起来并被运到家里的第二天，要是夜里下了一场雨，它就可能失去全部价值。在这种情况下，每个人都有水了，它提供不了任何劳务了，人们都不需要了。用经济学的语言来说，无人需求它了。

相反，如果出现了特别的、难以预料的和紧急的需要，那它的价值将会倍增。

　　结果怎样呢？为未来而劳动的人无法预先知道未来给他的劳动保留的价值。包含在一件物品中的价值将根据它提供的劳务多少或高或低，说得更清楚些，人的劳动——这种价值的来源——将根据情况得到或多或少的报酬。正是在这些可能性上进行预测，预测本身也有权获得酬劳。

　　可是我要问，在这些价值的波动中，在劳动报酬的这种可变性和神奇的自然技能，在没有我们的参与下将水从海洋运送到泉边的令人赞叹的物理规律之间，存在着什么关系？因为这一吨水的价值可根据情况而变化，要不要由此得出结论：大自然让我们为蒸发，从海洋到高山的云雾运输、冷凝、液化等提供泉水的整个这一套美妙的技能，有时付很高的报酬，有时付很低的报酬，有时分文不付呢？

　　农业产品也同样如此。

　　土地价值，或更恰当地说在土地上所投入的资本，它不止有一种要素，而有两种要素。它不仅取决于用于它的劳动，而且还取决于支付这种劳动报酬的社会中的力量，取决于需求和供应。

　　这里有一块田，人们在上面进行具有长期效果的劳动年代已过，因此它已经增值了。

　　此外，道路接近而且改进了，安全更加完善，销售市场扩大了，居民的人数和财富都增加了，在多种作物、智慧、技能面前展现了一条新的道路。这种环境和普遍繁荣的变化给当前的劳动和以前的劳动带来了更多的报酬，也带来了土地的增值。

　　这里没有不公正，也没有有利于地产的特殊性。从银行到劳动力没有一种劳动不呈现出同一现象。没有一种劳动不由于环境的改善而提高了报酬。这种作用和个人繁荣对所有人繁荣的反作用，以及所有人的繁荣对个人繁荣的反作用，这便是价值规律。人们由此得出以下的结论是多么的错误：土地本身或它的生产力量具有所谓的价值；智力劳动和没有物质与物理规律协助的职业

享有同样的好处，这种好处不是特别的，而是普遍的。随着他们
所属的城市和国家的福利增加，随着对他们劳务的爱好或需要的
扩大，随着公众对他们有更多的要求并同时不得不而且能够给他
们更多的酬劳，律师、医生、教师、艺术家和诗人在同等劳动的
情况下能够得到更多的报酬。顾客、业务和买主的简单让与也是
根据这一原则进行的。还有更好的例子，巴斯克巨人和汤姆·普
斯是依靠表演他们的超高身材为生的人，他们为大都会的众多
的、生活宽裕的人的好奇而表演比为稀少而贫苦的村民的好奇而
表演赚钱更多。这里需求不仅是给价值做了贡献，而且创造了全
部价值。需求也影响了土地或农产品的价值，人们怎么能对此感
到特殊或不公正呢？

　　人们是不是要说土地可能因此而达到过分的价值呢？说这些
话的人无疑从未想过可耕地消耗了巨大数量的劳动。我敢肯定在
法国没有一块田的**价值**与它的耗费相当，并能在交换时得到为使
它达到目前的生产力状态所需要的同等劳动。假如这一观察有道
理，它是决定性的，它不会为土地产权留下任何一点不公正的迹
象，所以当我要研究李嘉图的地租理论时，我还要提到这一点。
我将要证明人们也应该为土地资本执行这条我用这段话来表达的
总规律：随着资本的增长，资本家或地主和劳动者分享着产品，
以至于第一种人的**相对提取额**不断下降，尽管他的**绝对提取额**在
增加，而第二种的相对提取额与绝对提取额都在增加。

　　使人相信生产的力量具有自己的价值，因为它们有使用性，
这种幻想给后来人带来了多少失望和多少灾难！正是这种幻想常
常驱使一些人去过早地开辟殖民地，殖民地的历史只是一本可悲
的死难者名册。他们是这么想的：在我们国家，我们只能通过劳
动得到价值，我们劳动了，我们只能有与我们的劳动成比例的一
种价值。假如我们去圭亚那、密西西比河边、澳大利亚和非洲，
我们将会拥有大片未开垦的肥沃土地。作为对我们的报酬，我们

将会变成我们所创造的价值的所有者和这些土地本身**固有价值**的所有者。他们出发后，一种残酷的经验马上会证实我在这里阐述的理论的真实性：人们劳动、开垦、筋疲力尽、节衣缩食、忍受痛苦和疾病；倘若他们欲将他们垦殖的土地出售，他们将得不到他们已经付出的代价，他们只好承认价值是人创造的。我敢说有人会给我举出原本是灾难性的殖民化的例子。

"千余名工人涌向天鹅河，土地的极度廉价（1 先令 6 便士或不足 2 法郎 1 英亩）和劳动力的昂贵使他们产生了成为地主的欲望，并为之提供了方便。资本家再也找不到人为他们劳动了，五百万资本在那里付诸东流，殖民地变成了悲惨的一幕。由于工人们在成为地主的虚幻满足的驱使下离开了老板，农具生锈了，种子霉烂了，牲畜由于无人照料死亡了。只有一场可怕的饥荒能医治工人们的自命不凡，他们再回来向资本家要求工作时，已经为时太晚了。"（《南澳大利亚协会会议录》）

协会将这一灾难归咎于土地过于廉价，将地价提高到 12 先令。卡雷（我引用了他的这段话）补充说，真正的原因是工人们深信土地有一种与劳动无关的**固有价值**，急于占有这种所谓的价值，他们猜想这种价值可能具有包含地租的能力。

下面为我提供了更为有力的论据。

"1836 年原始买主以 1 奥地利先令一英亩的价格将天鹅河的地产脱手。"（《新月刊杂志》）

就这样该协会以 12 先令出售的这块土地，买主在这块土地上花费了很多劳动和钱财，他们出售时才要 1 奥地利先令！**天然的、不可毁灭的生产能力**的价值何在呢？（李嘉图）

我感到土地价值这一广泛而重大的题目并没有讲透，因为这一章是在不停的忙乱中以闲谈方式写成的，我还要回过头来谈这个问题，但在结束之前我不能不给读者，尤其是经济学家们指出以下的问题。

这些使科学大大进步，其著作和生活充满仁慈和爱心，至少在某一方面和他们的研究范围内揭示了社会问题的真正解决办法的大名鼎鼎的学者，如魁奈、杜尔哥、斯密、马尔萨斯、萨伊之类，我不说他们逃脱驳斥，人们有权驳斥他们，而是说他们遭到了诽谤、诋毁和粗野的谩骂。攻击他们的著作，甚至他们的用意，几乎成了一种时尚。人们可能会说，在这一章中我给他们的反对者们提供了武器。想让我去反对我郑重宣布我认为是我的启蒙者、引路人和老师的人，肯定是选错了时机。但毕竟最高权利不是属于真理或我真心认为的真理吗？世界上哪有一本书中没有一点谬误呢？然而政治经济学中的一个谬误如果人们将其扩大、歪曲、究其必然后果，它将包含一切必然后果，它将导致混乱。因此，没有一本书人们不能从中摘出孤立的、不完整的和错误的一句话，没有一本书找不出一大堆错误和混乱来。老实说，经济学家给**价值**一词所下的定义就属于这一类。我们刚刚看到这一定义致使他们自己对地产的合法性，推而广之也是对资本产生了危险的疑惑。只是由于自相矛盾他们才在这条有害的道路上止步。这种自相矛盾挽救了他们，使他们重新走上了正确的道路。如果他们有错误的话，在他们的著作中也只是一个孤立的斑点。社会主义抓住了这一错误的定义，不是为反驳它，而是接过去证实它，并使之成为其宣传的出发点，说明其一切后果。今天这里有一个迫在眉睫的社会危险，所以我认为我有责任说出我的全部想法，对错误理论进行追本溯源。如果有人由此推断我与我的老师斯密和萨伊，与我的朋友布朗基和加尔尼埃分道扬镳，那仅是因为我认为在他们的博学而卓越的著作中，他们将**价值**一词用错了。要是人们由此作出结论，我不再相信政治经济学和经济学家们，我只好提出抗议，而且在本书的书名中就含有最强烈的抗议。

第十章　竞争

　　在政治经济学的所有词汇中，竞争这个词最使现代改革派们恼火。为丑化它，他们总将竞争形容成是无政府状态的。

　　无政府状态的竞争指的是什么？我不清楚。用什么来替代它？我知之更少。我常听人叫嚷什么组织啊！协作啊！但这是什么意思？我们应一劳永逸地统一认识，总应让我知道改革派的作者们想对我和对所有生活在地球上的人行使何种权力吧！因为，事实上我看出他们想行使的是某种理性的权力，如果他们能掌握这种权力的话。好吧！他们是否想剥夺我在涉及我生存问题时让我发表自己看法的权利？他们是否不允许我将我所提供的劳务与我得到的劳务作比较？难道他们是希望我在他们的制约下而不是依靠我自己的智慧来行事？假如他们给予我自由，竞争就存在。自由一旦被剥夺，我只能是他们的奴隶。他们说："联合将是自由与自愿的。"那再好也没有了！但是，每个联合小组与其他小组，仍将是今天那种个人与个人之间的关系，这中间还是有**竞争**。"联合将是**全面的**"，这种说法太过分了。什么？无政府状态的竞争正在破坏社会，为治愈这一恶疾，我们应等待全世界人民（法国人、英国人、中国人、日本人、卡菲尔人、霍屯督人、拉普人、哥萨克人、巴塔哥尼亚人等）同意按照你们书中的思想，以你们臆造出的某种联合形式永远地组织起来吗？但请注意，这等于承认竞争是不可毁灭的。你们敢说某一不可毁灭的，因此是符合天意的现象，会是一种有害的现象？

　　总之，竞争是什么呢？是一种像霍乱那样自生自长、自行其是的东西？不，竞争只意味着是无压迫。我所感兴趣的应由我自己来选择，不要别人违背我的意志替我作出选择，仅此而已。如果有人在与我的买卖中企图将他的意志强加于我，那我可在与他的交易中依法炮制。如何确保事情更好地运转呢？显然，竞争即是自由，破坏了行动的自由，也就破坏了选择、判断、比较的可能性和能力；也就扼杀了智慧、思想和人。不管出自何种考虑，现代改革派们只能走向这样的结局。为改良社会，他们开始消灭个人，借口个人是万恶之源，似乎好事也不是由此而来。我们看到劳务是相互交换的，实际在当今世界上，我们每一个人都有责任用自己的努力来满足自身的需求。因此，别人为我们解了难，我们理应回报。他用其努力使我们得到满足，我们也应为他做同样的事。

　　那么由谁来比较呢？因为，有必要对这些交换的努力、辛劳和劳务进行对比以达到等价和公平合理，除非我们掌握了衡量不合理、不平等和偶然性的尺度。这是用另一种手段使人类的智慧免遭摧残。应当有一个裁判或一组裁判，谁来当裁判呢？在各种不同的情况下，需求是由感受者、满足是由追求者、努力则是由交换者来进行判断的，这岂不是很自然的吗？现在真的要用一种社会权威（那是改革派自己的权威）来替代当事人的普遍的警惕性，由这种权威来决定发生在世界各地无数次交换的微妙条件吗？这不是要建立一个最易犯错误、最广泛、最直接、最专横、最无法忍受、最实际、最深刻、最荒谬，甚至连古时的帕夏或伊斯兰教的穆夫提都想不出来的专制体制吗？

　　竞争就是不需要一个对交换进行裁决的专制当局，搞清了这一点就可得出结论，竞争是不可摧毁的。蛮横的当局肯定能限制、阻挠、影响自由交换和行动自由，但要取消它们必将消灭人。事情既然是这样，那么竞争对人类到底是有好处还是坏处呢？这又回到了这样一个问题：人类是在不断进步呢，还是注定要倒退呢？

我敢这样说：尽管竞争（我们也可称之为自由）引起了某些人的恶感和对它频频指责，但从本质上讲它是民主法则。民主法则是上帝为使人类社会发展的诸多法则中最进步、最平等、最共同的法则。是民主法则逐个取消了某些地区因自然条件得天独厚而对财富的独享权。也是民主法则将每个时期的天才用来使其子孙后代致富的创造发明变成**共同的**财产，它只将一些附加劳务相互进行交换，自然因素的作用是得不到酬报的。假如某一劳动的价值与其强度不成比例（事物开始时经常如此），那么，竞争用其不被觉察，但持续不断的作用使它们重建公正的平衡，这比行政官员们用他们可能犯错误的判断力制定出的平衡要精确得多。竞争远非像被人指责的那样是不平等的，之所以**人为地**说它不平等，正是因为这种不平等并不存在。一个大喇嘛与贱民之间的差别之深远远超过美国总统和一名工匠之间的差距，这是因为竞争（或者说是自由）在亚洲受到压制，而在美洲却不是那样。因此，当社会主义者把竞争看成是万恶之源时，我们正应从竞争所受的攻击中去寻找一切好事遭到破坏的原因。尽管社会主义者与他们的信徒不承认这一伟大的法则，尽管这一法则在行使中经常是粗暴的，但从社会协调和总体结果上看，没有比之更具有生命力的了。没有任何其他的法则能如此鲜明地表明，上帝的意志胜过人的徒劳与无力的计谋千万倍。

这儿我应重提社会秩序产生的奇特和不容置疑的结果（我在先前的章节中已提请读者注意），习惯势力往往使我们忽视这一点：**社会每一成员获得满足的总和远远高于他通过自身努力所能得到的总量**。换言之，在我们的消费与劳动之间明显不成比例。只要我们观察一下周围发生的事就不难觉察到这一点。对此我们应感激社会，我们从社会得到了恩惠。

我们来到地球上时一无所有，被无数需要所困扰，我们仅具有面对这一切的能力。**一开始**，我们追求的只是我们的劳动与所获的满足成比例。假如我们获得的满足远远超过付出的劳动，那应归功于谁呢？当然归功于我们虽不想摧毁但不断攻击的那个自然组织。

这一现象本身十分神奇。假如只是一些人的消费超过他们的生产，这很容易解释，这些人肯定以某种方式侵占了他人的权益，他们收受劳务但未作出贡献。但所有人均是如此，那怎么可能呢？在无限制、无诈取以及**等价的**情况下对劳务进行交换后，怎么会每个人都能如实地自称：我在一天之内毁灭的比我一个世纪创造的东西还要多！

读者懂得，解决问题的这一附加因素便是在生产过程中日益有效的自然因素的作用；是由于无偿使用不断纳入**共有性**范畴，是因为在劳动中逐渐使用了热、冷、光、万有引力、放射对应、弹力等技术使劳务变得更为容易，因而降低了劳务价值。

假如读者认为只要依靠某种自然力的合作，减轻了人类劳动，价值就会立即和自动下降的话，那我肯定是没有说清**价值**理论。不，事情并非如此，因为按英国经济学家们的说法：价值是与劳动成正比的。一个得到某种大自然和无偿力量帮助使其劳务变得更为容易的人，并不会因此而自愿部分放弃他的习惯报酬。这就需要有一个外来的、严厉的但并不是不公正的强制手段来迫使他放弃部分报酬。这种强制力就是竞争。只要竞争尚未发生，只要使用某一自然因素的人还掌握着这一秘密，这一自然因素也许是无偿的，但它还不是**共有的**。新的发现只使某一个人或某一部分人获利，全人类还没有得到好处。假如仅仅是某一种劳务（尽管它已部分减轻了劳动强度）要求支付全部报酬，那么世界还没有发生任何变化。一方面是某一个人要求别人向他付出与过去同样的劳动，尽管他提供的劳务已经减少；另一方面是全人类还被迫用同样的时间和辛劳来获得大自然已可部分完成的产品。

假如事情就到此为止，那么利用所有的创造发明就可以在世界上建立一种极为不平等的原则。不仅我们不能说：价值与劳动成正比；而且我们也不能进一步地说：价值趋向于和劳动成正比。我在先前几章中所阐述的**无偿使用性**和**累进共有性**观点也就成为虚无缥缈的了。劳务与劳务交换，致使上帝的赠与不断传递，最后转到消费者手中的说法也站不住脚了。除其劳动之外，每个人将永远要别人支付由他开发的自然力的一部分；简言之，人类将建立在普遍垄断的原则之上，而不是建立在累进共有性的原则之上。

但事情不是这样。上帝赐予了人类热、光、万有引力、空气、水、土地、植物、电以及不胜枚举的美好的事物，上帝在人的特性中加进了**个人利益**，它就像一块磁铁，吸引着周围的一切物体；上帝在社会秩序中又安置了另一个原动力，通过它来确保上帝恩惠的初衷：无偿性。这一原动力就是竞争。

因此，个人利益是不可战胜的个人主义力量，它促使我们，激励我们去寻求和发现进步并设法垄断之。竞争同样是一种不可战胜的人道主义力量。随着进步的完成，竞争从个人手中夺取进步，使其成为人类大家庭的共同财富。上述两种力量，孤立地看待它们时是可以指责的，但合在一起，从总体上说，它们构成了社会协调。

顺便提一下，以作为生产者的人的利益为代表的个性，有史以来一直是与竞争对抗的，它反对竞争，它利用武力、欺诈、特权、诡辩、垄断、限制、政府保护等手段试图消灭竞争，这不足为怪。从他们使用的手段中就不难看出他们要达到的目的。但令人惊讶和感到痛心的却是，社会主义者以慈善、平等、博爱的名义竭力推崇的科学（实为一种伪科学）接受了个人主义的最狭隘动机，抛弃了人道因素。

现在，我们来看看竞争怎样起作用。

在个人利益的驱使下，人总是并一定要寻找能使其劳务获得最大价值的环境，他立即承认可以有三种方式来得到上帝的恩赐（详见 175 页注解）①：

1. 由他一人独霸这些恩赐；
2. 由他一人知晓使用这些恩赐的**方法**；
3. 由他一人掌握利用这些恩赐来进行竞争的**手段**。

在上述任何一种情况下，他就能以自己较少的劳动换取别人**较多的**劳动，他提供的劳务具有相对高的**价值**，别人只好相信价值的超额部分是与自然因素相连的。如果是这样，这一价值就不得缩减。事实证明价值存在于劳务中。现在我们将会看到竞争是怎样降低价值和劳动的。

1. 自然因素即上帝的赏赐不是平均地分布在地球表面的。从寒带到热带，植物的种类多种多样。有的地方土地肥沃，有的地方气候炎热。这里有石头，那儿可找到石膏，别处则有铁、铜、煤。不是到处都有瀑布，也不是各地都能利用风力。我们与所需物品相处的距离不同，就足以使我们的努力遇到的困难也变得千差万别，但人的能力在某种程度上并不会因气候和种族不同而变化。

由此不难懂得，如果没有竞争法则，上帝赏赐的分配不均就会带来人的条件的相应不平等。

谁随手可得某一自然好处便据为己有，他不会与别人分享，除非通过他本人并索取由他武断规定的高额报酬。他可随心所欲地为他的劳务确定价值。我们看到价值所系的两端是：提供劳务者**付出的辛劳**和接受劳务者**免除的辛劳**。没有竞争就不能阻止将价值提到最高点。例如，热带地区的人可以这样对欧洲人说：

①　系指原书页码。——译者

"由于我那儿阳光充足，我收获一定数量的糖、咖啡、可可、棉花付出的辛劳值假定为 10，而你因地处寒带，生产同样的物品需要用暖房、火炉和搭棚子之类的设备，这样你付出的辛劳值高达 100。你要买我的糖、咖啡、棉花，在交易中你希望我只按付出的辛劳值计算。但我关注的却是我为你免除的辛劳值，因为这是你所能接受的极限，我把它作为我要求的最高目标。由于我用10 个辛劳值生产的东西，你得用 100 个辛劳值才能获得，假如我用糖来换取你需要用 101 个辛劳值生产的东西，你肯定不干；假如我只要求 99 个辛劳值的产品，你肯定会嘟哝一阵，然而你最终还是会同意的，因为在交换中你还是占了便宜。你可以认为这个基础是不公正的，但归根结底上帝将高温恩赐予我而不是你。要是你不答应付我这笔款项，我可以利用上苍赐予我的恩典使你得不到你所要的东西，因为我没有竞争对手。这里摆着糖、可可、咖啡、棉花，满足我提出的条件，你就可以拿走，否则你就自己去生产或者干脆不用这些物品。"

是的，欧洲人可以用同样的语气回敬那位热带地区的朋友："那好啊，你就去挖地打井，去寻找铁和煤吧。如果你找到铁和煤，那就算你幸运，否则我也会狮子大开口的。上帝给予了我们两种珍贵的礼物。我们首先满足自身的需要，然后，我们也不反对别人分享上帝的恩赐，他们无须向我们支付巨额款项。"

事情要是如此，从严格的科学角度讲，自然因素还不具有主要存在于**劳务**中的价值。假象有时可以迷惑人，因为结果将是完全一致的。劳务与劳务相互交换，但没有任何迹象表明它们是以努力和劳动来相互衡量的。上帝的赏赐是**个人的**特权而不是**共同的**财富。我们也许有理由埋怨万物之主对我们似乎太不平等了。难道我们是一些如此卑鄙的兄弟吗？我们能视自己为同一天主的儿子吗？没有竞争，也就是说没有自由，这将是实现平等的不可逾越的第一个障碍。没有平等就谈不上任何博爱，共和国的箴言就荡然无存了。

有了竞争，我们就绝不可能再看到一方独占市场，把上帝的赏赐占为己有，无限评估其劳务的价值和交换中的不平等现象了。

首先，应指出，竞争是不可避免的，它就是因为存在不平等而引起的。哪儿报酬高，劳动就本能地涌向哪儿，必定使这一不正常的有利条件消失。因此，不平等是一种刺激剂，它迫使我们自觉不自觉地走向平等。这也是社会机制的最美好**宗旨**之一。恩施大地的上苍似乎选择了贪婪和生产者来公平分配财富。出于个人利益的生产者不断地去做他力争避免的事，这无疑是一种绝妙的景象。作为生产者，人总是被高报酬所吸引，这是符合规律的，人追求自身利益，但他不知不觉无意中遇到的是什么呢？是总体利益。

现在我们再回到上面的例子。出于这一动机，那位热带地区的人利用上帝的恩赐获得了超额报酬，但他也因此招来了竞争。我认为，人的劳动热情与不平等的程度是成正比的，可是不消除不平等，也就不会有安宁。在竞争的作用下，相当于 10 个辛劳值的热带劳动与欧洲劳动的交换不断发生变化，降至 80 个辛劳值，以后又变成 60 个、50 个、40 个、20 个，直至 10 个辛劳值。在特殊的自然规律支配下，出现上述情况是必然的，即进行交换的劳务不能以劳动、付出的辛劳和上帝给予的赏赐来衡量。现在该赞赏事物完成的革命了：首先双方付出的辛劳值是对等的，这能满足渴望公正的人类意识。其次，上帝的赏赐变成了什么呢？这值得读者们密切注意。这里没有剥夺任何人享有上帝赏赐的权利。在这点上，别去听热带地区生产者们的大声嚷嚷。巴西人是糖、棉花和咖啡的消费者，他们总是从太阳的热能中获利，因为太阳帮助他们提高产量，他们失去的仅仅是不能再向欧洲消费者们漫天要价而已。上天的赏赐，因为它是无偿的，应当而且已经变成是**共有的**，因为**无偿性**和**共有性**在本质上是一致的。

上帝的赏赐变成了共同财富，成了所有人的财富（我请读者注意，我在这里利用一个特殊事实来说明一种普遍现象）。这里没有夸张之意，这是无可辩驳的事实。为什么这一美好现象鲜为人知呢？因为共有性是以**价值消失**的形式实现的，也是因为我们的头脑较难接受否定论。但当我要获得一定数量的糖、咖啡或棉花时，我只愿支付我自己生产这些物品所需的 1/10 的辛劳。因为在巴西，9/10 的劳动是由太阳来完成的，我这样做不是真正地在以劳动交换劳动吗？除了巴西人的劳动外，我不是还确实获得了热带气候的合作吗？难道我不能确切地断言，我和所有的人，印度人也好，美国人也好，在涉及生产领域中均无偿地得到大自然的慷慨布施？

英国有丰富的煤矿，这对英国来说是**区域性的**一大优势，尤其是假设在欧洲大陆的其他地方没有煤炭，我这样比喻是为更容易说明问题。如果不进行交换，英国人的有利条件仅仅是他们比其他国家人民有更充足的火源，可以少费力气，不必像别人那样花那么多时间来获得火源。一旦进行交换，先撇开竞争不谈，英国人因拥有大量煤矿，就可以要高价，要求巨额报酬。由于我们没法自己生产煤炭，别的地方又买不到，那我们只得服从规律。英国人的这一劳动得到了高额报酬，也就是说煤炭的价格昂贵，大自然的恩惠只为一国人民而不是全人类享有。

但这种情况无法维持长久，因为有一个自然的和社会的伟大法则——竞争——制约着。煤炭的生产在英国可以获得高额报酬，人们都向往这项劳动，因为人总想得到巨额的报酬。矿工的队伍在日益扩大，年轻人不断涌入，人员增多后，报酬就逐渐减少，一直降至与国内其他同等劳动的相应水平，也就是降至**正常状态**时为止。这就意味着英国煤炭在法国的销售价格将下跌，同样数量的法国劳动，现在可以换取越来越多的英国煤炭，或者更确切地说换取越来越多包含在煤炭中的英国劳动。这就是说，英国已实际上将大自然的赏赐转交给了全人类。英国纽卡斯尔的煤矿被**无偿地**奉献给了所有的人。这并不是一种反常现象，也不是夸大其词。因为煤炭就像水那样是**无偿地**奉献给所有人的，你只要花点**力气**去寻找或者支付别人为你付出的辛劳。当我们购买煤炭时，我们支付的不是煤炭，而是支付开采和运输这些煤炭时付出的劳动。我们用生产酒或丝绸的等价劳动与它交换。大自然对法国同样也是慷慨的，我们用来交换的劳动并不高于在法国土地上自己开采煤矿（如果法国也有煤炭储藏的话）所需的劳动。除去距离远近和运输不可避免地会造成某种微小的差异外，竞争在煤炭这个问题上将英法两国人民置于平等地位。

我在上面举了两个例子，现在我选择广泛的国际关系以便更醒目地阐述这一现象。我怕不能向读者解释清楚在我们周围和最常见的交易中不断发生的同一现象。假定你想买一小件物品，一只玻璃杯、一根钉子、一片面包、一块布或一本书，假定你就这些小物品进行思考，你会问在没有竞争、无偿使用性对人类还不是无偿的，即还不是**共有的**情况下，生产者能无偿获得多少无偿使用量呢？你会说，由于有了竞争，你在买这片面包时，你只支付了阳光、雨、霜、植物生理学、土地的作用，面粉厂主运用的万有引力法则，面包师运用的燃烧法则和运输花费的动力；你只支付了人所提供的劳务和付出的辛劳。你知道如无竞争你还应对自然因素的作用支付一笔钱。这笔钱的多少由你自己生产面包所遇困难的程度而定。因此，劳动一辈子也不能支付别人向你索要的报酬。假如你想到，一件物品就会引起你这些反思（这些反思对生活在地球上的人来说是实实在在的），而你又不止使用一件物品时，那么你就会懂得社会主义理论的缺陷。由于只看到了事物和社会的表面，社会主义理论便轻率地否定竞争，即否定人类自由；你就会懂得，由于大自然的赏赐在地球上并不是均衡分配的，所以，竞争使它们具有无偿和共有的双重性质。我们应将竞争看成一个公正的和自然均等的原则，应称赞竞争是挫败利己主义的力量。竞争与个人利益巧妙地结合在一起，它既遏制个人主义的贪婪又刺激人们去劳动，我们应赞美竞争，把它看作上帝对人类公正关怀的最明显表示。

综上所述，我们可以对一个最有争议的问题——人民之间贸易自由的问题下断语。通过竞争，各国间趋于只就劳动和越来越拉平的辛劳进行交换，**此外**，还相互转让各自拥有的自然优势，我认为这是无可置疑的。要是有的国家的价格过廉或对总体使用无多大价值（正因为这些产品中包含了一大部分无偿使用性）为借口，通过法律程序拒绝接受外国产品，那才是多么缺乏理智和愚蠢呢！

现在我还要重说：只有当我看到某种理论与普遍实践相一致时，我才相信它。各国之间在无**武力**禁止的情况下进行交换是一种积极现象。只有刺刀才能阻止这种交换，这样做是错误的。

2. 广泛掌握获取**自然因素**的**手段**使某些人在争取报酬时处于有利的和特殊的地位。创造发明被称为是人类才能的胜利。应当来看一下那些对大自然进行的美好与和平的征服（它们起初是财富的来源），怎么在竞争的作用下很快变成了所有人**共有**和**无偿的**财产呢？

自然力是属于大家的。例如，万有引力是共有的财产，它存在于我们周围，渗透于我们之中，主宰着我们。然而，假如只有一种方法能使它发挥某种有效的作用，那么掌握这一方法的人就可以将其辛劳标出高价，或者拒绝转让，除非能以此换取巨额的报酬，他要价的范围是消费者必须付出高于用老方法去获取同样结果的代价。例如，他成功地减少了十分之九的劳动，生产出了X物品。但是，X物品现在仍以传统生产方法要求的辛劳值来确定价格。发明者以市场价格出售 X 物品，他就获得相当于他的对手们十倍的收益。这是创造发明的第一阶段。

首先应指出，这丝毫也没有违反公平原则。揭示一个有用方法的人理应得到报偿：这叫**各尽所能**嘛！

还应看到，到目前为止，全人类（不包括新发明者）还没有得到任何好处，或者说只是得到了潜在的好处，因为生产 X 物品还需付出与过去同样的代价。

然而，发明现在进入了它的第二阶段——模仿阶段。巨额的报酬自然令人垂涎欲滴。新的方法逐渐推广开来，X 物品的价格也就日益下跌，报酬随之减少。当离发明阶段越远，即模仿变得更加容易，并不带来多大好处和不怎么值得称赞时，上述现象更趋明显。最完善、最公正的法律自然也无须对此作任何认可。

最后，发明进入了它的第三阶段，也是它的最后阶段，即普遍**推广**、**共有**与**无偿化**阶段。当竞争将 X 物品生产者的报酬拉回到与其他相似劳动普遍的和正常的水平时，发明的全过程就此终结。发明者少付出 9/10 辛劳的诀窍已为全人类所用。X 物品的效用保持不变，9/10 的辛劳被万有引力融入 X 物品的效用中。万有引力以往原则上是所有人共有的，现在在这一特殊运用中也变成了共同法则。地球上全体消费者在购买 X 物品时只需支付过去生产这一物品的 1/10 的辛劳，其余部分完全被新方法消灭了。

要是走完这一全过程的不是某一项人类新发明；要是 X 物品也只是一个代号，实际代表的是麦子、衣服、书、船，而耕犁、纺织机、印刷术和风帆的使用大大降低了生产这些物品所需的辛劳和价值；要是这一规律不仅适用于复杂的机械，像蒸汽机、电报机等，而且同样也适用于最普通的物品，诸如钉子、楔子、杠杆之类。我希望我们就会懂得人类是怎么解决这一难题的：**每一个特定数量的人类劳动是由日益增大、日益平均分配的**

使用性和享有量支付报酬的。

3. 上面我阐述了竞争将人们夺得的**自然力**和**新方法**纳入了**共有**与**无偿的**范畴，现在我要指出的是，对用来使用这些自然力的**手段**来说，竞争也起着同样的作用。

大自然中存在着热、光、万有引力、电等自然力，人类的智慧构想出使用这些力量的**方法**，但这些还不够，还需要有实现这种构想的手段，以及这些手段维持运行所需的**供应**。

这就是有利于某一个人或某一群人，也相对地有利于获取报酬的第三种情况——对**资本**的拥有。手中拥有劳动工具、生产原料和在劳动中消耗的生活资料的人，有权规定报酬额。这一原则无疑是公平的，因为资本是先前付出的辛劳，它尚未得到酬报。资本家自然能发号施令，但应看到即使不受任何竞争的约束，资本家的要求也还有一条无法超越的界限：报酬不得超过其提供劳务可得的全部好处。既然如此，这就谈不上某些人常说的**资本专制**。因为，哪怕是在最极端的情况下，资本的存在并不比资本的缺乏对劳动者的条件更具有危害。资本家能做的事，也无非像热带地区人——大自然仅赐予他们大量的热能——和单独掌握某种**方法**奥秘的创造发明者一样："你们想占有我的辛劳，我提出这一价格，你们要是认为太贵，那你们就按过去的习惯做法，放弃这种奢望就是了"。

竞争也在资本家中进行。工具、材料、供应品也只有在运用中才能发挥效能，资本家为使其资本找到出路也在你争我夺。这就迫使资本家降低其极端要求（我在上文中已谈及这种要求的界限），其表现是产品价格的下跌，这对消费者，也就是说对人类是一种净利，是一种**无偿的**收获。

很明显，**无偿性**从来也不是绝对的，因为任何资本均代表一种辛劳，总是暗含着酬劳的原则。

资本的交易也必须遵循交换的普遍法则，交易只有当签约双方均认为有利可图时才能达成，尽管应趋向平衡的利益有时向某一方倾斜。这样对资本的报酬也有个界限，超出这一界限就没有人来借贷了。借贷人的界限是："零—劳务"。对出借人同样也有界限，低于"零—报酬"这一界限，他就不发放贷款了。这是显而易见的。当签约的一方提出的要求使对方能获得的好处减至零时，借贷自然就不可能进行。资本的报酬在上下两个极限之间摆动，借贷人之间的竞争把其推向上限，出借人之间的竞争则将其拉向下限。资本缺乏时报酬提高，资本充足时报酬下降，这是符合公平原则的。

许多经济学家认为，借贷人数增长的速度高于资本的形成，因此利息自然呈上升趋势。然而，**事实**作出了相反的结论，我们到处看到文明降低了资本的利率。据说，在罗马资本的利率过去是 30% 或 40%，可现在资本利率在巴西只有 20%，在阿尔及尔是 10%，在西班牙是 8%，在意大利是 6%，在西德是 5%，在法国是 4%，在英国是 3%，在荷兰则更少。进步使资本利率降低，资本家失去的东西，全人类并没有丢失。假如利率从 40% 降至 2%，所有产品的生产费用均下降 38/40，消费者可以减少 19/20 的负担。同**自然因素**和**简便方法**一样，这也是一股导致**富裕**、**均等**并最终提高人类普遍水平的力量。

我还要就劳动自身进行的竞争说上几句。最近一时期，这一课题引起了不少伤感主义论调。怎么搞的！读者还未对上面的阐述感到厌烦？我证实了在竞争的作用下，人不能借助**自然力**，不能因掌握**新方法**或者掌握夺取自然力的手段，而长时间地获得不正当的报酬。这就是说，努力是趋向于在平等的基础上进行交换的，换句话说，价值趋向与劳动成正比。因此，我真不知道还有什么叫劳动者的竞争问题，我更不清楚这种竞争怎么会恶化劳动者自身的条件。因为，从这点上讲，劳动者即是消费者，劳动阶级即是所有的人，正是这一大家庭最终从竞争中、从进步不断消除价值中得到好处。

演变是这样进行的：劳务与劳务交换，或价值与价值交换。当一个人（或一群人）获得一个自然因素或某一方法时，他提出的要求并非是根据他付出的辛劳，而是根据他免除别人的辛劳来确定的。他把其要求推至极限，但从未因此恶化别人的条件。他给予其劳务定下最高的价值，但在竞争的作用下，这价值逐渐趋向与其付出的辛劳成比例。当等量的辛劳相互进行交换，当它们为日益增大的无偿使用性充当媒介而有利于全体社会时，这一演变宣告终止。既然如此，竞争对劳动者不利的论调，是不能自圆其说的。

然而，这种论调相当盛行，而且还有人相信。为什么呢？因为他们用**劳动者**这一词代表某一阶级，而不是劳动者大家庭。他们把这一大家庭一分为二，一部分是拥有资本者，他们完全或部分依靠先前的劳动或脑力劳动、税收而生活；另一部分人是依靠自己的双手而生活的工薪者，即惯用表达法称之的无产者。人们细心地观察这两个阶级之间的关系，并考虑在这种关系状态下，工薪者之间的竞争对他们是否是致命的。

有人说：工薪阶级的处境不稳。由于他们干一天活才能得到一天工资，所以他们只能勉强糊口。在自由制度下，他们在谈判契约时无法等待，他们不顾条件优劣，必须立即找到工作，否则就得饿死。即使不是所有人都完全如此，但这确实是他们中很多人的境况。这就足以降低整个阶级的地位。因为，首先投降的是最迫不及待、最贫困的人，他们定下了工资的一般标准。由此产生的结果是，工资趋于和最迫切谋生者的水平持平，在这种情况下，劳动者之间的任何微小竞争均是一场灾难，因为这对他们来说不单纯是减少福利，而是连生存都无法维持。

是的，在这一段论证中确实有许多真实的情况。否认从事物质生产阶级的苦难和地位下降这一现实，那是睁眼说瞎话。我们称的**社会问题**就是针对我们兄弟中这么一大部分人的困难处境而言的。因为，尽管社会的其他阶级也有忧虑、苦楚、经受波折、危机和经济动荡，但仍有理由说，要是**自由**在解决赤贫问题上不是软弱无力的话，自由可能被接受为解决上述问题的办法。

由于这就是社会问题之所在，所以读者能理解我不能在此阐述。但愿从我的整本书中能找出解决办法，单独一章显然是不行的！

我现在来陈述我认为是和谐的普遍法则。我相信读者已开始觉察到这些法则的存在，以及它们在共有性和平等性方面起的作用。但我不否认这些法则的作用经常遭到骚扰。假设我们现在看到一种令人反感的不平等**现象**，但在没有了解社会秩序的习惯法则和骚扰这些法则的原因前，我们怎么能对其作出判断呢？

一方面，我没有否认邪恶的存在及其影响。我只认为可以宣称，既然人具有**自由意志**，那么不存在痛苦和不幸的团体也就谈不上有什么**和谐**。因为，自由意志可能导致错误，而错误即是邪恶。与涉及人的其他事物一样，社会和谐也是相对的，邪恶是社会和谐运用责任感和团结一致这两大自然法则来战胜错误、无知、不正义的必要成分之一。

现在确实存在赤贫，难道应将它归咎于决定社会秩序的自然法则，或者归咎于与这些法则背道而驰的人类机构，或者归罪于赤贫者们本身，那些因自己的错误而遭受这一严厉惩罚的人吗？

换言之，赤贫是天生就存在的，或相反，是由我们的政治组织人为制造出来的，或者说是对个人的报复？天意、不公正和责任，这三者哪一个是这一可怕创伤的根源呢？

我敢说，这一创伤，不是来自自然法则，因为一切自然法则都趋于在改善中求均等，也就是说使全体人在不断提高的水平上更加接近。现在还不是深入研究贫困问题的时候。

现在，如果我们单独来观察从事物质生产而对生产本身一般并不关心，只依靠固定的报酬即**工资**生活的劳动阶级的话，我们就会提出这样一个问题：撇开不谈好的或者坏的经济机制，也不谈无产者因自身的错误而遭受的不幸，竞争对他们会产生什么结果呢？

对劳动阶级也好，对其他阶级也好，竞争都具有双重性。劳动者对竞争的感觉与劳务的出售者和购买者的感觉一样。这类问题作者的错误在于仅仅看到了事情的一个方面，就像只知离心力的物理学家们相信和不断预测说：一切都完了。听信他们的假论据，你就必然被他们引到这一耸人听闻的结论上来。如果我可以这样说，社会主义者对离心竞争进行独特分析后发出的哀叹，就是这样形成的。他们忘记考虑竞争还有向心的一面，仅此一点，就不难看出这一理论的幼稚性。他们忘记了，当劳动者带着他们所赚的工资出现在市场上时，成了无数产业涌向的中心，他们从普遍的竞争中获利，而这些产业却轮番地抱怨竞争。

是的，无产者当把自己看成是生产者、劳动或劳务提供者时，他们也是要抱怨竞争的。我们应该承认竞争对无产者有利的一面，也有不利的一面，问题是要知道是有利面大呢，还是不利面大，有没有补偿。

要是读者还不理解，在这美妙的机制中，表面看来是对立的竞争活动导致了这一奇特和令人宽慰的结果——由于无偿使用性不断扩大了生产范围和不断进入共有性的范畴，所以竞争同时对所有人都是有利的，那我一定是没有把问题说清楚。变成共有的东西对所有人有利，它不损害任何人，甚至还可以说，每个人的得益程度与其先前所受的苦难成正比，这样讲也是精确无误的。竞争迫使**无偿**使用性变成共同使用性，价值趋于和劳动成比例，这明显对劳动者有利。无偿使用性也阐明了这样的社会解决办法：每个人按其劳动获得一定量的满足，这种满足在不断扩大和趋于平等。这一点并不难理解，除非我们受习惯错觉的蒙骗。

再说，劳动者的条件并不取决于某一经济法则，而是取决于所有经济法则。整部政治经济学的任务就是要了解劳动者的条件，揭示其前景和未来，因为这门科学除了劳动者外还能有什么其他的对象呢？我搞错了，还有掠夺者。什么东西能均等劳务呢？是自由。什么东西可以破坏劳务的均等呢？是压迫。这就是我们要绕的圈子。

至于直接从事生产活动的劳动阶级的命运，我们只有去弄清竞争法则怎么与工资及人口法则，怎么与不平等定价及垄断等干扰作用结合在一起之后，才能进行判断。

对竞争我还要讲几句。很清楚，减少分配给人的满足量是不符合竞争本性的结果。竞争是否会引起分配的不平等呢？在对每一项劳务、每一个价值给予更大的使用比率后，竞争不断地拉平劳务，使劳务与努力成比例，这是最清楚不过的了。竞争难道不是一种刺激剂，它促使我们离开不毛之地，走向那肥沃的乐园？竞争的自身运动是越来越达到平等，同时提高社会水平。

然而，对平等这个词应有共同的理解。这不是说所有人可以得到同等的报酬，而是得到与他们努力的质和量成比例的报酬。

有许多情况可以造成劳动报酬的不平等（这里我只指在竞争下的自由劳动）。经仔细观察，我们可以发现，所谓的不平等（几乎总是公正和必要的）实际是真正的平等。

一切都是公平的：干危险工作的人比其他人应有更多的收益；学习时间长、为进行培养家庭长期预付了非生产性支出的人，比仅依靠体力干活的人应得较高的报酬；从事智力劳动的人比体力劳动者待遇应当更加优厚。这些不公平吗？**竞争**必然会确定这些差别。社会不需要傅立叶或路易·勃朗先生来进行裁决。

在形成报酬不平等的诸多因素中，受教育的程度不同是最常见的因素。这里与其他场合一样，我们看到竞争也在发挥其双重作用：拉平阶级之间的差距和提高社会水平。

　　假如把社会看成是由两个重叠在一起的阶层组成的，上层是智力阶层，下层是体力阶层，当我们研究这两个阶层的自然关系时，我们不难发现第一阶层的引力和第二阶层的吸力使它们在不断地融合中。利益的不均等在下阶层中掀起了一股向往福利和消遣的不可抗拒的热忱，这种热忱受到上阶层飞黄腾达的鼓舞。教育方法臻于完善，书籍的价格下跌，教育所需的时间和费用减少。由某一个阶层甚至某一等级集团垄断、用死气沉沉或令人费解的符号写成的科学，现在用通俗的语言书写并出版，可以说进入了大气层，像空气那样人人可以呼吸。

　　不仅如此，随着教育的普及和平等，两个社会阶层逐渐接近，此时，与竞争这一伟大法则有关的一些重要经济现象又加速了融合的过程。机械的发展不断降低了体力劳动强度。劳动的分工在简化和分割了有助于生产的各道工序的同时，使过去只有少数人能操作的工艺，现在谁都能干。还有，一项整体的工程起初假定需要有非常广泛的知识，几个世纪过去后，它进入了受教育程度不高的阶级的工作范围，成了他们的**家常便饭**。农业就是一例。在古代，发现农业程序的人应获得特殊的荣誉，而今天农业程序几乎由粗人们继承和垄断，以致人类活动中如此重要的部门可以说完全与**高层阶级**脱离了关系。

　　从上述论证中可以得出这样一个错误结论："竞争在各国、各种职业和所有人员中降低了报酬，**用削减的手段**拉平报酬；简单劳动和体力劳动的工资成了一切报酬的样板和标准。"

　　如果仅仅看到**竞争**将一切过高的报酬拉回到越来越一致的平均水平，并**必然**将这一水平提高这一点，那还是没有理解我的意思。我承认，竞争伤害了作为生产者的人，但这是为了改善人类的普遍条件，其唯一的目的在于合理地提高它，在福利、宽裕、消遣及智力与道德完善方面有所提高，总之一句话，从**消费**的角度来考虑问题。事实上，难道人类没有取得这一理论所指出的进步？

我首先要回答的是，在现代社会中，竞争远不能控制它的自然活动范围，我们的法律鼓励竞争，又在同样程度上阻碍竞争。当我们寻思条件的不平等是否是因存在竞争或者是缺乏竞争造成时，只要看看是哪些人占据着要位，是谁在向我们炫耀他们可耻的财富，即可证实不平等是人为造成的，是不公正的，其基础是征服、垄断、限制、特权、高职、大商界、行政交易、公债，然而这一切与竞争毫不相干。

其次，大家对最近一个时期人类取得的真正进步还不甚了解，自那以来劳动已部分得到解放。有人不无理由地说，当今时代需要更多的哲学知识才能理解这日新月异的变化。现在，我们已不会对工人阶级中一个诚实和勤劳家庭的消费情况感到惊讶，因为对这一奇特现象，我们已习以为常了。然而，假如我们将这一福利与在没有竞争的社会秩序下这个家庭应分得的条件进行比较，假如配备有精密仪器的统计学家们能用像测力机那样的工具来衡量两个不同时期这个家庭的劳动与其满足之间的关系，我们会发现，自由——尽管它还是很有限的——已为这个家庭创造了奇迹，只是因为演变是一个持续的过程，不易被人觉察而已。为达到一定的目的，被消除的人类努力是无法估量的。过去一个工匠一天的工资只够买一张劣质年历，今天用5个生丁或者一天工资的1/50就可以买一份厚厚的报纸。我同样可以举衣服、交通、运输、照明和其他一大堆满足来说明。这种结果是怎么造成的？是由于大量付报酬的人类劳动已由大自然的无偿力量所负担。这是被消除的价值，不必再付给报酬，它在竞争的作用下被共同与无偿的使用替代了。大家可以看到，由于进步，某一产品的价格下跌了，对穷人来说，为得到这一产品**少付出的劳动**总是相应地比富人少付出的劳动要多，这也是毋庸置疑的。

最后，劳动和竞争向社会提供的日益增大的使用性并不全部

构成福利，其中一大部分被人口增长吞噬了，它在与竞争密切相
关的其他一些法则（我将在另一章中阐述）的作用下化解了。

　　让我们停下来回顾一下已阐明的问题。

　　人的需求是无止境的，人的欲望是难以满足的。为满足其要
求和欲望，人拥有物质，大自然提供的因素，能力，工具和一切
劳动使用的物品。劳动是均等地分配给所有人的财富。每人本能
地和必然地设法得到尽可能多的自然力、最大的先天或后天能
力、尽可能多的资本，以便这一合作的结果产生出更大的使用
性，或也可以说得到更多的满足。因此，自然因素日益活跃的作
用，智慧的无穷发展，资本的累进增长导致了乍一看是十分奇特
的现象：一定数量的劳动提供了日益增大的使用性，每人能在不
剥夺他人的情况下实现超出他的努力能得到的消费量。

　　这一现象是上苍在社会机制中播下的神圣和谐的结果。假如
它不与另一个同样也是奇妙的协调——竞争相结合，它在社会中
制造无限不平等的同时，必将反过来破坏社会自身，因为竞争是
人类**团结**这一伟大法则的组成部分。

　　是的，假如一个人、一家人、一个阶级、一个民族拥有某些
有利的自然条件，或者在生产中有重大发明，或者通过积蓄掌握
了大量的生产工具，而且能长期逃避竞争法则的影响，显然这个
人、这个家庭、这个民族就能不顾人类的利益长期独占超额报
酬。要是赤道地区的居民相互间不竞争，在与我们交换糖、咖
啡、棉花、香料时要求我们支付的不是与他们同等的劳动，而是
在我们严峻的气候条件下生产这些物品所需的劳动，那将怎么得
了！假如，卡德摩斯人是唯一识字的人，假如不是特里多兰的后
裔就不能使用耕犁，假如只有谷滕的子孙会印刷，阿尔韦特的子
女会织布，瓦特的侄子会开火车，人的条件之间会造成多么无法
估量的差距！但上帝不愿如此，上帝在社会机器中安置了一股强
大而又简单的原动力，这个原动力是一切生产力、一切方法的先

进性，总之，一切不是**劳动**本身的有利条件均从生产者手中流失，它们只在生产者手中以超额报酬的形式作短暂停留，以刺激他的劳动热情，然后加入人类共有与无偿财富的行列，化解为日益发展和均等分配的个人满足。这个原动力就是**竞争**。我们已看到了竞争的经济效益，现在来看一下它的某些政治和道义的后果。我在这里仅谈一些主要的。

目光肤浅的人指责竞争造成了人与人之间的**对抗**。要是单纯把人看成是生产者，这个说法不无道理，也是不可避免的；从消费者的角度看，竞争通过博爱关系又将个人、家庭、阶级、民族和部族联结在一起。

既然开始由某些人独占的好处，根据上帝的意志变成了所有人的共同财产，既然生产者们在自然环境、肥沃程度、气温、矿产资源，甚至产业天赋等方面所处的**自然优势**由于竞争在不断消失，从而使消费者获益，因此没有一个国家不关心别国的发展。东方的每一个进步是西方未来的财富。在南方发现的燃料使北方人免于挨冻。大不列颠徒劳地发展了它的纺织业，获益的并不是英国资本家，因为钱的利息没有增长；也不是英国的工人，因为工资还是那么多。从长远角度看，是俄国、法国、西班牙，总之是全人类用较少的辛劳获得了相同的满足，或者也可以说，用同等的辛劳得到了更多的满足。

我只谈了有利方面，我也应谈到影响某些人民和地区的不利方面。竞争的固有作用是将独特变为普遍。它完全是按照**保险**的原则行事的。农田遭灾后，受害的是吃面包的人。在法国若对葡萄生产征以高税，全世界的饮酒人就得支付**昂贵的酒费**。因此，有利和不利是持久存在的，它们从个人、阶级、人民的手中流过，它们的神圣目的是逐渐影响全人类，提高或降低人类的条件。从现在起再羡慕任何一国人民拥有肥沃的土地、美丽的海港和河流，或者充足的阳光，那就是不知道这些有利条件正在召唤我们去分享，那就是轻视提供给我们的巨大财富，也是对免去的**辛劳**表示惋惜。从现在起，对别国的嫉妒已不仅是一种邪恶的感情，而且是荒诞愚蠢的。损人则害己，用税率、结盟或战争在别人的道路上设置障碍必然阻挠自己前进。从现在起，善有善报，恶有恶报。公正分配的必然结果是说话在理，给舆论以启示，宣扬并使这一放之四海而皆准的真理性的格言在大家心目中占据主导地位：实用是正义的一个方面；自由是最美好的社会和谐；公平则是最好的政治。

基督教给世界带来了人类博爱的伟大原则，它启发人的良心、感情和崇高天性。政治经济学用冷酷的理性让人接受同样的原则，并在指出因果关系的同时，将对利益的计较与最崇高的道德启示调和在一起。

从这一理论得出的第二个结论是：社会是一个真正的**大家庭**。欧文和卡贝两位先生不必再去寻找**共产主义**问题的答案，这里有现成的：是上帝对人与社会作出的安排，而不是他们专横的组合。自然力、简便程序、生产工具等一切对人来说都是**共有的**，或者说是趋于成为共有的；**除辛劳之外**，劳动、个人努力等一切之间均存在**不平等**，对此最极端的共产主义者也不否认，因为这是由于努力的不平等造成的。努力在讨价还价中相互进行交换。**此外**，大自然、时代的天才和人类的远见在交换的产品中提供的使用性是无偿赠送的。相互的报酬取决于各自的努力，现时的努力称作劳动，预备性的努力称作资本，这就是大家庭这个词的最严格的意思，除非有人硬说每个人的满足量，即使其付出的辛劳不同，也应当是同等的。这倒是最不公道、最大的不平等，我还要说是最有害的不平等，因为它并不能扼杀竞争，只是使竞争起相反的作用。人还是要角逐的，但比的是谁懒惰、谁精明和谁缺乏远见。

上述如此简易，且我们认为非常正确的理论将人类可完善性这一伟大原则从夸张中解脱了出来，从而使我们能认真地对其进行探讨。技巧的进步就是从人类**可完善性**这一内在动力中产生的，这一动力从未囿于个性之中，它使个性改善自身的条件。技巧的进步不是别的，它是本质上与任何报酬不相干的力量的累进作用。将首先由个人获得的好处分配给集体，这是竞争的产物。为达到某一结果的劳动强度在日益减少，这有益于人类。人类看到其满足和消遣的范围一代比一代扩大，他的体力、智力和道德水平在不断提高，从而我们清楚地看到人类从衰退中重新崛起，这一现象值得我们研究和赞赏。

　　但愿不要误解我的意思。我不是说竞争包含了一切博爱、共有性和可完善性，我说的是竞争与这三个社会信条相联系，是它们的组成部分，竞争显示了这三个信条，也是实现这些信条的最强有力的因素之一。

　　我尽力描述了竞争的一般作用，因此也是有益的作用。因为，要是认为没有一个伟大的自然法则在具有上述作用的同时也会产生有害和持久的影响，那才叫亵渎神灵。我根本不否认竞争行为也会带来许多伤害和痛苦。上面阐述的理论似乎说明了竞争引起的痛苦和不可避免的抱怨。既然竞争旨在**拉平差距**，那些想出人头地的人必然对此表示不满。为高价出售其劳动，每一个生产者力图尽可能长久地独家使用某一**因素**、**程序**或**生产工具**。然而，由于竞争的使命和结果正好是要从个人手中夺取独家使用权，将其变成共同的财产，因而，所有作为生产者的人同声咒骂竞争，这是不可避免的。只有当他们衡量了自己与消费的关系，不把自己当作一个小集团和一个行会成员，而是作为人来考虑时，他们才能与竞争和解。

　　应当说政治经济学为消除这一有害的幻想还做得不够，这一幻想是仇恨、灾难、愤怒和战争的根源。政治经济学用不太科学的方法连篇累牍地分析生产现象。它的词汇表，尽管方便易懂，但与其目标并不协调。农业、制造业、商业这种分类法用来描述技术性**程序**时是非常好的。但是，这种对工艺是极为重要的描述对社会经济学来说几乎毫无用处，我还要说它在本质上是危险的。当我们把人分类为农民、厂主和批发商时，除了他们阶级的利益以及与竞争相抵触、与总体利益相悖的特殊利益之外，我们还能与他们谈论些什么呢？不是为了农民、厂主和商人才有了农业、制造业和交换，这一切是为使人能尽可能拥有各种各样的产品。**消费**的法则是有利于消费的，也使其趋于平等并符合道德标准。这就是真正社会的和人道主义的利益，这就是科学的真正目标，是科学研究的中心，因为那是阶级、民族、种族关系，人类博爱的原则和原因之所在。我们很遗憾地看到，经济学家们集中主要精力，大量地精辟剖析生产，但对消费现象他们只在书的尾部，在附属章节中重复几句陈词滥调而已。我说什么呢！从前有这么一位名副其实的教授，他干脆把这一部分科学全部取消了，他只谈**手段**不谈**结果**，把一切有关**财富消费**的内容从他的讲稿中删去，他说消费不属政治经济学范畴，是一个涉及道德的问题。公众感受到的多半是竞争的害处而对其好处了解不多，这有什么好奇怪的？因为，竞争的害处从**生产**的特定角度影响着公众，对这点不断有人阐述，至于竞争的益处对消费的总体来说所起的作用，从来也没有人提到过。

此外，我再重复一遍，我和其他人一样，承认并谴责竞争给人带来的痛苦，但这能成为无视竞争好处的理由吗？尤其是因为竞争和其他自然法则一样也是不可摧毁的，因此看到其好处更令人感到宽慰。假如竞争也会灭亡，那它只有在自开天辟地以来从未参加过生产的人的普遍反对下，特别是在现代改革派的**群起攻击**下消逝。可惜他们疯狂有余，力不从心！

那么世界上有没有这样一种进步原则，它使一个善意的行动从一开始就不伴随有痛苦和不幸呢？人口集中的城市有利于思想的发展，但它也经常使私生活逃脱公众舆论的约束，并为淫荡和犯罪提供庇护所。业余时间的增多有利于文化和智力的培养，但它在大人中造成了奢侈和暴毙，在孩子心中引起愤怒和觊觎。印刷术使社会各阶层获得了知识和真理，但它同时也带来了痛苦的疑惑和破坏性的错误。政治自由在地球上掀起了无数次风暴和革命，它已从根本上改变了原始人简单和幼稚的习性，人们寻找严肃的思想家，不愿在专制的阴影下贪图安宁。基督教则在洒满死难者鲜血的大地上播下了爱与慈悲的伟大种子。

　　一个地区或一个时代的幸福是用另一个地区或另一个时代的痛苦换来的，这样的幸福怎能算是具有无限善良和正义的意图呢？团结这一伟大和不容置疑的法则（**竞争**是其神秘面貌之一）包含有什么神圣的思想呢？人文科学对此毫无所知，它只知道善事总在扩大，邪恶不断缩小。从只有主子和奴隶、条件极不平等的社会起，**竞争**在处罚个人恶行的同时，使等级、财富和智慧逐渐趋于接近：随着竞争的进行，个人的恶行也就像声音的振荡和钟摆的摆动那样越来越弱。人类每日都在学习用两剂重药来医治竞争留下的痛苦：一剂是**远见卓识**，这是经验和知识积累的成果；另一剂是**联盟**，它是有组织的预见能力。

　　在本书的第一部分（遗憾的是我匆忙地将它献给了公众），我努力使读者注意区分经济世界的两大领域，它们的分界线是在不断变动的，但也是清晰可辨的：大自然的配合与人类的劳动；上帝的慷慨与人的创造；无偿与有偿；有报酬的交换与无报酬的转让；完全使用性与构成价值的部分和补充使用性；绝对财富与相对财富；用其掌握的工具来帮助生产的化学或机械力量与发明这些工具所花费劳动的报酬；共有性与占有。

　　列举这两类本质完全不同的现象这还不够，还应描述它们之间的关系及其协调的演变。我试图说明占有的作用怎样为人类争得使用性之后又将其变成共有的财富，以便进行新的征服，以致每一个具体的努力（因此也可以说是总体努力）不断给人类提供日益增大的满足，这就是进步之所在。交换后的人类劳务，在保持其相对价值的同时，充当了日益增大的无偿使用性，其后又变成共同使用性的媒介。价值的拥有者（不管是何种形式的价值）非但不会窃取和垄断上帝的赏赐，而且使它们繁殖增长，同时不使它们丧失慷慨大方的特性——无偿性，这是上天的意愿。

随着大自然的进步而提供的满足进入共有的范畴，这些满足也就变成是**均等占有的**，不平等只能存在于为进行交换而相互比较、欣赏、**估价**的人类劳务领域。由此可知，人与人之间的平等必然是一个逐步发展的过程，在另一种关系中也是如此，因为竞争必然会拉平劳务，使劳务应得的报酬越来越和它的贡献成正比。

现在让我们来看一下我们还要阐述的问题。

根据上面讲述的理论，我们还要深入研究下列问题：

——作为生产者和消费者的人与经济现象的关系；

——地租法则；

——工资法则；

——信贷法则；

——税收法则，它在给予我们真正政治学的入门知识的同时，引导我们将个人和自愿的劳务与公共和被迫的劳务相比较；

——人口法则。

这样我们将能解决一些尚有争议的实际问题：贸易自由、机器、奢侈、消遣、联合、劳动组织，等等。

我敢说，对上述问题的阐述可以用这样一些词语来表达：**所有的人不断接近一个日益提高的水平**；或者说是**完善和均等**；归结成一句话，即和谐。

这就是上帝的安排和自然伟大法则的最终结果。如撇开不谈错误和暴力造成的混乱，大自然法则能毫无困难地主宰一切。当经济学家们看到这种和谐时，他们会像宇航员看到天体的运动和生理学家看到人体器官排列那样大声惊呼：**这真是上帝的安排！**

但人是一种自由的，因而也是可能犯错误的力量，它有时无知，有时感情冲动。飘忽不定的人的意愿可能影响着经济法则的运用，人可以否认这些法则，将其磨灭，转移其目标。与生理学家们在欣赏了人体器官、内脏及它们之间的关系之后又要研究它们的不正常状态和病痛一样，现在我们将要进入一个新的领域，社会动荡的领域。

我们在进行这一新探讨前先得对人本身作一番评述。假如我们不对自由意志，不正当的个人利益（它总是受到处罚的）以及人类责任感和团结的伟大法则进行研究的话，我们就不可能意识到**社会的弊端**，它的根源、影响、任务以及它自身运动造成的日益狭小的范围（我把它称之为和谐的不一致）。

我们看到在占有和自由两个原则中孕育着一切**社会和谐**，而**社会的不和谐**则是与其对立的另外两个原则——掠夺和压迫——发展的结果。

占有和自由表明了同一思想的两个方面。从经济角度讲，自由与生产活动有关，占有与产品有关。既然价值属人类行为，因此可以说，自由导致并包含着占有。压迫对掠夺来说也一样。

总之，自由是和谐原则，压迫则是不和谐原则；这两种力量的争斗构成了全部人类历史。

既然压迫的目的是实现不公正的占有，它就必然要进行掠夺。现在我就来谈掠夺问题。

人来到世界上时带着需要的枷锁，这是一种苦难。为摆脱这一枷锁，人就得劳动，这也是一种苦难。人只能选择痛苦，可又仇视痛苦。于是他环顾四周，当看到别人积攒了财富，他就想把它占为己有。这就叫非法占有或称掠夺。掠夺成了各种社会经济的一个新成分。

从掠夺的产生到它在地球上消亡（如果有一天它真能消失的话），这一成分深深影响着整个社会机制，骚扰我们极力揭示和描绘的协调法则，将它们弄得面目全非。

我们只有对掠夺进行全面的专题讨论才能认清这一现象。也许有人以为掠夺是一种偶然和不正常现象，是短暂的创伤，科学不值得对其深究。

请大家保持警惕，因为在家庭的传统，人民的历史，个人的事业，阶级的体力与智力，社会的安排和政府的预测中，掠夺和占有居于同等重要的地位。

不，掠夺不是偶然影响社会机制、瞬息即逝的祸害，经济学对它不能撇开不谈。

人从一开始就被规定：不劳动者不得食。努力与满足似乎是无法分隔的，一方只能是另一方的报偿。但我们到处看到人总想和这一法则对抗，他对其兄弟说："你去工作，我来享受劳动成果。"

在古代，当你走进原始猎人的草棚或游牧部族的帐篷时，你看到的是什么情景呢？当男人游手好闲无所事事时，骨瘦嶙峋、面容憔悴、胆战心惊、毫无生气的女人过早地承担着一切沉重的家务劳动。这哪里谈得上有什么家庭和谐呢？协调已不复存在，因为权力将辛劳强加于弱者。经过多少世纪的文明发展才使妇女摆脱了这种可怕的低下地位！

掠夺以它最粗暴的形式，用火把和剑写下了人类的历史。历史不乏掠夺者的名字：居鲁士，赛佐斯特里，亚历山大，斯奇皮奥，恺撒，阿提拉，塔梅兰，穆罕默德，皮萨罗，征服者纪尧姆。这是通过征服途径进行的简单掠夺。有多少桂冠、纪念碑、雕像、凯旋门、诗歌和妇女的疯狂热情称颂过这种掠夺！

战胜者很快发现与其将战败者杀死不如让他们活着，从他们身上得到更大的好处。奴隶制开始在地球上盛行起来。几乎一直到今天，奴役在整个地球上曾经是社会的存在模式，它播下了仇恨、反抗、内部斗争和革命的种子。奴役除了是为掠夺而进行的有组织压迫外，还能是什么别的东西呢？

掠夺唆使强者反对弱者，它也使智慧转而对付轻信。在地球上有哪些勤劳的人民摆脱过神权政治、埃及的祭司，希腊的神谕，罗马人的占卜，高卢人的德洛伊教祭司，印度的婆罗门，伊斯兰教的穆夫提和法官，和尚，修道士，牧师，江湖骗子，巫师，预言家等披着各种外衣、用各种称呼命名的人的影响呢？掠夺者用神权的形式拿上天来作其支柱，利用上帝为其谋利！他们不仅捆住人们的手脚，而且还束缚人们的思想。他们将奴隶的烙印打在赛义德的心坎上，也打在斯巴达克的前额上，完成了似乎不可能实现的精神奴役。

精神奴役！这是多么可怖的词组！啊，自由！你到处遭到围攻，被征服者践踏，在奴役下奄奄一息；你在课堂上遭诅咒，被逐出学校；你在沙龙里遭人嘲讽，在车间里无人知晓，在寺庙里被逐出教门。似乎你最终应在人们的思想中找到一处安全的避难所。要是你在这最后的庇护所内仍不得生存的话，那还有什么时代的希望和人类的价值呢？

然而，久而久之掠夺在其施暴之地激起了人们的反抗，打击了掠夺的气焰，使大家看清了掠夺者的欺诈行为（这是人要求进步的本性产生的必然结果）。但掠夺并没有投降，它的手法变得更诡诈，它用政府、平均、平衡等外衣伪装自己，它制定政策（政策是长期制造阴谋的加工厂）。于是，它篡夺了公民的自由以便更好地剥削他们，吸干他们的财富，进而完全剥夺他们的自由。私人活动纳入了公共活动范畴，一切均由政府官员来完成，愚蠢的和令人厌恶的官僚机构充斥全国。国库成了劳动者积蓄的庞大储备所，在那儿，劳动者的积蓄被有地位的人瓜分了。自由论价已不再是交易的规则，人们无法了解和观察到**劳务的互助性**。

在此状态下，占有的真正概念已消失，每人求助于法律为其劳务提供虚假的价值。

就这样，我们进入了特权时代。垄断和限制掩盖了形式越来越巧妙的掠夺。掠夺转移了交换的自然趋向，人为地引导资本流向，用资本引导劳动，用劳动引导人口流动；它让人在北方花大力气制造在南方很容易生产的物品；它创建一些不稳定的产业和生存条件；它用艰苦的劳动替代大自然的无偿力量；它策划建立一些根本无法进行竞争的机构，动用武力对付竞争对手；它煽动国与国之间的嫉妒，迎合爱国主义的傲慢，发明一些具有创造性但却是为了骗人的理论；它不时制造工业危机和破产；它动摇公民对未来的信心，对自由的信仰甚至对一切正义的追求。当最后科学揭露了它的种种恶行时，它甚至会将其受害者们也纠集在一起来反对科学，并大喊大叫道：不要乌托邦！更有甚者，它不仅否认有碍于它的科学，而且还利用悲观主义的格言：原则是不存在的！来否认存在有这类科学的可能性。

然而，劳动大众不堪其苦，起来造反了，推倒了压在他们头上的一切重负。政府、税收、立法都任由劳动者摆布。你大概以为这下子掠夺的统治该完蛋了吧！你以为劳务的互助性今后可以建立在自由这个唯一可能和想象得到的基础上了吧！你错了！劳动群众产生了一种有害的想法：唯有法律才能使占有得以产生、被认可、合法化和得以存在。于是劳动群众开始通过立法途径自己将自己剥夺了。他们用给其成员向别人压榨的权力来治疗遭受的创伤，并将它称作是团结和博爱。"你生产了，我没有生产。我们是团结一致的，让我们共同来分享吧！""你有东西，我一无所有，我们是兄弟，我们一起分享吧！"我们看来有必要对近一时期以来滥用协作、劳动组织、无偿信贷等词进行研究。我们将这些词来验证一下：它们是否包含自由或压迫的意思？或者说，它们是否符合经济法则？是否干扰这些法则？

　　掠夺这一现象太普遍、太顽固了，所以不能把它说成是偶发性的。在这方面正如在许多其他方面一样，我们不能将对自然法则的研究与对干扰自然法则的研究割裂开。

　　但是，有人说：假如掠夺作为**不和谐因素**必然要进入社会机制的活动，那你怎么敢说还有经济法则的协调性呢？

　　这里我要重复我说过的话：对于人来说（人是**有缺点的**，所以是**可臻完善的**），和谐并不意味着不存在邪恶，但这种邪恶在逐渐缩小中。社会与人体一样具有祛痛的能力，在研究这一能力的法则及其有效作用时，我们会再一次惊呼：**这也是上帝安排的**！①

---

　　①　第一版《和谐经济论》到此截止。——原编者

第十一章　生产者与消费者

假如人类的水平不是在持续不断地提高，人就不是可改进的。

假如社会不是使所有的人日趋接近一个逐渐提高的水平，经济法则就不可能是协调的。

然而，假如每一特定数量的劳动不能提供不断增大的满足量（这种现象只能用有偿使用性向无偿使用性的转化来说明），那怎么能提高人类水平呢？

在另一方面，已变成为无偿的使用性，在其未成为共有时，能否使所有的人达到一个共同水平呢？

这就是社会和谐的根本法则。

除了**生产**和**消费**两词外，我十分希望经济词汇中能有别的词来表达提供的劳务和收到的劳务这两个概念，生产与消费的说法过于物质化。显然，神父、教授、军人、艺术家提供的劳务包含有道德、教育、安全、美感等与产业毫无共同之处的内容，只是它们的目的都是提供**满足**而已。

既然这两个词已被人接受，我也就不想创造什么新词了。但是至少我说的**生产**这个词包含着使用性，**消费**包含着这一使用性产生的享受的意思。

但愿保护主义学派（共产主义的变种）能相信我们。当我们说**生产者**和**消费者**时，并不像保护主义学派常攻击我们那样将人类分成了两个完全不同的阶级，一个只从事生产，一个只进行消费。自然主义派可将人类分成白人和黑人，男人和女人，经济学家却不能将人类分为生产者和消费者，正如保护主义学家先生们十分精辟地指出，**生产者和消费者是融为一体的**。

但是，正因为他们是融为一体的，所以科学认为每个人都具有双重性。这里不是来区分人类，而是研究人的两个十分不同的方面。假如保护主义者从语法的角度强调一定要使用你和我这两个代词，借口是我们中每一个人都轮流地充当着**说话的人**和**说话的对象**，那我们可向他们指出，我们不能将所有的舌头放一边，所有的耳朵放另一边，因为我们同时有耳朵和舌头。由此可见，对每一个命题来说，不能说舌头属于一个人，耳朵属于另一个人。同样，对**一切劳务**来说，提供劳务者完全不同于接受劳务者。生产者和消费者同时存在，正因为这样，他们之间一直在你争我夺。

那些不愿我们从生产者和消费者双重角度来研究人类利益的人，在议会辩论时却乐于作这样的区分。可以看出，他们在卖东西时要求垄断，在买东西时又要自由。

我们不要仅留意保护主义者的拒绝态度，我们还得意识到在社会秩序中，职业的分工使每个人同时处于两种不同性质的境地，从而构成值得我们研究的某种运动和关系。

一般地说，我们从事一种行业、一种职业、一种生涯，我们并不直接从我们从事的职业中直接获取满足的东西。我们提供并接受劳务；我们提供并要求价值；我们既买也卖；我们为他人劳动，他人也为我们工作。总之一句话，我们既是**生产者**也是**消费者**。

当我们以这两种不同的身份出现在市场上时，我们的想法也截然不同甚至可以说是对立的。拿麦子来说，同一个人当他去买麦子时的想法与卖时就不一样。买麦子时，他希望麦子大丰收；卖麦子时，他希望出现粮荒。这些愿望有一个共同的基础——个人利益。但是，买与卖、给与收、供与求是完全对立的行为，因此从个人利益出发，它们必然形成对立的愿望。

对立的愿望不能同时与总体利益相一致，我在另一部著作中①阐明了人只有在作为消费者时，他的愿望才能与公共利益相协调。既然满足是劳动的目的，既然劳动仅仅是由于障碍决定的。显然劳动是一种**恶**，应设法削减它；满足则是一种**善**，应设法扩大它。

这里存在有一种巨大的、永久的和可悲的幻想，其产生原因是对**价值**下了错误的定义，并混淆了价值和**使用性**这两个概念。

价值只是一种收益，它对每个人是重要的，但对群众不太重要。

对群众来说只有使用性才起作用，价值根本不是衡量使用的尺度。

对人来说，不仅使用性在起作用，而且价值可作为衡量尺度，因为个人可用任何一个特定的价值从社会获取他选择的并与此价值相称的使用性。

假如将人看成是孤立存在的，那很清楚，是消费而不是生产占主导地位，因为消费足以导致生产，而生产不导致消费。

职业的分工使某些经济学家用劳动而不是用消费来衡量总体福利，结果把原则弄颠倒了，只鼓励劳动不顾及其结果。

他们这样进行推论：战胜的困难越多越好。因此让我们增加有待克服的困难。

这一推论的缺陷一目了然。是的，也许一定数量的困难一旦产生，就有一定数量的劳动尽可能地去克服它。但是，用减少劳动强度或者增加困难程度来提高价值，这是极端残酷的。

在社会中，个人所关心的是他的劳务即使在保持原有使用程度的情况下也能提高其价值。假设这一愿望得以实现，那社会看

---

① 《经济诡辩论》第 4 卷，第 1 章，第 5 页。——作者

到如下情景：他多得一些福利，他的弟兄们少得一些，因为总体使用性没有增加。

我们不能从个别现象得出普遍的结论，说什么：让我们采取能使每个人看到其劳务价值得到增长的措施。

既然价值是收益，因此，对不同的劳务，增长的程度如是随意的和不平等的，那就会造成对使用性分配的不公正。（如果增长与先前的价值成正比，那就没有问题。）

在交易时产生**争执**是正常的。我的上帝！我刚才用什么词来着？那我不是要被今天如此众多的伤感主义学派们纠缠不休了吗？他们说，**争执**必然导致**对抗**，可你认为对抗是社会的自然现象。你们看我又得与人争吵了。在我们国家里，经济学家鲜为人知，因此每说一句话就会树敌。

别人有理由指责我写了这样一句话："买主和卖主之间存在有根本的对抗。"**对抗**这个词加上**根本**这个形容词的提法，是大大超出我原想表达的意思。这样说似乎是指存在着一种利益的长期对立，因此是一种不可逾越的社会不和谐，而我仅仅是指在买卖做成之前短暂的讨价还价，这与交易本身并不矛盾。

不管多愁善感的乌托邦先生们如何忧伤，在这个世界上只要存在自由的阴影，买主和卖主就会相互争利，正如人们说的**讨价还价**，社会法则并不会因此而失去和谐。难道可以想象某一劳务的**提供者**和**谋求者**之间对劳务的**价值**不存在暂时的不同想法吗？难道因此就认为世界着火了？除非排斥世界上的一切交易、交换、以货易货和一切自由，否则就得允许签约各方捍卫自己的立场，**强调**其动机。劳务是否等价，交换是否公道，恰恰取决于这一遭人诋毁的自由争执。组织者们怎能通过其他途径来实现这种理想的公道？他们能用法律仅仅限制某一部分人的自由，而让另一部分人为所欲为吗？他们能剥夺这两部分人处理自身利益的权力，借口是从今以后买卖均应按博爱精神进行吗？请允许我们对社会主义者说：这是不折不扣地混淆视听，因为利益最终应得到妥善处理。争执是否会从相反的方向产生，就是说买主替卖主辩护，卖主替买主考虑？那这种交易就十分有趣了！"——先生，这条床单你付10个法郎就行了——你说什么？我打算付你20个法郎——商人说：不，先生，这条床单不值钱，是老花色，只能用两个星期——顾客说：这式样很新颖嘛，至少能用两个冬天——那好吧！先生，为使您高兴，我再加5个法郎。博爱仅允许我这么做了——我的社会主义不允许我用少于20法郎购买这条床单，但应学会作出牺牲，那我就要了。"这样，这场奇怪的交易正好达到了正常结果，组织者们遗憾地看到这一可恶的自由还是阴魂不散，尽管它从相反的角度显现并孕育着颠倒的对抗。

组织者们说：这不是我们希望的，这还是某种自由——那你们要什么呢：劳务总得交换吧，条件总应得到满足吧！——我们希望交由我们来处理这一切——我料到了这一点。

博爱，它是人与人之间的纽带，是上天在人心中燃起的火花！是否有人滥用了你的名义？有人以你的名义扼杀了自由，以你的名义建立了一种前所未有的专制体制。我们担心，在为碌碌无为者大开方便之门，在掩盖了许多人的狂妄野心，在被蔑视人类尊严的傲慢之徒肆意玩弄之后，博爱这个词被玷污了，它最终将失去其伟大的和崇高的含义。

但愿我们不要有颠倒一切，支配一切，将一切（人与物）脱离其自身法则的奢望。让世界保持上帝创造的模式。让我们这些平庸的作家们当好多少还是公正的观察家吧，不要想象去充当什么别的角色。我们不要愚蠢地去追求改变人类，似乎我们不是人类的成员，与其错误和软弱毫无关系。让生产者和消费者们拥有自己的利益并通过合法和宁静的习俗去讨论、争论、解决他们的自身利益。让我们满足于观察它们之间的关系及其产生的作用。这正是我要做的，其根据是一个我称之为人类社会的伟大法则：个人和阶级之间的逐渐均等是与全面进步结合在一起的。

标志线可以表示力量和速度，同样也可表示价值或使用性。然而数学家们利用标志线受益匪浅。经济学家为何不也这样做呢？

有的价值是等价的，有的价值之间的关系是清楚的，1/2，1/4，一倍，二倍。完全可以用长短不等的标志线来表明它们之间的差别。

但对**使用性**来说就不一样了。我们看到总体使用性是由无偿使用性和有偿使用性组成的。前者是大自然的作用，后者是人类劳动的成果。对人类劳动要进行估价和衡量，它可以用一定长度的标志线来表达，至于大自然的作用则无法估价和衡量了。在生产100升麦子、一桶酒、一头牛、一公斤奶、一吨煤、一立方米木材时，大自然肯定起了重要作用，但我们没有任何手段来衡量自然力，大部分自然力自开天辟地以来一直在发挥作用，但至今尚未被人认识。再说，我们对此也不感兴趣。我们只得用虚线来代表无偿使用。

假设有两件物品，一件的价值是另一件的一倍，我们可用下面的标志线来表示：

```
     I                          A              B
     ┄┄┄┄┄┄┄┄┄┄┄┄┄┄┄┄┄┄┄┄┄┄┄┄┄┄┄┄────────────────
     I                          C       D
     ┄┄┄┄┄┄┄┄┄┄┄┄┄┄┄┄┄┄┄┄┄┄┄┄┄┄┄┄────────
```

IB，ID：总产品，总体使用性对需要的满足，绝对财富；

IA，IC：自然力作用，无偿使用性，共同部分；

AB，CD：人类劳务，有偿劳务，价值，相对财富，占有部分。

我无须说你可以将 AB 用任何一件物品来替代，如一幢房子、一件家具、一本书、由杰尼·兰德唱的咏叹调、一匹马、一块布、大夫的一次诊视等。AB 可以和两个 CD 交换，可是签约人没有发现在交换中一人只提供了一次 IA，另一人则两次 IC。

人经常关心的是如何削减努力与成果之间的比例，用自然力作用替代自己的劳动，一句话如何少劳多得，这是人的灵巧、智慧、热情追求的长久目标。

假设 IB 的生产者让找到了一个新方法，他只需用先前一半的劳动就可生产同一物品，这里把一切都计算在内，包括制造开发新自然力的工具。

只要他独掌这一奥秘，那么上面的图没有变化。AB 和 CD 仍表示原来的价值和关系，因为只有让一个人知道这一秘密，因此也只有他一人得益。他只需半天工作，或者他一天可以生产两个 IB，他的劳动得到较高的报酬，新发明有利于人类，但在目前情况下，人类仅让一人做代表。

顺便提一句，从这一事例中可以看出，英国经济学家关于价值来自劳动的说法如果是指价值与劳动成正比的话，那这一定理是过于轻率了。这里就有一份已经削减了一半的劳动，但它的价值没有变化，这种事是经常发生的。为什么呢？因为劳务没有变化。在发明之前或之后，只要这一秘密没有扩散，IB 的出售者提供了同一的劳务，直到有一天 ID 的生产者彼得对让说："你要我用两小时的劳动来换取你一小时的劳动，但现在我也掌握了你的方法，如果你还是这么要高价，那我就自己解决了。"

然而这一天总是要到来的。一个新程序不可能长期是奥秘。于是，IB 的价值削减一半；我们可以用下图表示：

I			A	A′	B
I				C	D

AA′就是被消除的价值，相对失去的财富，成为共同的占有，过去有偿、今天无偿的使用性。

因为，对生产者的象征让来说，他又回到了最初的条件。过去他生产一个 IB 的努力，他现在可生产两个，但为取得两个 ID，他现在只得用两个 IB（家具、书、房子等）去交换。

谁从中得利呢？当然是 ID 的生产者彼得，它是包括让在内的所有消费者的象征。如果让消费自己的产品，那他就节省了 AA′，这一段被取消的时间。至于彼德，即所有消费者，他在购买 IB 时只需支付在自然力发挥作用前所需的一半时间、努力、劳动、价值。因此，自然力是无偿的，共有的。

既然我已尝试用几何图形来说明问题，那就让我再用一次这个对政治经济学来说是奇特的形式，以帮助读者了解我描述的现象。

作为生产者或消费者，任何一个人都处在他提供的劳务和他以之交换后收到的劳务的中心位置。

一个生产者（譬如一个抄写者，作为全体生产者或总生产的象征）处在 A 的位置（见图 1），他向社会提供了 4 部手抄

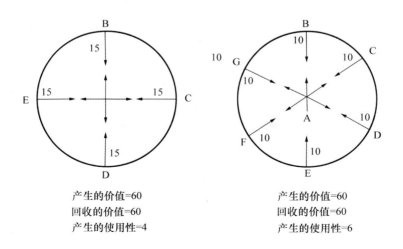

产生的价值＝60
回收的价值＝60
产生的使用性＝4

产生的价值＝60
回收的价值＝60
产生的使用性＝6

本。假如在我们观察时，每部手抄本的价值是 15，那他提供了相当于 60 的劳务，他从许多不同的劳务中收到相当于 60 的价值。为便于论证，我只在圆周上设 4 个起点 BCDE。

这人发明了印刷术，现在用 40 小时就可以印过去手抄得花 60 小时的书。假设竞争迫使他相应降低书价，由过去的 15 降至 10。这样，他不是抄 4 本而是得印 6 本书。另一方面，从圆周发生的报酬额 60 没有变化，但这是对 6 本书的酬金，每本 10，而过去只是对 4 本手抄本，每本 15。

我将简短地指出，大家对机器、自由交换，对一切进步经常忽视的就是这个问题。当看到一简化方法使某种劳动成为可能时，有人就惊慌不安起来。他们没有看到与此同时有同样数量的报酬可供使用。

新的交易现在按图 Ⅱ 的方式进行。对准中心 A 的总价值仍是 60，但分散在 6 本书中，而不是在 4 本手抄本中。为保持平衡，从圆周上发出的价值与过去一样还是 60。

谁在这一变化中获了利呢？从**价值**角度讲，无一人获利。但从实际财富和满足角度讲，排列在圆周线上成千上万的消费者从中得到了好处。每人以减少了 1/3 的劳动量换取了一本书。消费者即是全人类。因为，即使 A 作为生产者没有得到任何好处，即使他像过去那样得用 60 小时的劳动才能得到原先的报酬，然而他作为书的消费者与其他人一样从中获益。与他们一样，他可以节省相当于 1/3 的劳动得到同样的满足。

作为生产者，当他看到由于竞争他逐渐丧失了创造发明带来的利润时，他有否得到一定的补偿呢？有三方面的补偿：

一、只要他尚掌握新方法的奥秘，他仍可以 15 的价值出售只值 10 的书；

二、他花较少的钱使用他自己生产的书，这样他享受了他向社会提供的好处；

三、最主要的补偿是：同他被迫让人类分享他的成果一样，他也分享了人类的成果。

A 完成的进步使 B、C、D、E 获益，同样 B、C、D、E 的创造发明使 A 也得到好处。A 时而处在普遍产业的圆心上，时而又处在圆周线上，因为他时而是生产者，时而是消费者。假如 B 是棉纱厂厂长，他用纱锭代替了纺锤，A 与 C、D 一样得益。如果 C 是一名海员，他发明用帆代替划桨，B、A、E 就可少花费力气（见图Ⅲ）。

总之，决定这一机制的法则是：进步只在一段时间内对生产者有利，以报答他的机敏。进步很快使价值下降，它为发明者留下一笔尽管数额不大但是公正的补偿。最后，价值与减少后的劳动成比例，节省下的劳动归属全人类。

因此，全体从个人的进步中得益，个人则从全体的进步中获利。这就是社会主义者作为新生事物提出的，**我为人人，人人为我**。说这一原则孕育在他们那种建立在压迫和压制基础上的组织之中。可是上帝早就提供了这一原则，它来自自由。

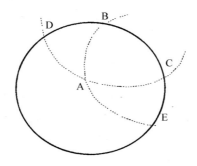

我说上帝早就提供了这一原则，但它并不是在孔西德朗先生领导的模范公社中，也不是在傅立叶先生提出的六百名和谐者居住的法伦斯泰尔区内，也不是在伊卡里亚进行试验的岛上，在少

数狂热分子听从一偏狂患者的摆布和无神论者替教徒抵罪的条件下发挥作用的。不，上帝通过一美妙的机制全面和普遍地提出了这一法则，在这一机制中正义、自由、使用性、人际关系相互结合、相互协调，社会组织的创建人对此只能望尘莫及。

我为人人，人人为我，这一伟大法则的意义远比我论证的要广泛。有些事语言尚且难以表达，文字就更显得笨拙了。作家只能缓慢地逐个地说明现象，而这些现象只能从总体上去欣赏。

我刚才谈到了**发明创造**。我们也许可以得出结论，这是唯一能将进步从生产者手中夺走，使其转为人类共有财富的途径。事情并非如此。普遍的法则是：来自地理、气候和任何大自然的有利条件很快会从首先发现和夺取者手中流失，这些条件本身虽仍起着作用但它们被用来充实了人类共同满足的储藏库。要达到这一效果的唯一条件是劳动和交易的自由。阻碍自由违背了上帝的意志，它影响法则发挥作用，从两方面阻挠了进步。

我刚才说的好处是如此，坏处也是如此。有利条件和不利因素均不会停留在生产者身上，它们将在全社会进行分摊。

我们看到了生产者为何贪婪地寻觅能简化其劳动的方法，我们确信，要不了多久他就会失去这一好处，他似乎被某种神灵所操纵，它比使进步得以实现的乖巧工具强大得多。

他以同样的热忱力图避免一切有碍其行动的事，这有利于人类，因为这些障碍久而久之必然危害人类。例如，对书的生产者A课以重税，他就要提高书价。税构成了书的价值的一个组成部分。这就意味着 B、C、D、E 得用更多的劳动来换取与以往同等的满足。当然他们能从政府对税款的使用中得到补偿。如果政府正当使用税款，他们并不吃亏，甚至还能获利。如果政府用税收来压迫他们，那他们就受到双重欺负。但至于 A，他已了结了税收，因他将税收变成了预支款。

　　这并不是说生产者不经常遇到像税收这类障碍，有时生产者忍受着极大的折磨。因此，税收常被转嫁到群众头上。在法国，对酒征收各种苛捐杂税。其后，还规定酒不得外销。

　　通过这一连串的干预，不幸从生产者身上转嫁给了消费者。生产者在被迫交纳了苛捐杂税后，他立即设法弥补损失。但消费者的需求和酒的数量没有变化，因此他不能提价。交税后，他起初并不比先前得到更多。既然，在交税前他得到的仅仅是正常的报酬（它是由自由进行交换的劳务的价值决定的），他蒙受的损失相当于交付的税款。为提高价格，那就得降低酒的产量。①

　　对最初影响生产者阶级的损失和赢利来说，消费者、公众是一个共同的大蓄水池，就像地球是电的储存库那样。一切均从那儿来，经过几番辗转和变化之后又回到了那里。

　　我们在上面谈了经济效果从生产者手中转到消费者身上。因此，要了解问题的总体规模和持久后果，那就必须从消费者的角度去研究一切重大问题。

　　我们从对**使用性**的研究得出的关于生产者的作用隶属于消费者作用的结论完全被对**道德**的研究所证实。

　　事实上，责任感到处都源于首创精神，首创精神何在？存在于需要者。

　　需要（它导致报酬方式）决定一切：资本和劳动的流向、人口分布、职业道德，等等。**需要**与欲望相符，**供给**与努力相符。欲望可以是合理的或不合理的，是符合道德规范的或不道德的。但努力只是一种成果，一般是中性的或仅具有某种反射的道德观。

　　需要或消费对生产者说：为我生产这一物品。生产者听从他人的驱使。如果生产者随时随地等待着需要，那这种现象将是显

---

　　①　作者关于《饮料税》的论述，见第 5 卷，第 468 页。——原编者

而易见的。但实际情况并非如此。

是交换造成了劳动分工还是劳动分工决定了交换？这是一个微妙和无益的问题。人们进行交换，这是因为人是聪明和群居的，他懂得这是提高成果与努力比例的一种办法。一个人不必等别人建议他去为他人劳动，那是由劳动分工和预见性决定的。人从经验中懂得，在人际关系中，为他人劳动是心照不宣的事，再说还存在着需要。

他首先作出努力以满足需要，这样就产生了职业。首先，人们制造鞋、帽，其后才去唱歌、教书，辩论和治病等。但这里，是否真是供在求之先并决定求？

不，因为完全可以肯定，这些不同的劳务必须事先做好准备，尽管人们并不总确切知道订购将来自何方。这些劳务之间的关系大家是了解的，它们的价值通常也是经过考验的，因此人们从事某种制作或某种职业不会冒多大风险。

需求的刺激是先存的，因为人们可以准确计算出其规模。因此，当一个人选择一种行当、一种职业，当他开始生产时，他关心什么呢？关心他生产物品的**使用性**，关心其好的或坏的、道德的或不道德的结果吗？根本不是，他只想到其产品的**价值**。需求者才注意**使用性**，以满足其需要、愿望和任性。**价值**则相反，只满足出让的努力和转让的劳务。只有当通过交换，供者变成求者时，他才对使用性感兴趣。当我决定制造鞋子而不是帽子时，我决不会自问：人是否更注意保护他的脚而不是保护脑袋？不，这只与需求者有关并确定需求量。需求量则确定价值或公众对劳务进行的估价。价值最后决定努力或供应。

许多很明显的道德后果由此而生。两个拥有同等价值，即相对财富（见第六章）的国家占有的实际使用性，即绝对财富可能有很大的差别，这是由于一个国家的愿望比另一个更合理，一个国家考虑的是它的实际需要，而另一个则是因为提出一些假想的或不道德的需求。

一国人民注重教育，另一国人民注重膳食。在这种情况下，你教第一国人民一些东西，你就帮了他忙；至于对第二国人民，你只要满足他的味觉器官就行了。

然而人是根据其对劳务的重视程度付给报酬的。假如他们不进行交换，他们是在自我提供劳务，除了他们愿望的性质和强烈程度外，还有什么能使他们下决心的呢？

一个国家有许多教授，另一个国家有许多厨师。在这两个国家中，交换的劳务从总体上可以是同等的，代表着同等的价值，同样的相对财富，但并不代表同样的绝对财富。这仅仅是说一国很好地使用了其劳动，另一国则相反。

从满足的角度看，其结果是：一国人民受教育程度高，另一国人民吃得好。这种爱好不同的长远后果，不仅对实际财富甚至对相对财富将发生重大影响，因为教育能发展新的劳务手段，美食当然无法做到。

我们看到，在各国之间有着各种不同的爱好，这是他们的先人，他们的性格、信念、虚荣心等决定的。

无疑，许多需求是必不可少的，如吃、喝等，人们可以把它们看成是已知量。然而，我们也常见一个人为穿得好一些而节省饮食，而另一个人则是吃饱之后再考虑穿着问题。对各国人民来说也是如此。

但是，当这些基本需求得到满足后，其他方面则更多地取决于各人的意愿了。这是个爱好问题，在这个领域，道德观念和理性大有用武之地。

在为满足其每一个愿望须做的总体努力中，各国人民总是优先根据自己的民族愿望的强烈程度来确定劳动量的。英国人注重膳食，因此他们用大量的劳动来生产食物。他们也生产别的物品，这是为与别国交换食品。总之，在英国消耗的麦子、肉类、黄油、奶和糖等的数量是惊人的。法国人爱玩，爱饱眼福，喜欢更换环境。法国的劳动方向自然听命于法国人的愿望。因此，在法国有许多歌唱家、江湖艺人、制帽商、小咖啡馆、雅致的商店，等等。中国人爱抽鸦片，用此麻醉神经，所以大量的国民劳动，通过直接生产或间接交换，用来获得这种名贵的麻醉药。在西班牙，人们热衷于宗教，大量的人民努力装饰教堂等。

　　我总不至于会说在为满足伤风败俗或道德败坏欲望的劳务努力中，从不存在不道德现象。但是，很明显，不道德原则存在于愿望之中。假如，人是孤立生存的，这无可怀疑，对组合在一起的人类，同样也不容置疑，因组合的人类，是扩大了的个人。

　　因此，请看！谁打算指责我国南方的劳动者生产了烧酒？他们是根据**需求**而生产的。他们耕地、培植、采摘和蒸馏葡萄，他们对别人如何使用产品并不关心。应向寻找满足的人去了解这种需求是否诚实、道德、合理和有益，应由他来负责任。否则，地球就不转了。要是劳动者说，你们订购的这种式样的服装我不做，因为它太豪华或者因为它使人呼吸不畅等，要是这样，那怎么得了！

　　伦敦的寻欢作乐者用法国的酒喝得酩酊大醉，这难道要怪我国可怜的酿酒者？是否可以更认真地指责英国人从印度收获鸦片想的就是去毒害中国人呢？

　　不，一个无聊的民族总是从事一些无聊的产业，正如一个严肃的人民创办严肃的产业一样。人类要自我完善，那不是靠生产者的道德观，而是靠消费者的道德观。

　　宗教对此十分清楚。它告诫富人——**大消费者**要负起责任。从另一角度讲，政治经济学得出了同样的结论。它断言不能阻止**供给所需要**的东西；产品对生产者来说只是一种**价值**，某种有法定价值的铸币，它本身并不代表善或恶，产品对消费者来说是一种**使用性**，是道德的或不道德的享有；因此应由愿望的表示者和订购人来承受有用的或有害的后果，在上帝的正义和公众舆论面前承担他将劳动引向正确或错误方向的责任。

因此，不管从何种角度看，消费是政治经济学的最终目标，善与恶，道德与不道德，和谐与不和谐，一切均在消费者身上化解，因为他代表整个人类。

第十二章　两句格言

现代的道德学家把**我为人人，人人为我**的格言同古代的谚语——**我为自己，我处我室**——对立起来。他们对社会的理解是非常不完整的，因而亦是非常错误的。我甚至要补充说，这种理解是非常可悲的，这或许会使他们感到惊讶。

首先，我们要从这两句著名的格言中删去多余的部分：**人人为我**犹如一个冷盘，只是为了对称而放上的。因为，它必然包含在**我为人人**之中。至于**我处我室**的思想，与其他三个部分并没有直接的关系。但由于这一思想在政治经济学中具有重要意义，所以，我们在稍后将研究这一思想的内涵。

余下的就是格言中的两个部分之间的所谓对立问题，即**我为人人**和**我为自己**。据说，其一表达的是同情原则；其二表达的是个人主义原则。第一项原则使人团结，第二项原则使人分裂。

如果我们只谈促使人们努力的动机的话，那么，对立是无可置疑的。但我认为事实并非如此，如果我们从结果来考察人类的全部努力的话。请按其本来面目来研究一下社会，它在有偿劳务中实行的是个人主义原则，你马上就会确信，每个人在**为自己**工作时，实际上是在**为大家**劳动。事实上，这是不能否认的。如果看到上述这几行字的某人从事一项职业或一项手艺，那么，我恳求他暂且将其目光转向自身。我将问他，他的全部工作难道不是为了满足他人的需要吗？而另一方面，难道不是靠了别人的劳动，他才能满足自己的全部需要吗？

　　显然，那些说**我为自己**和**我为人人**相互排斥的人认为，个人主义和联合是互不相融的。他们以为，**我为自己**意味着孤立或孤立倾向；个人利益使人分裂而不是使人联合，个人利益导致**我处我室**，即是说没有任何社会联系。

　　在这一点上，我再说一遍，他们对社会的看法是完全错误的，因为太不全面。即使人们受了个人利益的驱动，他们也还是要相互靠近，协调他们的努力，联合他们的力量，互为对方工作，互相提供劳务，要群居或联合。说他们这样做漠视了个人利益，这是不确切的。不！他们这样做正是为了个人利益。他们**群居**，因为他们觉得这样好。如果他们感到不好，他们就不会群居了。于是，个人主义在这里完成的业绩，我们时代的温情主义者却要把它归功于博爱，归功于自我牺牲或某种我所不知道的与爱自身相对立的动机。而这证明，上帝比起那些自称是他的预言家们更善于促成群居性，这是我们总会得出的一个结论。因为，二者必居其一：要么联合有害于个人，要么联合对个人有利。——如果联合有害，那么，社会主义者的先生们又将如何举措呢？并且，他们又能拿出什么样的合乎情理的理由来实现伤害众人的事情呢？相反，如果联合是有益的，联合就会按照个人利益来完成。不管人们怎么说，个人利益是所有动机中最强大、最经常、最单一、最普遍的动机。

　　现在，请看一下事情是如何发展的。一位擅自占据未开垦土地的人到远西去开垦一片荒地。没有一天他不感到这种与世隔绝的状态给他造成的巨大困难。不久，另一位擅自占据未开垦土地的人也来到了西部的沙漠。他将在哪里安置他的帐篷呢？他是否会**自然地**远离第一位到达那里的拓荒者呢？不会！他将**自然地**与之靠拢。为什么呢？因为他知道，在付出同等努力的情况下，仅仅由于彼此的接近，人们可以获得各种好处。他知道，在众多的情况下，他们可以相互借贷，互相借用工具，采取联合行动，战

胜个人力量难以克服的困难；他们彼此可以互为市场，交流思想
和看法，为共同防卫作出贡献。随后，第三个、第四个、第五个
拓荒者接踵来到这片沙漠，并且无一例外地被第一批人的炊烟所
吸引。其他的人这个时候就可能带着可观的资本来到那里，因为
他们知道，他们可以雇到人手干活。一块移民区形成了。人们可
以使庄稼多样化，辟一条小径通向邮车经过的小路；从事进出口
贸易，可以设想修建一座教堂，创办一所学校，等等。总之一句
话，移民者仅仅由于他们的集中而力量大增，远远超过他们分散
的力量总和，增幅之大不可胜算。这就是他们彼此相互吸引的原
因所在。

　　但是，人们或许会说，**我为自己是**一句非常可悲且冷酷的格
言。世界上的全部论证、一切悖论并不能阻止我们赞同这句格
言，也不能否认这句格言充满了**个人主义**的气味；而个人主义难
道仅仅是社会上的一个弊端吗？难道它不是万恶之源吗？

　　首先，让我们来弄明白其中的意思。

　　如果对**我为自己**这一公认的准则作这样的理解，即它应当指
导我们的全部思想、全部行动，指导我们的整个关系，那么，人
们就能在我们作为父子、兄弟、夫妇、朋友、公民的感情深处发
现这一准则，或说得更确切些，这一准则将会扼杀所有的这些感
情；这样的准则是可恶又可怕的。我不相信地球上会有一人敢于
在理论上公开宣布这一原则，即使他把这一准则作为其自身行动
的规范也罢。

　　但是，社会主义者还会置普遍的事实于不顾，始终拒绝承认
有两种不同的人类关系吗？一种关系隶属于同情心原则——我们
将其归入道德范畴；另一种关系则是从个人利益派生出来的。这
种关系是在彼此互不相识而又承认公正的人们之间完成的，这种
关系是通过自愿的，并且经过自由辩论后形成的公约来规范的。
正是这种公约构成了政治经济学的范畴。然而，再也不可能将这

种交易建立在同情心的原则基础上，而只能将家庭和朋友关系建立在利益原则的基础上，这才是合乎情理的。我一直对社会主义者们说：你们想把两件无法混在一起的事情混合在一起。如你疯得相当厉害，你就不可能身体很强壮。这位铁匠，这位木匠，这一位农夫，尽管艰苦繁重的劳动使他们精疲力竭，他们仍能成为出色的父亲、令人钦佩的儿子，他们可能具有高度的道德意识，他们的胸腔里怀有一颗极富感情的心；尽管如此，你们永远不能按照奉献的原则，促使他们从早干到晚，让他们流汗并忍受饥寒交迫的困苦。你们那种温情主义的说教永远是无能为力的。万一，不幸得很，如果这种说教竟能诱惑少数劳动者的话，那么，这种说教也必然会造成同样数量的受骗者。如果一个买卖人开始按照博爱的原则来出卖他的商品的话，那么，我敢断言，不出一个月，他的孩子们只好沦为乞丐。

幸亏上帝赐予了群居性其他的保障。鉴于人的本质，人的知觉是无法同人的个体相分离的，因此，根本不可能希望、要求和理解个人利益能被**普遍地**取消。然而，为了保持人类关系的正确平衡，取消个人利益恰恰是必需的。因为，如果你们只是在少数优秀人物中破坏了这种平衡，那你们就造就了两个阶级——恶人和好人。恶人被诱使去制造受害者，而留给善良者的命运，只是充当受害者。

既然在劳动和交换方面，**我为自己**的原则不可避免地终将作为动机而发挥作用，令人钦佩和不可思议的是，事物的作者利用**我为自己**这一原则在社会秩序中却实现了博爱的准则——**我为人人**；作者巧妙的手把障碍变成了工具、手段；普遍利益被置于个人利益之中，并且由于普遍利益是最可靠的，正因为如此，个人利益也就无法被破坏。在我看来，面对这些结果，共产主义者和其他虚假社会的创造者们能够在不太丢失脸面的情况下勉强承认：在组织方面，他们在上天的对手（指上帝，译者注）比他们更强。

　　千万请注意，在社会的自然秩序中，**我为人人**源于**我为自己**，这比起共产主义者或社会主义者的看法远为更全面、更绝对、更深刻。不仅我们在为大家工作，而且，我们若不为整个社会谋利益，我们就不能取得任何性质的进步。（详见第十章和第十一章）事情被安排得如此之好，以至于当我们设想了一种新的方法，或发现了自然界的布施，土地中的某种新的肥力，在物理学的一项法则中发现了一种新的作用范围时，从鼓励的角度看，利益对我们来说也只是在短暂的时间内发挥作用，正如从补偿的观点看，这是正当的一样。此后，好处就离我们而去，我们想竭力保住它也枉然。个人的好处变成了社会的好处，并从此永远落入了非理性的社会。而我们在让全人类分享我们所取得的进步的同时，我们自己也分享了所有其他人实现的进步。

　　总之，通过**我为自己**这一原则，受到强烈刺激的个人主义的全部努力却沿着**我为人人**的方向发挥作用，而每一个局部的进步无偿提供给社会的好处，比起它为其发明者带来的收益要高出百万倍。

　　若按**我为人人**的原则办，哪怕为了**自己**，谁也不会去干活。有哪一个生产者，居然还会加倍工作，到头来只多拿了 3000 万分之一的工资？

　　人们可能会说：驳斥社会主义的公理又有什么用处？这一公理又能造成什么损害？当然，这一公理不可能使自我牺牲的原则深入到车间、账房、商店，不可能在交易会和市场上占据主导地位。但最终，这一公理或者不会引出任何结果，那么，你们尽可以听其自然；或者，这一公理多少软化一点排除任何同情心的自私原则，而这一自私原则无权分享我们的同情。

　　虚伪的东西总是危险的。把普遍的、永恒的原则视为应予谴责的、可恶的东西，也同样总是危险的。因为，很显然，这一普遍的、永恒的原则是上帝为人类的生存和发展而预先安排的。我承认，这一原则作为动机而言，并不符合我们的心意，但从其结果看，又使我们感到惊讶和得到满足；而且，这一原则也给上帝留在人们心中的其他更高尚的动机留下了充分自由的余地。

但是，人们是否知道此后发生的情况呢？那就是社会主义者的公众只采纳了他们格言中的一半，即最后一部分：**人人为我**。人们像以前一样继续**为自己**工作，但人们还要求大家也**为自己劳动**。

而此后的情况就应是这样的。当空想主义者想要改变人类活动的伟大原动力并用博爱精神代替个人主义时，他们臆想到了什么？一种矛盾且虚伪的说法。空想主义者开始向群众高呼："窒息你们心中的个人利益，跟我们走，作为补偿，你们将会得到这个世界上的各种好处和欢乐"。当人们试图可笑地模仿福音书的语气时，也就必须如福音书那样得出相应的结论。自我奉献的博爱意味着牺牲和痛苦。"你们要有献身精神"，这就是说，"你们要坐最后一个座位，自甘贫穷和忍受痛苦"。但是，在克己忘我的幌子下，许诺种种享受；在所谓的牺牲的背后，显示种种幸福和财富；为了战胜人们痛斥的**个人主义**的欲望，却去追逐个人主义欲望中最具体有形的倾向——这不仅证明了这一原则的无可摧毁的生命力，尽管人们要想打倒这一原则；这是在声言反对的同时，却对这一原则颂扬到无以复加的地步；这是在加强敌人的力量而不是在战胜敌人；这是在用不义的贪欲来取代天经地义的个人主义；尽管披着我难以名状的神秘的伪装，这是在极度刺激最粗野的肉欲主义。贪婪无厌将响应这一呼唤。①

---

①　当伊卡里亚的先锋队从勒阿佛尔港出发时，这些荒唐无知的人，我曾问过其中的好几位，并试图弄清他们深刻的思想。**俯首即是的幸福**，这就是他们的希望和动机。其中一人对我说："我先走，我的弟弟将第二批出发。他有 8 个孩子：他再也不用抚育和养活他们，你可以感到，这对他来说是多大的好处"——"我很容易理解这一点，我说，但必须有其他人来承担这一重负"——把那些使我们感到为难的事情推给别人。这些可怜的人就是以这种博爱的方式来理解**人人为我**的格言的——作者注。

　　难道这不是我们得出的结论吗？在各个阶级、各个阶层中，世界最普遍的呼声是什么？**人人为我**——在讲**我**这个字的时候，我们想到的是我们，而我们所要求的，是在大家的劳动中占有我们所不应有的一部分——换一种说法，我们是在使掠夺系统化、制度化——也许，那种原始的、直接的掠夺是那样的不义，以至于我们反感；但多亏了**人人为我**这句格言，我们良心上的不安才得到了缓和。我们把为我们劳动的**义务**交给他人，然后又自我赋予享受他人劳动的**权利**；我们责令国家、法律强制推行所谓的**义务**，保护所谓的**权利**，于是在博爱的名义下，我们就得到了一个相互剥夺的奇怪结果。我们靠损害别人过活，而正是在此名义下，我们把牺牲的英雄主义归于自己。噢，人的思想是多么奇怪！噢，贪婪多么巧妙！我们之中的每一个人尽力扩大自己的一份而损害别人的一份，这还不够，想要占据别人的劳动，这也还不够。我们深信，由此在自我奉献的实践中，我们将显示出崇高精神；差一点我们将要自比耶稣基督了，而我们如同盲人一般看不见。当我们自我注视时，我们并没有去做出那些曾使我们流下钦佩的眼泪的牺牲，但我们却要求别人去做。①

　　这种重大的欺骗行动是如何进行的，这倒值得研究。

　　偷窃！呸，这是卑鄙下流的；而且，这样干要罚作苦役的，因为，法律不容偷窃——但是，如果法律命人偷窃并提供帮助，难道这不是很方便吗？……多么闪光的启迪！……

　　人们立即要求法律给予一点小小的特权，一点小小的专卖权。然而，要使人们遵行，尚须付出一定的努力，人们请求国家予以承担。国家和法律协商一致，以求实现上述要求。而这恰恰是国家和法律以前需加预防和惩罚的。渐渐地，垄断专卖的兴趣发展了。没有一个阶级不想要自己的垄断专卖。**人人为我**，各个

---

　　①　详见《掠夺和法律》，第5卷，第2、3页。——原编者

阶级都这么叫喊，我们也要表明，我们是乐善好施的慈善家，并让人看看，我们懂得团结互助。

有时，特权阶级你偷我窃，相互勒索、敲诈，结果，所失至少同所得一般多。此外，广大劳动群众，人们并没有给他们任何特权，受苦、衰败，以致再也无法忍受。广大劳动群众起义了，大街上布满了工事和鲜血，这就必须认真对待了。

广大劳动群众将提出什么要求呢？他们会要求取消各种积弊、特权、垄断和限制吗？因为，他们不堪忍受这种种积弊、特权、垄断和限制。他们根本不会这样做。人们也给他们灌满了慈善主义。人们对他们说，**人人为我**这一著名的格言是解决社会问题的良策；人们通过许多例子向广大劳动群众证明，以法律为依据的特权（其实只是一种偷窃）还是非常道德的，以至于人们看到人民群众要求……什么？……特权！……人民群众也责令国家为其提供教育、劳动、贷款、援助，这也要损害人民群众——噢！多么奇怪的幻想！而这种幻想还要延续多久——人们很容易设想，**所有**的高等阶级，首先是最高等的阶级，将会一个跟着一个地要求得到优惠、特权。而在高等阶级的下面，则有广大的人民群众，所有的优惠、特权全都落到了他们肩上。但，人民群众一旦成为胜利者之后，自以为他们全体也进入了特权阶级，设想建立起他们自己的垄断，扩大他们各种特权的基础，以便靠这些特权过活；然而，他们没有发现，在他们之下没有任何东西可以维护这种不正义的特权，这正是我们时代和任何时代最令人惊奇的现象之一。

结果怎么样呢？那就是社会沿着这条道路走向全面危机。社会完全有理由感到惊恐不安。人民群众不久便失去了自身的力量，而以前的特权分配方式又暂时恢复了常态。

然而，高等阶级并没有完全忘记这一经验教训。他们感到必须公正地对待劳动群众。他们强烈希望能做到这一点，这不仅是因为他们自身的安全有赖于此，而且也应该承认，这是公正的考虑。是的，我这么说，深信不疑。如能解决这一重大问题，富有阶级是求之不得的。我确信，如果人们要求富人们放弃相当可观的一部分财富，以确保人民群众今后幸福和满意，那他们将乐于作此牺牲。按照约定俗成的说法，他们热忱地寻求**救援劳动群众**的途径。但为达此目的，他们想出了什么办法呢？……还是特权阶层的共产主义；然而，这是一种缓和的共产主义，特权阶层自信要谨慎从事。这就是事情的全部，他们决不会超出这一范围的。

　　……

第十三章 论收益①

当土地的价值增长时，如果地上的产品价格也相应地上涨，我将理解在本书（第九章）阐发理论时所遇到的反对。人们或许会说："随着文明的发展，劳动者的生活条件与土地所有者相比，相对恶化了。这可能是命中注定的必然结果，但无疑，这不是一项和谐的法律。"

幸好实际并非如此。一般来说，促使土地升值的原因，同时也使生活费下降……让我们用一个例子来说明这一点。

假定在离城十里之处的一块土地价值100法郎；人们修了一条公路，在离地不远处经过。这就为农产品开辟了一条通往市场的途径，于是不久，这块土地值150法郎了。由于有了这条公路，无论是运进肥料，或是运出更多种类的农产品，土地所有者都有了便利条件，他对这块土地进行改良，其价值也就升到了200法郎。

于是，地价便翻了一番。让我们首先从公平的观点，然后从城市消费者而不是土地所有者所得实益的观点来考察一下这块土地的增值问题。

至于土地所有者自己花钱改良土地所带来的增值，无疑，这

---

① 在这一重要章节中，作者仅留下两三个简短的片段。这是因为：作者如同他自己宣布的那样，打算主要依据费城的卡雷先生的研究来批驳李嘉图的理论。——原编者

是一种资本，它将按资本的规律行事。

　　我敢断言，公路的情况也一样。不过，增值活动的过程较长，但结果是相同的。

　　的确如此。土地所有者按其土地之大小，为公共开支提供了支援；多年来，他为在较远的地方从事的公益工程作出了贡献；终于在对他非常有利的方向上修筑了一条公路。他所交纳的全部赋税，不妨看作是他在政府企业中购买的股票，由于修建了新的公路而每年给他带来的收益，则可视为股票的**红利**。

　　人们会不会说，一个土地所有者将永远只纳税而无任何回报？……这种情况也可归入前面的先例；税收制度的改善，虽然要经过复杂的途径，并且多少会引起非议，仍可被看作土地所有者以自己的资金完成的，因为他从中亦获得了部分好处。

　　我曾经讲到过修筑道路的事：请注意，我完全可以举出任何其他的政府行动。譬如，安全，它可以给土地增值，如同为资本、为劳动增值一样。但谁来支付安全费用呢？土地所有者、资本家、劳工——如果国家花费得当，花掉的资金将以某种形式再次形成并回到土地所有者、资本家和劳工的手中。对于土地所有者来说，花掉的资金只能以增长了的地价形式出现——但假若国家花费不当，这便是灾难；税收被白白丢掉了；这要求有纳税人来注意这一问题。在这种情况下，就土地而言，不会有增值，诚然，这不是土地所有者的过错。

　　但是，既因政府采取的行动，又由于私人工业的作用，土地上的产品价格就这样升值了——城市的购买者是否要为这些产品支付更多的钱呢？换句话说，这100法郎的收益会不会加到每一百升地里生产的小麦的价格中去？如果人们过去支付15个法郎，今后人们会不会要支付比15法郎再多一点的价格呢？这便是若干最有意思的问题中的一个，因为，公平和利益的全面和谐协调取决于这一问题。

然而，我大胆地回答说：**不会**。

也许，土地所有者今后可以额外回收 5 个法郎（我假设利润率为 5%）；但他多得 5 个法郎并没有损害任何人的利益。恰恰相反，城市购买者得到的好处还要大。

确实如此，我们刚才举例的那块土地，过去远离市场，人们在这块地上生产的东西不多；由于运输的困难，运到市场的产品卖得很贵——如今，生产活跃，运输低廉；来到市场的小麦更多了，运到市场的费用更低了，小麦的售价也更便宜了。土地所有者获取的全部利润是 5 个法郎，与此同时，购买者却能得到更多的好处。

一句话，节省了劳动力——谁从中受益？缔约双方——从自然界赢得的这份收益，按照什么法则来分配呢？我们经常提到的关于资本的法则，因为，这一增值是一种资本。

当资本增加时，土地所有者或资本家从生产总值中所提取的那一份——其绝对值增加——相对份额下降；劳动者（或消费者）从中所提取的那一份——绝对价值和相对份额都增加了……

请注意看一下事情是怎样进展的。随着文明的发展，离城市中心最近的土地的价值上升了。在那里，低层次的生产让位于较高层次的生产。首先，牧场消失了，种上了粮食；然后，园艺栽培又代替了粮食种植。城市供应来自更远的地方，而费用反倒较前节省了，以致——这是一个无可争辩的事实——肉类、面包、蔬菜，甚至鲜花在城市的价格比落后地区还便宜，尽管城市里劳动力的报酬较其他地区高……

克洛—浮乔特①

……**劳务与劳务相交换**。往往预先完成的劳务与目前或未来

---

①　法国勃艮第的葡萄产区。——译者

的劳务相交换。

劳务的价值不是根据劳务所需或曾经花费的劳动来确定的，而是按照劳务所能节省的劳动来确定的。

然而，人类的劳动是不断完善的，这是事实。

从这些前提出发，人们可以推断出**社会经济学**中一个非常重要的现象，**即在一般情况下**，以前的劳动在同现在的劳动①交换时，要损失部分价值。

20 年前，我用了 100 个工作日完成了一件产品。我现在拿去进行交换，并对我的买主说：请给我一件同样花费了你 100 个工作日的产品。很可能买主会这样回答我：20 年来，人们取得了不少进步。你过去要 100 天完成的事情，如今人们只需 70 天就行了。而我衡量你的劳务的尺度，不是看你为此花了多少时间，而是看它给我提供的劳务：这种劳务，今天只需要 70 天就够了，因为，用这一段时间，我完全可以自己完成这一工作，或找别人给我干。

由此得出的结果是，资本的价值在不断地销蚀，资本或以前的劳动并非如肤浅的经济学家认为的那样有利可图。

除了磨损折旧外，任何陈旧一点的机器，无不跌价，其唯一的原因是今天人们制造的机器更好。

土地的情况亦同样如此。绝大多数的土地，为要达到现在的肥沃程度，都要付出比今天更多的劳动，因为，今天人们的行动手段更加有力。

这是**一般**的，然而并非是**必然的**进程。

一项以前完成的工作，可能在今天提供比过去更大的劳务。这是很少的，但是显而易见的。例如，我保留了代表 20 个工作

---

① 同一思想在第五章附加部分的末尾作了阐述，详见第 202 页和下面一页。——原编者

日的酒——如果我当时立即卖掉的话，我的劳动将能收到一定的报酬。我把酒保存起来了；酒味变醇了，来年又歉收，简言之，酒价上扬，我的收益更大。为什么？因为，我提供的劳务**更多**——收购者要花**更多的力气**才能搞到我的酒——我满足了一种变得更大、更迫切的需要，等等。

这是必须永远加以研究的事情。

我们有1000人。每人都有属于他的一公顷土地并把它开垦出来；时光流逝，人们把土地出售。然而，1000人中有998人在出卖土地时，现在永远不可能获得过去同等数量的工作日；这是因为，以前的劳动比较粗放，其所提供的劳务与现在的劳动不可同日而语；但有那么两个土地所有者，其劳动比较灵巧，或者说比较幸运。当他们将劳动成果拿到市场上出售时，碰巧，这一劳动在市场上代表着一项无法模仿的劳务。每个人都在想：如果我自己去完成这项工作的话，我要付出很高的代价，因此，我准备花多一点钱把它买下来；只要人们不强迫我的话，我永远可以肯定，我为这一劳务付出的代价，不会如我自己用任何其他办法去完成时那么高。

这就是克洛—浮乔特的故事。这和有人发现了一块宝石，有人拥有美丽的歌喉或5个苏①，可观的身段等，同属一类情况。

在我国有许多荒芜的土地。外国人总不免要问：你们为什么不耕种这片土地——因为这块地不好——但是，旁边那块地几乎完全相同，而它是有人耕种的——对此，当地人无言以对。

这是因为在第一个回答中，当地人搞错了：**那块地不好吗？**

不，人们之所以不开垦新的荒地，其原因并非土地不好，有些极好的土地，人们并没有开垦得更多。其原因如下：因为要把这块荒芜的土地改造成同旁边那块已耕种的土地那样具有类似的

---

①　法国辅币名称，相当于1/20法郎。——译者

生产能力，其代价比购买这块耕地本身还要高。

然而，对于善于思考的人来说，这无可辩驳地证明，土地本身没有价值。

（阐发这一思想的各种观点……①）

论货币②

……

论信贷③

……

------

① 作者并未按计划作任何发挥；但，这里只粗线条地叙述了作者所列事实引起的两种结果：

第一，两块土地，甲为耕地，乙为荒地。假定两块土地性质相同，开垦乙地所需劳动被看作是衡量过去开垦甲地而付出的劳动的尺度。人们甚至可以说，由于我们知识的提高，工具的改进，通信手段的改善等，开垦乙地所需的劳动日将比过去开垦甲地**有所减少**。如果土地本身具有价值的话，那么甲地的价格将是开垦费用**加上甲地自身具有的生产能力的某种价值**；这就是说，甲地的价格要比现在开垦乙地所需的全部费用高得多。然而，恰恰相反：甲地的价格比乙地低，既然人们买下了甲地，而不是去开垦乙地。在购买甲地时，人们对甲地所具的自然生产能力不付分文，因为人们并没有按照最初开垦甲地的费用来支付开荒劳动。

第二，如果甲地每年产小麦1000斗，开垦后的乙地也将会有同等的收获量。既然人们耕种了甲地，就是说，过去1000斗小麦支付全部必要的劳动绰绰有余，如开荒、每年的耕作。既然人们没有耕种乙地，即是说，现在，1000斗小麦已不够支付相等的劳动——甚至不够支付较少的劳动，正如我们在上面指出的那样。

那么，这一切意味着什么呢？显然，这意味着**人类劳动**的价值和**小麦**的价值相比，是上升了；这意味着一个工人一天的工资可以购买或得到更多的小麦。换言之，小麦较易得到，只能同较少的劳动进行交换，因之，**生活资料逐步上涨**的理论是错误的。详见第一卷中1850年12月8日给《经济学人报》的信后附文——就此主题，还可参阅巴斯夏的一个信徒的著作《论土地收益》，R. 德·丰特内著。——原编者

② 见《万恶的金钱!》第5卷，第64页。

③ 见《无偿信贷》第5卷，第94页。——原编者

第十四章　论工资

　　人类热切希望固定的生活。当然，在世界上也确能见到几个不安分、喜冒险的人物，对他们来说，变化不定是一种需要。然而，人们可以断言，人类作为一个群体而言，他们喜欢有一个安定的未来，喜欢预先知道他们可以依靠什么，喜欢能对他们的各种安排预作部署。要知道固定的生活对他们有多宝贵，只需看一看他们如何急切地投身于公职部门就明白了。请不要说这是由于公职部门的荣耀所致。诚然，在公职部门中，有些岗位的工作丝毫说不上有什么特别的高贵。例如，从事监视、搜查、欺压公民的工作。虽然如此，这些工作位子还是非常抢手。为什么？因为，这些岗位有一种可靠的地位。谁没有听过一家之长在谈到他儿子时讲的那一番话："我为儿子在某一行政机关里求一份临时工作。很可能，令人讨厌的是，人们会要求我儿子具有一定的文化水平，我为此要花很多钱。也许，凭着他所受到的教育，他能找一个更加荣耀的职业。作为公职人员，他发不了财，但生活对他不成问题。他总能吃饱肚子。四五年之后，他开始可以挣到800法郎的薪水；然后，逐级上升，直到拿3000法郎或4000法郎。经过30年的工作后，他将可以领取退休金。因此，他的生活是有保障的：他要善于保持过一种默默无闻的普通生活，等等。"

　　所以，固定的生活对于人类具有十分强大的吸引力。

　　然而，在观察人及其工作的性质时，看来固定的生活似乎与这种性质是不相容的。

任何人，如设想他处在人类社会的起点，他将难以理解芸芸众生如何能从社会获取固定的、有保障的、一定数量的生活资料。这是又一个我们注意不够的现象，这恰恰是因为司空见惯的缘故。瞧！公职人员领取固定的薪金，土地所有者预先知道他们的收入，有定期收益的人能确切地计算出他们的年金收入，工人们每天都挣得同样的工资——如果把只是为了便于估价和交换才产生的货币排除在外的话，人们将会发现，固定不变的是生活资料的数量，是各类劳动者满足需要的价值。不过，我认为，这种逐步扩展到全人类和各种工作的固定性是文明的一个奇迹，是社会的奇妙产物，虽然这一社会在我们时代遭到一些人的愚蠢诋毁。

因为，如我们回复到原始的社会状态，假定我们对从事狩猎或捕鱼的人民，或对牧民、士兵、农夫们说："随着你们不断取得的进步，你们越来越能事先知道你们每年保证可以得到的收益总额。"这些正直的人是不会相信我们的。他们将回答我们说："这永远取决于有些我们不可能预先考虑到的事情——如反复无常的季节变化，等等。"这是因为他们不能想象，人们通过巧妙的努力，完全能在任何地区和任何气候之间建立一种保险。

而这种应付未来各种可能性的相互保险，完全从属于一种我称之为**经验性统计**的人文科学。这种统计在不断进步，因为它是建立在经验基础上的。因此，生活的固定性也在不断提高。两种经常性的情况有利于这种固定性的提高：1. 人们渴望这种固定性的生活；2. 他们每天都在获得这种固定生活的手段。

在人类交易中，人们一开始似乎并没有太关心固定性的问题。在指出固定性如何在人类交易中逐步确立之前，我们还是来看一下固定性怎样从交易中产生，因为，固定性是交易的特定目标。这样，读者就能理解我所说的经验性统计了。

每个人都有一所房屋。一所房屋万一被烧毁，房产主就此破产。于是立即在所有的房产主中引起了惊恐。每个人都在想："火灾同样也会降临到我的头上。"所有的房产主因此聚在一起开会，尽可能地分摊遭受火灾的可能损失，并建立相互的火灾保险，这也就丝毫没有什么可惊讶的。他们的协议也很简单。其格式如下："如果，我们之中有一人的房产着火了，所有其他人凑钱帮助遭受火灾的人。"

由此，每个房产主在两方面心中有了底：首先，每个房产主要为任何类似灾害支出一小部分钱；然后，他再也不用独自承受全部灾难。

实际上，如果我们从很多年的情况来计算，我们就能发现，房产主——我们可以这样说——是为自己作出了安排。他节省必要的资金，以抵御可能袭击他的灾难。

这便是**联合**。社会主义者甚至仅仅把这一性质的安排赋予联合的名称。按照社会主义者的说法，一旦投机发生之时，联合即告瓦解。依我看，正如我们将要看到的那样，联合日臻完善。

促使我们这些房产主联合起来，相互提供保险的，是对固定生活和安全的热爱。他们更喜欢已知的可能性，而不是不了解的可能性；他们宁愿忍受一系列小的风险，而不愿冒一个大的风险。

然而，他们的目的并没有完全达到，在他们的处境中，还有许多不确定的东西。他们之中的每个人都在想："如果灾害不断增多，我所应承担的份额难道不会变得无法承受吗？总而言之，我宁愿预先知道我应交纳的那一份，并按同一方式将我的动产、商品等投保。"

看来，这些缺陷弊端是由事情的性质决定的，人是无法摆脱的。

在每一个进步之后，人们真认为一切都已完成。事实上，既然灾害尚在未知阶段，人们又怎能消除受灾害影响的**未定因素**呢？

但是，相互保险在社会内部发展了一种经验性的知识，那就是，在灾害造成的损失的价值和受保价值之间的年平均比例。

据此，一位企业家或一家公司，在做了各种计算之后，登门拜访房产主并对他们说：

"通过相互保险，你们本想买一个安定；而为了补偿灾害造成的损失，你们每年所应缴纳一笔不确定的份金则是你们为一笔宝贵的财富支付的代价。但是，你们永远不可能事先知道这一代价；另一方面，你们的安定也是不完全的。那好，我向你们提出另一种办法。你们**每年**只需向我支付**一笔固定的保险费**，我担保你们受灾的各种可能性；我为你们大家保险，这是我的资本，它足以保证兑现我的承诺。"

虽然，这笔固定的保险费比相互保险的平均份额要略贵一些，房产主们还是争先恐后地接受；因为，对他们来说，最重要的不是节省几个法郎，而是获得完全的平静、安宁。

在这里，社会主义者声称联合遭到了破坏。而我却断言，联合得到了完善，并且已走上不断完善的道路。

但是，社会主义者们说，这样，投保人之间再也没有任何联系了。他们再也不见面了，再也用不着协商一致了。一批寄生的中介人插到了他们中间。其证明就是，房产主们现在支付的金额超过了补偿灾害的必要费用，这是因为承保人赚取了巨额利润。

对于这一批评，不难做出回答。

首先，联合在另一种形式下继续存在。投保人支付的保险费依然是补偿灾害的基金。投保人有了既留在联合体内又不用为之操心的办法。这对他们来说，当然是一种有利条件，因为他们追求的目的依然能够实现；并且，既能留在联合体内又能重新独立行动，自由发挥能力，这恰恰是社会进步的标志。

　　至于中介人的利润问题，这是不言自明和完全合理的。受保人在救灾中仍是联合在一起的。但一家公司毛遂自荐，向他们提供如下有利条件："1. 公司解除他们处境中的不确定因素；2. 一旦发生灾害，公司免除他们的一切操心和工作"。这些都是**劳务**。而劳务则要与劳务交换。其证明是，公司的干预是一种有价值的劳务，因为，人们自由地接受这一劳务，并付给费用。当社会主义者们高声反对中介人时，他们只是一些滑稽可笑的人物。是不是这些中介人强加于人的呢？他们让人接受的唯一办法，难道不是说：我要你们付几个钱，但我"为你们节省更多的钱"？然而，如果确是这样的话，人们又怎能称他们是寄生虫，或甚至是中介人呢？

　　最后，我认为，经过如此改造的联合体走上了继续取得进步的道路。

　　的确如此。保险公司希望随着业务的扩大，获得相应的利润，因此鼓励投保。为此，保险公司到处都有经纪人，它们提供信贷，设想出千百种策略，以增加投保人的数量，也就是说，增加**联合体成员**。它们为原始的互助会没有考虑到的一系列风险提供担保。总之，联合体在人数和业务方面逐步扩大。随着联合体的发展，保险公司降价成为可能；它们甚至是为竞争所迫。这里，我们再次遇到了这条重要的法律：好处从生产者滑向消费者。

　　这还不是全部。通过再保险，保险公司之间进行相互保险。这样，从保险现象的本质——救灾的观点看，设立在英国、法国、德国、美洲的千百家不同的联合体（保险公司）合并组成唯一的一个大联合体。其结果如何呢？如果在波尔多、巴黎或其他任何地方的一所房屋失火了，英国、比利时、汉堡、西班牙等全世界的房产主们预备好了他们的份金并准备救灾。

　　这是一个足以说明自由和自愿形成的联合体能够达到何等强

大、普遍和完善程度的例子。但是，为达到这一步，必须让联合体自由地选择它的办法。然而，社会主义者，这些联合的伟大支持者一旦掌握政权后，又会发生什么情况呢？他们最急切不过的事情，就是威胁联合体的生存，不管联合体采用何种形式，尤其是保险公司联合体。那又为什么呢？恰恰是因为，联合体为使之全球化，采用了使每个联合体成员保持独立的做法——这些可怜的社会主义者对社会机制实在了解太少了！社会的第一声啼哭，第一次学步，联合的原始和近乎野蛮的形式，社会主义者们就是要把我们拉回到这一步。任何进步，他们都要取消，其借口是这种进步偏离了上述的原始形态。

我们将会看到，正是出于同样的预防和无知，社会主义者们不断高喊要反对**利息**或**工资**。而利息和工资是应归于资本和劳动的**固定**的报酬形式，因而亦是非常完善的形式。

工薪阶级遭受社会主义者的打击特别沉重。差一点他们没有把这看作一种稍加缓和的奴隶制或农奴制。总之，他们从中看到的是一项欺骗性的、只对一方有利的协议。该协议只有表面的自由，是强者压迫弱者、资本对劳工实施暴政的协议。

为建立新的机制，社会主义者在进行永恒的斗争。他们对现存机制，特别是工薪制的共同憎恶却显示出了令人可怜的一致；因为，如果说他们在其偏爱的社会秩序方面不能达成一致的话，那么，也必须给他们说句公道话，他们在贬低、诋毁、诬蔑、憎恨和使人憎恨现存制度方面却总能说到一块儿去。我在其他场合已说明了其中的原因。①

遗憾的是，在哲学争论方面，什么事情也没有发生；而社会主义者的宣传，加之无知卑劣的新闻界——虽未自认是社会主义的，但却竭力通过时髦的高谈阔论争取民心的配合，竟能使仇恨

---

① 见第一章，第30、31页，第二章，第45页和下一页。——作者

工薪制的思想深入工薪阶级的内部。工人们对这种报酬形式十分
反感。这种报酬方式在他们看来，是不公正的、侮辱人的、令人
痛恨的。他们认为，这种报酬方式给他们脸上打上了奴隶身份的
烙印。他们曾想以其他方式参与财富的分配。由此而陷入最荒唐
的空想，只差一步，而这一步业已跨出。二月革命时期，工人们
最关心的事情就是摆脱工资。关于办法问题，工人们曾请教过他
们的保护神（此处系指社会主义者——译者注）；但他们的保护
神，当他不是无言沉默时，便如惯常那样，只给予了一些晦涩
的、模棱两可的神谕，其中人们听到的一个核心词汇是**联合**，似
乎**联合**和**工资**是水火不相容的。于是，工人们曾想试验使人获得
解放的各种形式的联合，并且，为了使联合更具吸引力，工人们
乐于使联合具有团结互助的各种魅力，把博爱的各种优点安到联
合的头上。有时候，人们真以为人本身将经受一次重大变化，将
会挣脱利益的桎梏，而只承认献身的原则。真是奇怪的矛盾！人
们希望从联合中既猎取牺牲的光荣，又获得从未见过的利润。人
们追逐财富，人们祈求，人们把属于殉难者的掌声掠为己有。看
起来，这些迷失方向的工人，似乎正在被推向一条不公正的道
路；他们感到需要幻想，需要颂扬他们从其说教者那里搬来的掠
夺方法，并将其伪装起来，置入新的顿悟的圣殿。或许从来没有
像现在这样，有这么多如此危险的错误，如此明显的矛盾，如此
地深入人的灵魂。

　　那么让我们来看一看，**工资**究竟是怎么回事。让我们从工资
的本源、形式和影响来考察工资。我们应承认工资存在的理由；
在人类的发展过程中，我们应该确信，工资究竟是一种倒退或是
一种进步。我们应该检验一下，工资本身是否包含着某种侮辱人
的、可耻的、粗鄙的东西，是否能发现工资同奴隶制有所谓的血
统关系。

　　劳务交换劳务。人们让与和接受的东西一样，都是劳动，是

努力，是辛劳，是护理治疗，是先天或后天获得的技能；人们相互给予的，是彼此的满足；交换的决定因素，是共同利益，交换的衡量标准，是对彼此提供的劳务的自由评估。由人类的交易引出的种种组合需要浩如烟海的经济词汇；利润、利息、工资等字所表示的意思虽有差别，但并没有改变事物的实质。这永远是**一物换一物**，或说得更确切些，是**一报还一报**，从经济观点看，它是人类整个发展的基础。

对这一法则来说，工资收入者不能是例外。请注意研究，他们是否提供了劳务？这是不用怀疑的。他们是否也得到了别人的劳务呢？这同样是不用怀疑的。人们交换这些劳务，是否是自愿的、自由的？在这种交换方式中，人们发现了弄虚作假和暴力没有？工人们的不满可能就在这里。他们当然还不至于声称被剥夺了自由，但他们肯定说，这种自由纯粹是名义上的，是微不足道的。因为，迫于生活的人是不会真正自由的。余下的问题是要弄清楚，缺少这种意义上的自由，难道不是更多的由于工人的处境，而不是由于工人取得报酬的方式造成的吗？

当一个人以其双手为另一人服务时，他的报酬可以是他生产的部分产品，或是一定数量的工资。无论在这一种或是那一种情况下，他都必须就其产品或工资问题谈个清楚，因为，这部分产品可能数量较大，这份工资数额可能比较高。而如果这个人一贫如洗，再也不能等待，并在紧急需要的刺激下，他只能接受上述法则，他无法躲避他的伙伴的苛刻要求。但是，必须指出，这不是报酬的形式给他造成了受制于人的状况。不管他是和企业同命运共呼吸，还是实行包工制，他朝不保夕的处境使他在进行交易之前的谈判中处于不利地位。革新家们把**联合**作为万能灵药向工人们推荐，把工人们引入了歧途，而且，革新家们自己也在欺骗自己。只要仔细观察一个穷苦工人获取部分产品而不是一份工资的环境条件，革新家们自己也就能确信这一点。当然，在法国再也没有比我家乡的渔民或葡萄种植者更穷困的人了，虽然他们有幸享受到社会主义者们专门称作**联合**的各种好处。

但是，在研究影响工资份额的因素之前，我应阐明，或更确切地说，描述这种交易的性质。

在生存条件方面，人们渴望安全，寻求固定，避免不稳定状况，这是人的天性。因此，这种倾向是令人喜欢的、合乎道德的、普遍的、无法摧毁的。

然而，在社会的初始阶段，不稳定可以说是绝对法则；我常常感到惊讶的是，政治经济学居然没有指出人们为了尽可能缩小这种不稳定状态所作出的巨大而成功的努力。

请看：在一个游牧部族或一个新建的移民区中的一群猎人吧，谁能有把握地说出第二天劳动的结果是什么吗？在安全和不稳定这两种思想之间，难道不是存在着不可调和性吗？不管他是从事打猎、捕鱼或是种庄稼，难道不是再也没有比劳动的结果更加难以肯定吗？

所以，在社会发展的幼年时期，要找到某种类似薪水、俸禄、佣金、工资、收入、年金、利息、保险等，将是困难的。所有这些事情，都是为了使个人的处境更加稳定，使人类越来越摆脱这种痛苦的感觉——在生活资料方面因心中无数而担惊受怕——而设想出来的。

说真的，在这方面取得的进步是十分出色的，尽管习惯使我们对这一现象非常熟识，以至我们不能发现这种现象。的确如此。劳动的结果及其此后人类的享受，会因各种事件、未曾预料到的状况、自然界反复无常的变化、季节的不定因素以及各种各样的灾害而发生深刻的变化。由于有了固定的工资、年金收入、薪水、退休金之后，如此众多的人在一段时间之内，而有些人则是终生摆脱了这一部分的**或然性**，而这种或然性仿佛是我们这个自然界的本质，这又是怎么回事呢？

　　人类重大演变的原动力是所有人都追求安逸舒适，固定性则是舒适中最本质的部分。演变的手段、途径，就是把各种可能性估计在内的**承包契约**，或逐步抛弃这种把人同企业的命运牢牢捆在一起的原始联合形式。用其他话来说，就是联合的完善。至少令人奇怪的是，伟大的现代改革家向我们指出的粉碎联合的因素，恰好是使联合得以完善的因素。

　　为了使某些人同意承担原本要由他人负责的风险，必须使某种知识——我称之为**经验性统计**——获得某种进步；因为，经验必须能大体估价这些风险，因而亦是评价人们提供给另一人的**劳务价值**，使之从这些风险中解脱出来。所以，粗野无知的人民的交易和联合是不会承认这类性质的条款的，因为，其时正如我所说的那样，他们完全受着不确定性的支配。假如一个年老的野蛮人，由于有了一些猎物储备，雇了一个年轻的猎人给他干活，他不会给这个年轻人一份固定的工资，而是给他一份捕捉到的猎物。的确，这一老一少怎能从已知对未知作出判定呢？他们过去的经验教训还没有达到使他们能预先确保未来的必要程度。

　　在没有经验和野蛮的时代，人们可能**结邦**、**联合**，既然舍此他们就不能生活下去，这一点，我们已经作出了论证；但是，在他们那里，这种联合只能是原始的、基础的形态，而社会主义者们在向我们介绍时，却把它视为未来的法则和救星。

　　后来，当两个人长期一起工作，祸福与共，到了某一时候，人们可以评价风险了，其中一人把全部风险担在自己肩上，同时得到一笔预先商定的酬劳。

　　这种安排当然是一个进步。为了确信这一点，只需了解一下，这是不是双方同意、自由作出的安排；如果这种安排不是对双方有利，也就不会作出这样的安排。这种安排在哪些地方对双方有利，这是很容易理解的。一方由于承担了全部风险，因而有权独家领导这项事业，另一方则获得了对人极为宝贵的稳定地位。一项事业，过去要受两种思想和两种意志的牵扯，而今只受统一的看法和行动的支配，这对社会来说，仍然是一件好事。

但是，人们能否说，因为联合有了改变，就说联合已经瓦解？而此时，两个人继续坚持共同努力，所改变的，只是产品的分配方式。当大家自由地同意进行革新，革新又使大家满意时，人们还能说联合搞糟了吗？

为了实现新的满足人们需要的手段，几乎必须永远——我完全能说是永远——把以前的工作和现在的工作结合在一起。首先，资本和劳动在一项共同的事业中联合起来，双方各自被迫接受这一事业中属于自己的那一份风险，直至人们能凭经验对这些风险作出评估时为止。其时，人们心中将产生两种同样自然的倾向，我指的是**统一方向**和**稳定形势**的倾向。最简单不过的事，莫不如听听资本对劳动所说的一番话："经验告诉我们，你可能的收益，对你来说，就是平均工资若干。如你愿意，我保证给你这一份工资，而我则领导这项事业，幸运与否，与你无涉。"

劳动的回答可能是："这一项建议对我合适。有时，这一年，我只挣300法郎；另一年，我挣了900法郎。我讨厌这种波动，它使我不能统一安排我和我家庭的开支。我能得到600法郎的固定工资，免除长期无法预料的处境，这对我来说是一大好事。"

按照这一回答，合同的措辞改变了。人们依然继续**联合他们的力量，瓜分他们的劳动成果**，因此，联合并没有解散；但是，联合将发生变化，即其中一方——资本——将承担全部风险和攫取全部巨大的利润，而作为另一方的劳动，将得到固定性的全部好处。这便是工资的起源。

协议亦可以从相反的方向来制定。通常，这由包工头对资本家说："我们一起工作，祸福同当。现在，既然我们对祸福的机会有了更多的了解，我向你推荐承包制。你在企业中有20000法郎，凭此，有的年份你得到 500 法郎，有的年份得到 1500 法郎。如果你同意的话，我每年给你 1000 法郎，即 5％，一切风险你都不用管了，条件是，我按我自己的想法来管理企业。"

很可能，资本家这么回答："既然，纵观巨大而令人讨厌的差距，我的收入平均每年不超过 1000 法郎，我喜欢能正常地保证我的这份收入。这样，我以我的资本继续留在联合体内，但不管成败与否。我的活动，我的智慧今后可以更自由地投入其他劳务。"

无论从社会的角度，还是从个人的观点看，这都是一种进步。

不难看出，在人类的灵魂深处，存在着对稳定状态的渴望。这本身就是一项不断从各个方面限制和缩小不稳定状态的工作。当两个人共同参与一项风险，这项风险本身是客观存在，它是不可能被消灭的，但有可能其中一人把风险承担起来。如由资本负责风险，劳动的报酬则以**工资**的名义予以固定。如劳动愿意承担风险，不论幸与不幸，那么，就出现了资本的报酬，并以**利息**的名义确定下来。

鉴于资本只是人的劳务，而不是别的任何东西，因此，人们可以说，**资本**和**劳动**这两个字，实际上表达的是一个共同的思想；以此类推，**利息**和**工资**亦是同样的情况。在这里，伪科学总是必然会发现对立，真正的科学永远会得出一致的结论。

所以，从其起源、性质和形式来看，**工资**本身没有丝毫可耻和侮辱人的东西，**利息**也同样如此。工资和利息只不过是从一项共同经营的成果中取出的属于现在和过去的劳动的那一份。不过，长此下去，两个联合的成员最后总要就其中的一份进行承包。如果现在的劳动希望得到统一的报酬，那它就将其不可靠的那部分去换一份**工资**。如是以前的劳动渴望固定的报酬，那它就将其不一定可靠的那一份去换一份**利息**。

　　就我而言，我深信这种在原始联合之后出现的新规定，远没有使联合瓦解，而是使联合更完善了。在这方面，我没有任何怀疑。因为，我看到，这一新规定产生于一种切实的需要，产生于人们追求稳定的自然倾向，而且它满足了各方的要求，并为总体利益服务，而不是损害这种利益。

　　现代改革家以他们发明的联合为借口，企图把我们拉回到联合的原始状态。他们理应向我们说明，究竟在什么地方**承包契约**损害了权利或公正；承包契约又如何妨碍了进步，并根据什么原则，他们声称要禁止承包契约。他们还应向我们说明，如果这些规定带有野蛮性质的话，他们怎样将这些规定不断深化的介入同他们所宣称的人类的可完善性调和在一起。

　　在我看来，这些规定是进步的杰出表现之一，亦是进步的强大动力之一。这些规定既是古老文明的完美结局与报答，又是未来无限文明的起点。如果，社会仅仅满足于这种原始的联合形式——它将所有有关的人都与经营风险捆在一起，人类99%的交易活动将无法完成。今天参与20家企业的人将永远只能陷在一家企业之中。一切活动都不可能有统一的看法和意志。最后，人将永远不能品尝可能成为智慧源泉的佳果——稳定。

　　因此，工资制诞生于一种天然的、无法摧毁的倾向。然而，我们应该指出，它只部分地满足了人类的愿望。它使工人们的报酬更加单一、更加平等、更加接近于平均水平；但是，有一件事情，工资制却无法办到，正如风险联合无法办到一样，那就是保证工人们的工作。

　　在这里，我不禁要指出，我在本文自始至终提到的感情是多么强有力，而现代改革家似乎也并不怀疑这种感情的存在：我所指的是对不确定的厌恶之情。正是这种感情使社会主义者的高谈阔论者轻而易举地让工人们痛恨工资。

　　人们可以发现三种程度不同的工人生活条件：基本上朝不保

夕、基本稳定、介乎二者之间的中间状态，即其不稳定状况，除部分之外，没有给稳定留下足够的地盘。

工人们所不理解的是，社会主义者给他们灌输的联合是社会的幼年时期，是一个摸索时期，是差别悬殊的时期，是过剩和不景气交替的时期，一言以蔽之，是不稳定居绝对统治地位的时期。相反，工资制是介于变化不定和稳定之间的中间阶段。

然而，工人们由于深感不稳定，他们也像所有感到不适的其他人一样，把他们的希望寄托在地位的某种变化上。所以，社会主义轻而易举地通过**联合**这个词把这一变化强加给工人们。工人们自以为被推向前进，而实际上，他们被拉向后退。

是的，可怜的工人们被拉回到社会进化的摸索时期，因为，联合像人们向工人们宣扬的那样，无非是把大家与各种风险捆在一起，而不是其他什么东西——这是绝对无知时代的必然组合方式，因为，承包契约至少要求有起码的经验性统计——这难道不是不折不扣地恢复了不稳定性的统治吗？

所以，工人们对联合曾经欢欣鼓舞；因为他们只瞧见了理论阶段的联合。当二月革命看来使联合的实践成为可能的时候，工人们马上就改变了态度。

这时，许多老板，或因受普遍迷恋之影响，或因出于害怕，自愿提议用分成代替工资。但是，在这一风险共担的提议面前，工人们却后退了。工人们明白，老板们的建议，在企业万一亏损的情况下，就意味着没有任何形式的报酬，这是死路一条。

如果不谴责那些所谓的改革家的话——可惜，工人阶级曾经信任过他们，那人们将看到一件对我国工人阶级来说是不光彩的事情。工人阶级要求建立一种非驴非马的联合，工资将继续维持，根据这种联合，工人们参与分享利润，却不分担亏损。

这是颇可怀疑的事情，因为，工人们绝对不曾想到提出这类奢望。在人性之中，有着通情达理和正义的本质，明显的不公为人深恶痛绝。为使人心堕落，必须先把人的思想搞乱。

这正是社会主义学派的首领们必定干的事。关于这一看法，我经常自问，他们是否真的没有任何邪恶的用心？用心、意图是一个我一贯准备尊重的避难所；然而，在这种情况下，却很难完全排除社会主义者首领们的邪恶意图。

社会主义者的首脑人物，通过如此不公正和固执的宣言——他们的书中充斥着这些观点，挑动工人阶级反对老板们，说服工人阶级相信，这是一场战争，既在战时，反对敌人，什么手段都可以用。之后，为了使他们那一套得以通过，他们把工人们的最后要求用烦琐的科学术语，甚至用神秘主义的云雾包裹起来。他们设想出了一个抽象的东西——社会。社会应为其每一个成员提**供起码的条件**，即有保证的生活资料。"所以，你们有权要求得到一份固定的工资。"社会主义者的首领对工人们说。由此，他们开始满足人类追求稳定的自然倾向了。然后，他们又教导说，除了工资之外，工人在利润中也应有一份；而当人们提出是否工人也应承担一部分损失时，他们回答说，由于国家的干预和纳税人的担保，他们已预先设计出了一种没有任何亏损的万能工业体系。正如我已说过的那样，人们生活在二月革命时期，这是解除可怜的工人们的最后顾忌的唯一办法，因为他们非常乐于为自己规定如下三条款：

1. 继续支付工资；
2. 参与分配利润；
3. 免于承担任何损失。

人们可能会说，这一规定并非像其本身所显示的那样如此不公正，也并非完全不可能，因为，许多报界、企业和铁路等已经引进并继续保持着这些规定。

我的回答是，其中确有某种实在幼稚到自欺欺人地步的东西，给一些极小的东西冠以极大的名称。只要稍有点诚意，人们或许会承认，某些企业对有工薪收入的工人们实行的这种利润分配，不构成一种联合，不配使用这一称谓，也不是两个社会阶级关系中的一次伟大的革命。这是给予工薪收入者的一种巧妙的额外报酬，一种有益的鼓励，其形式也不是新的，尽管有人想把这一形式同社会主义裱在一起。采用这一办法的老板们，如果他们有利润的话，拿出其中的 1/10、1/20、1%，以充慷慨，并能大肆宣扬，宣布自己是社会秩序的慷慨改革家；但这件事，我们实在没有必要去管它——我现在还是回到我的正题上来吧。

工资制确曾是一个进步。首先，过去的劳动和现在的劳动联合在一起，共同承担风险；就一些联合企业而言，采取这一方式，其范围必定是非常有限的。如果社会没有找到其他组合方式，那么在世界上，任何重要的事业都不可能完成。人类也只能停留在狩猎、捕鱼和简单的农耕阶段。

晚些时候，由于双重感情——使我们热爱和追求稳定的感情及促使我们想领导碰碰运气的经营活动的感情——的驱使，两个联合的成员，在不使联合破裂的情况下，商谈承担共同风险的问题。双方商定：一方给另一方一份固定的报酬，并由他承担全部的风险和企业的领导。当这份固定的报酬落到过去的劳动，即资本的头上，即为利息；当这份固定的报酬给予现在的劳动，它就叫**工资**。

但是，正如我已经指出的那样，工资只是非常不完善地达到了目的，即为某一阶级的人们在生活资料方面营造一个稳定和安全的环境。这是实现这一善举的一个阶段，是非常重要、非常困难的一步，在开始时，人们简直认为是不可能的，但这还不是这一善举的全面实现。

局势的固定性、稳定性，如同人类实施的各项伟大目标一样，顺便指出这一点，或许不是无益的。人类总是在不断接近这些目标，但他永远也无法完全达到。仅仅因为稳定性是一种好处，我们总是不断努力，以扩大它在我们中间的影响；但我们的本性决定我们永远无法完全占有它。人们甚至可以说，这并不可取，至少对像现在这样的人来说是如此。不管属何种类，绝对的好处将是任何欲望、任何努力、一切组合、一切思想、一切预见、一切美德的死亡和毁灭；尽善尽美，也就没有了可完善性。

随着时间的推移并多亏文明的进步，劳动阶级也提高到工资制阶段，但并未就此止步，仍在为实现稳定性而努力。

在繁忙的一天结束之时，工资无疑会随之而至；但当客观情况、工业危机，或是疾病迫使失业之时，工资也就没有了。这时，工人是否也应将他自己、他的妻子及孩子们的吃饭问题挂起来呢？

对工人来说，办法只有一条，那就是在工作时省吃俭用，以满足年老和生病时的日用必需。

就个人而言，又有谁能预先相对地测定应该提供帮助和应得到帮助的时期呢？

对个人来说不能办到的事情，根据**大数定律**，对群众来说就变得可行了。所以，工作时期为失业时期缴纳的资金，如果这笔资金由联合体集中管理的话，比起听凭个人处理，能更有效、更规律、更肯定地达到其目的。

由此产生了**互助协会**，这是一个令人钦佩的机构，是从人类的脏腑中诞生的，它比起社会主义这个名词本身还要早得多。要想说出谁是这种组合的发明者，这却颇为困难。我认为，真正的创造者是需要，是人们对稳定的向往，是永远感到不安并积极行动的本能，使我们克服人类在走向稳定生活的过程中遇到的缺陷。

所以，25年前，在朗德省最贫困的乡村，我总是在一无所有的工人和手工业者中间，发现许多自发组织起来的互助协会。

这些互助协会的目的，显然是普遍拉平生活水平，把在好年景挣得的工资分摊到人生的各个时期。凡有协会的地方，协会都做了巨大的好事。协会成员在协会内感到有了安全感，这是陪伴人们在尘世间走完人生旅程的最可宝贵、最令人宽慰的感情之一。除此之外，他们感到大家相互依存，各自都有益于对方；他们懂得，每个人或每个职业的优劣已在何等程度上变成了共同的优劣；他们集合在其章程规定的宗教典礼周围；最后，他们受命相互严格监督，这足以同时激发人们的自尊和人类的尊严。这是任何文明的首要阶段，也是困难的阶段。

直至目前，促使这些协会获得成功——尽管这种成功在实际上来得很慢，正如一切涉及群众的事情一样——的原因是自由，这是不言自明的。

协会的天然障碍存在于责任的转移之中。这势必给未来造成巨大危险和重大困难，所以，人们要免除个人的行动所造成的后果。①

有朝一日，全体公民说："我们大家凑钱帮助那些不能工作或找不到工作的人"，这时，值得担心的是，人的自然倾向——惰性发展到危险的程度，并且在不久之后，勤劳的人反倒受了懒汉的欺骗。因此，互相监督救助也要求相互监督，舍此，援助基金不久就将枯竭。这种互相监督，对协会来说是其存在的保障；对每个协会成员来说，使他确信没有成为被愚弄的对象；此外，这种互相监督可使协会成为真正的道德教化机构。由于互相监督，人们看到酗酒和堕落慢慢地消失了，因为，一个人被证实因自己的过错和恶劣的习惯而招致生病和失业时，他又有什么权利享受共同基金的救助呢？正是这种监督恢复了责任，因为协会本身有可能削弱责任的原动力。

然而，为了使这种监督真正实施并取得成果，互助协会必须

---

① 见后面的"责任"一章。——作者

是自由的，有严格划定的范围，对协会的章程如同对协会的基金拥有全权。协会也必须能使其规章制度服从于每个地区的严格要求。

假定政府进行干预。政府扮演的角色是很容易猜到的。它所要做的第一件事将是在集中管理的借口下，夺取协会的所有金库，并为了给这一行动涂上一层美丽的色彩，政府将许诺用纳税人缴纳的资金来增加协会金库的资金。[①]

政府将会说："因为政府为一项如此巨大、如此慷慨、如此慈善、如此人道的事业作出贡献，难道不是非常自然和正当的事情吗？"首先出现的不公正是：就会费而言，强制不应为互助金的分摊作出贡献的公民加入协会。其次，借口统一、团结互助（还有其他名目），政府执意要把所有的协会合并成一个服从统一法规的联合体。

但是，我要问，当协会的金库由赋税来提供时，当除了几个官僚之外，谁也没有兴趣去维护共同基金之时，当每个人，不是作为一项义务去防止弊端，而是乐于去助长这些弊端时，当任何相互监督不再存在之时，当装病无非是给政府开了一个玩笑时，协会的道德又将变成什么样子呢？说句公道话，政府倒是倾向于严于律己。但是，政府再也不能依靠私人行动，只好代之以官方行动。它将任命一些审核员、检查员和巡视员。人们将会看到在需要和援助之间有无数的手续。简言之，一个令人钦佩的机构，从其诞生时开始，就变成了一个警察的分支机构。

起初，国家看到的尽是优点：国家的创造物不断增多，要提供的工作岗位越来越多，扩大国家的保护和选举影响。国家尚未注意到，每给自己增加一份新的职能，就使自己承担了一项新的责任，而我敢说，这是一项令人望而生畏的责任。因为，不久将

---

① 　见第四卷《法律》，特别是第360页和下面一页。——原编者

发生什么事呢？在共同基金里，工人们再也看不到这样一份产
业，即由他们管理和维持的产业，其范围划定了他们的权利。渐
渐地，他们习惯于把疾病或失业救济看成是社会的债务，而不是
来源于因预见而设立的有限基金。他们不承认社会无力支付这一
债务，对于分配，他们永远不会感到满意。国家将被迫要求预算
不断给予补贴。在这里，国家遇到了财政委员会的反对，陷入了
难以自拔的困境之中。弊端日趋严重，振兴年复一年地被推后，
仿佛这已是习惯，直到爆炸在某一天发生。但到那时候，人们发
现只能面对广大百姓。他们自己再也不知采取行动，期待从部长
或省长那里得到一切，甚至生活资料，其思想堕落竟至失去了法
律、财产所有权、自由和公正的概念。

　　我承认，以上就是若干使我感到惊恐的理由，因为我看到立
法议会的一个小组委员会负责起草一项关于互助协会的法律草
案。我认为，对于这些协会来说，毁灭的时刻已经来到，尤其令
我痛心的是，在我看来，这些协会本有很大的前途，只要人们为
它们保留一点令人振奋的自由空气就行了。怎么！让人们自己去
试验、摸索、选择，让人们自己犯错误，自己纠正，自己学习，
相互协调配合，管理自己的产业和利益，承担一切风险，一切由
他们自己负责，这究竟又有多大的难处呢？人们难道不明白，正
是这样才能造就人吗？难道人们永远是从这种宿命论的假设出发
的，即治人者是监护人，而治于人者是未成年的孤儿？

　　我曾经说过，互助协会如交给有关的人士管理和监督，就有
很大的前途。**拉芒什海峡**（即英吉利海峡。——译者注）彼岸
发生的情况就足资证明我所言非虚。

　　"在英国，个人互济会没有等待政府的推动就在两个劳动阶
级之间组织了强有力的互助机构。很久以来，在大不列颠的主要
城市中建立了自己管理的、**自由的**协会……

　　"就 3 个王国而言，协会总数高达 33223 个，会员 3052000

人。这是大不列颠成年居民的半数……

"这个由劳动阶级组成的庞大的联合会，是一个建立在最牢固的基础上的切切实实的博爱机构。他们的收入为1.25亿，他们积累的资本达2.8亿。

"当工作减少或没有工作时，一切需要都从这一基金中提取资金。英国庞大的工业不时地，而且几乎是周期性地遭受巨大和深刻的混乱，人们惊奇地发现，英国居然能经受住这种混乱的冲击。如何解释这种现象，这在很大程度上要从我们指出的事实中去寻找。

"洛布克①先生要求，鉴于问题巨大，政府应把问题控制在自己手中，**行使主动权和监护权**……财政大臣表示反对。

"凡是个人利益足以自由地自我管理的地方，英国政府认为没有必要进行干预。政府从上面保障一切都有规律地、正常地进行；但让每个人根据他的看法和自己的需要，发挥自己的努力，管好他自己的事情。英国作为一个国家，之所以伟大，无疑要部分地归功于公民的这种独立性。"②

作者本应作如下补充：英国公民的经验和他们的个人价值也还要归功于这种独立性。英国政府相对而言的不负责任及随之而来的稳定性，也是靠了这种独立性。

当互助协会完成其刚刚开始的进化发展时，在一切产生于**互助协会**的机构中，我因其重要性而把劳动者的**退休基金**放在第一位。

有些人认为，一种这样的机构是空想。这些人也许在自吹，

---

① 需要指出的是，洛布克是英国下院的一位**极左派**议员。以此头衔，他生就是任何可以想象的政府的敌人；但同时，他鼓动政府控制一切权力和全部职能。所以，"**山与山不相逢**"这一谚语是错误的。——作者

② 1850年6月22日《新闻》摘录。——作者

在稳定性这一问题方面，他们知道人类不可逾越的界限在哪里。我只想向他们提出如下几个简单的问题：如果这些人只了解靠狩猎或捕鱼为生的部落的社会形态，其他什么也不知道，他们难道能预料到**工资制**吗？这是最贫穷的阶级走向生活稳定的最初一步，我姑且不说土地收益、国家年金和固定薪水等。而在晚些时候，如果他们见到的工资制，正如在那些联合精神尚未产生的国家里的工资制那样，他们是否还敢预言像我们刚才在英国看到运转的那种**互助协会**的命运呢？或者，他们是否还有某种充足的理由认为，劳动阶级首先进入工资制，然后进入互助协会要比实现退休基金会更容易些呢？这第三步是否比前两步更难以跨越呢？

对我来说，我看到的是人类渴望稳定；我看到，一个世纪接着一个世纪，人类以其杰出的方式，为了这一或那一阶级的利益，不断补充其不完整的成果。这些杰出的方式，看来远远高于任何个人的发明创造，并且，我也绝不敢说，在发明创造的道路上，人类将在何处停顿下来。

值得肯定的是，**退休基金**是全体工人们的普遍的、一致的、强烈的、迫切的愿望，这是十分自然的。

我经常向工人们提出问题，而且，我也一贯承认，工人们生活中的巨大痛苦，不是劳动的繁重，不是工资的微薄，甚至也不是不平等现象在他们灵魂深处可能引起的愤懑。都不是。使工人们感到痛苦、失望、心碎和精神备受折磨的，是前途没有着落。不管我们是属于哪个职业行当，无论我们是公职人员还是食利阶层、产业主、商人、医生、律师、军人、法官等，我们都享受到社会所取得的进步，尽管我们并不自知，因而也无感激之心，以致可以这么说，我们再也不能理解前途不定所造成的折磨与痛苦。如果我们是一个工人、一个手工业者，我们不妨设身处地考虑一下，每天清晨醒来之时使他栗栗不安的想法：

"我年纪轻轻，身强力壮；我有工作，甚至在我看来，比起我的大部分同伴，我的空闲时间更少，我流的汗更多。可是，我也只能勉强维持我的生计，满足我妻儿的需要。但是，当年龄或疾病使我的双臂失去力气的时候，我会变得如何呢？我的妻子、儿女又将怎样呢？我必须自制，以一种超人的力量和谨慎从我的工资中节省一笔足以应付不幸时日的费用。还好，我有幸从不生病，再说，还有互助协会呢。但是，年老体衰却不可避免，它命中注定必然要到来的。每天，我感到它日益临近，并将很快落到我自己身上；到那时，过了一辈子正直、勤劳的生活后，呈现在我眼前的前景又是什么呢？对我来说，无非是收容所、监狱或长期卧床不起；对我妻子来说，只有乞讨；对我女儿来说，则情况更糟。啊！为什么没有某个社会机构在我身强力壮之时，哪怕用强制的手段从我那里扣下足够的资金，以确保我晚年的温饱呢？"

我们必须指出，这一想法——我刚刚软弱无力地作了表述——在我写作的时候，每日每夜、每时每刻都在折磨着我们无数兄弟的惊恐的想象力。当此条件下，一个问题摆到了人类面前，那么，请我们务必放心，这并不是无法解决的难题。

如果说工人们在努力使未来更加稳定时，社会的其他阶级发生恐慌和不安，这是因为他们朝着错误、不公正和危险的方向努力。工人们的第一个想法——这在法国是习惯做法——就是抢夺公共财富；把退休基金建立在税收收入上；让国家或法律进行干预，就是说拥有掠夺来的全部财富，既不感到危险又不觉得耻辱。

工人们强烈希望的机构不应从社会的这一面诞生。为使退休基金真正有益、基础坚实，值得赞扬，为使退休基金的初衷与其目的和谐一致，退休基金应是工人们自身努力的结果，是自己的效能、精明、经验和预见性的结果。它应由工人们的牺牲来维持，应由工人们的血汗使之不断扩大。除了行动自由和惩处各种营私舞弊外，工人们对政府一无所求。

为劳动群众建立退休基金的时候是否已经来临？我不敢肯定；我甚至承认我不认为时候已到。为使一个机构——它为一个阶级取得了新的稳定——得以建立起来，必须在社会环境中实现某种进步，达到一定的文明程度，只有在这样的社会环境中，这个机构才能存活。必须预先为这一机构备好生存环境。如果我没有搞错的话，**互助协会**要创造物质财富，要让联合精神、经验、预见性和尊严感深入劳动阶级，按我说，互助协会只有这样才能积累退休基金。

因为，看一下英国发生的情况，你们就会深信不疑，一切都是相互联系的，一项进步若要实现，就需要在前面有另一项进步。

在英国，所有对此感兴趣的成年人都在没有任何压力的情况下，络绎不绝地加入**互助协会**，而这正是非常重要的一点。因为，这类行动，根据大数定律，只有在很大的范围内，才有某种正确性。

这些互助协会拥有巨大的资本，而除此外，每年还有可观的收益。

人们可以相信，否则必须否认文明，用于救济的这些款额将按比例地日益减少。

卫生是文明发展的善举之一。保健、医疗技术取得了某些进步；机器承担了人类劳动中的最艰苦的部分；人寿越来越长。从所有这些关系看，救济联合会的负担将日趋减轻。

更为决定性和更为肯定的是，在英国，重大的工业危机消失了；重大工业危机的原因，有时是英国人醉心于一些十分冒险的经营活动，造成巨额资本的浪费；有时则是在限制性制度的作用下，生活资料遭受的价格差距造成的。因为，很显然，当面包和肉价格很贵的时候，老百姓的钱都用来购买这些东西了，所有其他的消费也就顾不上了，工厂的失业于是就不可避免了。

上述诸原因中的第一个原因，由于公开的辩论和沉痛的经验教训，今天已经不存在了。人们已能预料，这个民族不久前还抢购美国的债券，投资于墨西哥的矿业，以绵羊般的轻信投入到铁路企业部门，如今已不如其他民族那样沉湎于对加利福尼亚的幻想了。

自由贸易的胜利应当归功于科布登①，而不是洛贝尔·比勒；因为，卫道士总会使政治家崭露头角，政治家不能少了卫道士。对于自由贸易，我应如何看呢？这是世界上的一支新生力量，我希望它能给这个名叫**失业**的恶魔以沉重的打击。紧缩政策的倾向和结果（对此，紧缩政策并不否认）是把国家的一些工业，因而也把一部分居民置于困难的境地。这些并非应运而生的工业，面对四面八方的竞争难以取胜，不断有崩溃的危险，正如被一股短暂的力量托出海平面的层层巨浪随时都会下沉一样。决定这些工业垮台，需要什么条件呢？只要某一商品在世界上数不胜数的价格中发生变动，由此导致一场危机。此外，如果某种商品的竞争范围非常狭小，那么，这种商品的价格差异就更加悬殊。如果人们在一个省、一个地区、一个市镇设立海关的话，这将使价格的波动十分巨大。**自由**对保险原则是有效的。在不同的国家、不同的年份，自由可使好年景补偿坏收成。自由使价格接近于平均水平，因此，它是平均化和维持平衡的力量。自由促进稳定，因此，它是反对不稳定的力量，而不稳定是危机和失业的根源。科布登作品的第一部分大大削弱了在英国产生互助协会的危险，这样说，一点也不夸张。

科布登从事的另一项工作（这一项工作取得了成功，因为明确阐述的真理总是能取得胜利的），对稳定劳动群众的命运发

---

① 见第 3 卷第 442—445 页。——原编者

挥了很大的影响。我这里说的是取消战争，或说得更确切些（其实这是一回事），是把和平精神灌输到决定和平与战争的舆论中去。战争永远是一个民族在其工业、贸易的进展，资本乃至风格爱好的取向方面所能遭受的最严重的动乱之一。因此，对于最不能改变其劳动取向的阶级来说，战争是一个导致混乱和贫困不安的严重原因。这个原因的比重越小，互助协会的负担就越轻。

从另一方面看，由于进步和时间的推移，互助协会的财富变得越来越充裕。针对人类事务固有的不稳定性，互助协会将会进行一次新的决定性的尝试，改变自己并建立退休基金。这样的时刻肯定会到来，互助协会也很可能会这么干的。因为，这是劳动群众的强烈而普遍的愿望。

必须指出的是，在物质状况为创建退休基金准备条件的同时，由于互助协会的影响，精神状况亦为退休基金会的创立发生了倾斜。这些互助协会在工人中培育了某些习惯、品格和素质，而具有并传播这些品质，对于退休基金会来说，是一个不可或缺的先决条件。只要人们更仔细地看一下，就会确信，退休基金会的出现，要求有非常先进的文明。退休基金会应同时是文明的结果和对文明的回报。如果人们没有互相见面、彼此协调和管理共同利益的习惯，那怎么可能呢？或者，如果他们染上了种种恶习，未老先衰；再或者，如果他们竟认为，反对公共利益，一切都是允许的，集体利益成了一切营私舞弊的当然目标，这又怎么能行呢？

为了使建立退休金库不致成为混乱与不和的原因，劳动群众必须十分明白：他们只能依靠自己，集体基金只能由那些有机会参与其中的人自愿筹措；通过税收，也就是说用强制的手段，让那些并不参与退休金分配的阶级为退休金库作出贡献，这是极端不公正和反社会的。然而，我们还没有到这地步，还差得远呢！

经常恳求国家帮助，再充分不过地表明了劳动群众的希望乃至奢望有多大。他们想，退休金库应由国家补贴，正如公职人员的退休金库那样。就是这样，一弊生一弊。

但是，如果说退休金库应该完全由与其相关的人来维系的话，那么，人们难道不能说，退休金库已经早已存在了？因为，人寿保险公司有各种方案，它们可以使任何工人以其现在的牺牲确保其未来受益。

关于**互助协会**和**退休金库**，我已经讲得很长了，虽然这些机构与本章主题只有间接的联系。我忍不住要指出，人类在逐步达到稳定的目标，或说得更确切些（因为稳定意味着某种停滞不前的东西），是在同朝不保夕的**不稳定状况**进行的斗争中赢得了胜利；不稳定，这是一种随时可能发生的威胁，就此，这就足以扰乱生活中的一切乐趣；这是一把达摩克利斯剑①，似乎悬在人类命运之上，永远无法摆脱。如果能逐步地、无限期地排除这一威胁，使之对任何人在任何时间、任何地方都具有同等的机遇，这当然是最了不起的社会和谐之一，足以使明理通达的经济学家叹为观止。

但不能认为，这一胜利取决于两个或多或少无关紧要的机构。不，经验将会证明，这两个机构是行不通的，但人类并不会因此而找不到通向稳定的道路。只要不稳定是一个恶魔，那就可以肯定，这个恶魔迟早会受到有效的打击，因为，这是人类本性的法则。

即便工资制从稳定的观点看，较之资本与劳动的联合来说，正如我们所看到的那样，是一种更先进的形式，但它仍给不稳定

① 达摩克利斯为叙拉古的僭主大狄奥尼西奥斯的重臣，一日应邀出席盛典，发现头顶上悬挂着一把用细线拴着的宝剑，故而提心吊胆、坐立不安。"达摩克利斯剑"喻危险随时发生。——译者

状态留下太大的位置。事实上，只要工作，工人就知道能指靠什么。但是，在多长的时间内，他还会继续有工作，又在多长的时间内，他将继续有力量完成这份工作，这些都是他无法知道的，而这就给他的未来造成了可怕的问题。资本家的不确定状况是另一种情形，它并不涉及生和死的问题。"我总能从我的资本中提取一定的利息；但这利息是高或是低？"这是以前的劳动提出的问题。

　　温情脉脉的慈善家在那里只看到一种令人厌恶的不平等，他们想要通过人为的手段消除这种不平等；而这种人为的手段，我可以说它是不公正和粗暴的。这些温情主义的慈善家们没有注意到，不管怎么样，事情的本质终归是事情的本质，人们无法阻止。以前的劳动反而没有现在的劳动更安全，这是办不到的。因为，已经创造出的产品反不如有待创造的产品更有可靠的价值，这是不可能的，同样，已经提供、已经接受和已作出估价的劳务，比起尚处出卖阶段的劳务，若不更具牢固的基础，也是不可能的。在两个渔民中，一位由于已经付出了劳动，并且很久以来就有所储蓄，有渔竿、渔网、渔船和生活必需品，因而对自己的前途比较放心；而另一位，除了有捕鱼的善良愿望外，绝对没有任何东西。如果你对上述两个渔民的不同状况不感到惊讶的话，那又为什么要对社会秩序在某种程度上表现出来的同样的差异感到吃惊呢？为了使工人对资本家的羡慕、妒忌，乃至一般的气愤成为情有可原的事情，必须使一方的相对稳定成为另一方不稳定的原因之一。但是，实际情况却与此相反，恰恰是一个人手中拥有的这份资本为另一个人提供了工资的保障，虽然这种保障在你们看来尚嫌不充分。诚然，若无资本，不稳定状况还将来得快得多和严重得多。如果，这种不稳定状况大家都有份，而且对大家都一样，那么，这种不稳定状况进一步严重对工人们来说是否是一种好处呢？

　　两个人冒同等风险，对每个人的风险都是 40。其中一人，由于他的工作和预见性，干得非常出色，涉及他的风险下降至 10。他伙伴的风险，虽未降到 10，但因此并由于神秘的团结互助而缩小到 20。其中之一人，即那位有功者，获得一份更大的补偿，难道还有比这更公正的吗？而另一人亦从其兄弟的效益中获利，难道还有比这更令人钦佩的吗？可是，慈善家们却对此加以拒绝，其借口是，这一秩序伤害了平等观。

　　一位年老的渔民有一天对他的同伴说：

　　"你要捕鱼，可没有船，没有渔网，也没有任何其他工具，只有空手一双，捕鱼不利，风险很大。你也没有储备，然而，为了干活，总不能空着肚子。跟我一起干吧，这对你我都有好处。你的好处是，我会把捕鱼所得的一部分给你，对你来说，这一部分比起你凭一人之力所取得的成果总是要有利得多；这对我来说，也有利，因为，由于你的帮助，我所多捕的鱼要超过我所给予你的那一份。简言之，联合你我的劳动及我的资本，若与各自的单独行动相比较，我们**额外多得了一份**。从分摊这多余的部分中就可以看出联合对我们两人都有利的道理。"

　　事情就这么办了。此后，年轻的渔民觉得每天获得固定数量的鱼好些。他那不稳定的收益就这样转化成了工资，而联合的好处并没有被破坏，更不用说联合被瓦解了。

　　正是在这种情况下，社会主义者的所谓慈善家声言反对渔船和渔网的专制，反对渔船、渔网主更加稳定的地位。其实，他有比较稳定的地位是理所当然的，他之所以造船、结网，正是为了获得某种程度的稳定！正是在这种情况下，慈善家们竭力要说服那位一无所有的可怜渔民：他同老渔民**自愿**作出的安排反使自己受害，他应赶快再回到孤立状态中去！

　　的确，资本家的前途不如工人的前途来得幸运（原文如此。按上下文来看，似应是：资本家的前途比工人的前途更幸运。——译者注）；这等于说，已经拥有财富的人比尚未拥有财富的人要更强些。就是这么一回事，也应该如此，因为，这正是人人都企望拥有财富的原因所在。

因此，人类的倾向是脱离工薪阶层而成为资本家。这是符合人心本质的趋势。有哪一个劳动者不想拥有属于他自己的工具，属于他的贷款，属于他自己的一片店铺、一家工场、一片田园、一幢房屋？有哪一位工人不希望变成老板？在长时期听命于人之后，又有谁不高兴发号施令？余下的问题是要知道，经济世界的重大法则、社会机构的自然规则是否促进或阻碍这一趋向。这是有关工资方面我们将要研究的最后一个问题。

在这方面还能存在某种疑问吗？

请回顾一下生产的必然过程：无偿使用立即取代有偿使用；对于每项劳动成果，人类所花费的努力不断减少，剩余的劳力就去从事新的经营活动；每小时的劳动相当于一份日益增大的满足。从这些前提出发，人们怎能不推断出需要分配的**有效成果**逐步扩大，因而劳动群众生活条件持续改善，并且这种改善永无止境的结论呢？

因为在这里，结果变成了原因，我们看到进步不仅在向前发展，而且在前进过程中加速发展：**越是前进，力量越大**。的确如此，储蓄一个世纪比一个世纪容易，因为劳动的报酬变得更丰富了。而储蓄使资本扩大，导致对劳动力需求的增加，并决定工资的提升。工资的提升又反过来方便了储蓄并为工资收入者转化为资本家提供了便利。所以，在劳动报酬和储蓄之间，有着经常性的作用和反作用。这种作用和反作用，永远对劳动阶级有利，总是致力于减轻劳动阶级紧迫需要的桎梏。

也许有人会说，我把能在无产者眼前燃起希望之光的一切东西都集中在这里了，而把一切足以将无产者投入失望之中的东西掩盖起来了。人们将会对我说，如果存在走向平等的倾向，也就存在走向不平等的趋势。为什么你不对所有的倾向进行分析，以便说明无产阶级的真实处境，并使科学同它似乎视而不见的可悲事实相一致？你向我们指出，无偿使用取代了有偿使用，上帝的馈赠越来越多地变成共同的财富，而仅此一点，人类的劳动所取得的报酬就越来越大。从报酬的增长中，你可以推断出储蓄更加容易；储蓄既然容易，报酬又会有新的增长，从而又引出新的更加大量的储蓄，如此循环往复以至无穷。也许，这理论既符合逻辑又令人乐观，也许我们尚不能对这理论予以科学的驳斥。但是，证明这理论正确的事实又在哪里呢？人们又在何处看到无产阶级的解放？在那些巨大的工业中心吗？是在乡村扛活的人中间吗？如果你的理论预见不能被证实，难道不是在你所援引的经济法则之外，还有从反方向发挥作用而你又没有谈及的其他法则吗？例如，为什么你丝毫没有同我们说到在劳动力之间进行的竞争，它迫使劳动群众廉价出卖劳动力？你为什么一点也不谈生活的紧迫需要，它促使并强迫无产者接受资本的条件，以致由最贫穷、最饥饿、最孤立无援，因而最不挑剔的工人来为大家确定工资值？又假如，在经历如此困难之后，我们这些不幸的兄弟们的生活条件开始有所改善，你为什么不向我们指出人口法则呢？因为人口法则正在施加不幸的影响：芸芸众生成倍增长，竞争再度加剧，劳动力供应增加，资本赢得了胜利，而无产者只落得一天工作 12 或 16 小时，才能换得**维持生存的必不可少的条件**（"必不可少的"一词是约定俗成的说法）。

我之所以没有涉及这一问题的各个方面，这是因为不可能在一个章节里集中所有的问题。我已经阐释了竞争的一般规律，而且人们已能看到，它根本没有什么理由让任何阶级，特别是最不幸的阶级因此而灰心丧气。稍后，我还将阐明人口的普遍法则，并且我希望，人们会确信，人口法则就其一般影响而言，并非冷酷残忍。如果说，每个重大问题的解决，例如人类中一部分人的未来命运的解决，不是取决于某一孤立的经济法则，因而也不取决于本书某一章，而是取决于所有这些法则或是整个这部著作，这不是我的过错。

　　然后，我要提请读者注意区别，这当然不是什么玄妙的事。当人们面对某一结果之时，千万不要将其归咎于一般的法则和天意，因为恰好相反，这结果是由于违背了这些法则而造成的。

　　诚然，我不否认形形色色的不幸——过度的劳累、工资菲薄、前途不定、低人一等的感觉——可能袭击我们的一部分兄弟，因为他们的财产未能使他们上升到一种较为舒适的地位。但是，必须承认，不稳定、贫穷和无知是整个人类的起点。事情既然如此，那么，在我看来，问题是要知道：一、上帝的普遍法则是否无意减轻各阶级的三重桎梏；二、最先进的阶级取得的进步是否没有成为一种为后进阶级准备的便利条件。如果对这些问题的回答是肯定的，那么，人们可以说，社会和谐是确实存在的；如要验证的话，在我们看来，这种天意的安排也是正当的。

　　既然如此，鉴于人是有毅力的，并能作出自由的仲裁，因此可以肯定，上帝乐善好施的法则，只有得到人们的遵循，才能给人带来利益；虽然，我肯定人性是可以不断完善的，但我无意说，即使人不承认或违反这些法则，人还依然能前进。所以，我说，相互的、自由的、自愿的、没有欺诈和暴力的交易本身就包含着进步的原则，这对大家都一样。但是，这并不是说进步是不可避免的，进步会从战争、垄断和欺诈中自然而然地迸发出来。我说，工资会逐步提高，工资的提高有利于储蓄，而储蓄又反过来提高工资。但如果工资收入者的浪费和堕落习惯从一开始就抵消了这种不断进步的因果关系，我不会再说，进步的结果仍会显现出来，因为，在我的结论中予以了否定。

　　若以事实来验证科学的推论，应选择两个时期，如 1750 年和 1850 年。

首先，必须弄清在这两个时期无产者与有产者之间的比例。我可以料想得到，人们也会发现，一个世纪以来，拥有一定财富的人的数量较之没有任何财产的人的数量有了很大的增加。

然后，必须确定两个阶级各自的特定处境。这只能通过观察他们的享受程度才能办到。很可能，人们会发现，这两个阶级实际得到的满足程度要比以前多得多，这一方面来自过去累积的劳动，另一方面则是源于现在的劳动。这在摄政时期（指1715—1723年法国奥尔良公爵摄政。——译者注）是不可能的。

如果说这两个阶级各自取得的相对的进步尚不是人们所希望的进步，特别是对工人阶级来说更是如此，那就必须自问一下，这一进步是否因种种错误、不公正、暴力、误解、激情等而被或多或少地推迟，一言以蔽之，被人类的过错，被偶然的原因而推迟，而这些原因是不能同我所称之为重大的、长期起作用的社会经济法则混为一谈的。例如，难道不是发生了本可以避免的战争和革命吗？这些酷刑难道不是首先消耗，随后又浪费了一大笔难以计算的资本，因而也就减少了工资基金，对于许许多多劳动群众的家庭来说，则是推迟了他们的解放时刻？此外，这些酷刑难道不是转移了劳动的目的，不是要求劳动去满足需要，而是要求它去从事破坏？难道不存在垄断、特权和税收分配不当吗？难道不是有荒谬的消费、可笑的风尚习俗、虚耗力量等现象吗？这些现象只能归咎于幼稚可笑的感情和偏见。

请看一看这些事实造成的后果又是什么。

有一些普遍的法则，对此，人们可以遵守，或可以违反。

如果说，一百年来，法国人经常违背社会发展的自然秩序是无可否认的话；如果说，人们情不自禁地把力量、资本和劳动的可怕耗费归咎于无休止的战争、周期性的革命，归咎于不公正、特权、浪费和各色各样的疯狂的话；而如果在另一方面，尽管第一个事实已十分明显，人们却又发现了另一个事实，即在这同一时期的一百年中，有产阶级来源于无产阶级，与此同时，有产阶级和无产阶级各自的享受比以前更多了；若是这样的话，我们则可以得出下面有力的结论：

社会世界的普遍法则是和谐协调的，这些法则从各个方向趋于完善人类。

因为，最后，经过百年之后，人类比以前更进了一步，虽然在这一时期中，社会世界的普遍法则遭到了如此经常和如此深刻的蹂躏。这就要求这些法则发挥造福于人的作用，并且这种给人带来福祉的作用必须相当大，才能抵消破坏性原因造成的影响。

而且，又如何可能是另一种情形呢？难道在"**造福于人的普遍法则**"这一词语中没有一种模棱两可或同义重复的情况吗？这些法则能否不是这样呢？……当上帝给每个人一种无法遏制的推动力，使之走向完善，并且为了能识别美好，又给人一种能不断自我修正的智慧时，从这一时刻起，就已注定：人类是能够自我完善的，并在经历许多摸索、错误、失望、压迫、摇摆之后，仍将走向无限美好。人类的这一行程，只要错误、失望、压迫不伴随其间，这正是人们所说的社会秩序的普遍法则。错误、压迫则是我所说的对这些法则的违反或破坏性原因。因此说一部分社会的普遍法则是造福于人的，另一部分则是给人带来灾难的，这是不可能的。除非人们竟至于怀疑：破坏性的原因是不是能比普遍法则更经常地发挥作用。然而，这与下面的前提是矛盾的：我们的智慧虽然会发生错误，但能自我修正。很清楚，由于社会世界就是这样构成的，错误迟早会受到责任心的限制，压迫也会迟早在团结互助中被粉碎；由此看出，破坏性的原因就其性质而言不是经常性的，亦正因为这一点，它们扰乱的东西才不愧为普遍法则的名号。

为了遵守这些普遍法则，必须了解、认识这些法则。因此，请允许我强调一下人们不很理解的资本家与劳动者之间的关系。

　　资本和劳动，两者谁也不能离开谁。他们永远在一起，他们之间的妥协安排是经济学家所能观察到的最重要、最有意思的事实之一。务请人们好好想一想，一项错误的观察如得以推广，将引出不解的仇恨、激烈的斗争、种种罪恶，乃至血流成河。

　　然而，我肯定无疑地说，几年来，在资本与劳动的关系方面，在公众中充斥了最错误的理论。人们信誓旦旦地说，从资本与劳动的自由交易中，将必然而非偶然地产生资本家的垄断和对劳动者的压迫。基于此，人们可以毫不犹豫地得出结论：应到处窒息自由，因为，我再说一遍，当人们指责自由产生了垄断时，人们不仅自诩发现了一个事实，而且解释了一项法则。为支持这一论点，人们提出了机器和竞争的作用。我认为，西斯蒙迪先生是这些臭名昭著的理论的创始者，而布雷特（Buret）先生是传播者，尽管布雷特先生只是非常胆怯地下了结论，而西斯蒙迪先生则根本没有敢作出任何结论。但是，其他一些人来了，他们比较大胆。在煽起对**资本主义**和**有产主义**（propriétarisme）的仇恨之后，在让群众接受一条无可否认的公理：**自由注定要导致垄断**这一发现后，他们又有意无意地推动老百姓接受这个可诅咒的自由。① 一场连续四天的流血斗争赎回了自由，但并不令人放心。因为，我们不是已经看到了**国家**之手，听命于庸俗的偏见，每时每刻准备干预资本和劳动之间的关系吗？

　　竞争的作用已从我们的价值理论中排除了。我们再来看一看机器的影响。就资本家和劳动者的关系问题，我们这里只能限于叙述几个总的思想。

　　首先使我们的悲观主义的改革家感到非常震惊的事实是，资本家们比工人们更富裕，他们的享受比工人多。由此得出的结论是，资本家们在共同制作的产品中占有的那一份比工人们的那一

———————

① 　1848 年 6 月的日子。——作者（指法国1848 年六月起义——译者）

份要大，因而这是不公正的。这也正是或多或少聪明的、或多或少公正的统计所得出的结论；在这些统计中，改革家们叙述了工人阶级的状况。

　　这些先生们忘记了**绝对贫困**是一切人的必然起点，这种绝对贫穷还势必继续下去，只要他们什么也没有，或只要没有人为他们取得任何东西的话。从总体上注意到资本家们比普通工人们有更多的财富，这是仅仅看到了如下事实，即那些已经拥有某些东西的人比什么也没有的人有更多的东西。

　　工人应提出的不是如下这些问题：

　　"我的劳动是否给我产出许多东西？给我产出很少的东西？我的劳动给我产出的东西是跟另一个人一样多？我的劳动生产出了我所想要的东西吗？"

　　工人应提出如下问题：

　　"我的劳动为我生产的东西是否因我为资本家提供劳务而减少了？我的劳动为我生产的东西是否会增多呢，如果我孤立地进行劳动，或我把我的劳动与像我一样一贫如洗的其他劳动者的劳动结合起来的话？我现在处境不佳，但如果世界上没有资本的话，我的境况是否会变得更好呢？如果我同资本订立了协议，我得到的那一份比没有这一协议时得到的要多，那我又有什么根据抱怨呢？而且，在自由交易的情况下，又是根据什么法则，我们各自所得的一份将不断增加或不断减少呢？随着需要瓜分的总量不断扩大，如果在多余部分中我应占有的比例也不断增大（第7章第249页——系指原书——译者注）是符合这些交易的本质的话，与其仇视资本，难道我不应把资本当作好兄弟来对待吗？如果确实证明资本的存在对我有利，没有资本，我将会饿死，那么，我诬蔑资本，使资本感到恐惧，迫使资本浪费或逃遁时，这是否非常谨慎和明智呢？"

　　人们不断提出，在签订契约之前的讨论中，各人的处境是不相平等的。因为，资本可以等得起，而劳动却不能拖。人们说道，最紧迫的人总是被迫第一个让步，以致总是由资本家来规定工资的额度。

如果仅看事情的表面，这或许是正确的。一个建有储备的人可以根据他的储备多少来决定他等待的时间，在交易市场上居优势。如果只看一次孤立的交易，那位说**以物换劳动**的人没有像这位**以劳动换物**作回答的人那样急于成交。因为，当人们能够说**物**的时候，就说明他有东西，而当人们有东西的时候，总是能够等待的。

然而，不应忘记，在劳务和产品中，价值遵循同一原则。如果交易双方中的一方说**物**而不是说**劳务**时，这是因为他有预见性，他已预先完成了**劳务**。实际上，衡量价值的尺度是彼此的劳务。可是，如果说对于现在的劳务，任何迟延是一种痛苦的话，那么，对过去的劳务，迟延则是一种损失。因此，不能认为，那位说**物**的人，即资本家，他会自得其乐地拖延成交，尤其是如果人们考察他的全部交易情况，就能明白这一点。实际上，人们看到出于这一原因而存在许多游资吗？果真有很多工业家停止他们的生产，船主们停止发送货物，农业耕作者推迟他们的收获，而这仅仅是为了降低工资，以饥饿来对付工人们？

但是，这里不否认，在这一关系方面，资本家的处境比工人有利。难道除此之外，在他们的协议中没有任何其他东西值得研究了吗？例如，仅仅由于时间的作用，过去**累积的劳动**，其价值有所减少，这难道不是对**现在的劳动**完全有利的一种客观状况吗？在其他场合，我已指出过这一现象。但是，再次提请读者们注意这一点是重要的，因为，这一现象对于现在劳动的报酬具有很大的影响。

史密斯的理论是：**价值源于劳动**。依我看来，使这一理论发生错误或至少是不完整的原因是，这一理论为价值只规定了一个因素，而价值是一种关系，它必然由两个因素构成。此外，如果说价值仅仅源于劳动并代表劳动的话，那么，价值与劳动应是成正比的，这与全部事实恰好相反。

不是的。价值来源于得到和提供的劳务；劳务同等地——如果不是更多地——取决于为接受劳务者省去的精力和提供劳务者所花费的劳动。关于这一点，最常见的事实证实了这一推论。当我买一件产品之时，我完全可以作此考虑："人们花了多少时间生产这件东西？"这可能是我作出估价的因素之一；但我尤其要考虑的是："我将花费多少时间来做这件东西呢？我用以同人们交换的东西，我又费去了多少时间才做出来的呢？"当我购买一项劳务时，我不仅要考虑：这项要提供给我的劳务，对卖主来说价值几何？而且我要自问一下：这项要提供给我自己的劳务，对我来说究竟值多少？

这些个人的问题以及这些问题引出的回答是作出估价的重要组成部分，在最通常的情况下，价格的估定是根据这些问题和答复作出的。

请议定一颗偶然找到的钻石吧！人们出让的，只是很少一点劳动，或根本没有花什么劳动，而人们却要你付出很多的劳动。那么，你又为什么同意了呢？因为，你将把人们为你省去的劳动考虑进去，即你为了通过任何其他途径满足你想拥有一颗钻石的欲望而不得不付出的劳动。

因此，当**过去的劳动**与**现在的劳动**相交换的时候，这根本不是根据劳动的强度或时间来进行的，而是按照这两种劳动的价值，换句话说，是按照两种劳动所提供的劳务，各自对对方的使用性来确定的。资本跑过来说："这里有一个产品，它过去花了我十小时的劳动"；假如现在的劳动能够这样回答的话："我用五个小时即能做出同样的产品"；那么，资本不得不忍受这一差别：因为，再说一遍，这一产品过去所花的劳动，对现在的买主来说并不重要；他所感兴趣的是要知道这一产品今天为他省去的劳动，是这一产品所提供的劳务。

按广义来说，资本家是这样的人，他预料到某项劳务将受欢迎，因而预先做好准备并把劳务的可变价值计入产品中。

当为了未来的报酬，这样提前完成工作的时候，没有任何东西足以向我们说明在未来的某一天，这份提前完成的劳动还能不折不扣地提供同样的劳务，省却同样的精力并因此而保存同样的价值。甚至，这是不切实际的。这份劳动可能是非常抢手的；用任何其他方式代替它都是十分困难的；这份劳动可能提供的劳务更受青睐，或受到更多人的赞赏；这份劳动可能随着时间的流逝获得日益扩大的价值；换句话说，这份劳动可能同一份比例越来越大的现在的劳动相交换。这样，某一产品：一颗钻石、一架斯特拉迪瓦利乌斯的小提琴、一幅拉斐尔的油画、一棵拉菲特堡的葡萄苗，其交换价值可能超过产品本身实际所需劳动日的1000多倍，这也并非不可能。这只是说，在这种情况下，过去的劳动得到了很大的报酬，因为它提供了很多的劳务，仅此而已。

相反的情况也是可能的。很可能过去需要4个小时的劳动，只能作为3小时同等强度的劳动来出卖。

但是——这在我看来，从工人阶级的观点和利益考虑，是极端重要的。因为工人阶级非常急切和完全有理由渴望摆脱令他们惊恐不安的不稳定状况——虽然两种选择的情况是可能的，并会轮流出现；虽然累积的劳动相对于现在的劳动，有时会价值升高，有时又会跌价。可是，第一种情况相当少见，不妨看作是一种偶然和例外，而第二种情形则是人类组织本身固有的普遍法则的结果。

随着智慧的发展和经验的积累，人是能逐渐进步的，至少从工业上讲是这样（因为，从道德观点看，这一论断可能会遇到反驳者），这是不可否认的。由于机器的改进，由于自然力量的无偿帮助，从前以一定量的劳动完成的大部分东西，今天只需要较少的劳动就行了，这是肯定无疑的；而且，人们可以进一步肯定而不必担心会搞错，以每一时期十年为例，在大多数情况下，一定数量的劳动与前十年的同量劳动相比较，其所取得的成果要大得多。

而由此可以得出什么结论呢？那就是：以前的劳动与现在的劳动相比较，其价值总是日益贬损；因为在交换中，为了实现同等的劳务，第一方给予第二方的劳动时间必须比他从第二方回收的劳动时间要多，这没有丝毫的不公正，这是进步的必然结果。

你对我说道："这里有一台机器，它有10年时间了，但它还是一台新机器。当时，为了生产这部机器，曾用了1000个劳动日。我以同等数量的劳动日出卖给你。"对此，我答复说：10年来，人们发明了许多新工具，人们发现了许多新方法，以致今天我可以用600个劳动日自己生产，或请人制作——这实际是一回事——类似的机器；因此，我不会多给你的——"但是，我将损失400个劳动日"——不，今天的6个劳动日等于过去的10个劳动日，总之，你以1000个劳动日提供给我的东西，我能以600个工作日的代价买到它。就此结束辩论。如果说时间使我们劳动的价值贬损了，为什么这要由我来承担这一损失呢？

你对我说："这是一块耕地。为使这块土地达到现在的生产能力，我和我的先人们花费了1000个劳动日。说实在的，当时他们既没有斧子、锯子也没有铁锹，全凭双臂的力量。这没有什么，你首先给我1000个工作日，以抵消我让与你的1000个劳动日；然后，为支付土地生产能力的价值，你再添300个劳动日，你就把我的土地拿去。"我回答说：我不会给你1300个劳动日，甚至也不会给你1000个劳动日，我的理由是：地球表面有着无数没有价值的生产能力，另一方面，今天人们有铁锹、斧子、锯子、犁和其他许多生产手段，可以缩短、简化劳动，并使劳动更富有成果，这样，花 600 个劳动日，我或者可以使一块荒地达到你那块土地所处的状态，或者（这对我来说，绝对是一样的）**我可以通过交换获得你从你的土地中取得的全部好处**。因此，我将给你 600 个劳动日，除此之外，一个小时也不多给——"在这种情况下，我不仅得不到这块土地的所谓生产力的价值，而且，我也无法收回为改良这片土地我及我的先人们所实际付出的劳动日数目。李嘉图指责我出卖自然的潜能；西尼尔指责我顺手掠取了**上帝**的赐予；所有的经济学家骂我是垄断者；蒲鲁东骂我是窃贼，而受骗上当的却是我。这难道不是咄咄怪事吗？"——你既没有上当受骗又不是垄断者。你收到的同你付出的一样多。几个世纪以前用手工完成的粗糙劳动要一个工作日对一个工作日地同现在比较聪明、收益更多的劳动相交换，这既不自然、公正也是不可能的。

就这样，人们通过社会机制的杰出影响看到了这一点。当过去的劳动和现在的劳动在一起的时候，当需要了解过去的劳动和现在的劳动按什么比例来分配它们合作的成果时，需要考虑到两种劳动各自特殊的长处，过去的劳动和现在的劳动将根据它们提供的可比劳务来参加分配。然而，有时也确有例外，长处在过去的劳动一方。但是，人的本性，进步的法则使得优势体现在现在的劳动中，这几乎是普遍的情况。进步总是对现在的劳动有利，贬损总是落到资本的头上。

这一结果表明，所谓的**资本专制**使我们的现代改革家发出的高论是多么空泛和虚妄。撇开这一结果不说，有一个观点却能更好地消除人们成功地在工人们心中燃起的对于其他阶级的人为的、令人痛心的憎恨。

这一观点是这样的：

不管资本的野心有多大，也不管资本为实现这种野心所作的努力多么成功，资本却永远不能将劳动置于比孤立更糟的境地。

换句话说，资本的存在总比不存在对于劳动更有利。

让我们再来回忆一下我刚才援引的例子。

两个人只能靠捕鱼过活。其中一人有渔网、钓竿、渔船和一些储备，他可以等待下次捕鱼作业的收获成果。另一人则除了他的双手之外，什么也没有。联合是符合他们的利益的。[①] 不管今后的分配条件是什么，也无论是富裕或贫穷的渔民，这些分配条件绝不可能使其中任何一人的命运更糟，因为，一旦其中一人觉得联合比单独经营的代价更昂贵的话，他就立即回复到孤立状态。

无论是野蛮生活，或是放牧生活，无论是农业生活，抑或是工业生活，资本和劳动的关系只是重复这一例子而已。

于是，没有资本成了劳动可以永远支配的界限。如果资本的企望太大，以至于对劳动来说，联合行动还不如孤立行动来得有利，那么，劳动就可以自己决定藏身于孤立状态，这是为对付自愿和代价高昂的联合而永远开放（除了奴隶社会时期外）的避风港；因为，劳动总是可以对资本说：鉴于你给我提供的条件，我宁可单干。

人们反驳说，这种逃避是虚幻的和可笑的，孤立的行动对于劳动来说，是行不通的，根本不可能的，劳动不能没有工具，否则只有死路一条。

这是真的，但也证实我的论断的正确，即资本即使将其要求扩展到了极限，只要同劳动结合在一起，仍然对劳动有益。只有当联合不再存在，即资本抽走之时，劳动才开始进入比糟糕的联合更糟的境地。因此，灾难的预言家们，请不要再叫喊什么资本的专制了，既然你们自己也承认，资本的行动永远是——可能或多或少地，但总是永远有益的。真是奇怪的专制！资本的力量对

---

① 请看第四章。——作者

一切愿意看到其效益的人总是乐于帮助的，只是资本不再存在时，它才是有害的！

但是，人们还要提出异议，说什么在协会出现的初始阶段，情况可能是这样的。今天，资本已淹没了一切，它占据了各个岗位，它抢占了全部土地。无产者既没有空气也没有土地，没有资本的许可，无产者就上无片瓦，下无立足之地。无产者只好承受资本的法则，你只给了他自我孤立的避难所，而你也承认，自我孤立就是死路一条！

这里有对社会经济的彻底无知和令人可叹的混淆。

如果确如人们所说的话，资本霸占了自然界的全部力量、所有的土地、全部空间，那我要问：这对谁有利。当然是为了它自己的利益。但是，一个徒具双手的普通劳动者在法国、英国和比利时获得的满足比起他在孤立状况下获得的满足要高出千百万倍——这丝毫不是在你反感的社会假设中取得的，而是在你十分赞赏的假设，即资本尚未掠夺任何东西的情况下取得的，这究竟又是怎么回事呢？

我总是就此事实进行辩论，直到你以你新的科学对这一事实作出解释为止。因为，对我来说，我认为已经摆出了理由（第七章）。

是的。随便拿一个巴黎的工人作例子，请了解他挣得的收入和他所得到的满足程度吧。当你们两人都痛骂万恶的资本的时候，我将参与进来并对这位工人说：

我们将摧毁资本及其所创造的一切。我将把你置身于一亿公顷最肥沃的土地上，并把这块土地的产权，连同地上地下的全部东西送给你，供你享受。你碰不到任何资本家。你将充分享有四项天赋的权利：打猎、捕鱼、采摘和放牧。你没有资本，这是真的；因为，如果你有资本的话，你恰恰将处于你批评其他人的那种境地。但不管怎么说，你再也用不着埋怨有产主义、资本主义、个人主义，不用抱怨高利贷者、投机商、银行家、掠夺者，等等。土地将归你所有。瞧你是否愿意接受这种地位。

起初，我们的工人将梦到一个强大的君主的命运。但略加考虑之后，他可能会对自己说：让我们计算一下吧。即使当人们拥有一亿公顷的良田，他总还是要生活呀。那么，在两种处境下，让我们算算**面包**的账吧。

现在我每天挣 3 法郎。每 100 升小麦价 15 法郎，即每 5 天我可以得到 100 升小麦。这如同我自己播种、自己收获一样。

当我成为一亿公顷土地的所有者时，如我没有资本，两年以后我能否生产出 100 升小麦？恐怕最多也不过如此。而在此期间，我已经饿死 100 次了……所以，我还是要我的工资。

的确，人类即使为了维持工人们的脆弱生计而完成的进步，人们也是思考得很不够啊！①……

工人们的命运的改善在于工资本身和决定工资的自然法则。

1. 工人的倾向是使自己上升为拥有资本的企业家。

2. 工资的倾向是不断升高。

必然的结果——从工资制转到承包制变得越来越不受欢迎，却越来越容易……

---

① 从罗马带回的手稿到此为止。随后一段简短的笔记，我们是在作者留在巴黎的稿件中发现的。它告诉我们作者打算如何概述和结束这一章。——原编者

第十五章　论储蓄

　　储蓄，这不是积累成堆的猎物、小麦或钱币。这种可替代的物品的物质堆积，因其性质决定，是十分有限的，这类堆积只是孤立的人的**储蓄**。直到现在为止，在价值、劳务、相对的财富等方面，我们所说的一切都告诉我们，从社会角度看，储蓄虽也是从这萌芽产生的，但采取了其他的发展形式，并有着另一种性质。

　　储蓄，就是在人们向社会提供劳务和从社会获取等量劳务的时间中间，有意识地间歇一段时间。譬如，一个人从 20 岁起到 60 岁止，他能每天为其同类提供从属于他职业的劳务，劳务量等于 4；而他只要求其同类为他提供劳务量为 3 的劳务。在这种情况下，当他年老再不能工作的时候，他就能够要求社会支付 40 年来他全部劳动的 1/4。

　　他收到并连续积累起来的感谢凭证是汇票、记名期票、钞票、货币。他收到并积累这些东西的环境状况完全是次要的，是一种形式。环境只同实施手段有关系，它不能改变储蓄的性质和影响。在这方面，货币使我们产生的幻觉并非因此而不成为幻觉了，虽然我们大家几乎都受到了这一幻觉的蛊惑。

　　的确如此。从事储蓄的人从流通中获取一定的价值，因而也就给社会造成某种损害。我们是很难不这样认为的。

　　这里遇到了一个违背逻辑的明显的矛盾，这是一条死胡同，似乎想以不可跨越的障碍来反对进步，这是一种令人痛心的不谐，似乎在能力或意志方面就一些事情指责作者。

一方面，我们知道，只有通过大量创造并坚持不懈地积累资本，人类才能自我发展、自我提高、自我完善，赢得自由支配的余暇，实现稳定，进而达到思想发展，道德文化提高。劳动力需求的增长，工资的提高以及由此导致迈向平等的进步也取决于资本的迅速增长。

但是，另一方面，**储蓄**难道不是**开支**的相反吗？假如说，花钱开支的人引发和活跃了劳动，那么从事储蓄的人所做的不是正相反吗？——假如每个人都开始尽可能地节省，人们将会看到劳动按比例的萎缩；如果储蓄能做到百分之百，劳动就会完全停顿下来。

那么，应给人们提出什么建议呢？政治经济学又能给道德提供什么样的可靠基础呢？我们认为有既矛盾又可怕的选择：

"**如果你不储蓄的话**，资本便无由形成，它将消失；人手却不断增多，而支付劳动力的手段却停留在原来的水平上，劳动力之间相互竞争，他们竞相廉价出卖自己，工资因之下跌，人类将从这一边开始衰落。从另一角度看，人类也将走下坡路，因为，如果你不储蓄的话，你在年老的时候就不会有面包，你也不能为你的儿子开辟广阔的前程，也无力陪嫁女儿，无法扩大你的经营活动，等等。"

"**如果你储蓄的话**，你就减少了工资的基金，你损害了无数的兄弟，你损害了劳动这一满足人类需要的万能创造者，因此，你降低了人类的水准。"

这些令人讨厌的矛盾，在我们关于储蓄的解释面前就消失了，因为，这一解释是以我们对价值的研究所得出的思想为基础的。

劳务与劳务相交换。

价值是对两种进行比较的劳务的评估。

根据这一点，储蓄即是预先提供一项劳务，在一定时间后再回收等值的劳务，或更普遍的方式是在提供的劳务和回收的劳务中间相隔一段时间。

然而，据此，那位暂不从社会获取他有权得到的劳务，是否给社会造成了损害或有害于劳动？当我能定时收回我的价值时，那我将在一年之后收回应属于我的价值。于是，我给了社会一年的宽限期。在这一段时期，劳动将继续进行，劳务与劳务将继续进行交换，如我就根本不存在一样。我没有给劳动和劳务带来任何混乱。正相反，我为我的同类增加了一份满足，在一年内，他们可以无偿地享受这份满足。

"无偿地"一词并不确切，因为对这一现象的描述还有待完成。

在两种交换的劳务中间的那段时间，本身就是可交易的物质，因为它有**一定的价值**。这正是**利息**的起源和解释。

的确如此。一个人现在提供了一项劳务。他的愿望是 10 年后回收等值的劳务。这是一种价值，而他不愿立即享用这份价值。而**价值**的特性，就是它能具有各种可能的形式。以一定数量的价值，人们肯定能得到同等价值的任何可以想象的劳务，无论是生产性的或是非生产性的劳务。因此，那位推迟 10 年回收其债权的人，不仅仅推迟了一项享受，他也推迟了一种生产的可能性。正因为如此，他在世界上可以碰到不少愿同他就延期问题进行交易的人。其中一人会对我们这位节俭的人说："你有权立即收取一定量的价值，而 10 年后收回这份价值对你来说是合适的。

那好，在这 10 年间，请让我来取代你的权利，将我置于你的地位。我将代你收取这份价值，而你仍是这一价值的债权人；在这 10 年间，我将以生产性的方式使用这一价值，并到期将这一价值归还你。通过这种方式，你给我提供了一项**劳务**，并由于任何劳务都有一定的价值，将这一劳务与另一其他劳务相比较，就可对该项劳务作出估价。余下的事情就是对我要求你提供的劳务作出估价，确定其**价值**。这一点经过讨论并获得解决后，我只需到期不仅归还你作为债权人的劳务的价值，而且还有你将为我提供的劳务的价值。"

暂时转让储蓄的价值而产生的价值，人们称之为**利息**。

出于同一理由，第三个人也能**有偿地**要求享用储蓄的价值，起初的债务人也能要求进行同样的交易。在这两种情况下，这种交易叫作**要求贷款**。给予贷款，就是给予一定的时间之后收回价值，就是为了别人而放弃享受这一价值，就是提供劳务，就是获得了回收同等价值的权利。

但是，说到储蓄的经济影响，既然现在我们已了解了这一现象的各种细节，很显然，这一现象没有给总的活动带来任何有害的影响，没有损害人类的劳动。而这位进行储蓄的人，他以其提供的劳务换回了金钱。我说，当他在堆积金钱的时候，不会对社会造成任何损害，因为，他之所以能从社会取得这些价值，这是由于他已向社会交付了等量的价值。我补充说，这种积累金钱是难以置信的、例外的、不正常的，因为它伤害了那些也想积聚金钱的人的个人利益。处在一个人手中的金钱则说："那个占有我们（金钱）的人曾给社会提供了劳务，但未从社会得到回报。社会将我们（金钱）交到他手中，让他作为凭证。我们（金钱）既是一种感谢，又是一种许诺和保证。只要哪一天他愿意，只要出示并归还我们（金钱），他就能从社会获取他作为债权人的那部分劳务。"

可是，这个人并不急于从社会取回那份劳务。那么，是否他要把金钱留在手中呢？不！我们刚才已经看到，在两种相互交换的劳务中间的那段时间本身变成了可交易的东西。如果，我们这位节俭的人有意 10 年不从社会取回应属于他的劳务，那么，代之以中间媒介是符合他的利益的，以便作为债权人的那份价值上再增加一份专项劳务的价值——因此，储蓄在任何情况下都不意味着物质的积聚。

但愿道德家们不要因为这一考虑而止步！……

第十六章　论人口

　　我急于谈这个问题，哪怕是替曾成为众矢之的的马尔萨斯仗义执言也行。此事令人很难相信：有些无任何影响、无任何价值的著作者，出于他们显示在每页上的无知，因互相间老调重弹，竟然从舆论上诋毁一位严肃、认真、慈善的作者，并把他一套至少值得悉心研究的理论说成是荒诞不经。

　　我可能对马尔萨斯的看法未敢全部苟同。每个问题有两个方面，因此，我认为马尔萨斯一味把目光放在阴暗面上是太过分了。我承认，依我之见，我在研究经济时有时常常会得出这样的结论：**上帝善做所做之事**，结果，当逻辑令我得出一个不同的结论时，我不禁要怀疑我的逻辑。我知道这样相信终极目的从思想上来说是不妥的。读者嗣后可证明我是否先入为主。尽管如此，我还是承认这位经济学家在令人钦佩的著作里说了大量的实话；我还是特别要向充满在字里行间的人类这种执着的爱深表敬意。

　　马尔萨斯熟知社会经济，洞察大自然赋予人类以确保它迈步在发展道路上的创造性活力。同时，他认为人类完全可以毁于一种原理，即人口原理。他凝视世界，忧心忡忡自言自语道："上帝似乎曾经十分留心物种而不大想到个体。确实如此，不管是什么生物，我们知道它都有如此旺盛的生育力、如此巨大的繁殖力、如此过剩的胚，以致物种的命运似乎可能得到了保障，而个体的前途却仿佛未卜，因为，并非所有的胚都能拥有生命，它们或者胎死腹中，或者夭折。"

"人逃脱不了这条法则。（然而，令人吃惊的是，这得罪了社会主义者，他们喋喋不休说总体权利大于个体权利。）毋庸置疑，上帝赋予了人类强大的生殖力，确保了人类的繁衍。但是，若不深谋远虑的话，人的数量自然要超过土地所能养活的极限。然而，人贵有自知之明，所以，只要用理智、意志便可抑制这种必然的增长。"

从这些前提出发——有人想否定的话可以否定，但是，马尔萨斯却认为这是不容置疑的，他必然最为重视运用远见，因为，中间道路是没有的，人要自觉地防止过度增长，要不就像所有其他物种一样受到强制性抑制。

因此，马尔萨斯从不认为自己已经做得足以使人类深谋远虑了；他越是关心人类，越是感到要强调草率生育的悲惨结果，目的在叫人不再重蹈覆辙。他说：如果您不假思索地繁殖，那么，您就免不了要永远受到某种形式、可怕的惩罚：饥馑、战争、瘟疫……富人的克己、赈济、经济法规的公正只能是治标而已。

马尔萨斯满腔热情却不曾注意一句话，这句话虽与他的整套理论、他的主导思想毫不相干，却似乎令人难以忍受。这是他的第一版书，当时只是本小册子，嗣后成了4卷本的著作。有人告诉他，在这句话里他的思想表达方式要引起误解。这句话立即被他删去，在以后《论人口》的各个版本中不再出现。

但是，他的对手戈德温先生却把它挑了出来，发生了什么事？原来，西斯蒙第先生（一个世上好心办坏事的人）援引了这讨厌的句子。所有的社会主义者迫不及待抓住不放，他们认为，借此就足以审判、判决、处死马尔萨斯。当然，他们得感谢西斯蒙第的博学多才，因为，就他们而言，不论是马尔萨斯还是戈德温的著作，他们从未读过。

于是，社会主义者把马尔萨斯亲自删去的句子当作他的理论的基础。他们一再予以重复以致令人生厌；在一本18开的小册子里，皮埃尔·勒鲁少说援引了 40 次；它成为所有二流改革家的谈话资料。

　　这一派中有位最出名、最强硬的人说了一番反对马尔萨斯的话。一日闲谈中，我向他列举了《论人口》中的观点，我认为我察觉到他对此一无所知。我对他说："您虽然驳斥了马尔萨斯，却不曾通读他的作品？""根本就没有读过，"他回答说，"他的整套理论容纳在一页纸上，概括为著名的数学和几何级数，这对我来说够了！""这样说来，"我对他说，"您在嘲弄公众、马尔萨斯、真理、良知以及您自己……"

　　一种舆论就是这样在法国占了优势的。50 名笨人一起重复比他们更笨的人所说的荒谬透顶的恶言，而这种恶言只要与时下的潮流、激情稍有合拍就成了公理。

　　应该承认，科学不能抱着非要得到一个令人宽慰的结论不可的决心去研究问题。有人要研究生理学，却执意先论证上帝不曾要人受疾病的折磨，人们对此有何想法？如果一位生理学家借此建立了一套理论，而另一位只是用事实予以反驳，相当可能的是，前者勃然大怒，兴许指责他的同行**离经叛道**。但是，很难相信他竟然会谴责对手为疾病的肇事者。

　　然而，这样的事就落在马尔萨斯的身上。在一部事实、数字并茂的著作里，他阐述了一条令许多乐观主义者生气的法则。有人不愿接受这条法则，咬牙切齿、不怀好意地攻击马尔萨斯，似乎后者根据自己所说的人口原理，亲自而且故意抑制了人类。本来，要是简单地证明马尔萨斯弄错了，他的所谓法则不是一条，那就更为科学了。

　　人口是许多话题之一，通过这些话题我们觉得人只能在各种不幸中作出选择。不管上帝原来是怎么考虑的，反正他计划让人受苦。不幸把我们引向幸福，不幸本身逐渐变小，没有不幸谈不上去寻求和谐，只有通过不幸的作用才能求得和谐。上帝赋予了我们自由意志。我们应该**学习**，这是长期而艰巨的；然后，我们要根据获得的知识**行动**，这也不那么轻而易举。只有这样，我们才可逐步摆脱痛苦，但不会全部解脱，因为，即使我们能够完全避开惩罚，我们也更加要为深谋远虑作出艰难的努力。我们越是免受强制的不幸，就越要忍受预防的痛苦。

　　反对现状毫无用处，我们为它所包围，我们的环境就是这样。我们要和马尔萨斯讨论的人口问题仍有关人类的贫困与强盛，我们永远不会脱离这个主题。首先，我们只是这个重大问题的某种形式的报告人而已，然后，谈谈我们的看法。如果人口法则可归纳为言简意赅的格言，这对科学的发展与传播来说当然值得庆幸。但是，考虑到人口问题中的各种数据既多又变化不定，我们认为这些法则难以被包含在一句少而精的句子里，因此我们就会放弃归纳。正确即便冗长也比简洁但骗人可取。

　　我们认为，所谓进步就是使自然力量越来越有助于满足人的需要，从而在每一段时期内，社会既能获得和以前一样的效用，同时又有更多的闲暇时间，或者有更多的劳动用于获取新的享受。

　　另一方面，我们曾经指出，从自然中这样获得的任何一种享受，首先令一些有首创精神的人得益，然后就会通过竞争法则成为全人类共同和无偿的财富。

　　如上所述，人的财富本该增加，与此同时本该迅速均等。

　　可是，不曾如此，这是一个不容置疑的事实。世上有许多不幸者，他们并非因错而不幸。

　　产生这种现象的原因何在？

　　我认为有许多原因，其中之一便是**掠夺**，或者，悉听尊便，叫作**不公正**。经济学家只是偶然谈到过它，那是因为它涉及了某个谬误、某个错误概念。他们认为，如果这些法则不起作用，或者遭到破坏，那么在阐述时就没有必要谈法则的结果如何。然而，掠夺曾在世界上起过、还在起太大的作用，以致即便是经济学家，我们也不能不予以注意。这不仅仅是偶然抢劫、小偷小摸、孤立罪行。战争、奴役、神权政治的蒙骗、特权、垄断、食品定量配给、横征暴敛，以上便是掠夺最触目惊心的表现。人们知道，具有同样广度的一些骚乱力量通过它们的出现或是深刻的痕迹已经而且还要对生存条件产生怎样的影响，我们稍后要谈这个问题。

可是，还有一个原因推迟了文明的进步，特别是阻止了它以平等的方式扩及所有的人，在有些著作者看来，这便是人口原则。

确实如此，如果随着财富的增加，分得财富的人亦增加得更快，那么，绝对财富是增加了，个人的财富却因此减少了。

此外，如果有一种所有人都能提供的劳务，如只要求卖力气的劳务；而且如果这项任务恰恰属于所有阶级中工资最低、繁殖最快的阶级，那么，工作就成了这个阶级本身的一种必然竞争。如果一个社会最底层扩大得比文明进步的传播更快，它就永远得不到文明进步带来的好处。

可见，人口原理是何等的重要。

这原理由马尔萨斯归纳为：

人口增长趋向于与生存资料的增长相适应。

我顺便要指出，令人瞠目结舌的是，有人把这条或对或错的法则的荣誉或责任归于马尔萨斯。自亚里士多德以来，可能没有一位政论家没有宣布过这条法则，而且经常是用同样的术语。

只要看一眼所有的生物，对此不存丝毫疑虑，就可知道自然界厚物种而薄个体。

自然界为防止物种灭绝所采取的措施是惊人的，其中有大量的胚。哪一个物种的适应性、领悟性，以及抵御死的抗力越差，那么，这物种的胚就越多。

　　这样，在植物界，仅就一种植物通过播种、插枝等的繁殖方法数不胜数。如果所有的种子成活，一棵小榆树每年可繁殖100万棵树，真的这样，我不会吃惊。为何没有发生这种情况？因为并非所有的种子都得到了生存所必需的条件、空间和养料。它们未能成活，而且植物没有知觉，自然界既未特意为它们提供繁殖条件，也没有特意为它们准备毁灭的条件。

　　几乎以植物为生的动物繁殖量也大。谁有时不自问道，牡蛎何以繁殖得足以满足惊人的消费需要？

　　生物层次越高，人们知道自然界赋予的繁殖条件就越悭吝。

　　脊椎动物特别是大的物种，不能繁殖得与其他物种一般快。母牛怀孕9个月，每次只生1胎，而且要喂养一段时间。但是，明显的是，牛类的繁殖力超过绝对需要量。在英国、法国、瑞士这样的富国，这类动物的数量在增加，虽然进行了大量的宰杀。所以，如果我们有广袤的牧场，我们就可以同时做到更多地宰杀、更多地繁殖。实际上我认为，如果空间、食物不缺的话，数年之后我们可有10倍多的公牛与母牛，即便我们的牛消费量也超过10倍。因此，撇开与其本身无关和因空间、食物缺少而造成的抑制不说，牛类的繁殖力远未向我们显示它所能达到的极限。

　　可以肯定的是，人类的繁殖力不如其他所有物种强，这应该是这样。人的种群灭绝现象不能和动物相提并论，因为人在自然中的**敏感性**、**领悟性**和**同情性**等条件要优越得多。但是，**人肉体**上摆脱得了下面这条法则吗？即所有物种都拥有超出空间和食物所允许的繁殖力。不可能假设的就是这个问题。

　　我之所以说**肉体上**，是因为我在文章里只谈生理法则。

　　生理繁殖力和**实际**繁殖量是截然不同的。

　　前者系指没有任何抑制、外来限制的绝对有机力量；后者则为这种力量的实际结果，其中有抑制、限制它的所有力量。这样，罂粟的繁殖力每年可能为 100 万，但在一块罂粟地里，实际繁殖量将是稳定的，甚至有可能下降。

马尔萨斯曾试图提出的就是这条生理法则。他曾探索，**如果空间和食物总是不受限制的话**，需要多长时间，一定数量的人有可能翻番。

我们早就知道，由于**完全满足所有需要**永远实现不了，因此，**理论上**的时间必定比任何可见到的**实际**翻番的时间要短。

确实如此，观察报告提供了各种各样的时间。据莫勒·德·若内斯先生的研究，翻番在土耳其要 555 年，瑞士 227 年，法国 138 年，西班牙 106 年，荷兰 100 年，德国 76 年，俄罗斯和英国 43 年，美国 25 年（扣除外来移民总数）。

为何如此大相径庭？我们无任何理由认为这些巨大差异的原因在于生理。瑞士女子和美国妇女一样体质强壮、一样繁殖力强盛。

绝对繁殖力肯定受到了外来抑制的影响。无可置疑证明这点的是，一旦某种环境排除了这些抑制，它就显示出来。既然一种完善的农业、一项新型的工业、地方的某些财源令一代人的数量稳定在绝对繁殖力的水平上，那么，诸如瘟疫、饥馑或战争等灾祸消灭一大部分人口时，人口就会迅速繁殖起来。

所以，人口增长速度减缓或停止，是因为空间和食物缺少或是将要缺乏，是因为受到抑制或是面临抑制而下降。

事实上，这种现象在我看来是没有疑义的，而阐说它却为马尔萨斯带来了这么多的叫嚷声。

如果把 1000 只老鼠关进笼子里，每日喂以必要的食物以便让它们活着，尽管这种物种的繁殖力是众所周知的，但它们的数量不可能超过 1000 只；或者，如果超过这个数目，就要不够吃，遭受痛苦，这是促使数量减少的两个因素。当然，在这种情况下，若是说外来因素不是限制繁殖力，而是限制实际的繁殖量，这是正确的。生理习性和限制力当然相斥，由此造成了数量的平衡。证据是，如果我们逐渐增加投食量直到翻番，我们立即看到笼子里会有 2000 只老鼠。

是否想知道有人怎样回答马尔萨斯？有人以**事实**反驳他，人的繁殖力不是无限的证据是：在有些国家人口是稳定的。如果级数法则是正确的，如果人口每 25 年翻番，那么，1820 年法国人口为 3000 万，今日岂非超过 6000 万？

是这样的结果吗？

怎么！我本人首先发现法国人口每 25 年只增加 1/5，而其他国家同期则翻了一番。我寻找其中原因，发现是缺少空间和食物。我认为，就今日我们所处的文化、人口、风尚条件而言，很难相当快地生产出足以令**潜在的**后代诞生，或出生后成活下去的食物。我认为生活资料不能翻番，或者至少在法国每 25 年没翻番。依我之见，恰恰是所有这些否定力量抑制了生理能力。您用繁殖缓慢来反驳我，最终得出结论说不存在生理能力！这种讨论方式有欠严肃。

是否有人用更充足的理由反驳了马尔萨斯提出的几何级数？马尔萨斯从未提出过这样荒谬的前提："**实际上，人口按几何级数增长。**"相反，他说事实上不是这样，因为他研究的是妨碍级数增长的障碍，而且只是说级数法则是**有机**繁殖力的公式。

在探讨某一国人口翻番需要多少时间时，**假设满足所有的需要不受到抑制**之后，他才把这时间确定为 25 年。之所以确定为 25 年，是因为他凭直观已从虽然差得很远却又最为接近其设想的美国人民中间找到了这个时间。这个时间被发现后，因为它总是与**潜在的**繁殖力有关，因此他说人口**倾向于按几何级数增长**。

有人否定。但是，实际上这是在否定明显的事实。有人要说翻番的时间并非到处都是 25 年，可能是 30 年、40 年、50 年，因种族而异。所有这些或多或少是可以讨论的，但是，可以肯定的是，我们不能说根据设想级数不是几何的。的确是这样，如果 100 对夫妻在一定的时间里生下 200 对，为什么在同一时间内 200 对夫妇不能生下 400 对？

"因为增殖受到了抑制。"有人说。

"这恰恰是马尔萨斯所说的。"

可是，增殖是如何受到抑制的呢？

马尔萨斯指出人的无限增殖有两大抑制因素：他把它们称为**预防性抑制**和**强制性抑制**。

鉴于人口只能通过少生或多死而被限制在它的生理性能之下，因此，不容置疑的是，马尔萨斯的说法是完整的。

另外，如果空间和食物的条件使得人口不能超过一定的数量，可以肯定的是，强制性抑制的作用要大于预防性抑制的作用。有人认为在食物供应量不变的条件下，出生率既能提高，死亡率又能不增加，这显然是矛盾的。

不妨事先设想，而且撇开其他极为严重的经济因素不说，同样明显的是，在这种情况下，自愿节制要比强制性抑制可取。

因此，马尔萨斯的理论至此在各方面都是无可指责的。

可能马尔萨斯错就错在把美国观察到的 25 年这个时间作为人类增殖的周期。我清楚地知道他曾认为这样可免受夸大其词或不着边际的指责。他自言自语道：人们怎么竟要说如果我以**实在**为根据，就是太不注意**可能性**？他不曾注意到，由于在这里把**潜在**和**实在**混在一起，而且不考虑**限制法则**而把一种周期说成是衡量**繁殖法则**的周期——实际上是**这两种法则作用的结果**，他因此不为人所理解。发生的事情就是这样。有人嘲笑了这些几何和算术级数；指责他把美国的例子作为世界各国的典型；一言以蔽之，利用他混淆了两条泾渭分明的法则，而用一条法则对他的另一条法则提出异议。

要想知道什么是繁殖的潜在能力，暂时就要撇开所有因空间、食物和福利短缺而引起的有形和无形的抑制。但是，问题一旦这样提出，正确地解决它实在没有必要。和所有的有机体一样，人类的这种能力大大超过昔日和将来我们看到的所有迅速增殖的现象。就小麦而言，假设每粒麦种生出 5 个麦穗，每穗结 20 粒麦，那么，每粒麦种 5 年内有盛产 100 亿粒麦的潜在能力。

说到狗，以下列两点为前提：每胎 4 仔，生育 6 年，那么，一对狗 12 年内可有 800 万条狗崽。

人类，若是青春期始于 16 岁，30 岁停止生育，那么，每对夫妻可生 8 个孩子，考虑到夭折而把这数目减去一半，这就不少了，因为我们假设所有的需要得到满足，这就大大降低了死亡。就算是这样，还是可以得出 24 年翻番的周期：

2—4—8—16—32—64—128—256—512，依此类推，结果一对夫妇在 2 个世纪后变成了 200 万。

按照欧勒尔的算法，翻番的周期则为 12.5 年，8 个周期为 1 个世纪，因此，截至世纪末增加的数目为 512 : 2。

任何时期，任何国家，人的数量从未以这样可怕的速度增加。《创世记》说，希伯来人进入埃及时有 70 对夫妻；《摩西五书》（4 卷）说，摩西的统计表明，两个世纪后，年龄在 21 岁以下的有 60 万人，由此推测至少有 200 万人。这样可推算出翻番的周期为 14 年。用天文学研究所的统计数字来核对《圣经》的事实不怎么为人所接受。是否说有 60 万战士就表明人口超过 200 万，由此断定翻番的周期要比欧勒尔所说的短？要对摩西和欧勒尔的统计提出异议，悉听尊便，但切勿断言希伯来人已经增殖得比他们可能增殖的还要多，这就是我们所有的要求。

这则例子很可能表明**事实**上的繁殖力已最为接近**潜在的**繁殖力。还可以美国为例，众所周知，这个国家的人口翻番要不了 25 年。

没有必要把这些研究搞得更加深入，只要承认下列事实就行了：人类和其他所有物种一样，有机繁殖力要大于繁殖量。另外，实际增长量超过潜在增长量，那就要引起矛盾。

相对于这种无须严加界定、不妨视为固定不变的绝对力，我们说过还有一种力，它在一定程度上限制、抑制、延缓上述力的作用，并根据不同国家的时间和地点、职业、风尚、法律或宗教对绝对力施加截然不同抑制。

我把这第二种力叫作**限制法则**，显而易见，所有国家、所有阶级的人口变化是这两种法则共同作用的结果。

那么，何谓限制法则？最普通的说法是，生命的繁殖因维系生命有困难而受到限制或抑制。这种思想，我们已经用马尔萨斯的术语表达过了，现在有必要予以深入探讨。它是我们主要的研究对象。①

有生命而无感情的有机体在两条法则的对抗中是无所作为的。就植物而言，所有物种的数量受制于生存资料，这是千真万确的。胚芽完善得无以复加，但是，空间和沃土资源却并非如此。胚芽彼此损伤、相互摧毁；它们败育，最终，胚芽只能在土地能提供养料的条件下成活。动物具有情感，但总的说来没有预见能力；它们下崽、繁殖、繁衍而不关心后代的命运。唯有死亡如夭折才能限制它们增殖，令它们的数量和生活资料保持平衡。

德·拉梅纳先生以特有的语调对人民说：

"所有的生物在地球上都各得其所，因为上帝赐予了沃土，足以满足大家的需要。"而且还说："创世主不曾造就条件差于动物的人类；诸位不是应邀出席了大自然的盛宴吗？你们中间有谁被排斥在外了？"这还不够："田间植物相互毗邻，各自把根伸入土中尽情汲取养料，大家和平相处，谁也不窃取谁的液汁。"

---

① 以下写于 1846 年。——原编者

由此可见，这只是一种蛊惑人心的说法，其前提可导致危险的结论。遗憾的是，如此令人佩服的口才竟然用来传播贻害无穷的谬误。

当然，植物不汲取对方的液汁，它们的根可互不相扰地伸入土中，这不是事实。每年数十亿植物胚芽掉在地上，虽然得以开始生命，却因受到更为强壮、更有活力的植物的遏制而不能成活。并非所有生下来的动物都应邀出席了大自然的盛宴，而且谁也没有被摒弃在外。就野生物种而言，它们相互摧毁；而家养物种，其庞大的数量由人予以减少。甚至没有什么更能说明这两条法则的存在以及它们之间的关系：增殖法则和限制法则。牛虽然被宰杀，为什么在法国还有这么多？熊和狼虽然不那么遭到捕杀，为何数量如此少？因为人给予前者生存条件，对后者则予以剥夺；因为人掌握着限制法则，可按需要调控它们的繁殖。

这样，无论是对植物还是动物来说，限制力的显示方式似乎只有一种：摧毁。但是，人有预见能力，这个新的因素修正甚至改变了限制力的作用方式。

毫无疑问，人作为一种五脏俱全的生物，说得明白点，人作为一种动物亦可以受制于诸如**摧毁**这样的**限制法则**。人的数量超过生活资料是不可能的，因为这意味着现有的人比可能有的人还要多，这就无法自圆其说。因此，人要是没有理智，没有预见能力，就成了植物、野兽。不可避免的是，人要按照主宰所有物种的生理大法则繁殖；同样不可避免的是，根据限制法则人将被毁灭，而在这种情况下，人依然对限制法则的作用无能为力。

然而，人若有预见能力，就可改变、驾驭这条法则，法则就真的不一样了：它不再是一种盲目之力，而是一种智能之力；不再仅仅是一种自然法则，还是一种社会法则。人是物质和智能这两条原则汇合、结合、融合之点，人不单单受制于物质或智能。对人类来说，**限制法则**产生两种影响：通过预见和彻底摧毁把人口维持在必要的水平上。

　　这两种作用的强度不一样，相反，一种作用的强度随着另一种的减弱而增强。要达到的，结果是限制，方法大致是**强制性抑制或预防性抑制**，这要根据人是迟钝还是聪明，是更物质还是更精神，是更多地具有物质生命还是精神生命而定。法则大致在人体之内或人体之外，但是，它总是应该存在于某处。

　　预见的范围相当广泛，我们尚未准确把握。马尔萨斯著作的法译本把预见归结在"**道德约束**"这样狭窄、不明确的范围内，并使之广为传播。而且他为道德约束所下的定义进一步缩小了预见的范围。他说："这是一种品德，指的是人在不具备**养家糊口**的能力时不应结婚，但仍应保持贞操。"人类智慧社会对付**可能的**增殖的手段，除了道德约束之外还有许多其他方法。例如，人在童年时不是有一种圣洁的无知吗？这是一种独一无二的无知，谁企图消除这种无知就是犯罪；人人都呵护这种无知，母亲都把它视若珍宝，小心翼翼地加以保护。年龄稍大后，继这种无知而生的不是有一种贞操观念吗？这是少女的神秘武器，情侣见之既欣喜若狂，又不敢有非分之想，少女借此更加楚楚动人，无邪的爱情历时更加长久。起初这是无知与性爱之间的一层遮隔，后来这是性爱和幸福中间的神奇障碍，这难道不是一种妙不可言的好东西吗？当然，若用在别的地方就会变得荒谬。不是还有强大的舆论力量吗？它为两性关系规定了严格的戒律，对稍有越轨者予以严厉的谴责，紧紧盯住人的软弱性不放，从不宽恕偷尝禁果的女人和她们苦命的孩子。这种难以得到的幸福，这种受到普遍赞扬的苛刻的自恃——连那些自己并不自恃的人亦给予赞扬，这些惯例习俗，这些有关行为举止的要求，以及形形色色的防范戒备，如果说所有这一切不是**限制法则**的作用在智能、道德和**预防**领域里——因而也就是仅见于人类的——体现，那又能是什么呢？

假如这些障碍被推倒；假如人类在两性结合时既不考虑礼仪、财富，也不看重前途、舆论、风尚；假如人纡尊降贵，和植物动物一样，那么，无论对前者还是后者来说，繁殖力就大得非让**限制法则**凭借贫困、疾病和死亡进行有形、粗暴、**强制的**干涉不可，这能怀疑吗？

如果没有预见和道德，我们人类会如同所有的物种一样，从青春初萌时起就因异性相吸而发生两性接触，这能否认吗？如果16岁开始怀春，某国的民法条例规定满24岁始得结婚，那么，**限制法则**的道德和预防部分就把繁殖法则的作用期减少了8年；若再算上完完全全的单身者，我们就可确信，智能的人类不曾被造物主视为野蛮的动物界，人类有能力把**强制性**抑制变为**预防性**抑制。

相当奇怪的是，不妨说唯灵论派和唯物论派在这重大问题中是互换了角色：前者怒斥深思远虑，竭力推崇野蛮法则；后者则赞颂人的道德力量，告诫用理智控制情欲和欲念。

这是因为在整个问题上产生了天大的误会。假如一位家长向最正统的神父讨教治家良策，在具体情况下，他得到的忠告肯定完全符合被科学奉为**原则**的思想，但是，这位神父自己却拒绝这些原则。老神父说："把您的闺女藏起来吧！尽可能让她免受世人的诱惑，像奇花异草一样，培育她的既是魅力所在又是防卫武器的纯洁无知、卓绝贞操！等待为人正直、门当户对的人上门求亲！可是，还要努力，确保她过安稳的生活！想一想，贫困中的婚姻要造成很多痛苦，带来更多的危险！请记住这些古老的谚语，这是民族的智慧所在，它告诫我们说：富足是婚姻和安定最可靠的保证！甭着急！您难道想让女儿25岁时就挑起家庭的担子，无法按您的地位、身份抚养和教育后代？您难道想让她的丈夫对微薄的工资一筹莫展，先是痛苦，继之失望，最终可能不知所措？女儿的婚事是您能关心的最为重要的事情。好好斟酌，等待合适的时机，不要操之过急！等等。"

不妨设想父亲用德拉梅纳的话回答说：

"上帝一开始就告诫所有的人：多生孩子，越多越好，占满地球，征服它！而您对姑娘说：放弃家庭，纯正、甜蜜的婚后生活以及母性神圣的快慰！自我克制，过独身生活吧！否则，除了贫困外，您能增加什么呢？"老神父会无以对答吗？

他可能会说：上帝不曾叫人不加区别、随心所欲地繁殖，像兽类一样交媾而丝毫不考虑未来。上帝赋予了他所偏爱的创造物以理智，就是叫人在最为重要的时候运用它。他恰恰要求人繁殖，但是，要繁殖就要生存，而要生存就要有生存资料；因此，要繁殖就要为年青一代准备生存资料；宗教不曾把童贞当作罪行，非但如此，它还认为这是懿行，对此十分敬重、膜拜、颂扬。因此，不要把他们为了家庭的利益、幸福和尊严而谨慎行事视为违犯了上帝的戒律。既然是这样的话，这些来自实践、被人天天重复、能规范有道德有教养家庭的行为的道理以及诸如此类的道理，为什么就不是对一种普遍理论的运用呢？或者说，如果这理论不是对一种适合于任何具体情况的道理的普及，它又是什么呢？唯灵论者原则上反对预防性限制的干涉，像是物理学家对人说："做任何事都要考虑到重力的存在，但理论上不要承认它！"

至此，我们并未脱离马尔萨斯的理论；但是，人类有能力在人口现象中起重大作用；解决这个大问题引起的一些难题；促使博爱者从内心里不要有偏见，要有信任感，而这两者似乎被不完整科学摒弃了。我仿佛觉得多数著作者对人类的这种重大能力并未予以必要的重视；此外，这种能力被概括为理智、远见这样的概念，这便是**可完善性**，即人可至臻完善，既可改进，亦可衰退，即便退一步说人固定不变，但仍可无限提高或降低文明程度。对个人、家庭、民族和种族来说确实如此。

　　由于对这渐进原则的所有潜能未予以足够注意，马尔萨斯的著作产生了令人泄气的结果，招致了普遍的反感。

　　他只考虑用禁欲来作为**预防性抑制**，而这种形式是难以为人接受的，应该承认他不可能指望它能起多大作用。所以，他认为起作用的总的来说是**强制抑制**，换言之，即邪恶、贫困、战争、罪行，等等。

　　在我看来，这便是一种缺陷，我们要承认限制力在人身上的作用不仅表现为要力保贞操、尽力克制，还特别表现为要创造舒适的条件，防止他们及其家庭衰落的自发意念。

　　有人说过，人口增长趋向于与生存资料的增长持平。我要指出的是，**生存资料**这个昔日大家普遍接受的用语被萨伊用更为正确的说法即**生活资料**所代替。首先，似乎只是**生存**成了问题。不是这样的，人仅靠面包是不能存活的，事实表明，当所有的生活资料，如衣服、住房以及气候甚至习俗所需要的其他东西万一短缺时，人口就停止增长或下降。

　　因此，我们断言：人口增长趋向于与**生活资料**的增长持平。

　　可是，这些资料难道是固定、绝对、单一的吗？当然不是。随着人越来越文明，需要范围越来越大，甚至可把这称为是简单**生存**之所需。从人可完善角度而言，**生活资料**应包括满足物质、智能、道德的需要，与文明本身的程度相一致，就是说是无限的。可能有一下限：充饥、御寒，这是一种生存条件，这一极限，我们可在美洲野人、欧洲穷人的状况中见到。上限，我不知道，没有上限。自然需要满足了，还会有其他需要，起初是人为的，这样说亦行，嗣后，习俗就把它变为自然的了，继之又有其他需要，后来还有……没有可确定的界限。

　　于是，人在文明道路上每迈出一步，他的需要范围就越大，因此，**生活资料**这个增殖与限制两大法则的交汇点就不断移动、不断提高。因为，人虽然可改进亦可衰退，但他们还是不愿衰退而是希望改进；他们作出努力以维持乃至提高既有的地位；所说的第二本性的**习俗**，如同人动脉体系的瓣膜作用一样，抑制所有的回流。因此，显而易见，精神、道德在自身繁殖上所起的作用受制于这些努力，与不断向前发展的习俗一同起作用。

人类这种可完善性引出许多后果，我们只举其中几点。首先，我们与经济学家都承认人口增长与生活资料的增长趋于平衡，但是，由于生活资料具有无限的变动性，而且随着文明和习俗而变化，我们不认为对于不同人民和不同阶级来说，人口与**物质生产**成正比，如让－巴斯蒂特·萨伊所说①；或与**收入**成正比，如西斯蒙田先生所言。其次，文化越发展就越需要深思远虑，因此，在社会或它的某些部门每完善一步，道德与预防性抑制就势必越来越抵消粗暴和强制的抑制。可见，社会的任何进步都孕育着新的进步，**从中获得力量**，因为生活水平的改善和深思远虑相互产生于永无止境的发展过程中。同样，当出于某种原因，人类向后倒退，贫困与缺乏远见就互为因果，而且，要是社会不具有上帝早就置于所有的有机体中这种疗效力的话，衰退将永无止境。不妨请看，每衰退一步，以强制方式为特点的限制作用就变得既更为痛苦又更为明显。起初只不过是变坏、衰败，后来则是贫穷、饥馑、混乱、战争、死亡；虽然悲惨，却是必然的惩戒手段。

可以就此表明，这里，理论把事实说得多么清楚！反之，事实又把理论解释得多么明白！就某国人民或阶级而言，当生活资料下降到与纯生存资料没有区别这个下限时，如在中国、爱尔兰和各国最差阶级，人口或食物的任何变化在死亡率中得到反映。事实就此证明科学的推论。长久以来，欧洲

---

① 正确地说，萨伊认为**生活资料**是一个变量。——作者

没有饥馑，有人认为这灾祸的消失有许多原因，但最重要的是，随着社会的进步，**生活资料**大大超过生存资料。荒年来临，人们可先放弃诸多需要，尔后再在食物上打主意。在中国和爱尔兰，情况就大相径庭：当人在世上除了有一点米饭和土豆一无所有时，他们用什么去购买其他食物，如果这米饭和这土豆万一缺少的话？

最后，人类可完善性引出的第三个后果，我们有必要在此指出，因为它在令人不悦的部分与马尔萨斯的学说相左。我们认为这位经济学家是这样说的："人口增长趋向于与生存资料的增长持平。"我们早就该说他走得更远，他从中得出如此令人痛苦的真正说法是："人口增长趋向于**超过**生存资料的增长。"要是马尔萨斯以此只是想简单地表明，人类繁殖力强于生命维持力，那早就不会有争论了。但是，这不是他的思想：他认为即便一方面考虑到绝对繁殖力，另一方面又考虑到强制和预防性两种方式的限制力，结果还是人口增长趋向于超过生存资料的增长。[①] 对所有的生物来说，这是正确的，但人类除外。人是有智能的，可无限运用预防性限制。人可改进，人追求完善，人蔑视变坏；上进乃人的正常心态；上进导致越来越深思远虑地运用预防性限制，**因此，生存资料增加得比人口还快**。这结果不仅仅产生于可完善性法则，而且还为事实所证明，因为，满足需要的范围已经到处扩大了。按马尔萨斯所说，生活资料有富余，人口就更要过剩，果真如此，人类势必越来越贫困，时代之初倒是文明，时代之末反倒是野蛮了。事实恰恰相反，原来，限制法则的力量足以把人

---

① 人口增殖不趋向于超过生存资料的国家为数很少。这样一种经常性的趋向一定会引起最差阶级的贫困，阻止**他们的生活条件的持续不断的改善**……人口原理……先是人的数量的增加，然后才是生存资料的增加，等等。马尔萨斯语，罗西摘引。——作者

口增殖抑制在低于生产增加的水平上。

由上可知，人口问题是多么广泛、困难！兴许，令人遗憾的是，人们对此没有得出一个正确的公式。当然，我尤为遗憾的是，自己对此也提不出公式来。尽管如此，难道我们不认为人口问题是多么不应该被一种生硬的理论限制在狭窄的范围内？用一个不变的方程式来表示很大程度上是可变的那些因素的关系，难道不是一种徒劳的企图？让我们逐一审视这些因素！

1. **增殖法则**。人类繁殖生命的绝对、潜在的生理能力，撇开维持生命的困难不说。这头一种力量虽然唯一可能有某种精确度，但是，这种精确度是多余的。因为，假设中的增殖上限不论断在哪里，如果在人的现实条件下它根本达不到，用辛勤的劳动去繁衍生命的条件是什么？

2. 于是有了对增殖法则的**限制**。何谓限制？有人说是生活资料。但是，生活资料又是什么呢？是无数难以满足的需求的总和。它们是变化着的，因此，我们所说的限制因地点、时间、种族、地位、风尚、舆论和习俗而异。

3. 最后，把人口限制在这可变范围内的力量是什么？对人而言，它一分为二：**强制性的**、**预防性的**。可是，前者的作用很难通过其本身予以确切衡量，它完全从属于后者的作用，而后者又取决于文明程度、习惯势力、宗教和政治组织的倾向，所有制、劳动和家庭的组织形式，等等。因此，不可能在增殖法则和限制法则之间列一方程式以推算实际人口。在代数中，**a** 和 **b** 代表可数、可量、可规定其比例的一个确定的量；但是，**生活资料**、**意志的道德影响**、**死亡率的必然结果**，这是人口问题的三个数据，本身具有伸缩性，与所支配的人的惊人的伸缩性有某种相似，而人这种生命，按蒙田的说法，是不可思议的伸缩自如和多种多样。因此，并不惊人的是，这个方程式明明没有精确度，经济学家非要说是有，结果是令人意见更分歧而不是更接近，因为，他们的所有说法都有缺陷，因此人们用推论和事实来反驳他们。

现在来说应用：应用除了用来澄清学说，还是科学之树的真实成果。

我们说过，劳动是交换的唯一对象。为了获得某种效用（除非自然界慷慨赋予我们），我们就要尽力去创造它，或者，有人为我们尽了力，我们予以偿还。从绝对意义上说，人什么都创造不了：为达到有效的目的，人只是安排、支配、转移而已；不费力气什么都做不了，费了力气就有了属于自己的那份东西；若要转让，就应该有回报，得到经自由协商后的某种相等的劳务。这就是价值、报酬、交换法则，虽然简单，事实就是这样。在所谓的产品里，有不同程度的**自然效用**和不同程度的**人为效用**。只有后者涉及人的劳动，唯一与人的交易有关。萨伊有句内涵丰富的名言："产品交换产品"，对此我毫无异议，但更为科学的说法应是："**劳动交换劳动**"，或者还可更贴切地说："**劳务交换劳务**"。

这并不意味劳动根据它们的时限和强度而交换，转让 1 小时的劳动或转让在测力机上达 100 度的劳动不一定得到相应的回报。时限与强度是决定劳动估价的两个因素，但它们不是仅有的两个因素，还有些或多或少是讨嫌、危险、艰巨、智能、有远见乃至灵巧的劳动。在所有权得到确保的自由交易范围里，人人有权支配自己的劳动，有权依自己所定的价格予以出让。抬价以一方认为保留自己的劳动，比交换更有利为限，同样，还价以另一方认为不交换对自己有利为限。

可以这么说，有多少不同报酬的等级就有多少不同的社会阶层。所有劳动中，报酬最低的是最接近粗笨、不需技能工作的人。这是上帝的安排，既正确、有用，又不可避免。干粗活的小工最先达到上述**还价限度**，因为他所提供的不需技能的工作没有人不会做，因此，他不得不遵循**抬价限度**，因为他无力做他想做的智能性工作。时限、强度这类物质的特性，是决定这种粗笨工作报酬的唯一因素，这便是为什么报酬一般以日计的原因。工业的所有进步可以归纳如下：在每件产品中，以一定量的**自然的**因而是无偿的**效用**取代一定量的**人为的**因而是**昂贵的效用**。由此可见，如果有一社会阶级比任何其他阶级都更与自由竞争有关，那首先是工人阶级。要是自然因素、生产方法和工具不是经常用来通过竞争向所有的人**无偿地**提供它们合作的成果，工人阶级的命运会怎样呢？干粗活的小工不会利用热力、重力、弹力；发明不了、具备不了利用这些力的方法和工具。发明之初，发明者的高度智能的劳动得到了很高的报酬，换言之，这种劳动等于大量的粗笨劳动，再换句话说，他的产品是**昂贵的**。但是，竞争出现了，产品降价，自然效用的利用不再对生产者，而是对消费者有利。至于报酬，利用自然效用的劳动接近以时计酬的劳动。这样，共同拥有的无偿资源不断增加；各种产品的无偿率日益提高，有的已经可以**无偿地**获得，如同我们获得空气、阳光那样。因此，人企盼提高水平，企盼平等。所以，撇开人口法则不说，社会最差阶级是自身改善有可能最迅速的阶级。但是，我们说了撇开人口诸多法则不说，这就言归正传了。

若有一水池，因入水口越来越大而流入了越来越多的水。要是任凭这种情况发展下去，水位就要持续上升。但是，如果水池壁是活动的、可挪远、可靠拢，那么，明显的是，水位的高度取决于新旧情况的组合方法。假如水池体积增加更快的话，不管注入水池中的水量增加多快，水位就要下降；若是水池的体积只是缓慢地相应扩大，或者是维持原状，甚至缩小的话，那么，水位就要升高。

这便是社会阶层现象，我们正在研究它们的命运，因为应该说它们是人类大的群体。报酬为满足需要、维持生命之物，如同通过可大可小的入水口而涌入的水。池壁的活动性便是人口的变化。肯定的是[1]，生活资料总是不断递增以与人口变化相适应；然而，同样肯定的是，它的范围可依更大的级数扩大。因此，这个阶级的生活大致是走运的、大致是过得去的，理由是诸如道德、智能、预防性等限制法则会大致把绝对增殖法则限制在这个限度之内。劳动阶级人口增加的极限是：不断增加的报酬不足以维持生活。他们的生活有可能改善，这是没有穷尽的，因为，在改善生活的两个因素中，财富不断增加，人口则可随他们的意愿而下降。

　　刚才说到了从事最粗笨工作的社会阶层，其他阶层的情况也是如此，所有阶层的高低、尊卑可以说与职业的粗笨性和特殊的物质性成反比。就每个阶级本身而言，所有的阶级都逃脱不了同样的普遍法则。不论是什么阶级，生理增殖力与道德限制力之间都有冲突。区分一个阶级与另一个阶级唯一的东西，是生理增殖力和道德限制力的交点，是报酬、习俗在两条法则之间把**生活资料**这个标准提高、确定到什么限度。

　　但是，不从各个阶级本身而是从它们相互关系而言，我认为可以发现两条起相反作用的法则的影响，这无疑说明了人类的真实地位。我们已经证实，所有的经济现象特别是竞争法则力求条件平等。从理论上说，我们认为这似无异议，因为任何天赋的优势、任何灵巧的方法、任何运用这些方法的工具都不会永远为某某生产者所专有，因为这些东西必定由上帝分配，因此可能成为所有人共同的、无偿的，因而是平等的财富，所以明显的是，最贫困的阶级便是从社会经济诸法则的这种叹为观止的安排中得到最多**相对**好处的阶级。由于穷人也可与富人一样自由地呼吸空气，同样，穷人与富人在付出被人类文明不断吞噬的这部分东西的代价时也是平等的。因而，从本质上说，人类不可思议地趋向于**平等**。我不是指趋向于渴望，而是指趋向于实现。然而，平等并未实现，或者说实现得太慢以致与逝去的两个世纪相比，几乎看不到有何进展。这些进展是如此不明显以致为许多有识之士所否认，虽然这肯定是不对的。各阶级迟迟不能一起达到共同不断进步的水准，这是什么原因呢？

我认为原因是，在人口问题上调控各阶层的这种深思远虑的程度不同，而不是其他。如上所述，限制法则在**道德**与**预防性**方面都由人控制。我们还说过，人是可完善的，而且，随着人的臻于完美，可更机灵地利用这条法则。因而，顺理成章的是，那些更心明眼亮的阶级善于作出更为有效的努力，做出更必要的牺牲，以便把它们的人口保持在与**生活资料**相适应的水平上。

统计表明，下层社会的早婚现象甚于上层社会，如果统计无误，我们就可确信上面的理论推导是正确的。这样就不难理解，在一个所有阶级都各自提供劳务、不同性质的劳动进行交换的大市场里，粗笨的劳动要提供得比智能劳动相对多些。这就对下列问题作出了解释：为什么生活条件方面的不平等始终难以消除，尽管另一方面的许多强大的因素坚持不懈地致力于消除这种不平等？

根据上述简要地阐明的理论，我们可以得出下面实际的结果：最佳的仁慈方式、最佳的社会组织应该遵循天意，就是社会和谐所说的在文明的发展中要讲平等，向人类所有的阶层特别是最下层阶级提供知识、理智、道德和远见。

我们之所以谈论社会组织，是因为预见不仅来自纯粹的理论探讨，而且也是人的社会地位使然。有这样一种所有制组织形式，确切地说是一种经营组织形式，它比任何其他组织形式更有助于经济学家所说的认识市场，因而也就更有助于**预见**。例如，似乎可以肯定的是，为了预防性地抑制下层阶级的人口过剩，分成制比租佃制①有效。分成制佃农家庭远比短工家庭更能感到早婚和滥生的弊病。

我们还说到仁慈的方式。施舍可以带来眼前的、局部的好处，但是，它对劳动阶级福利的影响即便无害，亦只能是相对有限的，因为它弘扬不了甚至还可能瓦解教育该阶级最合适的美德，**即要有预见**。传播健康有益的思想，特别是具有某种尊严的习俗，这就是可为最下层阶级提供的最难能可贵的、最长远的善行。

我们不厌其烦地一再指出**生活资料**不是恒量；它取决于风尚、舆论和**习俗**。所有的社会阶层各等级的人都不愿失去原有的地位，最低等级的人亦是这样。贵族因其后代变成资产阶级所遭受的痛苦，也许要比资产阶级因其子孙成为普通工人，或普通工人因其后裔沦为乞丐所感受的痛苦更大。因此，**习惯于**一定程度的舒适、尊严，最能促进大家深思远虑。工人阶级一旦有了某些享受就不愿放弃，即使为了维持原状、保持工资与新习俗相适应而不得不采取预防性限制的有效手段亦罢。

因此，我认为表示仁慈的最佳办法之一似乎是英国许多业主、厂主所采取的方法：拆除泥巴和茅草**小屋**，代之以清洁、宽敞、光线充足、空气流通、备有家具的砖屋。这项措施如果得以普及，可熏陶工人阶级的举止谈吐，变今日相对奢侈的东西为现实的需要，提高被人们称为的**生活资料**的这个限制因素，进而提高低等级的**标准**。为什么不呢？文明国家的最底层阶级远比不开化国家的最差阶级要强。它们已经得到了提高，为何不能再上一个台阶？

然而，不要存在幻想，文明的进步只能是十分缓慢的，因为它需要一定程度的**普及**。如果各国人民相互间不施加任何影响，

---

①　租田制需要短工阶级。——作者

文明的进步可望在地球的某处迅速实现。但是，情况并非如此：对人类来说，文明无论是进步还是衰退，这中间都有一条**利害相关**的大法则。例如，即使在英国由于工资的普遍提高，工人阶级的条件有了明显的改善，法国的工业还是有更大的可能战胜对手，而且通过自身的发展，抑制海峡那边出现的不断进展。上帝似乎不曾要一国人民过分地凌驾于另一国人民之上。这样，无论从人类社会的宏观还是微观来看，我们一直认为某些惊人、不屈的力量可能最终为群众带来个人的、集体的好处，并把所有超出一般的东西压低到普通水平上来，如同大洋在涨潮时一样，水不断向低处流，与此同时，水面又在不断上升。

总而言之，既然人的明显特征是可完善性，既然竞争的作用和限制法则已被人们认识，因而，人种的命运仅就在人间的前途而言，在我们看来似乎可归结为：一、所有社会阶层或者人类的总体水平同时提高；二、所有的等级无限接近，逐渐消除阶级分离的距离，直至绝对公平地规定一条界限为止；三、在数量上相对减少最差、最好社会阶层，扩大中间阶层。有人说，这些法则必将带来绝对平等，但也就是和定直线和渐近线无限接近而不会相交一样。

　　　　　*　　　　　　　　　*　　　　　　　　　*

这一章的大部分写于 1846 年，作者对马尔萨斯的理论有不同看法，但可能未予明确表露。

巴斯夏在文章里强调个人主义动机的未被察觉的、自然是预防性限制的作用——日益增长的追求舒适生活的愿望和好了还要好的雄心；人人把既得生活条件视为实际需要的习惯，确定**生活资料下限**，谁也不愿自己的家庭跌至这个下限以下。但是，这只是法则某种意义上的消极面。其实，他无非指出，在任何时候以所有制和家庭为基础的社会里，**人口不可能是一种弊害**。

需要指出的是，**人口本身是一种力量**，生产力的提高是人口增加的结果，这一点便是明证。如同作者在第 115 页（原书——译者）里所说，这个重要因素被马尔萨斯忽视了。马氏认为是不一致的地方，而我们却认为是和谐的。

从 115 页到 116 页（原书——译者）"交换"一章中所指的前提（巴斯夏在论人

口时进一步阐说了）可以看出，他要得出的结论完全是反马尔萨斯的。我们在他最近写的笔记中发现了这个结论，他建议要加以强调：

"关于'交换'这一章中，我指出在孤立状态中，需求超出了人的生产能力；而在社会状态中，生产能力大于需求。"

"能力大于需求，是因为有了交换，而交换则是力量的聚合和职业的分工。"

"因此，因果相互产生作用和反作用，成为一个不断进步的循环。"

"能力大于需求为每一代人创造了多余的财富，使他们能够培养数量更多的下一代。数量更多的一代人，便会带来更佳、更细的分工，把能力大于需求提高到一个新的阶段。"

"妙不可言的和谐！"

"这样，设某一时期的总需求量为100，生产能力为110，则盈余为10，其中的5用来改善人的境遇，刺激更大的需求，激发人的高尚意识等，另外的5则用来增加人的数量。

"到第二代，需求为110，就是说增加的5在数量，5在质量。

"但是，通过需求增加本身（鉴于物质、精神和更完整道德的进步，和人口密度更大这两种原因，生产更容易了），供给能力同样增加。比如说，可用120或一百几十表示。

"新的盈余，新的分配，等等。

"因此，不要害怕过剩，需求增加不是别的而是意味着人的情操的升华，因而也是天然的限制因素"。——原编者

第十七章　私人劳务、公共劳务

劳务交换**劳务**。

劳务的**等价**取决于自愿交换、交换前的讨价还价。

换句话说，只要所有的**供给**、所有的**需求**能**自由地**产生、相比较、讲价钱，每一种投入社会的**劳务**就能换得另一种相应的劳务。

人们枉然妄加指责、钻牛角尖，不可能想象光有价值观而其中没有自由观。

只要劳务的等价不受到任何暴力、任何限制、任何欺诈的破坏，我们就可以说有了**公正**。

这不是说人类于是就尽善尽美，无须改进了，因为，既然自由了，个人的看法总有偏差。人的判断、情感时常有错，其愿望不总是最合乎情理。我们认为，即使某项劳务的价值与效用不完全相等，价值还是可以得到承认的。要做到这一点，我们只要强化一些愿望，弱化另一些愿望就行。我可以这样说，智能、良知和风尚不断进步，劳务逐渐上升到了精神的品位，它的价值与效用因此越来越相一致。一件毫无价值的物品、一次平淡无味的演出、一种伤风败俗的娱乐能在一国受到青睐，而在另一国遭到蔑视和批评。因此，决定劳务等价的是其他东西而不是对其效用的正确评估。但是，还就这层关系而言，是自由和责任感修正和完善我们的兴趣、愿望、满足和评估。

在世界各国，有一种劳务在提供、分配和索酬方式上完全不同于私人或自由劳务，这就是**公共劳务**。

　　某种需要具有普遍性和同一性时，就可称为**公共需要**，这时，所有属于同一居民点（市镇、省、国家）的人必须用某种行动或集体委托去满足这种需要。为此，他们任命官吏负责在共同体内提供、分配有关劳务，而且大家出钱来支付劳务报酬，分摊的费用至少在原则上与自己的财力相适应。

　　事实上，社会经济的重大要素不一定受到这种特殊交换形式的破坏，特别是，如果各方面都同意这种做法的话。这一直是努力的转移、劳务的转移。官吏竭力满足纳税人的需要，纳税人努力满足官吏的需要。相互提供劳务的相对价值是由我们所要研究的一种方式决定的；然而，交换的主要原则，至少从抽象意义上说，依然如故。

　　所以，有些著作者认为公共劳务中的所有价值**丧失殆尽**[①]，这是错误的，他们的意见因看到苛捐杂税而受到了影响。这种武断的说法经不起推敲。无论是作为**亏损**还是**赢利，公共劳务**从科学意义上说与**私人劳务**毫无区别。无论是由我自己保卫耕田，还是我付报酬给保卫耕田的人，抑或我向国家交钱以便让它雇人保卫耕田，与得到好处相比，这总是亏了。我可能以这样或那样的方式耗费了精力，但是我却获得了安全。这不是一种亏损，而是一种交换。

　　能说我付出了物质的东西，却未得到任何摸得着、看得见的好处吗？果真如此，这就重蹈了错误的价值理论之覆辙。有人认为价值属于物质而不是劳务，当然就说任何一种公共劳务都是无价值的，是一种损失。稍后，有人在价值的对与错上犹豫不决，

[①]　当价值由纳税人支付时，价值对纳税人来说就荡然无存；当它被政府消耗时，对所有人来说就丧失殆尽，而且并不回归社会。

　　（萨伊：《论政治经济》第3卷，第9章，第504页。）

　　可能是这样，但是，社会反过来亦得到了为它提供的劳务，比如说安全保障。此外，相隔数行之后，萨伊紧接着重申了如下看法："**每当人们不向社会提供劳务作为交换时，征收捐税有害于社会，因为这有百弊而无一利**"（出处同上）。——作者

自然在赋税的是与非上亦瞻前顾后。

如果说赋税不一定是一种损失，那么，它更不一定是一种掠夺。① 在现代社会，像捐税这样的掠夺可能无处不在，稍后谈这个问题。劳务等值和利润协调遭到扰乱的原因很多，而掠夺就是其中重要的原因之一。但是，反对和取消苛捐杂税的良策是把捐税说成**本质上**是掠夺者，这句话未免有些说过了头。

因此，撇开任何滥用不说，**公共劳务**就其本质和正常状况而言，和**私人劳务**一样纯粹是交换。但是，在这两种交换形式中，劳务的比较、讲价、转移、平衡以及价值体现的方法和效果是完全不同的。所以，我请读者允许我就这个对经济学家和政治家来说是最重要的难题之一多说几句。坦诚而言，这是政治与社会经济相连接的关键所在。从这里入手，可揭示这种曾经毒害科学、混淆社会和政府的最有害的谬误的根源和影响。**社会**是囊括私人劳务和公共劳务的**总体**，而**政府**只是涉及公共劳务的部分。

不幸的是，有人以卢梭及其门徒法国共和分子的马首是瞻，不加区别地使用政府和社会这两个字眼，拐弯抹角、先入为主、不加验证地断言：国家能够而且应该兼容所有的私人活动、个人自由和责任；私人劳务理应变为公共劳务；社会秩序是一种偶然的、约定的事实，其存在由法律确定；立法机构是万能的，而普通人则是无足轻重的。

事实上，我们认为，从斯巴达或巴拉圭传教会的共产主义，经由法兰西的中央集权到美国的个人主义，公共劳务或是政府的活动无不因时间、地点、形势而扩大或缩小。

---

① 赋税即便得到国民的认可，仍是对财产的侵犯，因为国家只能从土地、资本和个人企业产生的价值中攫取。因此，**每当捐税超过维护社会的必要数额时**，就被视为是一种掠夺。（出处同前）

这里，插入语还纠正了判断中过分极端的成分。**劳务交换劳务**理论大大使问题及其解决简单化了——作者因此，政治作为科学所遇到的第一个问题是：

哪些劳务应留在私人活动范围之内？哪些劳务应属于集体或公共活动范畴？

换言之，问题是：

在被称为**社会**的大圆内，合理地确定叫作**政府**的内切圆。

显而易见，这个问题与政治经济学有关，因为它要求对两种截然不同的交换形式进行对比研究。

这个问题一旦解决，就剩下了另一个问题：何谓公共劳务的最佳形式？这属于纯政治学，恕不涉及。

让我们来看看**私人劳务**和**公共劳务**的主要区别，有必要先予研究以便在两者之间画出一条合理的分界线。

本章之前的各个章节已经论证了**私人劳务**的演变。我们认为私人劳务可用这样明白无误或心照不宣的说法来表述：**请为我做这件事，我为你做那件事**。这需要给予和接受双方同意才行。所以，在考虑交易、交换、估价、价值概念时不能不涉及**自由**，而有自由不能没有**责任**。在交换中，双方都要考虑风险、自己的需要、兴趣、要求、能力、合适与否以及总的处境。我们从不否认，可能出现的谬误、可能发生的不合理或荒诞的选择，与运用自由意志有关。错不在交换，而在人性的不完善。所以，弥补的办法只能从**责任**本身（即自由）而不是其他地方去找，因为，任何经验来自责任。借口人会搞错而限制交换，取消自由意志，这于事无补，除非证明强制交换的人已日臻完善，既不受制于情感又无谬误，是超人。否则，这不仅误导，而且至少扼杀了责任所具有的诸如有利、回报、试验、改正，因而进步等最可贵的特性，这难道不明显吗？我们还认为，自由交换或曰自由地接受和提供劳务，在竞争的作用下可以不断按比例地扩大无偿资源和有偿资源的投入、公有和私有的财产。这样，通过自由我们终于认识到越来越实现各方面逐渐平等，或者社会和谐的力量。

至于自由交换的方式，无须介绍，因为，如果说强制有多种形式，自由却只有一种形式。自由交换和私人劳务可再次表述如下："请为我做这事，我为你做那事。"

公共劳务就不这样交换。这里，在某种程度上，**强制**是避免不了的，我们会见到从绝对专制主义到对所有公民最普遍、最直接参与的各种各样的形式。

尽管这种政治理想根本不曾实现，虽然它从来就是子虚乌有，但是，我们还是姑且假设之。因为我们研究什么呢？我们想了解**劳务**进入公共范围后发生了哪些变化，我们从科学的观点出发，暂不说特殊的、局部的暴力，在最为合理的情况下考察公共劳务本身。一句话，我们所要研究的只是劳务变为公共后发生的变化，不说劳务进入公共范畴的原因，以及在实施方法上出现的弊端。

方式如下：

公民任命代理人，后者聚会以多数确定，某种类型的需要，如教育需求，不再经由公民的自由努力或自由交换而得到满足，而是通过一批专司此事的官吏来解决。这就是**提供的**劳务。至于**接受的**劳务，由于国家为公民利益而占有新官吏的时间、能力，因此，为了官吏的利益国家亦要向公民征收部分生活资料，方式是集资或捐税。

在所有的文明国家，这种赋税用钱来缴纳。指出钱的背后意味着劳动，这几乎没有必要。事实上，人们交的是实物税。实际上，公民为官吏劳动，而官吏则为公民工作，如同在自由劳务中公民相互效劳一样。

我们在此提出这种观点旨在防止一种源自货币幻觉的十分流行的诡辩。有人声称：官吏所接受的钱又雨点般返回到公民身上。人们由此得出结论：这种雨点般的返回是补充给来自劳务的福利的第二福利。如此推理，无疑是替最寄生的公职人员辩解。人们未注意到，如果劳务仍局限在私人范围内，那么，钱并未入国库，并未从国库转到官吏的腰包，早就该直接回到相互自由提供劳务的人手中了，照我的说法，这钱本应如雨点般重新回到群众的手里了。这种诡辩是不经一驳的，因为我们不仅仅看到货币流通，因为我们认为，说到底这是劳动交换劳动、劳务交换劳务。在公共事务中，有时官吏接受了劳务而未提供劳务，于是纳税人就吃亏了，不管埃居①的变化能令我们对此有何幻想。

不管怎么样，我们继续分析如下：

这是一种新的交换形式。交换涉及两个用语：**提供**和**接受**。因此，让我们从**提供**和**接受**的双重角度来研究交易如何受影响，如何从私人的变为公共的。

首先，我们发现公共劳务总是或者说几乎是一直在法律和事实上排挤同一性质的私人劳务。国家承担一项劳务时一般总要想到宣布除自己以外任何人都不得提供这种劳务，特别是如果国家考虑同时得到收益。邮政、烟草、纸牌、火药等就是证明。即便不这样防范，结果亦可能一样。试问哪家企业会考虑向公众提供国家所提供的那种得不偿失的劳务？几乎无人会在法律或医学私立学校的教育、大公路的修建、纯种的种公马的培育、工艺美术学校的创建、阿尔及利亚土地的开垦、博物馆的展览等中间寻求生活资料。理由是公众不会购买国家免费向他们提供的东西，因此，如同德·科梅南先生所说，制鞋业即便受到宪法第一条的保护，不受侵犯，但是，如果政府竟然向所有的人免费提供鞋子，它就要立即倒闭。

老实说，恕我直言，公共劳务中使用的**免费**这个字眼是一种最为粗俗、最为幼稚的诡辩。

---

① 法国古代钱币名。——译者

　　佩服，巧妙的捕蝇器！（喻高明的骗术——译者注）公众竟然上了"免费"的当。有人问我们：难道你们不愿意**免费**教育？**免费**培育种马？

　　当然，是的，我愿意要，而且，要是可能的话，我还希望政府免费提供食物，免费提供住宅……

　　但是，除了那些对任何人都毫无价值的东西外，是没有真正免费可言的。可是，公共劳务花了所有人的钱，这是因为大家事先为公共劳务付了款，所以在接受它们时不用再掏腰包。曾上了税的人因为付了钱，当然不会花钱叫私人企业向自己提供劳务的。

　　这样，公共劳务取代私人劳务。无论在国家总的劳动还是财富中它什么也没有增添。它通过官吏做那些本应由私人企业做的事情。两种劳务都有弊端，哪种最多？尚待了解。本章的目的就是要解决这些问题。

　　满足某种需要一旦成了一项公共劳务的目标，它就脱离了个人自由和责任的范畴。个人即便愿意亦不再能自由地购买所需之物，掂量自己有否财力、是否合适、身份如何、道义评价怎样，同样，个人不再能按轻重缓急依次满足自己的需要。不管愿意与否，个人要从社会中取回的，不是他认为有用的这部分劳务，如同他为私人劳务所做的那样，而是不论数量、质量如何，政府认为已妥善为他准备好的那份劳务。个人的面包可能食不果腹，然而，政府却要从这必不可少的面包中抠出一部分，以便向他提供教育或上演对他毫无用处的节目。人不再自我调控如何满足需要，人对此不再负有责任，久而久之，人懒得为此费神。远见如同经验一样，对他们来说变得分文不值。人越来越身不由己，人丧失了部分自由意志，人渐渐不思上进，人将不人。不仅仅人在一定的场合不再由自己评判，而且不习惯评判别人。自己麻木不仁不说，出于同样的原因对周围的人亦开始漠不关心。这样，有目共睹的是，整个民族变得死气沉沉，真是不幸![1]

只要某种需要以及与之相适应的满足仍属自由范畴，那么，每个人皆可为此自行规定、随意改变。这似乎是天经地义的事，因为没有两个人的处境是完全相同的，每个人的处境都在逐日变化。于是，人的所有能力、比较、判断、预见依然起作用。于是，任何好的决定都会得到奖赏，任何谬误都会得到惩罚。而经验是预见的好帮手，它至少要完成自己的使命，结果社会就一定日臻完善。

然而，劳务要是变为公共的话，所有的个人法则荡然无存，融入、包括在书面的、强制性的法律之中，法律对所有的人一视同仁，根本无视特殊情况，令人类最为重要的能力失去作用。

不仅仅我们在接受劳务时，由于国家的干涉而不能自由地抉择，而且我们在提供劳务作为回报时，出于同样的原因则更是如此了。这种接受和提供劳务、这种交换的补充形式还是没有自由，只是由事先颁布的法律调节、强制执行，任何人都不能幸免。简言之，因为国家提供给我们的劳务是强制性的，因此，国

---

[1]　这种变化的结果从陆军大臣奥普尔先生所举的例子中可见端倪："每位士兵应有 16 生丁的伙食费。"他说："政府扣下了这 16 生丁，负责向他们提供食物。结果是，每人一份，东西相同，不管对他们是否合适。张三面包太多，弃之于地；李四猪肉不够，凡此种种，不一而足。我们做了试验：让士兵们自由支配这 16 生丁，我们高兴地看到他们的处境有了显著的改善。每个人都考虑自己的口味、体质、市场价格。总的来说，他们自行部分地以猪肉代替面包。他们在这里购买更多的面包，在那儿买更多的肉，在另外的地方采购更多的蔬菜，在他处买进更多的鱼。他们的健康状况良好，他们更为满意，国家如释重负。"

读者知道，在这里谈不上从军事角度去评价这种经验。我们举这个例子旨在说明公共劳务与私人劳务、规章与自由之间的基本差别。国家扣下我们赖以糊口的收入负责养活我们，或者国家让我们留下收入自行维持生计，这两种方法孰优孰劣？谈到我们任何一种需要都会遇到同样的问题。——作者

家要求我们提供劳务时亦是强制性的，在各国的语言中都叫作
赋税。

这里，出现了大量理论上的困难和不便，因为，实际上国家
克服所有的障碍依靠的是，任何法律都必不可少的武力。从理论
上说，私人劳务变为公共劳务会产生如下严重问题：

国家会在任何时候都要求每位公民交纳与它所提供的劳务**等
价**的赋税吗？要是这样，这就公正了，这就是自由交易中**讨价还
价**后的价格所体现的大致不会错的等价。如果国家想实现这种绝
对公正的等值，那么，就没有必要把一种劳务从私人活动的范围
中分离出来。但是，国家甚至想都不想，而且不能这样想。人们
不能与官吏**讲价钱**。法律以一般方式运作，不为每种特殊情况规
定种种条件。法律即便按公正精神制定，充其量只能在两种性质
不同的交换劳务中谋求一种诸如平均等值、大体等价的东西。比
例税制和累进税制两种原则以各种名义出现，为这种大体等值确
定最后的界限。可是，只要稍加思考就会明白，比例税制和累进
税制一样，不能实现劳务交换的严格等价。从接受和提供劳务的
双重角度来说，公共劳务不仅剥夺了公民的自由，还错在扰乱了
劳务的价值。

公共劳务破坏责任原则，至少是转移责任，弊端可不小。责
任，须知对人而言便是一切：人有了责任就有了动力、老师、报
酬和惩治。若无责任，人不再有自由意志，不再可改进了，不再
是有精神的生命，什么都不学，什么都不是，只是毫无生气的芸
芸众生。

如果说责任心在个人身上消失殆尽是一种不幸的话，那么，
它在国家身上表现得太强的话同样是一种不幸。人再笨亦相当清
楚好处与坏处来自什么地方。国家操办一切，就对一切负有责
任。在这些人为安排的影响下，受苦受难的人民只能责备政府，
唯一的药方亦即唯一方法便是推翻政府。因此，势必要接连发生

革命。我之所以说"势必",这是因为在这种制度下,人民一定要受苦受难,公共劳务体制既打乱了本应相等的价值,这是不公正的,又不可避免地消耗了财富,这是破坏。破坏和不公正就要引起痛苦与不满,这就是社会四种有害因素,加上责任的转移一定会触发政治动乱,半个多世纪以来,我们亲眼目睹了这种不幸。

我不想离题,可是我不禁要指出,若是事情就是这样安排,若是政府逐步变私人交易为公共劳务而变得机构臃肿,那么,令人担心的是,革命这件大坏事将成为匡正这一弊病的药方,除非屡经试验证明其无效。责任的移位误导了公众舆论。人民惯于时时处处依赖国家,不指责它做得太多,而是做得不够。他们推翻政府,代之以新的政府,不会对它说:**少做点**,而是说:**多做点**;深渊就这样形成,而且越来越深。

最终睁开双眼的时刻来临了?人们认为应该最终减少国家的权限和责任?人们为其他困难所扰。一方面,**既得权利者们**会起而反抗,互相勾结,他们不愿意损害那一大堆已被人为赋予活力的现存事物,另一方面,公众忘了要亲自发挥作用。一旦要去夺回这种梦寐以求的自由时,他们胆怯了,抛弃了它。因此,去向他们提供教育自由?他们却认为所有的科学行将灭亡。那么,去向他们提供宗教自由?他们会认为无神论即将到处蔓延。有人曾不厌其烦对他们说过,所有的宗教、所有的智慧、所有的科学、所有的知识、所有的道德都存在于或来自国家!

当然,我将在后面再阐述这些看法。现在言归正传。

我们曾致力于发现竞争在财富积累中的真正作用。我们已经知道这种作用在于把财富转移到生产者手中来,在于使进步对大家有利,在于不断扩大免费因而平等的范围。

但是,当私人劳务变为公共劳务时,就没有了竞争,因此,这种美妙的和谐随即中断。确实如此,官吏没有这种促进进步的兴奋剂，进步甚至不存在，如何变得对大家有利？官吏不在利益的激励而是在法律的影响下行事。法律对他说："你向公众提供某种确定的劳务，就能收到他们提供的另一种劳务。"稍多一点或少一点热情，都丝毫改变不了这两种确定的劳务。相反，私利却在自由劳动者的耳边悄悄说："你越是为他人做事，他们就越是为你做事。"这里，报酬完全取决于或多或少①付出的简单劳动或脑力劳动。集体精神、晋升愿望、恪尽职守对官吏来说可能是强烈的兴奋剂，但永远代替不了个人利益不可抵御的诱惑。经验证明了这种说法。凡是受制于官僚制度的一切几乎都是固定不变。令人怀疑的是，今日的教育要胜于弗朗索瓦一世时代。我不认为有人竟敢把大臣办公室的活动与一个手工工场的活动相比较。

因此，随着私人劳务变为公共劳务，它们至少在一定程度上墨守成规、毫无成效，这并不损害提供劳务的人（他们的俸禄没有变化），而是有害于大家。

无论从道德还是政治抑或经济的角度来说，弊端数不胜数，我相信读者慧眼独具，因此只是略举一二。虽有弊端，但用集体行动取代个人活动，有时亦有裨益。有这样一类劳动，其优点在规则性、统一性。甚至在某种情况下，公共劳务要是取代私人劳务，对于满足某种需要来说，可以节省大家的精力与力气。所以说，要解决的问题是：什么样的劳务仍应该留在私人活动的范围里？什么样的劳务属于集体或公共劳务？上述从两种性质劳务的主要区别着手而进行的研究，有助于我们解决这个重大的问题。

首先，有哪种原则可决定何种劳务仍应合法地进入集体活动范畴？何种劳务仍应留在私人活动的范围内？

---

① 请看《中学会考与社会主义》第 4 卷，第 442 页。——原编者（正文无此注——译者）

先要说明的是，所谓的**集体活动**系指以**法律**为准绳、以**强制**为执行手段的这种大机制，即**政府**。但愿不要对我说，自由和自愿的联合亦是一种集体活动；希望不要把我所说的**私人活动**理解为**孤立行动**。不是这样的。但是，我认为自由和自愿的联合还是属于私人活动，因为这是交换最强大的方式之一。它不破坏劳务的等价，不转移责任，不取消自由意志，不消灭竞争及其效果，一句话，它不以**强制**为原则。

但是，政府的作用通过**强制手段**而扩大。强制假借**法律**的名义，**强迫大家做不愿意做的事**，所有的人必须服从，否则要受到**制裁**。我想，谁也不会否认这种情况的存在，普遍事实对此提供了最有权威的证明，谁想反抗，法律与强制就会让他老老实实。

于是，有些人提出了如下的说法："人通过结社，丧失了一部分自由而保留了另外一部分自由。"显然，他们混淆了**政府**和**社会**，认为两者都是人为的、约定的。

明显的是，这种说法是错的，不适用于自由和自愿交易范畴。如果有两个人看到了更诱人的利益，相互提供劳务或是一起努力，而不是彼此孤立工作，他们把自由丧失在什么地方了？对自由加以更好的利用，这是牺牲自由吗？

人们至多可以说："人牺牲一部分自由以便保留另一部分自由，不是因为结社，而是由于对政府唯命是从，既然后者必要的行动方式是动用暴力。"

可是，只要政府仍有合理的职权，上述说法即便作了修改还是错误的。

但是，这些职权是什么？

恰恰是这种以暴力为辅助手段的特性，应说明职权的范围与界限。我认为：**政府只是依靠暴力而采取行动，因此，只有当暴力干涉本身是合法时，政府的行动才合法。**

可是，即便暴力合法地进行干涉，也不是为了牺牲自由，而是为了叫人尊重自由。

结果是，这种被人当作政治学基础的理论对社会来说已证明是错的，对政府来说更是不对的。我高兴地认为，只要进行深入的研究，可悲的理论不协调可以消除。

在什么情况下使用暴力是合法的？有一种情况，而我认为只有一种情况：**合法自卫**。若是这样，我们就找到了政府存在的理由，找到了它合理的界限。①

个人的权利是什么？这便是与同类进行自由交易，于是他们彼此间就拥有一种权利。什么时候这种权利遭到侵犯，当其中的一方损害另一方的自由时。以往常把这种情况说成是：滥用、乱用自由！这是错的。应该这样说："缺少、破坏自由！"如果只是从侵权者的角度看问题，无疑可以说这是滥用自由；若是从受害者立场看，或者甚至从总体考虑——理应如此，那就可说是破坏自由。

自由，其实就是人的财产、能力、工作受到损害时有权**不惜用暴力**捍卫它们；只要力所能及，所有的人无不时时处处这样做。

对一些人来说，因此产生了这样的权利：相互协商，联合起来，大家**不惜以暴力**来维护个人的自由和财产。

但是，个人无权使用暴力以达到其他目的。我不能合法地**强迫**我的同胞勤劳、朴实、节约、慷慨、灵巧、忠诚；然而，我可合法地强迫他们公正。

出于同样的理由，集体暴力亦不能合法地用来激励大家热爱工作、朴实为人、勤俭节约、乐善好施、博学多才、笃信宗教；

---

① 作者在先前的一篇著作中试图解决同样的问题。他研究了法律的合法范畴是什么。小册子《法律》中所有的阐说与本文的论断吻合。请看第 4 卷，第 342 页。——原编者

但是，可以合法地用来弘扬正义，维护每个人的权利。

因为，没有个人权利哪有集体权利？

令人遗憾的是，我们这一代人喜欢赋予纯抽象概念以特有的生命力；喜欢设想一座没有居民的城市、一种没有人的人类、一种没有部分的总体、一种没有个人的集体，而后者恰恰由前者组成。倒不如干脆对我说："有一个人，通过想象去掉他的四肢、内脏、生殖器、躯体、灵魄、身上所有的器官，仍然还是人。"

如果人都没有权利，而一个**国家**是由无数个人组成的，那么这个国家怎么能有权利？特别是只有委托权的这个国家的一部分，亦即政府怎能有权利？个人没有权利又如何授权？

因此，应该把这种无可争辩的事实视为一切政治的基本原则：

个人间，只有在合法自卫的情况下，运用暴力才是合法的；集体也只能在同样的限度内使用暴力。

可是，利用强制手段对公民施加影响，这本是政府的本质。因此，除了合法地维护每个公民的权利外，政府不能有其他合理的职权。政府之所以得到授权，那只是为了尊重所有人的自由与财产。

请注意，政府一旦越权就会随心所欲、毫无节制，势必产生这样的结果：不仅仅超出了自己的使命，而且使它化为乌有，这种情况最为可怕。

那么，当国家已使确定公民权利的这条固定不变的界限得到尊重之后，当它已在公民中维护了公正之后，它还能做些什么呢？不就是亲自侵犯这种自己受托保护的界限吗？不就是亲手用暴力摧毁置于它的保护之下的自由与财产吗？我敢说，除了维护公正之外，政府的任何干预都是不公正的。你若愿意，尽可列举政府的下述行为：慈悲为怀的法令、劝人为善和劳动、奖金、恩典、直接保护、所谓的免费馈赠、所谓的慷慨创举，等等。但是，在这些漂亮的外表后面，或者说在这些漂亮的事实背后，我想指出另外一些不尽如人意的事实：为了他人的利益，一些人的权利遭到侵犯，自由蒙受损失，财产受到侵占，能力被限制，巧取豪夺无以复加。集体暴力用来犯罪而不是用来镇压犯罪，我们见到过比这更为悲惨，更为痛苦的景象吗？

原则上，政府只要以**暴力**为必要的手段，我们就可最终明白能合法地变为**公共劳务**的私人劳务是什么。这便是以维护所有的自由、所有的财产、所有的个人权利，预防轻重罪，一句话，就是以维护所有有关**公共安全**为目标的私人劳务。

政府还有另外一种使命。

每个国家都有一些公用的财产、公民共同享用的财富、河流、森林、道路。然而，遗憾的是还有债务。政府有责任管理这两方面的东西。

最后，从这两种职权中产生另一种职权：

有权征收必不可少的赋税以便提供令人满意的**公共劳务**。

因此：

维护治安；

管理公共事务；

征税。

我认为，政府的职权应限制或纳入在这样合理的范围内。

我知道，这种意见与许多流传的观点相左。

"什么！"有人要说，"你要把政府贬成法官、宪兵？你抹杀政府所有的积极性！你禁止政府大力促进文学、艺术、贸易、航海、农业、道德与宗教思想！你剥夺政府最崇高的特性，即为人民开辟进步的道路！"

我要向说这些话的人提几个问题。

上帝把人类活动的动力和向往进步的愿望置于何处了？在所有人的身上？或者仅仅在其中接受或骗取了立法者证书、官吏委任状的人的身上？难道我们每个人在肌体、整个生命中就没有这种称作**欲望**的孜孜不倦、永无止境的动力吗？随着最简单的需求得到满足，难道在我们中间不会形成品位越来越高、随之扩大的欲望同心圆？热爱艺术、文学、科学、道德和宗教真理，渴望解决有关我们目前或将来的生存问题，这一切是否正在由集体性变为个性，也就是由抽象变为现实，由空话变为活生生的人的行动呢？

"道德积极性系于国家，道德消极性在国民身上。"如果还是抓住这种胡说八道不放，岂非任凭相继执政的人支配风尚、学说、舆论、财富所有这些组成个人生命的东西吗？

然后，为完成你所托付的诸多任务，国家有某些自己固有的手段吗？国家所掌握的一切直至最后一个奥波尔①不都是不得不取之于民吗？国家之所以向每个人索要行政费用，这是因为创造这些行政费用的是每个人。由此可见，认为个人是消极的、无为的说法是自相矛盾的。为什么个人创造了财富？为了满足各自的需要。国家攫取这些财富做什么？它不根据需要提供，而是人为地进行**调配**。不让理应得到满足的人获得满足，却让根本无权得到满足的人得到满足，它负有惩罚不公正的使命，但它却使不公正到处存在。

有人是否会说，通过调配满足，政府可以借此纯化和教化满足？可以把个人用于满足简单需要的财富用于满足道德需要？但是，谁敢断言，通过**暴力**、榨取粗暴地颠倒人类的需求和欲望借以发展的自然顺序，竟然会是一件好事？为了让市民获得令人疑惑的虚假道德，而去夺取忍饥挨饿的农民手中的一片面包，这合乎道德？

另外，调配财富就不能不调配劳动与人口。所以，说到底这

---

① 法国古钱币名。——译者

是用一种人为的、不可靠的安排去替代以不可变的自然法则为基础的坚实而有规则的秩序。

有人认为，政府受到限制而变得软弱。他们以为，权力、机构庞大，国家的稳定就有广泛的基础。但是，这纯属幻想。国家要是超越某个确定的范围势必变成不义、破坏、榨取的工具，打乱劳动、享乐、资本、劳力的正常分配，制造失业、工业危机、贫困化一触即发的原因，增加犯罪率，使用越来越严厉的镇压措施，招致不满和失去好感，有这么一大堆骚乱因素，它怎能保证稳定？

有人埋怨百姓的革命倾向，可以肯定的是，他们没有好好想过这个问题。如果在一个伟大的民族中，私人劳务受到侵犯而变成公共劳务，政府攫取公民生产的1/3财富，法律由于以在确立劳务等价的借口下，破坏劳务等价为目的，而成了公民自己手中的掠夺工具；人口和劳动被合法地强行调配，贫富鸿沟越来越深，资本积累赶不上日益增加的人口就业的需求，一些阶级的全体成员都沦于缺吃少穿的境地；政府自诩为一切利益的推动者，把微不足道的一点好事归在自己名下，这样做实际上是对不幸承担了责任；当人们目睹这一切时，就会对革命发生的不多感到吃惊，对人们乐于为社会治安、稳定所做的牺牲表示钦佩。

如果法律和执法的政府在我指出的范围内行事，革命怎能发生？如果每位公民都自由了，可能会少受苦；当他们感受到来自各方面的责任的压力时，怎么会因痛苦而去责怪法律，责怪那个为了制止不公平并保护他们免受他人不公平对待而照管他们的政府呢？有人见到过一个村子揭竿而起反对治安法官吗？

自由对秩序的影响在美国是显而易见的。在那里，除了公正，除了公共财产的管理，一切，任凭公民自由、自愿交易，我们大家本能地感到，这是世界上唯一的革命因素和机会最少的国家。现存秩序既不得罪任何人，又能根据需要极为方便地依据法律进行调整，公民还有什么理由，即便是显而易见的，以暴力手段去推翻它呢？

我搞错了，在美国，导致革命的原因有两个：奴隶制和限制性规定。众所周知，这两个问题每时每刻都威胁着公共安全和各州间的关系。可是，请注意，人们提得出更重要的证据来支持我的论点吗？人们看不见这里的法律与其宗旨背道而驰？看不见这里的法律和军队不去保护自由和财产，而是批准、强化、延续、系统化和保护压迫与掠夺？关于奴隶制问题，法律说："我要创建一支军队，费用由公民分摊，不是为了维护每个人的权利，而是为了取消某些人的权利。"关于限制性规定，法律说："我要创建一支军队，费用由公民分摊，不是为了让交易自由进行，而是让它们不自由，让劳务等值遭到破坏，让一位公民有两个公民的自由，另一位则一点自由都没有。我负责干这些不公平的事，公民未经我的同意而干同样的事，必将严惩不贷。"

因此，并不是因为缺少法律和官吏，换句话说，缺少公共劳务，人们才担心发生革命。相反，这是因为法律多了，官吏多了，公共劳务多了。因为，就其本质而言，公共劳务，以及制定公共劳务的法律和用来推行公共劳务的暴力永远不会是中立的。若是有必要在所有人中间让严格的公正取得主宰地位，公共劳务应该而且能够扩大，这有百利而无一弊。否则，公共劳务就是合法压迫、掠夺的工具，动乱的原因、革命的催化剂。

法律基本上为掠夺倾向效劳，要我来谈这种渗入社会机体各部门害人不浅的不道德吗？请看看一次国民代表大会会议，当日讨论的是奖金、奖励、恩典、限量。瞧瞧每位代表是多么恬不知耻、贪得无厌地想得到一份赃物。当然了，他们自己是羞于亲自去行窃的！如果有人手里拿着枪不许我在边境上进行对我有利的交易，那这个人就被视为强盗。可是，这人肆无忌惮地要求制定而且投票通过了一项法律，用我的钱，把军队变成他的私人武装，强迫我服从这种不公正的禁令。由此看来，法国目前的景象是多么悲惨！所有的阶级痛苦不堪，每个人不去要求永远禁止合法的掠夺，而是对法律说："您无所不能，您有军队，您变恶为善，求求您啦，为了我的利益掠夺其他阶级吧！强迫他们买我的东西！给我津贴、免费教育、无息贷款……"法律就这样成了不道德的集大成者。如果说有某种事情叫我们吃惊的话，那就是当人民的良知这样受到立法毒害时，个人窃取的嗜好却未见有多少发展。

尤为可悲的是，掠夺就这样在法律的卵翼下成了一种博大精深的理论，人人心安理得，不予反对。这套理论有自己的教授、报纸、学者、立法者、道理和高论。在为掠夺辩解的传统诡辩术中，有一种值得予以指出：所有的情况相同，**需求**的增加对要提供劳务的人来说是一件好事，因为需求更大而供给不变，劳务的**价值**因此增加。由此可以得出这样的结论：掠夺对所有的人都有利，掠夺阶级直接致富，而被掠夺阶级间接发财。的确，掠夺阶级一旦富了起来就有能力扩大享乐范围。要这样享乐就一定会**要求被掠夺阶级提供更多的劳务**。可是，就任何劳务而言，需求的增加就是价值的增加。因此，遭掠夺不多的阶级真是有幸被掠夺，因为掠夺的结果是使他们有了工作。

法律只是掠夺大多数以满足一小部分人，这种诡辩貌似有理，有人振振有词予以援引："我向穷人征税，把钱交给富人，增加他们的财富。富人追求奢侈生活，穷人就有了工作。"所以，每个人包括穷人都各得其所。由于我试图指出其中的邪恶，因此长时间被视为是劳动阶级的敌人，现在依然如此。

然而，二月革命后，穷人在制定法律时有了发言权。但是，他们要求法律制止掠夺吗？根本就没有！这种诡辩在他们脑中根深蒂固，那么，他们提出了什么要求呢？既然法律变得不偏不倚了，那就轮到他们来掠夺富人了，他们要求免费教育、免费提供贷款、由国家设立退休基金、实行累进税……富人就大叫大喊了："啊，岂有此理！一切都完了！蛮族重又侵入社会！"他们对穷人的要求进行了绝望的抵制。大家先是用枪互射，现在则是用选票比高低。但是，富人因此放弃了掠夺吗？他们从未想过。穷人间接致富的理论仍是他们手中的武器。

可是，我们要向他们指出，如果不通过法律而是直接去掠夺，他们的诡辩就要烟消云散。若是您擅自从工人口袋里掏出 1 法郎买张戏票，您难道会对这位工人说："兄弟，这张法郎将要流通，将会向您、您的弟兄们提供工作"吗？工人不会这样义正词严回答"如果这 1 法郎不被您偷走，它照样会流通，会到面包师而不是置景工手中；它为我买到面包而不会让您去看戏"吗？

另外，应该指出的是，穷人亦可利用这种连锁致富的诡辩对富人说："让法律帮助我们掠夺你们。我们要消耗掉更多的床单，这对你们的工厂有利；我们要吃掉更多的食物，这对你们的土地有利；我们要用掉更多的糖，这对你们的海运业有利。"

如果问题竟然以这样的方式被提出来，竟然没有人想把法律作为正义的标准，所有的人只是企图把它作为谋取私利的掠夺工具，所有的智者都竭力为掠夺的深远而复杂的效果辩解，那么，国家就太不幸了。

基于上述论断，在这里介绍 1850 年 4 月 27 日星期六手工业、农业、贸易大会讨论概况，恐怕不无裨益。①

---

① 手稿到此截止。请读者参阅小册子《掠夺和法律》。在该书第二部分，作者驳斥了该大会所散布的诡辩（第 4 卷，第 1 页及以下）。

关于以后题目分别为"捐税""机器""自由交换""经纪人""原料""奢侈" 6 章，请参阅：A.《关于饮料税的演说》，载小册子《议会的不可并存性》第 2 版（第 4 卷，第 468 页）；B. 小册子《看见的和看不见的》（第 5 卷，第 3、6 页）；C.《经济诡辩》（第 4 卷，第 1 页）。——原编者

第十八章　动乱原因

如果暴力、诡诈、压迫、欺骗不以任何形式玷污我们所进行的交易，人类会怎么样呢？

公正与自由一定会造成不平等和垄断吗？

为了知道这一点，我认为有必要研究人类交易的性质本身，交易的起源、理由、后果以及后果之后果，直至无穷尽的后果。但是，这就撇开了不公正可能引起的偶然动乱，因为，我们承认，不公正不是自由、自愿交易的本质。

不公正必然来到人间，社会未能摆脱不公正，对此我们可以同意。鉴于人生而就有欲望、损人利己、浑然无知和缺乏远见，我们因而也要研究不公正的性质、起源和后果。

但是，经济学应先研究假定为自由和自愿的人类交易理论，如同生理学只阐述器官性质和关系，而不谈改变这些关系的原因一样，这样做还是对的。

我们认为劳务交换劳务；我们认为**大的欲望**是劳务交换的等价。

我们认为劳务交换的等价最有可能实现，因为这种等价可在自由的影响下实现，可由每个人自己对此作出判断。

我们知道，人难免搞错，但我们同样认为，人可以改正错误，因此，我们认为，物极必反，错误到了一定的时候就要改正。

我们认为，凡妨碍自由必然破坏劳务的等价，而破坏劳务的等价一定会引起极端的不平等，一些人的暴富，另一些人不应有的贫困，结果是财富普遍减少，仇恨、不和、斗争、革命接踵而至。

我们不至于说，自由或者劳务等价会产生绝对的平等，因为，我们认为涉及人没有什么绝对的东西。但是，我们认为一种可变的水准是在不断上升的，人有了自由就可能向这水准靠近。

我们认为，在自由政体下不平等依然存在，因为它是偶然情况的产物，是对错误、弊端的惩罚，是虽无财产但在其他方面得到弥补的结果，因此不会在公民中间引起反感。

最后，我们认为**自由**就是**和谐**。

但是，为了知道这种和谐是否存在于现实或我们的想象中，它在我们的脑中是否是一种感觉或是一种简单的渴望，那就应该对自由交易进行科学的研究，研究它们的事例、关系和结果。

研究的结果如下：

我们知道，如果无数障碍横在人的需求和满足之间，以致人在离群索居时不堪重负，那么，力量的联合、职业的分工，一句话，交换可以发挥相当大的能量，令人相继克服起始的障碍，后又向新的障碍发起进攻，予以消除，以此类推。克服困难的速度越来越快，因为交换因人口密度的关系变得越来越方便了。

我们知道，人凭借聪明才智可以掌握越来越多、越来越有效、越来越完善的行动手段；随着资本的增加，它在生产中的绝对提取额随之增加，相对提取份额则随之减少，而现有劳动的绝对提取额和相对份额则都在不断增加；这便是平等的第一个重要原因。

我们知道，叫作土地的这种奇妙的工具，为人类准备吃穿住的这间卓绝的实验室，是上帝无偿提供给人类的；我们知道，虽然土地名义上成了私产，但它的生产活动却不可能这样，在人类所有的交易过程中，土地的生产活动依然是无偿的。

　　我们知道，私有财产不但不具有破坏共同财产的反作用，而且它还直接有利于共同财产的不断扩大；这是平等的第二个原因，因为大家的财产越多，财产的不公平就越会消失。

　　我们知道，在自由的影响下，劳务趋向于获得正常的价值，就是说与付出的劳动相一致，这是平等的第三个原因。

　　有鉴于此，我们确信，在人们中间将会逐渐建立起一种水平，其途径是把人引导到一种不断进步的氛围中，而不是把人推向后退，或使人处在停滞状态中。

　　最后，我们知道，不论是价值、利润、地租、人口诸多法则，还是所有其他自然大法则，都不会如不完整科学所说，在这美好的社会秩序中引起不和谐，因为，恰恰相反，和谐正是产生于上述法则。

　　说到这里，我似乎听到读者在说："经济学家多么乐观！痛苦、贫穷、无产阶级、贫困化、弃婴、营养不良、犯罪、骚乱、不平等满目皆见，他们却视而不见；他们乐于赞颂社会法则的和谐，却对事实佯作不知，免得丑恶的景象扰乱他们在理论中发现的享乐。他们批判空想家，却步其后尘，逃避现实，遁入梦境。经济学家比社会主义者、共产主义者更不合逻辑，后者耳闻目睹弊端，对此咬牙切齿，痛加揭露，只是错在提出的办法不切实际、毫无用处、纯属空想；而经济学家即使不是邪恶的制造者，却否认弊端，或者对此无动于衷，对病态社会说："'自由放任'，一切趋于完善！"

　　我以科学的名义，强烈反对这样指责我们、这样理解我们的话。我们和对手一样亲眼目睹了弊端，和他们一样对此感到悲哀，都竭力了解其中的原因，准备予以解决。但是，我们对问题的想法与他们不同。他们说社会坏透了，这是自由劳动、交易，即自然法则的自由运作造成的，因此必须从中卸下有害的齿轮，就是自由（他们称作竞争，甚至叫作混乱的竞争），强行换上不合适的齿轮。为此。各种意见层出不穷，说怪不怪，因为海阔天空任凭想象。

我们研究了上帝的社会法则，认为这些法则是和谐的。法则容忍不幸，因为法则是由人操作的，就是说由容易犯错误和有痛苦的人掌握的。但是，不幸本身在社会机制中也有其使命，这就是在限制自己，毁灭自己的过程中，向人提出警告，促使他们改过，向人提供经验和知识，凡此种种可归结为一句话，这就是改进。

我们还认为，自由并未主宰人类；上帝的法则并未充分发挥作用，上帝的法则纵然在起作用，也只是为了缓慢、艰难地弥补无知、谬误造成的动乱影响。因此，不要指责我们说"**自由放任**"，因为我们并不是说：让人去干他想干的事，甚至是干坏事。我们的意思是：研究上帝的法则，接受这些法则，**让法则发挥作用**。要把法则从这些滥用、强制和狡诈的障碍中解脱出来，这样，人类中就会出现双重进步：不断改进，不断平等。

因为，归根结底，两者必居其一：人的利益或协调一致，或实际上互不相容。所谓利益就是人锲而不舍追求的东西，否则就不成其为利益了。如果人追求另一种东西，这东西便是利益所在。因此，如果利益协调一致的话，那么，考虑到这些利益就可使幸福与和谐得到实现。因为人的本性是追求幸福与和谐。这就是我们的主张，因此我们说：讲明道理，然后听任人们去干！如果人的利益本质上不协调，那么，您就有理了，因为除了违反、触犯、妨碍所有人的利益外，没有其他创造和谐的方法。然而，这将是无法理解的和谐，它只能产生于外界的、专制的影响之下：违反所有人的利益，因为您一定明白，人不会乖乖地被人伤害，因此您必须一开始就显得比他们所有的人强，这样才能叫人服帖；或者您要成功地欺骗他们，使他们弄不清自己的真正利益何在。的确，当人们误以为人的利益本质上不协调时，最值得庆幸的事，莫过于所有的人在自己的利益何在这个问题上搞错了。

强制手段和招摇撞骗，这就是你们唯一的伎俩。我不相信你们能有其他办法，除非承认人的利益协调一致。如果你们同意这个看法，你们就与我们站在一起了，那么，你们就应和我们一起说：让上帝的法则发挥作用吧！

可是，你们不愿这样做。有必要重复一遍：你们的出发点是，人的利益是彼此对抗的，因此你们不想让它们协调一致，因此你们不要自由，因此你们主张专制。你们一贯如此。

但是，注意了。不只是在你们和人类之间有斗争。你们是会接受这个斗争的，因为你们的目标就是侵犯人的利益。斗争亦会在你们中间出现，在发明社会和管理社会的人之间发生。因为你们现在是 1000 人，马上就有 10000 人，人人都有不同的观点。你们怎么办？很清楚，你们将夺取政府，这是战胜所有反抗者的唯一力量。你们中间谁能成功？当他要去惹怒被统治者时，所有的其他社会发明者就要群起而攻之，迫不及待地夺取政府这个工具。他们如能利用群众的不满情绪就越有可能取胜，因为，不要忘了，政府在这之前已经损害了所有人的利益。于是，我们就会陷入没完没了的革命之中，唯一的目的是要解决这样一个问题：谁又是怎样损害了人类的利益？

不要指责我夸大其词。如果人的利益不协调，所有这一切势难避免。因为，如果你们依然认为人的利益是彼此对抗的，那么，你们就永远摆脱不了这两难窘境：若不让人的利益应有尽有，那么，混乱就要发生，就需要一个铁腕人物来强制人的利益，这样的话混乱还是要发生。

说实话，还有第三种办法，我早已指出。那就是用欺骗的办法让人们不知道自己的利益所在，然而，由于对一个普通人来说，事情已不再轻而易举，所以，捷径就是把自己打扮成上帝。当空想社会主义者们为了将来当部长而敢于这样做时，向来都是这样做的。他们总是在著作中故弄玄虚，这是试探公众态度的气球。遗憾的是，这方法在19世纪不怎么灵验了。

因此，让我们坦率承认：为了摆脱这些难以根绝的困难，但愿我们研究了人的利益后，发现它们是和谐的。那样的话，著作家和政府的任务都会变得合理、容易了。

人常常弄不清自己的切身利益，我们作为著作家有责任解释、描绘，让人了解这些利益。我们确信，人们只要看到了自己的利益，就会紧追不舍。人弄不清自己的利益而去损害总体的利益（产生不协调），政府就有责任用上帝的法则把一小部分异端分子、违法分子引导到正义而又有利可图的道路上来。换句话说，政府的唯一职责是弘扬正义。政府不再为花费高昂代价、踩踏个人自由，艰难地创造一种和谐而操心，因为和谐无须人为创造，它只是被政府采取的行动破坏罢了。

由上可知，我们不是如此迷信社会和谐，以致不承认它可能而且经常受到破坏。我甚至要说，依我之见，盲目的激情、无知和谬误给这个美好秩序造成的动乱规模和影响要比大家想象的还要庞大、深远。这就是动乱的原因，我们即将予以研究。

人来到世上，本身对幸福有着执着的追求，对痛苦则表示厌恶。鉴于人有这种本能的驱动，我们不应否认个人利益是个人、所有的个人，乃至社会的大动力。在经济范围内，既然个人利益是人类活动的动机和社会的大原动力，那么，恶与善一样亦产生于此。因此，必须从个人利益中去寻找扰乱社会的诸多因素之间的和谐。

不断渴望个人利益就是要满足需求，或更通俗的说法是满足欲望。

在需要和满足这两个关系非常密切，但又不可转移的词之间，有可转让的、可交换的方法：努力。

此外，人身上还有比较、判断能力：智能。但是，人的智能可能有错。我们会搞错，这是无可争辩的。因为，如果有人对我们说：人不会搞错，我们就要回答他说：不应该向您论证和谐问题。

我们会犯各种各样的错误。我们会认识不清需求的相对重要性。这样，在孤立状态中，我们的努力方向就会不符合公认的利益。在社会范围内，在交换原则作用下，结果也是这样，我们会把需求和报酬引向一种微不足道、有害的劳务，从这方面确定人类劳动的流向。

我们还会弄错：执着地追求一种满足，只会消除一种痛苦，而引来一些更大的痛苦。结果变成了原因，很少不是这样。人有远见是为了瞻前顾后，不因眼前而牺牲未来，但是，我们常常缺乏先见之明。

因判断失误、感情冲动而造成的谬误，是造成不幸的首要原因。它主要属于道德范畴。这里，因为谬误和感情是个人的，因此，不幸在一定程度上是个人的。思索、经验、责任心是克服不幸的有效办法。

可是，这种性质的谬误一旦扩大，就具有社会性，引起极大不幸。例如，有些国家的当权者深信，人民的昌盛不是用需要得到满足，而是以不计后果的努力来衡量的。劳动的分工大大助长了这种幻想。因为，人们认为有一项职业就会遇到一种障碍，因此就想象障碍的存在是财富的源泉。在这些国家，自负、无畏、虚荣成为主要的爱好，并激起了某些相同的欲望，因此使一部分职业朝这个方向发展，被统治者一旦醒悟，不再追求这类奢侈，统治者就认为一切完了。他们问道，理发师、厨师、青年马夫、刺绣女工、舞蹈演员、饰带制造商等去干什么呢？他们不懂得，人的内心里总有相当多正当的、合理的、合法的欲望，足以让劳动者有工作可做；他们不懂得，问题远非取消某些欲望，而是要使之纯化、转化；他们不懂得劳动可随着欲望的变化而变化，而不是戛然停止。在被这类可悲理论所主宰的国家里，有人常说："遗憾的是，道德和实业不能并行不悖。我们倒是愿意公民有道德，但是，我们不允许他们变成懒汉和穷人。因此，我们继续制定鼓励奢侈的法律。万一需要，就向人民征税。为了他们的利益，为了确保他们有工作，我们要委任一些国王、总统、外交官、大臣，以便**代表**他们。"这样说而且这样做完全是出于诚意。甚至人民都乐意接受。明显的是，当奢侈和浮华就这样成为由政府处理、安排、规定、系统的立法事情时，责任法则就失去了所有的教诲力量。①

─────────────

①　作者未能继续剖析这些谬误，对被谬误引入歧途的人来说，它们几乎是造成不幸的直接原因；作者也未能阐说另一种由暴力和诡诈引起的谬误，这些谬误的后果首先由他人承受。作者在《动乱原因》中所作的评论与本章毫不相干，但在前后各章节中谈的除外。另请参阅《掠夺生理学》，载《诡辩论》第2系列，第1章（第4卷，第127页）。——原编者

第十九章　战争

在给一个民族以外貌、精神状态、特征、习俗、法规、才能的所有条件中，起主导作用的条件就是生活资料，因为生活资料潜在地制约着其余的条件。这是查理·孔德的观点，他的这一观点没有更多地影响思想和政治科学确实令人惊奇。

的确，生活资料通过延续性和普遍性这两种同样强有力的方式对人类起作用。生活、保养和发展自己、养家糊口，这些都不是因时间、地点、爱好、舆论、选择而存废的事情，而是所有国家里的所有人在任何时代都不得不考虑的永恒的、令人日夜操心的事情。

无论何处，人们的体力、智力和道德力量的绝大部分都直接或间接地用于创造或改变生活资料。猎人、渔民、牧人、农民、制造商、批发商、工人、手工业者、资本家，他们首先考虑的是活着（尽管这样说实在缺乏诗意），然后才考虑尽可能活得越来越好。他们正是为了活下去才成为猎人、渔民、制造商、农民等，这便是证明。同样，官员、士兵、法官也正是为满足他们的需求而从事这些职业。假如以忠于上帝和牺牲自我为业的人也印证"神甫靠祭坛谋生"这句话，那么我们就不能责备他，因为他在从事神职之前，也是世俗的人。如果这时他为自己写一本书，把这种想法，更确切地把人的生活条件指责为庸俗，那么出售这本书无疑是与他自己的论点打官司。愿上帝宽恕，我这样说并非否认忘我的存在。但是人们终将承认，忘我的存在是个例外，忘我唯其如此才是一种美德，才为我们所敬仰。当我们从整体上考察人类时，除非我们当了感情主义恶魔的俘虏，否则就应该承认，无私的努力就其数量而言，绝对无法与由我们本性严酷的必需所决定的努力相提并论。由于这种努力构成了我们劳动的整体，在我们每个人的生活中占有极为重要的位置，所以不可能不对我们民族如何生存产生重要影响。

圣－马可·吉拉尔丹先生在某处说过，与为了满足需求和劳动而必须遵循的重要的普遍法则相比，政体形式相对说来无足轻重，这一点他已经学会承认了。他说："你想知道一个民族是什么吗？不要问这个民族怎么治理，而要问他们干什么。"

总的观点是正确的。而提出这种观点的吉拉尔丹不久在把它变成理论体系时歪曲了它。政体形式的重要性过去被夸大了。他怎么办呢？他把政体形式说成毫无重要性可言，完全否定它，或只把它作为笑料。他说，我们只是在选举时，或在读报时才对政体形式感兴趣。君主制或共和制、贵族制或民主制，有什么关系？都要看它有什么结果。他认为无论什么政体，**幼稚**民族都很相似。他把美国比作古埃及，因为这两个国家都进行了巨大的工程。怎么能这么说呢！美国人开垦土地，开凿运河，修筑铁路，这些都是为了他们自己！埃及人为他们的国王和祭司们修建寺庙、金字塔、纪念碑、宫殿，因为他们是奴隶！这是一点细微的区别，形式上略有不同而已，不妨当它并不存在，或只是把它当作笑料！……噢，崇拜古典！致命的感染，你腐蚀了那么迷信的信徒！

圣－马可·吉拉尔丹先生从一个民族的主要事务决定它的才能这一观点出发接着说：过去，人们忙于战争和宗教事务，今天，人们则忙于商业和工业，这就是我们的先辈们带着战争和宗教烙印的原因。

卢梭早已断言，生存需要只是某些比较平庸的民族的一种主要的事务。其他能称其为民族的民族致力于更崇高的劳动。

圣－马可·吉拉尔丹和卢梭在这个问题上不是历史幻觉的受骗者吗？他们不是把游乐、消遣、嬉戏或某些人的专制主义借口和工具当成所有人的事了吗？这种幻觉来自历史学家常常对我们谈论的那个不劳动者阶级，而从来不是来自劳动者阶级，不是这样吗？以致我们竟然把不劳动者阶级当成了整个民族。

我不禁相信，在希腊人、罗马人时代，在中世纪，人类就已经像今天的人一样了，也就是说，人类迫于强大的、不断再生的需求，必须倾全力满足这些需求，否则就不能存活。于是，我也不禁相信，那时和今天一样，这就是人类主要的和消耗最大精力的事情。

确有这样的事：极少数什么也不干的人依靠受奴役的人们的劳动而生活。这一小部分游手好闲的人让奴隶们修建豪华的宫殿、宽敞的城堡、阴森的要塞。他们喜欢沉湎于女色和艺术建筑之中。他们喜好谈论哲学、天体演化。他们悉心培育出两门科学，他们的统治和享乐全靠这两门科学，即强权科学和狡诈科学。

虽然在贵族制统治下，许许多多的人忙于为自己创造维持生计的手段，并为压迫者们创造满足他们享乐的手段，但是，因为历史学家们没有提到这些人，所以我们最终忘记了他们的存在，把他们完全撇在一边了。我们只看到贵族统治，称为**古代社会**、**封建社会**。我们以为，这些社会无须求助于商业、工业、劳动和粗鲁的平民，就可以自己支撑自己；我们仰慕贵族们的无私、慷慨、对艺术的鉴赏力、唯灵论、对奴隶劳动的蔑视以及他们高尚的情感和思想。我们以一种夸张的口吻断定，某一时代人们只关心荣誉，另一时代人们只关心艺术，另一时代人们只关心哲学，另一时代人们只关心宗教，另一时代人们只关心道德。我们发自内心地为自己悲伤，我们以各种方式讥笑自己，因为尽管有这么多崇高的典范，我们却无法达到这个高度，而只得让劳动以及与之相关的那些平平常常的职业在现代生活中占有重要的位置。

想到劳动在古代社会中所占的位置也很重要，我们得到了一些安慰。但是一些人得以摆脱的劳动，却落到了大量被奴役的人的身上，不但压得他们喘不过气来，而且损害了正义、自由、所有权、财富、平等和进步。这就是我要向读者指出的骚乱的第一个原因。

人们获得生活资料的手段肯定会对他们的身体、道德、智力、经济和政治状况产生很大的影响。如果我们对许多部落进行考察，其中有的部落专门从事狩猎，有的专门从事航运业，就会发现，这些部落在思想、观点、习俗、服装、生活习惯、法规、宗教方面有很大区别。谁会怀疑这一点呢？人性本质无处不在，所以，在他们的法规、习俗、宗教中也有共同点，我深信，正是这些共同点，我们可以称其为人类的普遍规律。

无论如何，在我们现代的伟大社会中，所有的或几乎所有的生产方式：渔业、农业、工业、商业、科学和艺术都在同时应用，只是孰重孰轻有所不同而已。因此，各国间不存在多大差异；如果每个国家仅从事某一种生产，彼此的差异就大得多了。

但是，一个民族的从业种类固然对人们的道德产生很大影响，人们的欲望、兴趣和道德反过来也会对从业的种类产生很大影响，起码对其比例会产生影响。这一点我不再赘述，本书的另一章中已经述及。① 现在来谈谈本章的正题。

一个人（一个民族也是如此）可以用两种方法获取生活资料：创造或掠夺。

———————————

① 参见第十一章结尾。——作者

获取生活资料的这两大来源又各有许多方法。

可以通过狩猎、捕鱼、耕作等**创造**生活资料。

可以通过欺诈、暴力、强权、诡计、战争等**掠取**生活资料。

在不超出这两种方法的范围条件下，如果只因偏重这两种方法中的一种，我们便认为各民族之间的差异很大；那么，倘若一个民族单靠生产为生，而另一个民族单靠掠夺为生，它们之间的差异岂不更大得多吗？

因为，我们的能力，无论属于哪一种类，都无一例外地用来满足生存的需求；所以，为了改善各民族的社会状况，除了改善人的能力之外，还能有什么更好的办法呢？

这种思考虽然十分重要，但并未引起关注，所以我要说上几句。

为实现一种满足，就必须进行一种劳动，因此，以各种形式出现的掠夺，远非把生产排除在外，而是把生产包括在内的。

我感到，这一点可以减弱历史学家、诗人、作家对那些辉煌时代的迷恋。他们认为，他们称为**工业主义**的思想在那时不占主导地位。在那些时代里，人们生活着，因此，就像今天一样，人们以劳动完成着艰苦的任务。只不过一些民族、阶层、个人成功地将他们那份艰苦劳动和劳累转嫁给了其他民族、阶层和个人。

生产的性质可以说是从无中取得满足，从而维持和美化生活，因此一个人或一个民族的需求可以无限制地增长，而不使其他人和其他民族感到任何匮乏。恰恰相反，我们对经济机制进行深入研究，发现一个人的劳动成果为另一个人的劳动成果的取得创造了条件。

掠夺的性质是，为了得到满足，必须使别人遭受相应的匮乏。因为掠夺不是创造，而是把别人的劳动产品转归自己。掠夺把有关双方作出的努力完完全全地损失掉了。掠夺并未增加人类的享乐，反而降低了它，而且把欢乐给予不应享有它的人。

要生产，就必须把所有的能力都投入征服自然。因为要斗争、征服和控制的正是自然，所以化铁为犁是生产的象征。

要掠夺，就必须把所有的能力都用于控制人类。因为要战胜、屠杀、控制的正是人类，所以化铁为剑是掠夺的象征。

耕地的犁和杀人的剑之间的对立有多大，劳动民族和掠夺民族间的敌对就有多深。他们之间不可能有任何共同的东西，既没有共同的思想、趣味、爱好、特点，也没有共同的习俗、法规、道德和宗教。

当然，慈善家能看到的，最悲惨的场面之一就是，一个生产的时代正在竭尽全力地通过学习接受掠夺民族的思想感情，效仿他们的错误、偏见和恶习。人们常抱怨我们的时代不团结、言行不一，这是对的，我想我刚才指出了造成这一弊病的主要原因。

通过战争进行掠夺，就是单纯的、简单的、粗鲁的掠夺，其根源在人的心灵中，在人类的肌体中，在社会的普遍的动力中，即满足的诱惑和对痛苦的厌恶，总之，在人人都有的动力一个人利益中。

我把自己当成个人主义的控诉者，对此我并不懊丧。在此之前，人们曾认为我把个人利益这一原则当作偶像来崇拜，认为我把人类幸福的结果只归功于这一原则，也许甚至认为我把这一原则看得比同情、献身、忘我的原则更重要。不对，我并不这么认为，我只是看到个人利益的存在和它的巨大能量。当我把个人利益说成人类普遍的动力时，如果我不把它看作骚乱的原因，正如我曾把它看作社会秩序的和谐规律的原因那样，那么，我就没有正确评价个人利益的巨大能量，我就是自相矛盾。

我已经说过，人类不可克制地要维护自身，要改善生存条件，抓住他们所想象的幸福，至少也要向幸福靠近。基于同样的道理，人类要逃避艰辛和痛苦。

劳动这一人类为了进行生产而必须对自然界施加的行为，是一种艰辛、一种劳累。为此人类厌恶劳动，只是为了避免更大的痛苦才进行劳动。

有人从哲学的角度讲，劳动是一种好事。他说得有道理，因为他是就劳动的结果而言的。换句话说，劳动是一种相对的幸福，是借以避免更大痛苦的一种痛苦。这就是为什么当人们认为可以不再靠劳动而获得劳动成果时，就想方设法逃避劳动。

另一些人指出，**劳动本身**就是好事，与其生产的成果无关。劳动教化了人类，使人类强健，劳动对于人类来说是欢乐和健康的来源之一。这是千真万确的。这再一次体现了上帝在其创造物的各个部分播撒的终极意愿的无限丰富性。除了劳动的结果即产品之外，劳动还给人以额外的报偿，那就是给人体力和精神享受。既然人们可以说游手好闲是万恶之母，那么就必须承认劳动是许多美德之父。

所有这些都没有损害人心自然的、不可战胜的倾向，没有损害这种情感，即人类不是为了劳动而劳动，而总是把劳动与劳动成果进行比较；通过少量的劳动可以得到的东西，就不会为此付出大量的劳动；在两项艰苦的劳动中，决不选择最艰苦的那种；我们的普遍倾向就是尽可能地缩短努力和收效之间的距离；如果这样我们能得到某些闲暇，什么也不能阻止我们将闲暇用于符合我们爱好的劳动，以便得到更多的回报。

况且，这方面的普遍事实是具有决定意义的。无论何地、无论何时，我们都会看到，人总是把劳动看作一种付出，而把满足看作对劳动的补偿。无论何地、无论何时，都会看到人类尽可能地把劳动的劳累转嫁给动物、风、水、蒸汽、自然力，或是，唉！当他能够统治他们的同类时就转嫁给他们的同类。当人们把劳动转嫁给其同类时，劳动并没有减少，而是转嫁给了他人①，我之所以重复这一点，是因为人们常常忘记。

处于需求和劳动两种痛苦之间的人，在个人利益的驱使下，力图找到一种至少可以在某种程度上避免这两种痛苦的办法。这时，他们便把掠夺看作解决问题的办法。

他思忖着，如果不首先付出劳动进行生产，我真的没有任何办法弄到维持生命、满足自身需求的必需品了：食物、衣物、住所。但是不一定非通过**我**自己的劳动不可，只要我是最强大的，只要通过**他人**的劳动就够了。

这就是战争的起源。

我不想多谈战争的后果。

当事情这样发展下去时，即当一个人或一个民族劳动的时候，另一个人或另一个民族在等待着劳动的结束，以便掠夺劳动果实，这时读者一眼便可发现人类的力量遭受了损失。

在掠夺者方面，他们丝毫不能像他们所希望的那样，逃避所有种类的劳动。军事掠夺同样需要费力，有时需要付出巨大的努力。因此，当生产者从事满足需求的劳动时，掠夺者也在为获取这些产品而准备手段。但是，无论掠夺者是否成功，当掠夺完毕，满足需求的产品不多不少，只能满足不同人的需求，不能满足更多的需求。所以掠夺者为掠夺而付出的努力，以及所有没能用于生产的努力，即使不是对掠夺者而言，起码对人类来说，这些努力是浪费掉了。

这还不是全部。在多数情况下，生产者也有同样的损失。他们不可能毫不防备地等着威胁自身的事情发生。武装、要塞、弹药、训练，所有的防备都需要付出劳动，这些劳动永远地付诸东

---

① 人们在提出下面的问题时，就忘了这一点，即奴隶劳动比付薪劳动的成本昂贵还是低廉呢。——作者

流了。当然，对于期待着安全的人们来说，并非浪费，但对于人类来说，则是浪费。

假如生产者把劳动分成这样两部分后，仍然认为没有足够的力量抵御掠夺，那就更糟了，人类力量的浪费就表现为另一种形式了。因为，谁也不会为了让别人掠夺而生产，于是，再也没有人劳动了。

在道德后果方面，如同双方在能力方面受损的情形一样，能量、道德后果同样是可悲的。

上帝希望人类向自然界进行和平的搏斗，希望人类直接从自然界中采集胜利果实。当人们通过征服其同类而间接地控制自然界时，人类的使命就歪曲了。他把自己的能力用到另一个方向去了。只要看看**预见能力**，即对未来的预测，可以说它把我们升到了**天意**的地位，因为**预测**就是**赋予**，看看生产者的预测和掠夺者的预测有多么不同。

生产者需要知道原因和结果的关系，从这一点出发，他们要研究物质世界的规律，从中找出越来越有益的次要规律。假如他观察同类，那是为了预测他们的需求，以便以互惠为条件满足这种需求。

掠夺者从来不研究自然界。如果他们对别人进行观察，那是像鹰窥视猎物一样，寻找削弱和突然袭击猎物的办法。

生产者和掠夺者在其他能力方面也存在着类似的差别，并由此而扩展为观念上的差别。……①

通过战争进行掠夺不是偶然的、孤立的、瞬间的事，这是很普遍、很常见的事情，它的经常性仅次于劳动。

请告诉我，世界上还有什么地方不是由战胜者和战败者两类人共居？欧洲、亚洲和大洋洲的岛屿上，哪一块土地上还幸运地

---

① 参见《中学会考与社会主义》，第 4 卷，第 462 页。——原编者

住着未开化的人群？如果没有任何一个地方不曾发生民族迁移，那么，战争就是一个普遍的事实。

战争的痕迹同样普遍，除了流淌的鲜血、战利品、被扭曲的思想、受损能力之外，战争处处留下了伤痕，奴隶制和贵族制也应包括在内……

随着财富的形成，掠夺者已不满足于掠夺现成的财富，他们掠夺赖以形成财富的东西，即各种形式的资本，他们的目光尤其死死地盯在最最固定的资本上，即地产上。最后甚至占有人，因为人的能力就是劳动工具，他们认为占有人比掠夺人的产品更为简捷……

这些大事怎么能不作为骚乱的原因、作为人类自然发展的阻碍而发生作用呢！如果考虑到战争对劳动的消耗，如果考虑到战争减少了有效产品，余下的也都集中在少数获胜者手中，那么我们就不难懂得为什么广大群众极端贫困，这种极端贫困状况在今天是不可能用自由来作出解释的。

好战精神如何扩散。

侵略的民族容易遭到报复，他们经常进攻，有时也防御。当他们防御时，他们觉得自己的事业是正义的、神圣的，这时，他们可以激发勇敢、忠诚、爱国主义。但是，唉！他们把这种情感、这种思想用到进攻性战争中去了。这时的爱国主义是什么呢？……

当一个获胜的游手好闲的民族和一个战败的忍辱受屈的民族共同占有一块土地时，能够引起兴趣和好感的是获胜民族的战利品。消遣、享乐、鉴赏艺术、财富、军事训练、竞赛、恩惠、高雅优美、从事文学和诗歌写作，一切都属于战胜者。属于被征服民族的是手上的老茧、破烂的茅屋、臭味扑鼻的衣服……

与军事统治相关的统治民族的思想和偏见于是成为普遍舆论。无论男人、女人、儿童，所有的人都要把军事生活放在耕作劳动之前，战争先于劳动，掠夺先于生产。战败的民族也接受了这种情感。

当他们战胜了压迫者时，在世道转变之时，他们就开始效仿先前的战胜者。我说什么呢！这种效仿对他们来说是一种狂热……

战争怎么结束……

掠夺和生产一样根植于人心中。如果生产不能逐渐使掠夺失去意义，那么社会法律就不是和谐的，即使在我说过的狭义上也是如此。

第二十章　责任

　　这部书中有一种主导思想，这种思想贯穿于每一页，使每一行都充满活力，这种思想就是开启基督教信仰的思想：我信仰上帝。

　　不错，如果说某些经济学家与教徒不同，那就是这些经济学家会这样说："我们不大信上帝，因为我们看到自然规律导致灾难。然而，我们却说：**自由放任吧**！因为我们对自己更不相信。我们明白人类为阻止这些自然规律的发展所作的努力，只会加速灾难的降临。"

　　如果说社会主义者的作品与教徒的有别，那就是他们会这样说："我们装作相信上帝，但是我们最终还只相信自己。因为我们不想**自由放任**，因为我们提出的每项社会计划都比上帝的更好。"

　　我说**自由放任**，换句话说，就是尊重自由，尊重人类的创造埃博伊性……①

---

　　①　……因为我认为一种最高的推动力指引着人类的创造性，因为上帝只能借助各种利益和意志在道德方面起作用，各种利益的自然合力和各种意志的共同倾向不可能导致最终的邪恶：因为这将不仅仅是人或人类要走向谬误，而是上帝因其无能或不正确，把他的失败的创造物——人推向罪恶。

　　我们相信自由，因为我们相信普遍的和谐，也就是相信上帝。我们以信仰的名义宣布，以科学的名义提出道德活动非凡的、灵活的、具有生命力的规律，我们彻底排斥那些狭隘的、笨拙的、僵死的法规，而那些盲目行事的人却随意地把这些法规引入良好的机制。从无神论者的观点看，说听凭运气**自由放任**是荒谬的！而我们信教的人则有权高喊：让上帝的秩序和正义**自由放任**！让被我们称为人的创造性的这个可靠的推动因素和传动机构自由运转！这样理解的自由不再是个人主义的无政府状态的神化。透过活动着的人，我们所敬仰的是引导人的上帝。

……**责任**、**连带责任**，这些奥妙的规律不可能在上帝的启示以外找到原因，但是我们可以肯定它的效果和它对社会发展的可靠作用。由于人具有社会性，所以这些规律相互联系、相互混杂、相互促进，尽管有时也会相互冲撞。如果那门短视而盲目的科学没有被归结为一种方法——方法犹如一根拐杖，它既使这门科学有了力量，同时也让人看到了它的弱点——我们就应该从总体上，从它们的共同作用中来看待这些规律。

我们很清楚，人的思想会迷失方向，是的，在已知真理和未知真理之间会迷失方向。但是，既然人的本能就是寻找真理，人就注定能找到真理。我们指出，真实不仅与我们的悟性形式和心灵本能，而且与我们生存的物质和精神条件有着和谐的关系和必然的相近性，因此即使真实没有被人的心智看成**绝对真实**、没有被人的天生的同情当作**正确**，没有被理想愿望作为**美好**的东西，最终仍然会以它切实可行、无可否认的有效性得到承认。

我们清楚，自由可以带来邪恶，但是邪恶本身有其使命。上帝肯定不是盲目地将邪恶放在我们脚前把我们绊倒。可以说，上帝把邪恶放在我们必须走的道路两旁，为的是让我们在碰到邪恶后，弃恶从善。

意志具有惰性，有自己的万有引力规律。而无生命的物质则服从于先存、必然的趋向。对自由思想来说，吸引力和排斥力不先于运动；它产生于它好像等待着的那个有意的决定；它根据人的行为本身作出肯定或否定的反应，或是提供协助，或是予以制止，这就是人们所说的奖励或惩罚、快乐或痛苦。如果意志符合普遍规律，如果行为是**正确的**，人的行动就会得到帮助，结果就会是幸福。如果离开这个方向，如果行为是**错误的**，人就会受某种事物的阻挠，那么错误就会带来痛苦，而痛苦则既是医治错误的良方，也是错误的终结。邪恶总是与邪恶相对立，就像善良不断产生善良那样。可以说，从较高的角度看，自由意志的偏移仅限于在确定的幅度范围内，围绕着高级的和必然的方向摆动。企图打破这种限度的任何顽强的反抗，只能归于失败，最终丝毫不能打乱意志摆幅的规则。

这种吸引和排斥的反作用力通过奖惩作用于人类有意和必然的活动范围，自由人（邪恶只是必然的一半）**的这种引力定律**通过责任和连带责任两大表现形式显示出来，责任和连带责任，一个由个人承担行为的好坏结果，另一个则把行为的好坏结果转嫁给社会整体。即一个是对完全独立自主的个人而言，另一个则把个人包括在善恶不可分的整体之中，作为集体的和不灭的存在物——人类——的一部分或成员。**责任**是对个人自由的承认，是人**权**的依据。**连带责任**是个人责任从属于社会的证明，也是个人义务的原则。

（巴斯夏的原稿缺一页，请原谅我试着把他的这种宗教引导的思想作了补续。R. F）

自己认识自己，神谕：这是思想科学和政治科学的开端、过程和结束。

我在别处已说过：对于人或人类社会来说，和谐不意味着完美，而意味着改善。因为，可完善性总是在某种程度上意味着将来和过去的不完善。如果人类可永久地进入**极乐的**希望之乡，那他就不需要智慧和感觉了，那他也不再是人了。

邪恶是存在的，它是人类弱点中固有的。无论在精神方面还是在物质方面，无论在群体中还是在个人身上，无论在整体中还是在局部中，邪恶都会表现出来。生物学家难道因为眼睛会生病、会失明，而不认识这个可爱的器官的和谐机制吗？难道人体会痛、会病、会死，因为大卫王在失望时描写道："噢！坟墓，您是我的母亲！面对圣墓你是我的兄弟、姐妹！"他就否认人体是一架精巧的机器吗？同样，难道因为社会秩序永远不会将人类引入幻想中的极乐之港，经济学家就拒不承认在社会机构中社会秩序所代表的那些美好的东西吗？这个社会机构是为传播越来越多的光明、道德和幸福而创建的。

怪事，人们竟然认为经济学无权赞赏生物学！因为说到底，在和谐这一点上，个人与人群的终极原因有很大差别！无疑，个人在生命的作用下出生、成长、发展、变美、完善，直到其他火炬在这支火炬上取火点燃的时刻来临。这时，这支火炬具有各种美丽的色彩，充满欢乐和魅力，浑身都是外露的情感、善意、友爱、和谐。在以后的一段时间里，为了在生存的崎岖小路上引导刚刚召唤来的新生命，他的才智继续增长，并变得扎实。但是，他的美丽很快失去了，他的魅力消灭了，他的感觉不灵敏了，他的身体衰弱了，他的记忆混乱了，他的脑子迟钝了。真可怜！除了某些精英，连他的情感也好像浸透着私心，失去了那种诱惑力、那种清新、那种真实单纯的自然、那种深沉、那种理想、那种克己精神、那种诗意、那种无法形容的芬芳等，所有这些往日年轻时的优点。尽管大自然采取巧妙的预防措施以减缓他的变化，生物学将这种预防归纳为一个词：**药效预防**——这也就是这门科学能够达到的唯一的可怜的和谐——但是他却把自己逐步完善的过程倒过来重走一遍，他将以往所得的一切——抛在路上，边走边丢，直至失去一切。噢！乐观的天性也无法在这个缓慢而不可抗拒的衰退中找到任何宽慰与和谐的东西，看着这个以前如此傲慢、如此美丽的人，现在正凄惨地走向坟墓……走向坟墓！……这不是另一个世界的大门吗！……当科学中止时，宗教在另一个世界重又接上了①人世间②中断了的和谐一致，对个人来说也是如此。

尽管这是注定的结果，难道生物学再也看不到人体只是上帝最完美的杰作吗？

虽然社会机体可能遭受痛苦，甚至可能痛苦地死去，但是并非注定如此。不管有人怎样说，社会并非在发展到顶点的时候，就不可避免地走向衰败；帝国的崩溃不是人类的倒退；人类文明发展中，旧模式的消失是为了更先进的文明的诞生；朝代可以灭亡，政权形式可以改变，人类照样发展；国家的衰败就像秋天脱落的叶子，落叶肥沃了土壤，是为春天的来临，使后代生长得更加茂盛，果实更加丰硕。我说什么呢！纵然从纯民族的观点看，这种必然衰亡的理论也是错误的、过时的。从一个民族的生活方式中不可能发现必然衰败的任何原因。人们把一个民族比作一个

---

　　① 宗教是现世与来世、活人与死人、暂时与永久、有限与无限、人与上帝的连接者。

　　② 人们是否会说，当人们考虑个人命运时无法理解的神的公正，在人们思考民族命运时就显示出来了呢？每个人的命运都是一出戏，在这个剧场开演，而在那个剧场结束。但是各民族的命运并非如此。他们有教育意义的悲剧都开始和结束在人世间。所以历史是一门神圣的知识。这是上帝的公正吏（德·居斯蒂纳：《俄罗斯》）。——作者

人，把人和民族都说成既有童年也有老年，这只是一种错误的比喻。一个共同体在不断更新。但愿他们的制度是灵活的、可以改变的；但愿这种制度不与人类思想产生的新生力量相矛盾，而以容许和适应智力发展的方式建立起来。没有任何理由断言它不能青春永驻。尽管人们认为帝国不稳固，摇摇欲坠，但无论如何从总体上看，与人类相交融的社会是建立在比较坚实的基础上的。越研究社会，就越深信，社会如同人体一样具有一种借以摆脱苦难的**治疗力量**，而且社会内部还有一种**进步力量**，这种力量推动社会向无法限量的完善方向发展。

如果个体的疼痛不能妨碍全身的和谐，那么集体的痛苦更不能妨碍社会的和谐。

怎么把痛苦的存在和上帝的无限仁慈调和起来呢？不应该由我来解释我也弄不懂的问题。我只能提醒人们，不能强求政治经济学和解剖学解答这个问题。这两门科学是观察的科学，以实实在在的人为研究对象，并不向上帝请教那些深奥莫测的奥秘。

为此，我再说一遍，在这部书中，和谐不相等于绝对完美的思想，和谐只表示不断完善。上帝乐于将痛苦与我们的本性结合起来，他要我们身上的软弱先于满足，无知先于科学，需求先于满足，努力先于结果，获得先于拥有，贫乏先于富足，错误先于结果，错误先于真理，经验先于预测。我毫无怨言地听从上帝的话，因为我不可能设想其他办法。如果上帝能通过一种既简单又灵巧的机制，**使所有人都接近一种不断提高的共同水平**，如果上帝能由此而保证——即使借助我们称之为痛苦的作用——进步的持久和广泛，那么我不仅要在这只高贵而强大的手下言听计从，而且要感激它、赞美它、爱护它。

我们看到一些流派涌现出来，他们利用这个问题的难以解决（从人类的角度讲）来搅乱其他一切问题，好像我们有限的才智可以理解和调节无限的东西。他们把**上帝不可能想要痛苦**这句话作为社会科学的开端，提出一系列的结论："社会上有痛苦，所以说社会不是按照上帝的意图组织的。改变，再改变，永远改变这个社会。试验，实验，直至我们找到一种能从世界上消除一切痛苦的痕迹的社会形式。到那时，我们才能承认：上帝的统治来临了。"

不仅如此，这些流派竟然在他们的社会规划中以同样的理由排除自由和苦难。因为，自由意味着可能犯错误，因而也就意味着可能有痛苦。他们对人们说："让我们把你们组织起来，你们不要插手，不要比较，不要判断，不要自己为自己决定什么。我们憎恶**自由放任**，但我们要求你们自己自由放任，也让我们自由放任。如果我们把你们引向极乐世界，那么上帝的无限仁慈将得到证明。"

自相矛盾，前后不一，傲慢，我不知道在这段话中占主导地位的究竟是什么。

其中有一个派别虽不大通哲理，却颇能张扬，它许诺给人类一种纯粹的幸福。若把人类的管理权交给这一派，他们就能保证借助某些方式，消除所有痛苦的感觉。

如果你们不盲目地相信这一派的许诺，立即提出有史以来一直使哲学家感到绝望的可怕的难以解决的问题，这个派别就会让你们消除痛苦的存在与上帝的无限仁慈之间的矛盾。你们犹豫？他们就谴责你们亵渎上帝。

在这个问题上，傅立叶把所有的组合都做了。

"**或是上帝不知道**应该给我们一部有吸引的、公正的、真实的、统一的社会法典，在这种情况下，上帝是不公正的，他创造了我们的需求，却无法满足我们。"

"**或是上帝不想给**我们这部法典，在这种情况下，他是有预谋的虐待者，他随意地为我们创造了一些不可能满足的需求。"

"**或是上帝知道但不想给**我们这部法典，在这种情况下，上帝是在与魔鬼比赛，他知道行善但情愿让邪恶主宰人类。"

"**或是上帝想给但不知道**怎么给人类这部法典，在这种情况下，他没有能力管理我们，他懂得也希望行善，但不知道如何行善。"

"**或是上帝既不知道也不想**给人类这部法典，在这种情况下，上帝还不如魔鬼，魔鬼是歹徒，不是野兽。"

"**或是上帝知道也想**给人类这部法典，在这种情况下，法典是存在的，上帝不该不把它揭示出来，等等。"

傅立叶是先知。让我们信任他和他的信徒，上帝就将被证明是正确的，怜悯心就将改变性质，痛苦就将从地球上消失。

那些宣传绝对幸福的教士们，那些勇敢的逻辑学家们不停地说："因为上帝是完美的，所以上帝的事业肯定是完美的。"他们指责我们亵渎神明，因为我们甘心于人类的不完美。我说，他们怎么看不到，即使在最有利于他们的假设中，他们也比我们更亵渎神明？我很想在孔西德朗、埃纳坎等先生的统治下，地球上没有一个人失去母亲，没有一个人牙痛。在这种情况下，他也可以念祷文了：**上帝不知道或不想**发生这样的事。我要让邪恶从社会主义大道理出现的那天起就重新掉入地狱的深渊。我希望他们的计划之一，无论法伦斯泰尔、无息贷款、无政府、三人小组或社会工场等等，能有铲除将来一切邪恶的效能。但是，这个计划有消除过去痛苦的效能吗？无限就是没有界限，如果从创世记以来，世界上曾有一个不幸的人，那么，这就足以使上帝无限仁慈的问题，从他们的观点来看，成为不能解决的问题了。

我们不应把有限的科学同无限的神秘联系在一起，我们应该把观察和理性应用于科学，而把其他手段应用于神的启示和信仰。

从各方面和各种观点来看，人是不完善的。起码在这个地球上，人在各个方向上都受到限制，在各个点上趋于完美。人的力量、智慧、情感、生命都没有任何绝对的东西，所有这一切属于一个会疲劳、变坏、死亡的肉体。

不仅如此，而且我们的不完美是根深蒂固的，以致我们甚至不能设想我们身上或我们身外有任何一种完美。我们的思想与完美的观点相去甚远，以致想得到完美的努力全然是徒劳。人越是想得到完美，越是得不到，越陷入错综复杂的矛盾中。请你给我指出一位完美的人，你会给我指出一位不会受苦的人，因此他没有需求，没有愿望，没有情感，没有感觉，没有头脑，没有肌肉；他什么都知道，所以他没有注意力，没有判断力，没有推理能力，没有记忆力，没有想象力，没有智力。总之你给我指出的将是一个不是人的人。

因此，无论从什么方面观察人，都必须看到人是会有痛苦的。必须承认痛苦是实施上帝计划的推动力。与其寻找消灭痛苦的幻术，不如研究痛苦的作用和使命。

上帝想创造一个有需求、有能力满足需求的人，从那天起，上帝就决定这个人应受痛苦的折磨。没有痛苦，我们就不知道需求，而没有需求，我们就既不知道我们的能力有何效用，也不知道这些能力存在的理由。我们的伟大和我们的痛苦同出一源。

我们不但受到无数次刺激的推动，拥有明确努力方向和珍惜努力结果的才智，我们还有决定自己命运的**自由意识**。

自由意识可能导致犯错误，错误又引起不可避免的后果——痛苦。**自由选择**就是冒抉择错误的风险；抉择错误就是为自己准备苦难。谁若不对自由选择做这样的解释，我就要同他辩一辩。

所以，除了绝对幸福之外，对任何东西都不满意的派别无疑都是唯物论者和宿命论者。他们不能接受自由意识。他们明白选择自由产生于行动自由之中；选择自由意味着有犯错误的可能性；有可能犯错误就有可能产生不幸。在一个组织者创造的那种人为的社会中，不幸是不能出现的。为此，人们在这个社会中必须避免可能的错误，最保险的办法就是剥夺人们行动的自由、选择的自由和自由意识。有人这样说社会主义是有道理的，社会主义是专制主义的化身。

面对这种胡言乱语，我们要问组织者根据什么敢于为自己、为世界这样想、这样做、这样选择。由于组织者毕竟还属于人类，所以他会犯错误。由于他力图扩展自己的科学和意志，他就更容易犯错误。

组织者肯定认为反驳他的人犯了根本的错误，把组织者和其余的人混为一谈。由于组织者认为神的事业有缺陷，他要彻底改变神的事业，所以他不是人，他是上帝，比上帝还强。

社会主义有两个成分：轻率的妄想和傲慢的狂热！

作为所有研究出发点的自由意识被否定之时，不就是论证自由意识之日吗？我不想这样做。如果每个人都感到了这一点，那就够了。我不是隐约而是从内心里比亚里士多德、欧几里得向我指出的更确信百倍，当我作出给我带来荣誉的选择时，我真心地感到快乐。当我作出失去尊严的选择时，我感到内疚。此外，我看到所有的人都用自己的行为来肯定自由意识，虽然还有一些人在他们的作品中否定自由意识。所有的人都斟酌动机，仔细思考，作出决定，改变决定，努力预测；人人出主意，为不公正而震怒，尊重献身的行为。这就是说，每个人都承认自己和别人身上有自由意识，没有自由意识，就没有选择，没有建议，没有预见，没有道德，没有德行。千万不要论证已为普遍实践所承认的东西。君士坦丁堡的绝对宿命论者不会比亚历山德里亚的绝对怀疑论者多。承认自己是宿命论者或怀疑论者的人居然还想说服别人，岂不是疯了吗！他们没有说服别人的能力。他们十分微妙地证实他们没有意识。但是，因为他们做得让人觉得似有一种意识，所以我们不与他们争执。

所以说，我们是处在大自然的怀抱中，生活在兄弟们之中。

我们受到冲动、需求、饥饿、欲望的推动；我们拥有对付一切事物、一切人的各种才能；我们通过自由意识决定自己的行动；我们拥有的才智是可以完善的，因而是不完美的，而且，才智既让我们明白事理，又误导我们行为的结果。

人的每个行动都引起一系列好的或坏的结果，有些落到行动者自己身上，有些影响他的家庭、亲戚、同乡，乃至影响整个人类。因此可以说，人类的每个行动都使两根绳子产生震动，震动所发出的响声犹如神谕在耳边回荡：责任和连带责任。

责任是行为者行为与后果的自然联系，是一种必然的惩罚和奖励的完整体系，任何人都不能制造出来，它按照重要的自然规律行事，我们因此把它看作是神的创造。责任显然是为了减少有害行为，增加有益行为。

这是一种既能矫正，又能促进，既会奖励又会处罚的机制，它如此简单又贴近我们，与我们的生命如此等同，无时无刻不在行动，以致我们不仅不能否定它，而且像邪恶一样，它是各种现象的一种，没有它们，对我们来说所有的生活就不可思议。

《创世记》中讲，第一个人因学会了区分善与恶，被逐出伊甸园。**知道善恶，上帝就判决他：你一生通过劳作从土地上得食，艰难困苦伴你而行，十分辛苦地以麦面充饥，直到你复归依其为生的尘土。因为你来自尘土必将复归尘土。**

这就是善恶，就是人类。这就是产生好坏结果的行为和习惯，就是人类。这就是劳作、血汗、荆棘、苦难和死亡，就是人类。

我之所以说就是人类，那是因为，选择、犯错误、受苦受难、矫正，总之所有包括在责任概念中的各种成分，都是我们敏感的、聪明的、自由的本性所固有的，本性就是如此，我很难苟同那种为人类构想另外一种生存方式的最丰富的想象力。

有人说人不知道善恶地生活在**伊甸园**里，我们可以相信这一点，但我们不能明白这一点，因为我们的本性已经深深地改变了。

我们不可能把**生存**的概念与**感觉**的概念分开，不能把感觉的概念与**欢乐**和**痛苦**的概念分开，不能把欢乐和痛苦的概念与**惩罚**和**奖励**的概念分开，不能把**智慧**的概念与**自由**和**选择**的概念分开，不能把这些概念与责任的概念分开，正是这些概念的整体给了我们生存的概念，以致当我们因理性告诉我们活着不会受苦而想到上帝时，人这个概念仍然是混乱的，因为**生存**和感觉对我们来说是分不开的。

这里肯定是把信仰作为命运的必要补充了。信仰是创造物和造物主之间唯一可能的联系。因为对理性来讲，造物主是而且永远是**难以理解的上帝**。

要看看责任多么贴近我们，如何在各方面束缚我们，只需看看最简单的事情。

火烧我们，重物冲撞我们的身体。如果我们没有感觉，如果我们没有因火的逼近和重物接触身体而感到痛苦的话，那么我们随时都会死亡。

从最初的幼年时代到老年时代，我们的生命只是一个漫长的学徒期。由于摔跟斗我们才学会了走路；我们通过艰辛和反复体验才学会了避暑、抗寒、耐饥、耐渴、节制。不要抱怨体验的艰辛，假如体验不艰辛，那么它就不会教会我们任何东西。

道德方面也是如此。正是残酷、不公正、恐惧、暴力、狡诈、怠惰的可悲结果，教会我们要温和、公正、勇敢、谦逊、真诚和勤劳。体验是长期的，总是在继续，但是有效益。

人既是这样构成的，就不可能认识不到责任是一种动力，是专门促进社会发展的动力，是熔铸体验的熔炉。认为过去优越的那些人，与对将来失望的那些人一样，陷入了最明显的矛盾中。他们看不到这一点，就会宣扬错误的东西，诽谤光明，就像他们自己所说："我越学习，越知道得少，我越看清对我们有害的东西，我越受其所害。"假如人就是这样想的，那么人早就不存在了。

人开始时无知和没有经验。随着时间的推移，我们越发会碰到那种不具有能指导选择知识的人，这种知识通过下列两种方法中的一种获得：思考或亲身体验。

人的每个行为常常会有一系列后果，而不只是一个后果。有时候第一个后果是好的，其余是坏的；有时候第一个后果是坏的，其余是好的。人的一个决定能够产生多种后果，其中善恶比例各不相等。但愿我们可以称导致恶比善多的行为为**邪恶**的行为；称导致善比恶多的行为为**道德**行为。

如果我们的一个行为产生的第一个后果使我们满意，而随之而来的许多后果却损害了我们，以致邪恶的数量大大超过了善良的数量，那么，随着我们的预测力的不断增长，这种行为就会减少，就会消灭。

人们自然会先看到近期后果，然后是远期后果。由此可知，我们称之为邪恶的行为在我们的无知状态中会增多。同样行为的重复就成了习惯。无知的时代是坏习惯统治的时代。

而后，是不正确的法律占统治地位，因为重复行为和普遍的习惯构成了习俗，法律依据习俗制定，可以说法律是官方的表达形式。

无知怎么制止呢？人们怎么学会认识行为和习惯的第二个、第三个直至最后一个后果呢？

对此，人们的第一个办法，就是使用从上帝那里得到的辨别和推理能力。

但是还有一种更可靠、更有效的办法，那就是经验。只要行动，必然有后果。第一个后果是好的，这一点早就知道了，因为之所以采取行动就是为了要得到这个结果。但是第二个结果带来痛苦，第三个结果则带来更大的痛苦，依此类推。

　　这时，眼睛睁大了，知识形成了。于是人们不再这样做，出于对往后的后果会带来更大痛苦的担心，人们牺牲第一个好的后果。如果这种行为已成为一种习惯，人们已没有力量放弃它，那么至少人们再做时会有犹豫和厌恶感，而且是在经过一番内心斗争之后才去做。人们对此不予提倡，而加以指责，并让孩子们不再这样做，这样，人们肯定就走上了进步的道路。

　　相反，如果有一种行为是有益的，但是人们不想做，因为唯一可知的第一个后果是艰辛，而以后有益的后果人们一无所知，因此人们不久就尝到不做的后果。比如，一个野蛮人吃饱了，他不能料到明天会挨饿，他何必今天劳动呢？劳动是眼前的一种痛苦，这一点不需要预见就能知道。于是他仍然什么也不干，但是日子一天天地过去，他饿了，在饥饿的刺激下他必须劳动。这种重复出现的教训必然培养了人们的预见能力。渐渐地他对惰性有了认识，不再懒惰，而且教导年轻人不要懒惰，公共舆论转而提倡劳动了。

　　但是为使经验成为一种忠告，完成其在世上的使命，促进预见能力的增长，展示一系列的效果，发扬好的习惯，限制不良习惯，总之为了使经验能够成为进步和道德改善的工具，必须让责任法则发挥作用，必须让人感到不良后果的影响。说到底，必须让**邪恶**横行一时。

　　当然最好是没有邪恶，如果人是按另一种计划创造的，这也许可以实现。但是与人共同诞生的是他的需求、他的欲望、他的感觉、他的自由意识、他的选择和犯错误的能力、他的必然含有后果的原因发生作用的能力，而只要原因存在，就不可能消灭这些必然的后果。消灭原因的唯一办法就是弘扬自由意识，修正选择，取消坏的行为和习惯。只有责任法则可以实现这一切。

　　因此，我们可以肯定这一点：人既是这样的，邪恶对他就不仅必要而且有益。邪恶有一项使命，它存在于普遍和谐之中，它的一项使命就是摧毁它本身存在的原因，限制自己，帮助实现善良，鼓励进步。

我们用我们正在考虑的问题，即政治经济学方面的几个例子来阐述这个问题。

节约、浪费。

垄断。

人口①……

责任通过三种赏罚体现出来：

1. **自然赏罚**。这是我刚讲过的赏罚，就是行为和习惯必然包含的惩罚或奖励。

2. **宗教赏罚**。这是在另一个世界确定的对邪恶的行为和习惯的惩罚和对有道德的行为和习惯的奖励。

3. **法律赏罚**。这是社会事先制定的惩罚与奖励。

在这三种赏罚中，我认为第一种是基本的。我这样说可能伤害了我所尊重的人的情感，但是我请求基督徒们允许我表述我的观点。

这大概是哲学思想和宗教思想将会永远争论下去的主题，这个问题是：一种行为之所以是邪恶的，是由于上帝的启示已宣布它是邪恶的，而不是由于这种行为的后果；或者是神的启示之所以宣布这种行为是邪恶的，是由于它产生了后果。

我认为基督教能够同意后一个观点。基督教说，它不是反对自然规律的，而是加强这个规律。我们很难同意以下说法：上帝

---

① 作者在这里要通过例子予以展开有趣的话题，虽已预先指明了性质，但是不幸的是他没有把展开部分写出来。作为补充，读者可以参阅本书第十六章和《人们看到的和看不到的东西》一书的第5卷，第7章、第11章，第363、383页。——原编者

是至高的，他把人类的行为专横地分了类。把惩罚许给这些行为，把奖励许给那些行为，而在这样做时，丝毫不考虑行为的作用，即在普遍的和谐之中它们是不协调的还是协调的。

当基督教说："你不要杀人，也不要隐匿"时，无疑它的目的是制止某些损害人类和社会的行为，因为这是它的事业。

考虑行为后果对人来说很重要，如果此人属于一个宗教，而这个宗教如果禁止被普遍经验证明是有益的行为，鼓励有明显害处的习惯，那么我认为这个宗教渐渐地就会支撑不住，就会在知识的进步面前垮掉。人们不可能总是把作恶行善说成是上帝早已安排好的意图。

这里我论及的问题也许对基督教并不重要，因为基督教只倡导行善，只禁止作恶。

我研究的是这个问题，宗教赏罚原则上是否是对自然赏罚的肯定，或者说，原则上自然惩罚是否在宗教惩罚面前微不足道，当它们发生矛盾时，自然惩罚是否应向宗教惩罚让步。

如果我没搞错，宗教信徒们丝毫不关心自然赏罚。他们对此有一条无可辩驳的理由："上帝命令这样，上帝禁止那样。"无须考虑对或错，因为上帝是绝不会错的，而且无所不能。即使上帝命令毁灭世界，也必须盲目地去做，就好像上帝亲自对你说的那样，亲自给你指出天堂与地狱那样去做。

甚至在真正的宗教里也会发生纯洁的行为被上帝的权威禁止这样的事。比如，获取一点利息就被说成罪过。如果人类遵循这条禁令，那么人早就从地球上消失了。因为没有利息就不可能有资本，没有资本，就没有先前的劳动与眼前劳动的协作，没有这种协作就没有社会，没有社会就没有人类。

另一方面，再仔细研究一下利息，人们就会相信，它不仅在普遍效果中是有益的，而且与仁慈和真理不矛盾，就如同教士们的工资一样合理，当然，与信徒们的献金相比，合理性就稍逊一筹了。

所以说，宗教的巨大力量也不能在这方面片刻抑制事物的本质。充其量只能在极少量的事情上掩盖某种形式和不常见的利益。

宗教的规定也是如此，福音书对我们说："如果有人打你脸的一侧，你要把另一侧也给他打。"这是一个戒规，严格讲它侵犯了个人自卫的合法权利，因而也就侵犯了社会的权利。因为没有这种权利，人类不可能生存。

因此而发生什么呢？18 个世纪以来，人们一再重复权利这个词，但只是一种空洞的老生常谈。

更严重的是，世界上有一些错误的宗教。这些宗教必须接受的训诫和禁令是违背针对这种或那种行为的自然赏罚的。

上帝赐给我们许多方法，用这些方法可以在这件大事中区别正确与错误，区别哪些是来自上帝的，哪些是来自欺骗的。在这些方法中有一种更可靠、更具决定性的方法，那就是通过对人类发展和进步所产生的后果来检验一种理论：**可以用它们结出的果实判断它**。

法律赏罚，大自然以每个行为、每种习惯必然产生的效果作为形式建立了一套处罚和奖赏的制度，在这种情况下，人类的法律还应起什么作用呢？它只有三件事可做：放手让责任自己起作用，支持它或限制它。

我感到，当一种法律赏罚实施时，无疑应该只是为了使自然赏罚更有力、更有规律、更加可靠、更有效力。这是两种强大的力量，应该互为补充，不应互相对立。

例如，欺诈起初对欺诈者有利，但是从长远看欺诈常常对欺诈者来说是灾难。因为欺诈有损于他的威信、他的尊严、他的名誉，欺诈使他被周围的人不信任和猜疑。此外，欺诈总是有损于被欺诈者，欺诈最终引起社会不安宁，迫使社会把一部分力量用于繁重的防范措施上，于是邪恶的总和就大大超过善良的总和。这时自然责任就应以预防和强制方式不断地起作用。可是不难理解，单靠必要的责任的缓慢作用，人群尚不能放心，因而人群会除了自然赏罚之外，再求助于法律赏罚。因此，我们可以说法律赏罚只是组织的、有规律的自然赏罚。

法律赏罚使惩罚更快、更准确。法律赏罚使事实更公开、更准确。法律赏罚保护被告，可以在必要时向被告提供申辩的机会，防止舆论的错误，以提起公诉取代个人复仇，从而平息个人复仇。最后，也许是最基本的，法律赏罚不会推翻来自经验的忠告。

因此在法律赏罚与自然赏罚并举并促成同样的结果时，不能说法律赏罚在原则上是不合逻辑的。

但是不能由此认为，法律赏罚在任何情况下都应该代替自然赏罚，人的法律也不能仅因它对责任起作用而被赋予存在的理由。

人为地把罚与奖分开，会给人带来一大堆麻烦，这一点必须予以考虑。因为，法律赏罚是为人而设，为人而运转的，所以花费很大。

在有条理地制止一种行为和一种习惯时，总要考虑这个问题：

通过自然惩罚之外的法律惩罚得来的额外的善良是否能抵消惩罚机构固有的弊端呢？

换句话说，人为惩罚的弊端是高于还是低于不予处罚的弊端呢？

在审判偷窃、杀人、大多数轻罪和重罪时，这个问题是无异议的。世界各国都用政权的力量来镇压这些罪犯。

当关系到出自道德因素、难以确认的习惯时，问题就变了。尽管这种习惯被普遍认为是有害的、是恶习，但法律常常会对此不置可否，而让自然责任去管。

先说这件事：每当遇到一种难以定性的行为或习惯，有人说好，有人说坏时，法律就该不置可否。你认为我信仰天主教是错误的；我认为你信仰路德教是错误的；让上帝去评判吧。为什么我要打击你？你要打击我呢？既然我们之中的一个人打击另一个人是不适当的，那么，自己不动手而让第三者，即当政者为了让一个人满意而去打另一个人，这怎么能是恰当的呢？

你认为我教我的孩子自然科学和道德科学是错误的；我认为你只教你的孩子希腊语和拉丁语是错误的。让我们各自按自己的想法行事吧！让我们在我们家中使用责任法则吧！它会处罚我们中做错的人。千万别援引人类的法律，它可能会处罚没有犯错误的人。

你认为我最好从事这个职业；最好按照这种方式劳作；最好用铁犁而不用木犁；最好稀疏播种而不是密集播种；最好在东方购物而不在西方购物；而我却认为反过来才对，因为我有我的打算。归根结底，我比你更关心的是在决定我们的喜乐、我们的生存、我的家庭幸福的这些事情上别搞错了，而这些事情只与你的自尊、你的理论有关。你可以规劝我，但是什么也别强迫我。我决心承担**风险**，这就行了，这里法律若要干预那就是粗暴。

可见，在生活中所有重要的行为中，必须尊重自由意识，相信人们自己的决断，相信上帝给予人类使用的内心的火光，此外，让责任去做它的事。

在相似的情况下，法律的干预除了既可能导致错误也可能导致真理这一缺陷外，还可能有另外一种缺陷，那就是窒息人的才智，熄灭人类特有的、保证人类进步的火把。

但是，即使一种行为、一种习惯、一个实践已被公认为是错误的、邪恶的、不道德的，在这点上已没有疑问，而且干这种事的人首先感到内疚，即便如此，依然不足以认为人类法律的干预是正当的，正像我刚才讲的，还必须进一步弄清，这种弊端的不良后果和法律手段固有的不良后果，相加之后产生的坏处是否比自然赏罚和法律赏罚相加之后产生的好处还多。

这里我们来看看用于抑制懒惰、浪费、吝啬、利己、贪财、野心的法律处罚所产生的利弊。

以懒惰为例。

这是一种很自然的习性，对于欢呼"什么都不干多舒服"的意大利人，对于说"我是快乐的懒汉"的卢梭，抱有同感的不乏其人。懒惰肯定能带来某种满足，否则，世界上也就没有懒汉了。

但是，这种习性带来一系列的邪恶，以致就形成了这句话：**游手好闲是万恶之母。**

邪恶远远超过了善良，自然责任法则在这方面必须以某种有效方式采取行动，或者以教育的方式，或者以激励的方式。因为由于劳动，世界已经发展到了文明阶段，我们所见到的就是一个文明的世界。

现在无论用教育的方式，或用激励的方式，法律赏罚添加在上帝赏罚里的是什么呢？假定有一项惩治懒汉的法律，那么这项法律能在多大程度上提高一个民族的勤快程度呢？

如果能够知道这个程度，那么就可以确切地衡量出这项法律的好处。我承认我对此毫无概念。但是必须要问得到这种好处的代价。而且，只要稍微想一想就会相信，法律手段肯定会带来的坏处将远远超过它带来的不肯定的好处。

首先，法国有 3600 万公民，必须对每个人实行严格的监督，跟着他们去田间、车间，到他们家中。职员的数字，税收的增加等，我就不说了，请大家自己去算吧。

其次，如今勤劳的人——感谢上帝，他们的数量很多——也得跟懒汉一样接受那项让人受不了的调查。为惩罚大自然要处罚的一名罪犯，而让一百名无辜者经受有损名誉的调查，这不是一个巨大的缺陷。

再次，什么时候开始懒惰的？在每次提交司法处理时，都必须进行一次细致精确的调查，被告是否真正的游手好闲，还是必要的休息？他是病了，还是在沉思，或是在祈祷？等等。怎样判断这些细小的区别？他是否加重上午的劳动以便晚上消遣一会儿呢？得有多少证人！多少鉴定人！多少法官！多少警察！多少反抗！多少起诉！多少仇恨啊！……

接下来就是司法错误了。许许多多的懒汉逃脱处罚！相反，许多勤劳的人却因休闲了一天而坐牢一个月！

看到了这些和许多其他事情后，有人说：让自然责任法则去处罚吧。这样做是对的。

社会主义者为消灭专制主义，永不退缩，因为他们宣布过目的是至高无上的。他们把责任当作**个人主义**加以痛斥，接着他们试图取消责任，把它纳入扩展到自然界限之外的连带责任的作用范围中去。

人类的可完善性的两大动力错位的结果是致命的。对于人来说，不再有尊严，不再有自由。因为人既然不再为自己行为好或坏的后果承担个人责任，单独行动的权利便不存在了。假如个人的每个行动都将对整个社会产生一系列影响，那么每个行动的主动性就不能再交给个人，而应属于社会。唯有整体可以决定一切、解决一切：教育、膳食、工资、快乐、运输、情感、家庭、等等。因为社会是通过法律表达的，而法律就是立法者；于是就成了一群羊和一个牧羊人，其实比这更糟，因为这是一个无生气的物质和一位工人。我们从中看到，取消责任和个人主义会有什么结果。

为使民众看不到这种可怕的目的，社会主义在攻击个人主义的同时必须奉承极端个人主义的热情。社会主义对不幸的人们说过："你们不要依据责任法则来检查自己是否受苦。世界上有一些幸福的人，依据连带责任法则，你们应该分享他们的幸福。"为使连带责任法则达到人为的、官方的、合法的、强行的、歪曲自然本意的令人致昏的地步，他们把欺诈奉为体系，歪曲一切正义的概念，颂扬人们以为被取消的个人主义的情感，直到使用权力和邪恶行为的程度。于是一切都被拴在一起了：其原则是否定自由的和谐，其结果就是专制主义和奴隶制，其手段则是不道德。

改变责任法则本质的各种企图都是对正义、对自由、对秩序、对文明、对进步的损害。

对正义的损害。一旦成为一个行动，或一种习惯，好或坏的结果必然接踵而来。噢！假如有可能取消这些结果，那么让责任的自然法则不再发生作用似乎会有好处。但是成文法唯一可以得出的结果是，做坏事的人可以得到坏事的好结果，而坏的结果则落到第三者或集体身上。这是不公正的特点。

现代社会是按这种原则组成的：家庭之父要照顾抚养他生的孩子们。正是这条原则在把人口的增长和分布控制在一定的范围之内，因为每个人都感到了自己的责任。但是，不是所有的人都对孩子有同样的远见。在大城市，不道德和无远见是相连的。现在有一笔基金和一个部门负责收容被父母遗弃的儿童。没有人为阻止这种可耻的行为而进行调查研究，所以被遗弃儿童的数字不断增长，大量出现在我们很贫困的乡村。

有一位农民，他为了不负担家庭而晚婚，但他被迫抚养别人的孩子。他不劝儿子在此事上有远见。过着节俭生活的另一个人，被迫付钱供养私生子。从宗教的观点看，他的良心安宁了，但从人类的角度看，他会被说成是傻子……

我们这里不打算涉及公众的慈善问题，只想指出这样一个基本问题：国家权力越集中，它越把自然责任变成虚假的连带责任，就越会使行为的后果失去其作为神授的公正、报应以及预防的作用，就越会使行为的作用落在与行为无关的人身上。

当政者必须承担属于个人活动范围的义务时，至少应该尽可能地把责任归到应承担者的身上。

关于被遗弃的孩子，原则是父母必须抚养孩子，法律要用尽一切方法确保实施。没有父母的孩子，由市镇抚养，没有市镇的地方，由省里抚养。你想无限增加弃儿吗？那你就宣布国家负责抚养。假如法国抚养中国的孩子，或相反，这就更糟糕了……

人们要制定法律来控制于责任的弊病，这确是件特别的事！难道人们从来不曾看到我们不可能消灭这些弊病，而只能把它们转嫁吗？结果是多了一个不公正，少了一个教训……

世界只能随着人人更好地履行义务而日趋完善；人人只有因践踏义务而受更多的苦时，才会更好地去履行义务，事实不是如此吗？

我在前面已经讲过：舆论是无冕之王。舆论若要治理好它的王国，它必须更加明达事理，而当所有制造舆论的人对因果关系看得更清时，舆论也就更加明达事理了。最能让人体验到因果之间联系的是经验，而正如人们所知道的，经验完全是个人的。经验是责任的果实。

这就是说，在责任法则的自然作用中，有一种十分有效的教育体系，触犯它是很不谨慎的。

如果你用轻率的办法使人们逃脱个人行为的责任，那么这些人还能通过理论而不是通过经验受到教育。但我不知道，经验从不支持或认可的一种教育，是否不比无知本身更危险……

责任心完全可以完善。

这是美好的道德现象之一。我们对一个人、一个阶级、一个民族最大的尊敬，莫过于对他或它们的责任心的尊敬。责任心表示出一种伟大的道德文化，是一种对舆论所作的决定的细致的感知能力。但是，责任心也许在某一方面特别强，而在另一方面不很强。在法国，在上层社会，如果有人在赌博作弊、独自狂饮时被人发现，那他就会羞愧得要命，农民也嘲笑他。但是搞政治投机，用自己的选票牟利，自相矛盾，随机应变地不时高呼：国王万岁！神圣联盟万岁！……那些事在人们心目中就完全不是耻辱的事。

责任心的发展很需要妇女们的参与。

妇女们与责任心的关系很大。在男子中创造责任心这种道德力量，要靠妇女去做。因为有效地提出她们的批评和表扬是她们的权利……她们为什么不这样做呢？因为她们不大懂得道德方面效果与原因的关系……

道德是每个人的科学，但尤其是妇女的科学，因为习俗是她们建立的。

第二十一章　连带责任

假如人是完美的，假如人不会犯错误，那么社会提供的和谐与我们要追求的和谐就完全不同了。我们追求的和谐与傅立叶的和谐不同。这种和谐不排除邪恶，容许不和谐存在。但是，如果这种和谐预示着和睦，而且会把我们引向和谐，那我们就认为它依然是和谐的。

我们的出发点是：人是会犯错误的，上帝给了他自由意识，他会选择，会犯错误，会把假当作真，会为了现在而牺牲将来，会向不理智的欲望屈服，等等。

人会出错，而每一种行为、每一种习惯都有其后果。

我们看到，责任使后果落到行动者身上。奖赏或惩罚这种自然关系把行动者引向善良，远离邪恶。

如果人因其本性而注定要孤独地生活和劳动，那么责任就是他的唯一法则。

但是事情不是这样，人**注定**是社会的人。卢梭说，人本来是**一个完美的、孤独的整体**，而立法者的意志则把人变成了一个更大的**整体**中的一部分，卢梭的这个说法是错误的。家庭、市镇、民族、人类都是群体，人与这些群体有**必然**的关系。因此，个人的行为、习惯除了产生对自己有影响的结果外，对其他人也产生好或坏的结果。这就是我们所说的**连带责任**法则，它是**集体责任**的一种。

卢梭的关于立法者创造社会的思想本身就是错误的，它诱导人们认为连带责任是**立法机构**创造的，因而是有害的。我们过一会儿就会看到，现代立法者为了使社会服从于**人为的连带责任**，便以这种理论作为依据。**人为的连带责任**与**自然的连带责任**背道而驰。在所有事物上，这些伟大的操纵人类的人们的原则就是将他们自己的创造当作他们也不大明白的上帝的创造。

我们先来证明这一点：**连带责任**法则是自然存在的。

在 18 世纪，人们不承认连带责任。人们遵循的准则是犯错误应由个人负责的准则。这个时代主要是反对天主教，那时人们担心，如果接受连带责任的原则，就会为**原罪**理论打开大门。每当伏尔泰看到圣经中一个人替另一个人受惩罚时，他就讽刺说："这真可怕，上帝的公正不是人类的公正。"

这里我们没有必要讨论**原罪**。而伏尔泰嘲笑的事情不仅是确凿的，而且是神秘的事实。连带责任法则无论在个人还是群体中、无论在部分还是整体中、无论在特殊事物还是普遍事物中，都有大量明显的表现，除非怀有盲目的宗派偏见或狂热的门户之见，否则是不可能否认它的。

人类公正的第一条原则就是，依据错误是个人的错误这一原则，将对一种行为的处罚落在行为者身上。然而，关于个人的这条神圣法则既不是上帝的法则，也不是社会的法则。

这个人为什么富有？因为他的父亲努力、正直、勤劳、节俭。父亲积德行善，儿子得到回报。

另一个人为什么总受苦、生病、虚弱、胆怯、不幸福？因为他父亲虽有强壮的体质，但因放荡无节制而每况愈下。错误为犯错误的人带来了愉快的结果，对无辜者带来了悲惨的结果。

世界上没有一个人的命运不被无数与己无关的事情所决定。我今天抱怨的事情，其原因也许是与我曾祖父的任性等造成的。

当我们研究不同民族的关系或同一民族几代人的关系时，连带责任就显得十分广泛、十分深远。

　　我们今天享受的东西是 18 世纪精神和物质劳动的产物，这难道不怪吗？我们自找苦吃，让铁路在全国四通八达，而我们之中也许没有一个人能坐上火车旅行，这难道不妙吗？谁能低估过去的革命对当今发生的一切产生了深刻的影响呢？谁能预测我们现在的争论将留给后代的遗产是和平还是战争呢？

　　看看公债。我们之间进行战争。我们屈从于野蛮的狂热。我们在战争中破坏了宝贵的力量。我们找到了这种把毁坏的灾难转嫁给子孙的方法，他们也许厌恶战争，不能理解我们仇恨的狂热。

　　看看欧洲。思考一下法国、德国、意大利、波兰发生的事件，请你说说**连带责任**法则是否是一种空想的法规。

　　不需要枚举更多的事件，只要看看一个人、一个民族、一代人的行为对另一个人、另一个民族、另一代人的某些影响，就能证明连带责任法则的存在。整个社会只是一个各种连带责任相互交织的整体，这是由人们思想所具有的彼此交流的性质引起的，如演讲、文学、探险、科学、道德伦理等，心灵在看不见的思潮中互通信息；各种努力彼此并无有形的联系，却把人类推向平衡，推向一个不断提高的平均水平；人人从已经获得的效用和知识宝库中取其所需，宝物并不因此而稍减，人人同时又在不知不觉中为宝库增添宝物；思想、产品、劳务、劳动、痛苦与幸福、善与恶的交流使人类大家庭变成了一个大统一体，使无数短暂的生命变成了共同的、普遍的、延续的生命，所有这些思潮、努力、宝库、交换等就是**连带责任**。

　　因此，在人与人之间，天然地在某种程度上存在着无可争辩的连带责任。换句话说，责任并不专属个人，而是共同分担。行为出自个人，结果由群体承担⋯⋯

　　必须看到，**企盼幸福**存在于每个人的本性之中。有人说我在这里赞美个人主义，让他们愿意怎么说就怎么说吧！我什么也没赞美，我只是把看到的说出来，我看到了这种与生俱来的、普遍的情感，它不可能不是个人利益，即追求舒适安逸，厌恶痛苦的倾向。

由此，个人便设法使自己行为的好结果归自己，坏结果由其他人承担，而且尽可能地力求把坏的结果分摊给许多人，以使坏的结果不被发觉，引起较小的反应。

但是，舆论这个**世界的主宰**，连带责任之子，却把所有零散的抱怨汇聚起来，把所有被损害的利益组成一股巨大的反抗力量。当一个人的习惯伤害了周围的人时，排斥力就会攻击这种习惯，严厉审判它、批判它，使它不能存在。有这种习惯的人就会成为不信任、鄙视和怨恨的对象。假如他得到某些好处，那么这些好处很快就被因受到公众的厌恶而产生的痛苦所抵消。坏习惯除了依据**责任**法则总是产生坏结果外，还要依据**连带责任**法则产生更坏的其他后果。

对人的鄙视很快就会扩展为对习惯和流弊的鄙视。而需要得到敬重是我们最有效的动力之一，很明显，连带责任通过对邪恶行为的否定性反应，有助于遏制邪恶行为，消灭邪恶行为。

连带责任如同责任一样，是**一种进步的力量**，我们可以看到，对于行为者来说，连带责任就成为**折返的责任**，如果我可以这样表达的话。这又是一种经过巧妙计算的惩罚和奖励的制度，为的是遏制邪恶，弘扬善良，促使人类走在进步的道路上。

为了使连带责任起到这种作用，为了无端受益或受害的人们能通过赞成或反对、感谢或不感谢、尊重、钟爱、赞扬或蔑视、仇恨、报复来对行为者作出反应，一个条件是必不可少的，即要了解并确知一种行为与其产生的全部作用之间的联系。

如果公众在这个问题上搞错了，法律就失去了目标。

　　一个行为损害了公众的利益，但是他们认为这个行为对他们有好处，这时会怎么样呢？公众不是反对这种行为，谴责这种行为，以便制止它，而是赞扬它、敬重它、歌颂它、扩大它。

　　没有比这更常见的事了。下面就是发生这种事的原因。

　　一种行为不会只对公众产生一种作用，而是一系列的作用。常常发生这种情况，第一个作用是局部的，十分明显的好作用，而以后的那些作用却让弊病在不知不觉中渗入了社会机体，这种弊病难以辨认，难以找到其原因。

　　战争就是一个这样的例子。在社会幼年时期，人们看不到战争的所有后果。的确，在一个没有多少已建工程会在战争中遭到破坏，没有多少科学和金钱会在战争中遭到毁灭的文明社会中，战争的后果比以后要轻。人们看到的只是第一场战斗和战利品以及胜利的陶醉。那时的战争和战士很得人心。不久就会看到，当敌人成为战胜者时，他们就会烧毁成熟的庄稼和收成，强行征税，强行颁布法令。在胜利与失败的交替过程中，人们看到几代人丧生，农业遭到毁坏，参战双方的人民贫困潦倒。人们就会看到，一个民族中最具活力的那部分人就会鄙视不维持和平的艺术，掉转枪口打击国家的各种机构，以专制主义为手段，把不安定的力量用在国内叛乱和纠纷中，先把邻国，然后把自己的家园搞得野蛮而荒芜。人们会说，战争是强盗行径的扩大……不对，人们能看到战争的作用，而不想弄明白它的原因。由于那个堕落的民族也会遭到大批征服者的入侵，灾难过去多少个世纪后，严肃的历史学家们会写道：这个民族倒下了，因为它在和平年代已变得虚弱无力，因为它忘记了战争的科学，丢掉了祖先们的凶暴品德。

　　我还可以指出对奴隶制的同样的错觉……

　　宗教的过错也是如此……

当今的禁止制度招致同样意想不到的事情发生。

通过知识的宣传、作用与原因的探讨，把公众舆论引导到能消灭坏的倾向的聪明的方向，反对有害的措施，这就为国家作出巨大贡献。当误入歧途的公众舆论尊重可鄙的行为，藐视应尊重的行为，惩罚道德，奖励邪恶，鼓励有害的行为，阻止有益行为，赞成谎言，以冷淡或辱骂来窒息真理时，一个民族就背离了进步，只有灾难的可怕教训才能把它拖回到进步上来。

我们在别的地方已经指出某些社会主义流派对连带责任一词的粗暴的滥用……

现在我们看看人类的法律应以什么思想构成。

我觉得这不应该有什么疑问。人类的法律应该与自然规律的内容完全一致：应该促进、保证对各种行为奖惩的公正性。换句话说，应该遏制连带责任，并为加强责任性而组织人们作出反应。除了遏制邪恶行为，扩大善良行为之外，法律不能有别的目的。为此，法律必须有益于公正地进行奖励和惩罚，以便使一种行动的坏作用尽可能地由行为者负责。

这样，法律就符合事物的本质了，连带责任导致反对邪恶行为的反应，法律只是规范这种反应。

这样，法律就能有利于进步，就能很快使行为者对坏的结果承担责任，就会更有效地遏制行为本身。

举一个例子。暴力的结果是有害的，在野蛮人那里，对强力的镇压只能听凭自然，这样会发生什么事呢？镇压会引起可怕的反抗。当一个人对另一个人采取暴力行为时，一种不可遏制的复仇欲望在他的家族中燃烧，而且一代代地传下去。法律出现了，法律该干什么呢？仅仅消除镇压和惩罚复仇思想？这样做显然是鼓励暴力，使暴力得不到任何制裁。这不是法律应该做的。可以这样说，法律应该以组织反对暴力的反应来取代复仇思想。法律应对受害的家族说：我负责

惩处你们要控告的这种行为。这时，整个部落都会认为自己
受到了伤害和威胁。法律于是对控诉进行审查，对罪犯进行
审问。当法律确认事实和当事人无误后，就规范地、准确地
进行惩处；否则，惩处就可能很不规范。……①

---

① 手稿截至此处，连带责任法则的**经济**作用没有论及。读者可以看第十章
和第十一章："竞争"，"生产者与消费者"。

此外，和谐的全部内容实际上是什么？各种利益的协调是什么？有名的格
言说：**个人的昌盛就是大家的昌盛，大家的昌盛就是每个人的昌盛**，是什么？
等等。什么是**私产与公产**的协调一致？资本的用处是什么？免费的幅度是什么？
从实用的观点看，这不是对本章的标题"连带责任"的发展，还能是什么
呢？——原编者

第二十二章　社会动力

　　找出事物存在的根本原因不属于任何人文科学的范畴。

　　人遭受痛苦，社会经历磨难。若问为什么，那就是问上帝为什么给人以感知能力和自由意识。在这个问题上，任何人都只知道他所信仰的上帝的启示所给予他的教诲。

　　无论上帝的意图是什么，有一个事实是肯定的，是人文科学可以作为出发点的，那就是：人是被创造成有**感觉的**、**自由的**。

　　这绝对是事实。所以，我无法想象会有那么一些人，竟然设想出一种有生命、有思想、有意愿、有情感、会行动的东西，总之像人却没有感觉和自由意识的东西来。

　　上帝能不这样做吗？理性也许会告诉我们**可以**，而想象力永远会告诉我们**不能**。因为我们根本不可能设想人能与这两种属性分割开来。有**感觉**，就是有能力接受各种感觉，即能区分快乐与痛苦，从而感到活得舒适与不舒适。上帝既然为人创造了感觉，他当然就允许存在痛苦或存在痛苦的可能性。

　　在上帝给我们自由意识时，至少在某些方面也赋予我们躲避痛苦、寻找舒适的能力。自由意识意味着才智，伴随着才智。如果选择能力不与检验、比较、判断能力相伴随，那么选择能力意味着什么？因此，来到世上的每个人都有**动力和才智**。

　　动力就是我们所有力量的内在的不可抗拒的本质的推动力，它使我们避开不幸、寻找幸福。我们称这种动力为保存自己的本能、个人利益或私利。

　　这种个人意识时而受到诽谤，时而被忽视，但是它的存在是确凿无疑的。我们顽强地寻求在我们看来可以改善我们命运的所有一切。我们避开会损害我们命运的所有一切。至少有一点可以肯定，那就是，物质的每一个分子都包含有向心力和离心力。物质吸引力和排斥力的双重运动是物质世界的伟大动力，所以我们可以断定，人类对幸福的追求和对痛苦的厌恶，这双重力量是社会机器的伟大动力。

　　但是，人类仅仅顽强地追求幸福和厌恶不幸，这还不够，人类还必须能辨认出幸与不幸。在给予人类这台复杂而奇妙的被称为才智的机器时，就赋予人类以区分幸与不幸的能力。集中注意力、比较、判断、推论、找出因果关系、记忆、预见——如果我敢于这样说的话——这些就是这台令人赞叹的机器的齿轮。

　　我们每个人身上的动力在我们的才智指挥下进行运动。但是我们的才智并不完美，会犯错误。我们进行比较、判断，然后行动。但是，我们会出差错，会作出错误的选择，会把邪恶当作善良，把善良当作邪恶。这是社会**不和谐**的第一个根源，这个根源是不可避免的，因为人类的巨大动力，也就是个人利益，不同于物质吸引力，它不是盲目的力量，而是一种由不完善的才智引导的力量。我们应该明白，只能从这个局限出发去看待智慧和谐。上帝不认为社会秩序或和谐应该建立在完善的基础上，而是认为应该建立在人的可完善性的基础上。是的，我们的才智虽然不完善，却是可以完善的。它可以发展、扩充、修正，它可以重新开始和检验它的行为。经验每时每刻都在对它进行训练。责任把惩罚与奖励的整个体系高悬在我们头顶。我们在错误道路上每走一步，痛苦就加深一层，以致我们肯定会听到警告，因此，我们的经过调整的决定和行为迟早会不再犯错误。

　　人在动力的推动下，热烈地追求幸福，不失时机地把握幸福，所以人是可以从他的不幸中寻找自己的幸福的。这是社会不协调组合的第二个随处可见的根源。我们已经看到了社会不协调组合的末日，它们命中注定会在连带责任法则中找到自己的葬身之地。误入歧途的个人力量会引起所有相同的其他力量的反对，这些反对力量因其本质而憎恶不幸，拒绝不公正，处罚不公正。

进步就这样实现了，但仍然是付出了极大代价的进步。这种进步来自生就的、普遍的、我们的本能固有的推动力，引导这种推动力的才智则不但常常出差错，而且受制于一种常常堕落的意志。进步由于错误和不公正而中途辍步，为了战胜这些障碍，它受到了责任和连带责任的强大力量的支持，它不会得不到它们的支持，因为它们就是从这些障碍中产生出来的。

这种内在的、不灭的、普遍的动力，存在于每个人的内心，并使每个人具有主动性；这是人皆有的趋福避祸的倾向；这是感觉的产物、效果和必然补充，否则，感觉就成了无法解释的祸害；这种最重要的现象是人的一切行动的根源，这就是被我们称为社会机器伟大动力的吸引和排斥力。这个动力遭到了大多数理论家的诋毁，此事肯定是科学史上最奇怪的反常现象之一。

个人利益确实是可以归诸人们所有不幸和所有幸福的根源。不可能不是如此，因为个人利益决定我们所有的行动。某些政论家们看到了这点，他们要斩断不幸的根源，但是想不出更好的办法，只是窒息**个人利益**。但是，由于他们的这个办法会摧毁推动我们的动力，于是他们想让给我们另一个不同的动力，即**忠诚**、**献身**。他们希望今后他们一声令下，所有的交换和社会安排都会以忘我的原则来实现。人们将不再寻求个人的幸福，而是寻求他人的幸福。感觉的警告不再有任何意义，责任的惩罚与奖励也不再有用，所有的自然规律都被取消，保存自己的精神将被献身精神所取代。总之，从此之后，人们只是为了尽快把自己奉献给共同的利益才考虑个人。自认为笃信宗教的某些政论家们从人心的普遍变化中等待社会完美的和谐。但是他们忘记告诉我们，他们要怎样实现这个必不可少的前提：转变人心。

尽管他们十分愿意这样做，但他们肯定没有足够的能力。他们想试试吗？但愿他们在自己身上试验，但愿他们在自己心灵中努力窒息个人利益，以使个人利益在生活的极平凡的行为中不表现出来。他们很快就会承认他们软弱无力。他们怎么能强迫所有人毫无例外地接受一种他们自己也不能接受的理论呢？

我承认，在这些虚假的理论中，在他们所鼓吹的那些无法执行的准则中，充其量除了表象和意图之外，我不可能看到宗教意味的东西，除非我已不再是一个凡人。难道真是由于宗教的启迪，这些信奉天主教的经济学家才有了这样一种令他们骄傲的思想吗：上帝没有把世界创造好，现在要由他们来重新创造？波舒哀在讲下面这句话时不是这样想的，他说："人向往幸福，人不能不向往幸福。"

发表反对个人利益的宣言，在科学上永远不可能有多大意义，因为个人利益的性质决定它是不可摧毁的，至少不把人消灭，个人利益就不可能从人身上消灭。宗教、道德、政治经济学可以做的一切，就是教导个人利益这个推动力，不仅要向它指出由它所决定的我们的行为的最初结果，而且要指出最终结果。一种暂时的痛苦之后就是更大的不断增加的满足；一时的欢乐之后就是长时间的不断加重的痛苦，归根结底这就是道德的幸与不幸。促使人们作出追求品德这种抉择的，是崇高而有教养的利益，可是归根结底依然是个人利益。

有人不是把个人私利看作不道德的恶习而加以指责，而是把它当作推进人类各项活动的神赐动力而加以指摘，这已经够令人感到奇怪了，可是还有更奇怪的事，那就是有人根本不考虑个人利益，认为不考虑个人利益，也能够进行社会科学的研究。

出于无法解释的极度傲慢，政治理论家们通常总是自认为是这种动力的保管人和仲裁人。他们每个人的出发点总是这样：假设人类是一群羊，我是牧羊人，我应该怎样做才能使人类幸福呢？或者：一边是一些黏土，另一边是位制陶工人，制陶工人该怎样做才能最充分地利用这堆黏土呢？

在谁是最好的制陶工人，即谁能够最有效地使用黏土的问题上，政治理论家们意见不同，但是在这一点上他们是一致的，那就是，他们的使命是拌和人类这堆黏土，而黏土的使命则是被他们拌和。政治理论家们以立法者的名义，在他们与人类中间建立一种类似孤儿的保护人与孤儿的那种关系。他们从未想到，人类是一种活的、有感觉、有意愿、能按照规律行动的物体；规律是不能发明创造的，因为规律已经存在，规律更不能强加于人，而只能研究学习。他们也从来未想到，人类是与他们一模一样的人的群体，既不比他们低级，也不依附于他们，这些人群既有进行行动的动力，也有进行选择的才智，能感受到来自各方面的对责任和连带责任的伤害；最后，他们也从未想到，所有这些现象都来自一系列自行存在的关系，科学规律不能如他们所想象的那样创造出来，而是只能遵循。

我认为，卢梭是最天真地从古代社会中发掘出希腊人重新提出的立法者万能的政论家。他相信社会秩序是人类的创造，他把社会秩序比作一部机器，在政治理论家们的鼓动下，立法者创造出社会秩序，政论家们归根结底是人类的推动者和调节者。所以政论家们总是以命令的口气对立法者讲话。他命令立法者发布命令，"以这种原则为依据改造你的人民，让他们具有好的习俗，服从宗教，引导他们进行战争，或从事商业，或从事农业，或崇尚道德，等等"。最普遍的人藏匿在"人们"这个称谓之中。"人们"不允许共和国里有游手好闲者。"'人们'应在城市和乡村适当安排人口，'人们'将考虑让世上既无富人又无穷人，等等。"

这些说法表明，使用这些说法的那些人已傲慢得无以复加；

这些说法所依据的理论没有给人类留下一丝一毫的尊严。

我不知道是否有更错误的理论和更有害的实践。这种理论无论从理论和实践方面，都会导致不幸的后果。

这种理论使人相信社会经济是一种人为的安排，产生于发明者的头脑。于是每个政论家都成了发明者。他最大的愿望就是让人接受他的机制。最操心的事就是让人讨厌其他机制，最主要的是由人与事物本质自发产生的那个机制。按这种计划写出的书只是，或只能是反对社会的长篇宣言。

这种伪科学不研究结果与原因的关系，不研究行为产生的利弊，也不为选择要走的路而考虑社会的动力。不，他们下命令，进行强制，做强行规定，假如做不到这些，起码要进行规劝，就像一位自然科学家对石头说："你已经支撑不住了，我命令你掉下来，至少我要劝你掉下来。"依此论据，德罗兹先生说："政治经济学的目的是尽可能普遍地得到富裕。"社会主义者十分喜爱地接受了这个定义，因为它为所有乌托邦打开了大门，引导他们制定规章制度。假如阿拉戈先生这样开课："天文学的目的是使万有引力尽可能普遍，"人们会怎么说他呢？的确，所有的人都是活跃的、有思想的，都在自由意志的影响下行动。当然，他们身上也有一种内在的力量，一种围绕某个东西转的力量。问题在于知道什么在吸引他们。如果注定被不幸吸引，那就不可救药，我们肯定再也找不到一个政论家了，因为作为人，他们也同样被不幸所吸引。如果被善良吸引，那就寻找到了动力。政治经济学不需要用强制或劝告来代替这个动力。政治经济学的作用是唤醒自由意志，指出原因的结果，确信在真理的作用下，"舒适和安逸将尽可能地普遍"。

实际上，那些政论家的理论并没有把所有的人和他们的本性作为社会动力，而是把立法者和政府机关作为社会的动力，所以结果更可悲。这种理论力图把不是政府的沉重的责任强加在政府头上。如果有什么苦难，那就是政府的错误。如果有穷人，那也是政府的错误。政府难道不是无处不在的动力吗？如果这个动力很坏，那就该砸碎它，再另选一个。也有人责怪科学本身，最近我听到有人不厌其烦地一再说道："所有的社会苦难都归因于政治经济学。"① 既然政治经济学的目的是在没有人的参与下实现人的幸福，这有什么不对呢？当这种思想占优势时，人类要做的最后一件事就是检查自己，看看自己痛苦的真正原因是否是自己的无知和不公正；无知使他们遭受责任的打击，不公正使他们招致连带责任的反对。有人力图使人类相信，人生来就是无生气的，他们的每个行为以及每项责任的准则不在自己身上，而是在君主和立法者那里；倘若果真如此，人怎么会想到从自己的错误中去寻找受苦的原因呢？

如果我要指出这种理论不同于经济学的社会主义的特点，我会在这里找到的。社会主义有许许多多的流派。每一派都有自己的理想国，可以说各派之间很难相互理解，因而彼此进行着激烈的斗争。勃朗先生的**有组织的社会工场**与蒲鲁东先生的**无政府**之间，傅立叶先生的联合体与卡贝先生的共产主义之间，它们的差别大得如同昼夜。那么这些派别的领袖们怎样聚集在**社会主义者**这一共同名称之下的呢？是什么把他们连在一起共同反对自然社会或神的社会？除了**他们都不要自然社会**之外，再没有别的。他们要的是出自创立者头脑的人为的社会。每个领袖的确都想成为人世间的主神朱庇特。他们每人的确都有自己的设计，都梦想着自己的社会秩序。但是他们有一点是共同的，就是他们既不承认人类有把自己引向幸福的动力，也不承认使自己从邪恶中摆脱出

---

① 痛苦是政治经济学的话题……政治经济学需要死亡的帮助……这是一种主张不稳定和盗窃的理论（参见蒲鲁东《经济矛盾》第二卷，第214页）。

假如人类无以为生……这是政治经济学的错误（同上书，第430页）。

来的**有疗效的**力量。他们的争斗是为了弄明白该由谁来拌和人类这堆黏土，但是他们都认为这是一块可以拌和的黏土。他们认为，人类不是上帝亲自给予进步力和保存力的、有生命的和谐的人，人类是没有活力的一种物质，等待着从他们那里得到感觉和生命；人类不是研究的对象，而是一种用于试验的物质。

相反，政治经济学发现每个人都构成动力和斥力，这些力量合起来构成社会动力，它确信这种动力趋向幸福，正因为如此，政治经济学就不想窒息这个社会动力，不想用自己创造的另一个动力来替代它，而是研究动力所产生的如此广泛复杂的社会现象。

可否说政治经济学与社会发展无关，像天文学与天体运行无关那样？当然不是。政治经济学关注的是，有才智的、自由的人，请不要忘记，既然是有才智的、自由的人，他们就会犯错误。他们趋向幸福，但是他们会犯错误。政治经济学的介入，不是为了找出因果，不是为了改变人的意向，也不是为了让人们服从组织和命令乃至建议，而是为了向人们指出幸福与不幸，让人作出决定。

因此，政治经济学是一种观察和阐述的科学。它不对人们说："我命令你们，我建议你们不要离火太近。"也不说："我设想出一种社会组织，根据众神的启示，我设计了一些制度，可以使你们与火保持足够的距离。不是这样。政治经济学看到火在燃烧，告诉大家着火了，并证实着火了，对于其他经济、道德方面类似的现象它也这样做，它深信这样做就行了。在政治经济学看来，人们不愿被火烧死是最基本的，早就存在的事实，它既不会创造这个事实，也不会歪曲这个事实。

经济学家不可能总是意见一致。但是不难看出，他们的分歧和社会主义者们的分歧性质不同。有两个人都全神贯注地观察同一现象及结果，而在诸如收益、交换、竞争方面可能得出不一致的结论。这只证明其中一个人至少没有仔细观察。这是一项应重新做的事。在其他研究者的协助下，很可能最终发现了真理。所以科学只能逐步发展。而要做到这一点，每位经济学家必须像天文学家那样，了解前人所做出的成就，科学由此越来越有益处，它会不断地纠正错误的观察，在过去的观察上增添新的内容。

而社会主义者，他们老死不相往来，各自以自己的设想来探索人为的社会组合，他们永远在自问自答，各执一词，一个人的研究永远不会有助于另一个人的研究。萨伊利用了史密斯的研究成果，罗西利用了萨伊的研究成果，布朗基和约瑟夫·加尼埃利用了他们前人的研究成果。但是柏拉图、莫吕斯、哈林顿、费纳隆、傅立叶却津津有味地按他们的幻想去组织他们的共和国、乌托邦、大洋国、萨朗特、法伦斯泰尔，而他们空想的创造没有任何相互联系，这些幻想家们用自己的头脑设计人和物。他们在人心之外先设想出社会秩序，然后再设想出人心，以便进一步设计出他们的社会秩序来……

第二十三章　邪恶

最近，有人击退了科学，歪曲了它，其方法是强迫科学否认不幸，说是否则就是否定上帝。

一些作家大概执着地想表现出一种美好的感知能力，一种无限的仁慈和一种无与伦比的对宗教的信仰。他们说："不幸不可能是上帝安排的。苦难不是上帝决定的，也不是大自然决定的，而是来自人类的制度。"

由于这种理论与他们热切的愿望相一致，所以很快就广为人知。书籍、报刊连篇累牍地攻击社会，科学再也不能不偏不倚地研究事实了。谁若敢告诉人们，某某流弊、某某习惯必然导致某某恶果，就会被说成无心肝的人、大不敬神的人、不信上帝的人、马尔萨斯主义者、经济学家。

然而，社会主义者们头脑极度发热，竟然敢宣称有办法消灭社会痛苦，可是，他们不敢说能消灭个人痛苦，不敢预言，说人可以不再受苦，不再衰老和死亡。

我要问的是，上帝是无限仁慈的这种观念难道容易和不幸与生俱来的观念调和，而难以与不幸遍及全社会的观念调和吗？社会主义承认每个人的痛苦，但是它十分幼稚地否认整个人类的痛苦，这不是一个十分明显的矛盾吗？

人遭受痛苦，并将永远遭受痛苦，因此，社会就遭受苦难，并将永远遭受苦难。与社会对话的人们应该有勇气把这一点告诉社会。情妇爱耍性子，必须对她隐瞒有人在与她争风吃醋，而她若蒙在鼓里，就不可能战胜对手，而人类却不是这样的情妇。在这方面，我感到，充斥法国的所有书籍，从西斯蒙第到比雷的著作都缺乏说服力。他们不敢说实情。我是说，他们不敢研究现实，害怕发现：绝对的痛苦是人类在所难免的出发点；所以人们不是把痛苦归因于社会秩序，而是把对痛苦的征服归于社会秩序。但是，承认了这一点，我们也不能把自己说成是受文明压迫的群众的辩护士和复仇者。

　　说到底，科学能够把事实证明、联系起来并加以演绎，但是它不能创造事实，产生事实。它对事实不负责任。有人竟然传播、扩散这样一种论调："如果说人类遭受痛苦，那是政治经济学家的错误。"这岂不是奇谈怪论吗？这就是说，他们不但斥责科学观察到了社会的弊端，而且指责科学根据这种观察造成了社会的弊端。

　　我说科学只能观察和查明事实。当科学不得不认为人类不是在进步而是在倒退，不可克服的致命的规律使人类走向不可救药的毁灭时，当科学确信马尔萨斯法则和李嘉图法则中的最可悲的部分不无道理时，当科学无法否定资本的残暴、机器与劳动不相容，无法否定夏多勃里昂和托克维尔所说的人类生活在其中的此类互不相容的抉择时，科学还是要在叹息之余，把这些统统说出来，而且是大声地说出来。

　　当我们面临张开大嘴的深渊时，遮住脸不看有用吗？是否可以要求博物学家和生物学家在研究人体时，把人的各种器官当作既不会痛苦也不会毁坏的吗？**"你来自尘土，必将复归尘土，"**这就是解剖学家根据普遍经验说出的话。当然，这是我们听起来不顺耳的真理，起码像马尔萨斯和李嘉图的可疑论断那样难以接受。现代政论家们突然产生了一种难以捉摸的想法，并由此创立了社会主义学说，为了给他们的这种想法留点情面，我们难道能要求医学科学壮着胆子肯定地声称：人可以一次又一次地返老还童、长生不老吗？假如医学拒绝堕落到耍这种把戏的地步，难道那些人要像对待社会科学那样唾沫四溅地喊叫："医学承认痛苦和死亡，因此它是厌恶人类的、是没心肝的，医学指责上帝用心不良、软弱无力，所以说，医学不信宗教，是无神论者。不但如此，医学把坏事做绝，却拒不承认。"

我从不怀疑社会主义的各派赢得了许多善良和真诚的人的心。愿上帝宽恕我不想贬低任何人！但是，社会主义的一般特性毕竟是怪诞的。我不知道这套幼稚的念头能风行多久。

社会主义的一切都是虚假的。

社会主义提出了一套貌似科学的理论和语言，而我们已经看到，什么才是科学。

在他们的作品中，他们摆出一副女人那种神经脆弱的样子，听不得别人谈论社会的痛苦。他们在文学中引进了这种无味的神经过敏的时尚；同时又在艺术中，让对劳动和丑陋的爱好占上风；在装束上，他们提倡矫饰、长须、怒容、泰坦和小市民的普罗米修斯的表情；在政治上（这种孩子气就不那么天真了），提倡以强硬手段实现过渡，用暴力进行革命实践，为了**理想**而牺牲生命与物质利益。但是他们尤其装出的是宗教感情！事实上，这只是一种策略。然而，如果一种策略把一个学派引向虚假，那么，这种策略对于这个派别来说永远是可耻的。

社会主义者们总是跟我们谈论确指的耶稣和不确指的耶稣，但是我要问他们为什么他们也认为，绝对清白无辜的耶稣竟然也会受苦受难，而且痛苦地喊道："上帝，你把圣杯从我这边移开，但愿您的意志能够实现。"我要问，为什么他们对于全人类也应像耶稣那样逆来顺受感到奇怪。

如果上帝对人类有其他的设想，那么他肯定会一切事情安排得让全人类像人不可避免死亡那样走向必然的毁灭。那样，人类就必须顺从命运的安排，诅咒也罢，祝福也罢，科学终将如同看到个人悲惨的结局那样，看到社会阴暗的结局。

　　幸亏事情并非如此。

　　人和人类有其赎罪救世的办法。

　　对于个人，它有不朽的灵魂，对于人类，它有无限的可完善性。

第二十四章　可完善性

　　人类是可完善的，它向着一个比一个更高的水平前进；人类的财富不断增加，不断均衡；人类的思想不断扩展，不断纯化；人类的错误终将消失，作为错误的支柱——压迫也将随之消亡；人类智慧的光芒将越来越耀眼；人类的品德将不断完善，人类通过理性或经验将学会在责任范围内得到越来越多的奖励，越来越少的惩罚，从而，不幸不断减少，人间的幸福日益增大。当我们探索了人的本性和心智特征的性质之后，对于上述这一切，我们就再也不会心存疑惑了。心智是人性的本质特征，它随同生命被赋予了人。正是依据这一点，摩西的启示才能说，人是按照上帝的样子造出来的。

　　我们对人太了解了，人是不完善的，如果完善，人就不会同上帝只有模糊的相似之处了，人就该是上帝了。因此，人是不完美的，会犯错误，会有痛苦。况且，如果人不能日臻完善，有什么资格要求具有至善至美的形象这种不可言喻的特权呢？

　　此外，如果有比较、判断、改正、学习能力的人是一个可以完善的人，那么他又会是什么呢？

　　如果把所有人身上的可完善性，特别是那些可以相互传递后天获得品质的人身上的可完善性聚合在一起，仍然不能保证群体的可完善性，那么，就必须抛弃一切哲学、一切道德和政治科学。

　　使人不断完善的是他的才智和他所具有的摆脱错误——不幸

之源，走向正确——幸福之源的能力。

使人在精神上以正确代替错误，而后在行动上以善良代替邪恶的，是科学和经验，是人在现象和行为中所发现的以往未曾想到的结果。

但是，人要得到这种科学，就必须想得到它。人要利用这种经验，就必须想利用它。所以归根结底，必须在责任法则中找出实现人类完善的方法。

因为，没有自由，责任便是不可想象的；不自愿的行为不能产生任何的教益和任何有价值的经验；仅仅由于外部原因的作用，而没有意愿、思考、自由意志的参与就能变好或变坏的东西——这种情况在低级的无生命物质上常常发生——从可完善的这个词的道德意义上来说，是不能称作可完善的人的。鉴于上述这些道理，我们可以得出结论：自由是进步的本质之所在。损害人的自由，这不仅是伤害人，使他们变得渺小，而且是改变人的本质，是在对人施加压力的情况下，使人成为不可完善的，是让人们去掉与上帝的相似之处，是让人类生就有着生命气息的高贵面容失色。

我们大声宣告的是我们最不可动摇的信条，即人类是可以完善自身的，在各方面都可以取得进步；由于它们之间的密切联系，在一方面取得了进步，在其他方面就会取得更大的进步。因为我们作了以上的宣告，难道就把我们说成是空想主义者、悲观主义者吗？就说我们认为世界上的一切都已好得不能再好吗？就说我们期盼着有那么一天，当太阳再次升起时，黄金时代已经来到了。

可惜！当我们把目光投向现实世界，我们看到，不可胜数的苦难、呻吟、邪恶、罪恶在卑劣的泥潭中蠕动；当我们努力了解那些阶层应该为无数智力平庸的人指出通向新耶路撒冷，对社会施加道德影响时；当我们思考富人把他们的财富用作什么，诗人把造物主在他们的才华中点燃的圣火用作什么，哲学家们把自己长期进行研究的理论用作什么，记者们把自己可敬的职业用作什么，高职人员、部长、代表和国王们把命运交给他们的权力用作什么时；当我们目睹近年来震撼欧洲的那些革命（这些革命中，各派似乎都在探寻从长远来看对他们自己和对人类都是最有害的东西）时；当我们看到无处不在的形形色色的贪婪，为自己牺牲他人，为现在而牺牲将来时；当我们看到人类伟大而不可少的动力——个人利益——仅仅表现在最基本的和最短视的物质要求中时；当我们看到劳动者阶层由于其福利和尊严受到公务员们的侵蚀，因而转向革命运动，但不是反对寄生虫，而是反对正当地取得财富，也就是反对解放他们的因素和自身权力及自身力量的原则时；当我们在我们去过的几个国家里见到这些情景时，噢！我们害怕我们自己，我们为自己的信仰而胆寒，我们好像看到火光在摇曳，快要熄灭了，将要把我们抛在悲观主义的可怕的黑暗之中。

决不会这样，我们没有理由失望。无论新近发生的事件对我们产生了什么印象，人类总是在向前走，在发展。使我们产生幻觉的原因是，用我们生命的尺度衡量人类的生命，是因为几年的时间对我们来说非常长，所以我们觉得对人类来说也很长。即使用这样的尺度，我依然觉得社会在各方面的进步是明显的。我不必再提某些物质的进步、城市的卫生、运输和通信工具方面的进步，等等。

从政治角度看，法兰西民族没有取得任何经验吗？假如法兰西民族刚刚战胜的困难在半个世纪，或更早些时候出现，谁敢说它能以同样的灵巧、谨慎和智慧，以同样少的代价把这些困难解决呢？我是在一个革命多变的国家里写下这几行文字的。佛罗伦萨每五年动乱一次，每一次都是一半公民掠夺、屠杀另一半公民。噢！如果我们少一点制造、创造或假设一些事实的想象力，而多一点让那些事实重现的想象力，那么对我们、对这个时代、对我们的同代人将会比较公正些！然而没有人比经济学家更清楚的事实是，人类的进步，尤其初期的进步极其缓慢，慢得使慈善家都失去了信心……

我觉得，以才华得到宣传这一神圣职业的人们在对社会动荡作出令人沮丧的判断之前，应该看到这一点，这种令人沮丧的判断将使人类交替遭受两种损害。

我们曾经看到过关于人口、地租、机器、遗产分割等方面的几个这样的例子。

下面是来自德·夏多勃里昂先生的另一个例子，这位先生只不过提出了一种颇为流行的说法：

"习俗的败坏与人类文明同步。如果说文明提供一些自由的手段，那么习俗的败坏就是奴隶制的取之不尽的根源。"

文明提供自由的手段，这是毋庸置疑的，习俗的败坏是奴隶制的一个根源，这也是无疑的。但是值得怀疑的，而且很可疑的是，文明与习俗的败坏是同步的，我明确否认这一点。如果真是如此，在**自由的手段**和**奴隶制根源**之间就必然有一种均衡，停滞就是人类的命运。

另外，有这样一种思想：任何人，不论愿意或不愿意，想到或没想到，都朝着文明前进……而文明则是腐败。我不相信人心里能装得下比这种思想更可悲、更令人沮丧、更令人泄气的思想，使人更失望、更无信仰、更蔑视宗教、更诅咒和辱骂宗教的思想。

此外，如果任何文明都是腐败，那么它的好处是什么呢？因为硬说文明没有任何物质、精神和道德的好处，这是不可能的，那就不再是文明了。在夏多勃里昂看来，文明意味着物质的进步，人口、财富、福利的增长，智力的发展，科学的进步。他认为，所有这些进步会带来或造成道德相应的败坏。

噢！这就有导致人类自杀的东西了。我还得再说一遍，物质和精神的进步并非是我们筹划和命令的，而是上帝的谕旨，他给予我们膨胀的欲望和完善自身的能力。我们走向进步，并非出于我们的愿望，甚至并不知道。夏多勃里昂及其与他相似的人——如果有这种人的话——他们比任何人都更加认为，这种进步通过腐败使我们越来越深地陷入无道德和奴隶制的深渊。

首先，我认为，夏多勃里昂像那些诗人一样，说话时未经过深思熟虑。对于这些作家来讲，形式重于实质。只要命题和反命题彼此对称，思想错误或糟糕有什么关系？只要比喻有效果、有灵气、有深度，能得到公众的喝彩，能让人觉得作者的口气像传达神谕一样，是否正确、是否符合真理又有什么关系？

因此，我认为夏多勃里昂是出于一时的愤世嫉俗的冲动，不由自主地说出了一句随处可听到的老话、俗话："文明和质变是同步的。"自埃拉克里特以来一直重复这句话，但是并不错。

然而，相隔许多年之后，这位伟大的作家以说教形式表述了同一思想，这证明这是他的一种固定的观点。应该反驳这种观点，不是因为这种观点出自夏多勃里昂，而是因为这种观点传播得太广泛。

他说："物质状况在改善，思想在进步，各民族不但没有从中得到好处，反而失去了许多。这就是社会的衰败和个人的发展所提供的解释。如果道德随才智的发展而发展，就会有一种制衡作用，人类就可以毫无危险地成长。但是，发生的事实恰恰相反，随着才智日益增高，人们越来越分不清善恶了。随着思想拓宽，意识变得狭隘了。"（《九泉之下的回忆》，第11卷）

第二十五章 政治经济学与道德、政治、立法、宗教①的关系

一种现象总是夹在其他两种现象之间，其中一种现象是它的**动力因**，而另一种是它的**目的因**。只要它们之间的一种或另一种关系没有被揭示出来，科学就不能最后解释这种现象。

我认为，人类的思想一般从发现目的因出发，因为目的因与我们的关系比较直接。此外，没有别的知识比它更能使我们产生宗教思想，使人心更深切地对上帝的无限恩典产生感激之情。

的确，习惯使我们熟知了许多**上帝的意志**，致使我们不假思索地享受着它们。我们听，我们看，却没有想到眼耳的灵敏的结构。阳光、露珠，或雨水慷慨奉献它的效用和温柔的感觉，但并未引起我们的惊奇和感激。原因只是在于这些可爱的现象的连续不断的方式在对**我们发生作用**。因为，一种不大重要的目的因一旦为我们所发现，植物学家一旦告诉我们，为什么这种植物是这种形状，为什么那种植物是那种色彩，我们心中立刻会感到一种无法言表的喜悦，这种喜悦是上帝的力量、仁慈和智慧得到了新的验证后必然产生的。

---

① 很遗憾，除了最后一章的引言，作者没有为刚才提到的那四章留下任何文字，而这四章却是包括在他的写作计划之中的。——原编者

在人们的想象中目的因存在的地方充满了宗教思想的气息。

但是当我们发现或隐约看到这种现象时，就要从另一层关系上研究它，即研究它的动力因。

很奇怪！在我们对动力因有足够的认识之后，有时会认为，动力因必然导致我们当初很喜爱的结果，从而不承认这种结果具有的目的因的性质，于是我们说："我十分天真地以为上帝在这个计划中有这样的安排，现在我看到，我发现的原因既然已经被认识了（它是不可避免的），所以这种安排完全是必然会发生的，而与所谓上帝的意图是没有关系的。"

正因为如此，不完整的科学以它的剖析常常打消了我们头脑中因简单的自然现象而产生的对宗教的感情。

这对解剖学家和天文学家来说是常发生的事。不懂科学的人说，当一种异物进入我们的上皮组织，使其受到蹂躏时，上皮组织马上会发炎、化脓，要驱赶异物出去。这是多么奇妙的事情！解剖学家说，不，这种驱赶没有任何**必然**的成分，这是化脓的**必然**结果，皮肤化脓本身是异物侵入我们皮肤的必然结果。请允许我给你讲讲皮肤的结构！你自己就会明白结果是原因造成的，但是原因并非故意产生什么结果，因为原因本身也是其先前的原因的必然结果。

不懂科学的人说，我是那样地崇拜上帝的预见，他让雨水不是大片地落在地上，而是像花园中的喷灌机那样一滴滴地落下。否则任何植物都活不成了。博学的自然科学家说，你白白崇拜上帝了，云不是一片水，否则大气就无法承受。云是一团像肥皂泡那样极小的泡团。当它的厚度加大，或在压力下爆裂时，它就变成成千上万的小水珠往下落，在下落过程中与水蒸气相遇而变大，等等。植物得到的雨水，并不是必然现象。但是不应该认为上帝为了取乐而用一台有无数孔的巨大喷灌机把水洒向你们。

当科学这样去研究原因与结果的关系时，使科学具有几分合理性的是，必然承认不懂科学的人常常把一种现象归因于不存在的、在光明面前便会消失的上帝的意志。

当初，在人们对电没有任何认识时，人们很害怕雷声，以为暴风雨中响彻天际的轰鸣是老天爷发怒的征候。和其他的观念一样，这种联想也没能阻止物理学的发展。

人就是这样。当一种现象影响他时，他就研究这种现象的原因，找到了这种原因，便给它命名。然后开始研究这种原因的原因，直到再也找不到原因时，他便停下来说：这是上帝，是上帝的意志。这就是我们的**最终结论**。但是人们停止寻找原因只是暂时的。科学的发展很快将没被发现的第二个、第三个、第四个原因呈现在你的眼前。这时科学会说：这种结果不像你们所认为的归因于上帝的直接意志，而是来自我刚揭示的自然原因。当人类有了这种发现时，可以这样说，他会勇敢地抛开信仰，问道：什么是这种原因的原因？由于找不到原因的原因，于是依然坚持那个普遍的解释：**这是上帝的意志**。多少个世纪以来，科学发现和信仰就这样循环往复，直至无穷。

在浅薄的人看来，人类的这种进步会摧毁一切，因为其结果不正是随着科学的发展，上帝节节败退吗？人们不是清楚地看到随着自然原因被不断揭示，上帝的最终意志的地盘日趋缩小吗？

用一种如此狭隘的结论来解释这个大问题的人是很不幸的，随着科学的发展，上帝的观念在退却，这种说法不是事实，恰恰相反，事实是，上帝的观念在我们的头脑中扩大、扩展、加强。当我们在以往以为神的意志在起着直接的、本能的、超自然的作用的事情上发展了一种自然原因时，是否可以说上帝的意志不存在或上帝对此无动于衷呢？当然不是。此事只能说明，上帝的意志起作用的方式与我们所想象的不同，我们当作意外事件的现象，在世界上所有事件的安排中有它自己的位置，在上帝的头脑中早已预见到了一切，包括最特殊的结果。我们看到的或没有看到的每一个结果，不仅有其自然原因，而且与无数的原因联系在一起，因而，没有任何一种运动、力量、形式和生命不是整体的产物，可以脱离整体而得到解释。当我们发现这些时，能说我们心中上帝的观念减弱了吗？

现在为什么要对看起来与我们所研究的对象不相关的问题进行论述呢？这是因为社会经济的一切现象也都有其动力因和上帝的意志，这是因为如同物理学、解剖学、天文学一样，由于动因发生作用时，总是以绝对必然性出现。

社会充满了和谐，只有在有才智的人为了得到解释而追根究底，为了弄清现象的作用而追寻结果时，人们才能对和谐有全面的认识……

译名对照表

Sésostris　赛佐斯特里

Sismondi，de　德·西斯蒙田

Smith Adam　亚当·斯密

Sparte　斯巴达

Srope　斯克洛普

Storch　施托希

Stradivarius　斯特拉迪瓦利乌斯

T

Taglioni　塔里奥尼

Tamerlan　塔梅兰

Titan　泰坦

Tocqueville　托克维尔

Tracy　特拉西

Triptolème　特里多兰

Turgol　杜尔哥

V

Volta　伏特

Voltaire　伏尔泰

W

Watt　瓦特

X

Xercès　薛西斯